최신 북한학

송우근 저

백산출판사

Preface

특정 지역이나 국가를 연구한다는 것은 여러 가지 자료의 제한과 연구 방법론의 한계가 있다는 점에서 어려운 일일 것이다. 특히 남한에서 북한학을 한다는 것은 매우 조심스러운 일일 것이나 남북한의 특수 관계 속에서도 오랜 기간 동안 자료가 축적되고 연구 인력이 증가[1]하면서 접근이 용이해지고 있는 현실은 북한학을 연구하고자 하는 이들에게 그나마 다행스러운 일이라 할 것이다.

또한 오늘날 통일의 문제가 '당위의 영역'에서 '가능성의 영역'으로 전환되면서 북한연구에 대한 필요성이 증대된 것은 북한학을 연구하고자 하는 학도들에게는 고무적인 현상이라 할 것이다. 최근에 여성 북한학 박사 1호의 탄생[2]을 매스컴에서 조명하는 것도 그 필요성과 관심 증대의 한 단면이라고 할 수 있을 것이다.

하지만 문제는 '연구의 질'에 있다는 지적이 많다. 기존의 연구 성과 중 냉전체제 해체 이전에 발표된 상당수 논문들은 이데올로기적 속박에서 벗어나지 못하여 학문성 자체가 문제시되어 왔으며, 그 이후 발표된 다수의 논문들 중에서도 기본적인 자료의 부족이나 이론적 체계의 결핍을 극복하지 못했다는 평가도 있다. 따라서 북한학의 연구와 관련해서는 연구자 층의 확대와 다양한 연구 실적이 절박한 것이 시대적 요구라고 할 수 있을 것이다.

---

1) 북한학과가 개설되어 있는 대학은 5곳, 1994년에 처음 동국대학교에서 신입생을 모집한 후 1995년 명지대학교, 1996년 관동대학교, 1997년 고려대학교 서창캠퍼스, 1998년 선문대학교에 북한학과가 생겼다. 각 대학의 모집 정원이 20~40여 명 정도, 대학원에 북한학과가 있는 학교는 고려대, 이화여대, 경남대, 명지대 등이 있다.

2) 2006. 9. 23 국내에서 북한학 전공의 여성박사 1호가 탄생. 이화여대 대학원에서 배출한 첫 북한학 박사이자 국내 최초 북한학 여성박사는 박정란(34) 씨로 논문은 "여성 새터민의 직업가치와 진로의사 결정과정 연구"이다.

또 하나의 과제는 북한학을 처음 접하는 학생들이나 일반인들이 객관적 시각에서 북한을 이해 할 수 있는 참고자료의 필요성이다. 북한을 소개하는 많은 책들이 시중에 나와 있으나 남북한의 대치관계나 이데올로기를 전제로 한 시각에서 분석적으로 정리한 경우가 많아 북한학을 지역연구나 학문의 일환으로 연구하는 데는 제한이 있어 보인다. 이러한 점은 저자 본인이 북한학을 강의하기 위해 참고자료를 준비하면서 절실히 느낀 바 있다.

저자는 이러한 경험을 토대로 북한학을 연구하고자 하는 초보자들이 북한을 객관적으로 이해하고 연구하는데 실질적으로 도움이 될 수 있는 내용을 정리하여 책으로 출판하게 되었다. 본서에는 먼저 북한에 대한 이해를 돕기 위해 기초적인 지식이 될 수 있는 인간본성과 사회변혁과의 관계를 비롯하여 이데올로기의 비교분석과 북한학의 접근방법을 제시하였고, 북한의 전반적인 사항에 대하여 개관할 수 있도록 북한체제 개관으로부터 북한의 자연과 사회 환경, 조선로동당 규약과 사회주의 헌법, 정치체제와 권력구조, 경제체제와 현황, 외교정책과 주변국 관계, 북한의 대남정책과 남북관계, 북한의 통일정책과 방안, 북한의 군사전략 등을 포함하였다.

각 분야를 분석하고 정리함에 있어서는 객관적으로 개관할 수 있도록 나름대로 노력한 바, 북한이 대외적으로 표방하고 있는 사회주의 헌법이나 조선로동당 규약과 같은 명문화 된 자료를 토대로 관련 분야를 정리하였고 이해를 돕기 위해 관련 분야의 최신 사진자료를 추가하였다. 특히 2010년 신년 공동사설은 전문을 요약 정리하여 포함함으로써 객관적인 시각으로 북한의 변화 모습을 분석할 수 있도록 하였다.

개정판 역시 책으로 출간하기엔 부족한 점이 많아 보이나 이 책이 북한학을 공부하고자 하는 이들에게 좋은 길잡이가 될 수 있겠다는 바람에서 위안을 찾는다.

저자 송우근

Contents

CHAPTER | 6 북한의 정치체제

CHAPTER | 7 북한의 경제체제

CHAPTER | 8 외교정책과 주변국 관계

CHAPTER | 9 북한의 통일정책과 방향

CHAPTER | 10 북한의 군사제도와 전략

제1장

북한학 연구를 위한 기초

1 인간본성과 사회변혁

인간사회는 유사 이래 수많은 정치사상과 이데올로기를 연구하고 또 그러한 사회를 경험하면서 살아왔다. 최선이라 여겼던 이데올로기가 또 다른 이데올로기의 도전을 받아 분투 끝에 새로운 이데올로기로 전환되어 전쟁이나 사회변혁이 이루어지고 변혁된 사회는 다시 변혁을 준비하는 반복의 연속이 인간사회의 본질적 요소로 자리 잡고 있다. 전쟁이나 사회변혁의 시기 때마다 그 시기를 전후한 여러 가지 사정들 – 예컨대 경제적인 문제나 정치적인 문제 혹은 특정 계층의 이익이나 심지어 개인의 자존심에 따른 사정 등 – 이 공통적이던 개별적이던 존재해 온 것으로 평가되고 있다.

이와 관련하여 우리는 전쟁이나 사회변혁을 일으키는 보편적인 요인 혹은 사회변혁 때마다 나타나는 공통적인 요인은 과연 있는 것인가? 라는 의문을 갖게 되고, 있다면 그 보편적 혹은 공통적 요인은 무엇일까? 하는 강한 호기심을 갖게 된다. 여기에 전쟁과 사회 변혁의 공통적 혹은 보편적 요인으로서 인간의 본성을 의심해 보는 시각이 생기게 되며, 인간의 본성과 전쟁 또는 사회변혁 간에는 어떠한 관계가 있는 것인가? 전쟁과 사회변혁이 과연 인간의 본성에 의해 영향을 받는 것인가? 하는 문제가 제기된다.

따라서 본 연구[3]에서는 제1절에서 인간의 본성에 대한 정치 사상가들의 논의들을 살펴보고, 제2절에서 인간본성과 전쟁 및 사회변혁과의 관계를 분석해 봄으로써 인간의 본성이 사회변혁에 어떻게 작용하는가를 고찰하는 한편, 근대이전의 동서양 정치 사상가들의 저술에서 나타난 각각의 주장들을 입체적으로 대비해 보기로 한다.

---

3) 본 내용은 송우근 박사의 논문 “인간본성과 사회변혁의 관계에 관한 연구”를 재인용한 내용임.

가. 인간의 보편성과 본성

(1) 아리스토텔레스와 플라톤의 주장

아리스토텔레스는 '인간은 정치적 동물'이라 했다. 스콜라 철학자 토마스 아퀴나스는 인간은 정치적 동물이라고 한 아리스토텔레스의 말을 옮겨 설명하면서 "인간은 본성상 정치적, 다시 말해 사회적이다(homo est naturaliter politicus, id est, socialis)"라고 했다.[4] 정치적이라는 말과 사회적이라는 말을 동의어로 사용하기도 했다. 정치적인 것을 정의하자면, 이는 공적 영역에서 다루는 공적인 것이라고 말할 수 있다.

고대 그리스에서는 사적인 것과 구별되는 공적 영역에서 민주적 토론에 의한 정치 영역이 형성되어 있었으나, 중세의 봉건적 사회구조에서는 왕을 정점으로 하는 수직적, 경제적 생산관계가 곧 정치관계를 의미한 것이다. 원래 사적 문제였던 것이 공적 영역에 들어와 공적 관심을 획득한 것을 사회적인 것이라 부른다. 이 사회적인 것의 등장과 더불어 공적인 차원에 속한 문제들에 혼돈이 발생하게 되었다.

이로써 현대에서는 사적 문제와 공적 문제의 구분이 불분명해졌고, 개인 생활에서 개인의 중요성까지도 변화되어버렸다. 사적인 것이 공적인 영역에 들어왔다고 해서 공적인 것으로 전환되지는 않는다. 그러나 그것은 공적 영역을 사적인 것을 위해 기능하는 것으로 전환시켜버리고, 이와 더불어 공적 영역에서만 가능한 인간의 복수성에 바탕을 둔 인간의 활동을 잠식하고 파괴하는 결과를 초래한다.

인간이 정치적 동물이라는 주장은 경제지상주의에 물든 인간성 회복을 외치는 선언이 될 수 있다. 인간은 서로 다른 가치를 추구하고 드러내면서 인간다운 삶을 사는데, 그래서 우리는 '인간은 정치적 동물'이라고 정의한다.[5]

---

4) 김선욱, 『정치와 진리』, 책세상, 2005, p. 44.
5) 상게서, pp. 45-59.

플라톤[6]은 인간을 이원적으로 보는 견해를 제시한 바, 이 이원론에 의하면, 인간의 영혼이나 정신은 육체와는 별개로 존재하는 비물질적인 실체다. 플라톤은 인간의 영혼이 파괴될 수 없다. 즉 영혼은 인간이 탄생하기 전에도 계속 존재해 있었고, 그가 죽은 후에도 영원히 존재한다고 주장했다. 이러한 이론들이 「국가론」에서 언급되고 있지만, 이들에 대한 그의 주요한 논의는 다른 대화들, 특히 「메노」와 「파에도」에서 나타나고 있다. 영혼의 비물질론과 불멸론은 「국가론」에서 중심적인 주제로 다루어지지는 않았지만, 형상의 세계와 인간이 지각할 수 있는 물질의 세계라는 플라톤의 대비와 자연히 관련되는 이론이다. 왜냐하면, 그는 인간에게 있어서 육체가 아니라 영혼이 형상들에 대한 지식을 얻을 수 있고, 도덕의 관심이 된다고 주장했기 때문이다.

「국가론」에서 보다 중점적으로 논의되고 있는 것은 영혼을 세 부분으로 나눈 이론이다. 가령 목이 타는 갈증을 느끼나, 물에 독이 있다는 사실을 알고 있기 때문에, 손에 넣을 수 있는 물을 마시지 못하는 사람의 경우에 일어날 수 있는 정신적 갈등을 생각해 보라. 플라톤은 그 사람의 마음에 그 물을 마시도록 유혹하는 첫 번째 요소를 욕망 혹은 정욕(배고픔, 갈증 혹인 성욕 같은 모든 육체적 욕망을 뜻함)이라고 부르고, 두 번째 요소를 이성이라고 부른다. 플라톤은 인간의 마음에는 이 외에도 세 번째 요소가 존재하고 있음을 증명할 수 있다고 믿는 바, 즉 시체더미를 보고자 하는 불같은 욕망을 느끼나, 그것을 보고자 하는 자신에게 혐오를 느끼는 사람의 이야기에서 예를 들고 있듯이, 스스로에 대한 화나 분개의 감정이 느껴질 때 생기는 정신적 갈등의 경우가 그것이다. 그는 여기서 욕망과 갈등을 일으키는 것은 이성이 아니라 분개나 화 또는 혈기(Spirit) 등 여러 가지 명칭으로 부를 수 있는 세 번째 요소라고 주장한다. 플라톤은 어린아이들이 이성을 갖추기 훨씬 전에 혈기를 보여 준다고 생각하고 있는데, 이 혈기는 일종의 자기주장 혹은 이기

6) 이병길 역, Plato 저, 『국가론(Politeia)』, 박영사, 2006, 제4권.

심 같은 것으로서 내면적 갈등이 생길 때는 보통 이성의 편에 선다는 것이다. 이성, 혈기, 욕망은 어느 인간에게서나 나타나지만, 어떤 요소가 우세한가에 따라 각각 지식욕, 성공욕, 소유욕 등의 주된 욕망을 가진 세 가지 유형의 인간이 나타나는 것이다.

플라톤은 이 세 요소 중 어느 하나가 지배적인 요소가 되어야 한다는 데 분명한 견해를 보이고 있다. 형상들을 지적인 사유에 의해서만 인식할 수 있는 궁극적인 실제로 보는 그의 관점에서 예상할 수 있듯이 플라톤은 이성이 혈기와 욕망의 두 요소를 통제해야 한다고 생각한다. 그러나 영혼의 세 요소는 각기 따로따로 적당한 역할을 맡고 있는데, 인간에게 이상적인 조건은 이 영혼의 세 요소가 이성에 의해 통제되면서 서로 조화로운 화합을 이루는 데에 있다. 플라톤은 이와 같은 이상적인 조건을 그리스 말로 디카이오시네(dikaiosune)라고 기술하고 있으며, 이 말은 '정의'라는 말로 보통 번역되고 있으나 정확한 영어 번역은 어렵다. 이 말을 개인에게 적용시켜 볼 때, 개인의 '행복' 혹은 '정신건강'이라는 뜻이 플라톤이 사용한 개념을 좀 더 잘 전달해 줄 것이다. 그의 스승인 소크라테스와 그 이후의 많은 그리스 철학과 마찬가지로, 플라톤은 지적인 사유 곧 지식을 강조하고 있다. 그의 이와 같은 강조는 동시에 바로 도덕에 대한 강조가 된다. 왜냐하면 이는 철학자는 어떻게 사는 것이 바람직한가 하는 덕의 문제가 지식과 도덕이 각기 달리 의견을 제시해 줄 수 있는 문제라기보다 곧바로 인간 지식에 대한 문제라고 보고 있기 때문이다. 어떻게 살아야만 하는가를 말해줄 수 있는 진리의 문제에 있어서도, 이 진리는 우리의 지적사유에 의해서 변하지 않는 완전무결한 비물질적인 형상들을 알게 될 때 인식될 수 있는 것이다.

플라톤은 인간의 본질에 관한 이론에 있어서 마지막 주요 특징은 우리 인간이 근원적으로 사회적인 존재라는 지적이다. 각 개인은 자급자족할 수가 없다. 왜냐하면 각 개인은 혼자 힘으로는 마련할 수 없는 마련할 수 없는 필요한 것들이 많기 때문이다. 의-식-주와 같은 물질적인 필수품의 경우만 보더라도, 인간은 완전히 다른 사람의 힘을 빌리지 않고 혼자서 이러한 모든 것을 마련할 수는 거의 없다. 이러한 인간이 대부분의 시간을 생존하기 위한 싸움에 소비해 버리고 만다면 친교나 놀이, 학문과 같은 특수한 인간적인 활동을 할 여지는 거의 갖지 못하게 될 것이다. 그러나 분명한 사실은 개개인은 각각 다른 적성과 관심을 가지고 있다. 따라서 농부와 기능공과 군인과 행정가들이 있게 되는데, 그들은 각각 한 종류의 일에 전문가가 되게끔 천성과 교육과 경험에 의해서 적합한 직업을 갖게 되는 것이다. 이러한 분업은 직업을 택하는데 있어서 다소 비현실주의적인 양자택일보다 더욱더 효과적이다. 플라톤에 의하면 - 물론 전형적인 그리스 인의 관점이기도 하다 - 사회생활을 한다는 것은 인간의 자연스러운 현상으로서, 인간 이외 어떤 것도 인간보다 더 자연스럽게 사회생활을 영위할 수 없는 것이다.[7]

(2) 기독교 교리와 마르크스 및 니체의 주장[8]

인간에 대한 기독교의 교리는 인간을 우주 안에서 특별한 위치를 차지하게끔 이 인간을 창조한 하느님과의 관계 속에서 관찰하고 있다. 인간의 본질에 대한 기독교적 인식에 있어서 가장 중요한 점은 자유의 개념과 바로 하느님의 실체인 사랑을 실현할 수 있는 능력이다. 이 사랑(그리스 어로는 아가페(agape))은 단순히 어떤 종류의 인간적인 애정과 동일시되어서는 안 되는 것으로서, 그 본질에 있어서 궁극적으로 신성한 것이며 하느님에 의해서만 주어질 수 있는 것이다.

마르크스의 인간 개념에서 가장 독특한 관점은 우리의 본성이 본질적으로 사회적, 즉 "인간의 진정한 본질은 사회적 관계의 총체성"이라는 관점이다. 먹어야 할 필요성 같은 뚜렷한 몇몇 생물학적인 사실 말고는, 마르크스는 개

7) 임철규 역, Leslie Stevenson 저, Seven Theories of Human Nature, Oxford University Press, 1974, pp. 38-40.

8) 임철규 역, Leslie Stevenson 저, Seven Theories of Human Nature, Oxford University Press, 1974, pp. 59-60, pp. 82-84.

인적인 인간의 본질 같은 것은 없다고 이야기하는 경향이 있다. 즉 한 사회 혹은 한 시대 인간들에게 적용되는 것이(심지어 보편적으로 적용되는 것이) 다른 장소 혹은 다른 시대의 인간들에게 적용되는 것은 아니라는 것이다. 한 인간이 무엇을 하든 그것은 본질적으로 사회적인 행동으로, 그 행동은 어떤 형식 이든 간에 그와 관련을 맺고 있는 다른 사람들의 존재를 전제로 하고 있다는 것이다. 우리가 먹고, 자라고, 성교를 하고, 배설하는 방식조차도 사회적으로 습득된 것이다. 이와 같은 사실은 무엇보다도 모든 생산 활동에 적용되는데, 왜냐하면 생업에 필요한 도구의 생산은 어떤 방식이든 간에 인간의 협동을 요구하고 있다는 점에서 전형적인 사회적 활동이기 때문이라는 것이다. 이 말은 사회가 개인에게 영향을 주는 하나의 추상적인 실체가 아니라 그 개인이 어떤 종류의 개인이며 어떤 종류의 일을 행하고 있는가를 그가 살고 있는 사회가 어떤 성격의 사회인가에 의해서 결정된다는 뜻이다.

한 사회에서 본능적인 것으로 보여 지는 것, 예를 들어 여자의 어떤 역할이 다른 사회에서는 전혀 다른 것일 수도 있다. 마르크스의 대표작으로 '잠언'을 보자 "인간의 의식이 그들의 존재를 결정하는 것이 아니라, 그 반대로 사회적 존재가 그들의 의식을 결정한다." 현대 용어로 말하면 이 결정적인 요점을 이렇게 요약할 수 있다. 사회학은 심리학으로 환원될 수 없다. 즉 개인에 관계되는 사실만 가지고 인간에 대한 모든 것이 설명될 수 없으며, 그들이 살고 있는 사회의 성격 역시 고려되어야 하는 것이다. 이 방법론적인 논점이 마르크스의 가장 뛰어난 공헌 중의 하나이며 가장 광범위하게 받아들여지고 있는 것 중의 하나이다. 이 이유 하나만으로도 그는 사회학을 창시한 시조 중의 한 사람으로 인정되어야 한다. 그리고 이 방법은 물론 마르크스가 정치학과 경제학에 관해 도달한 특정한 결론에 우리가 동의하건 안하건 간에 받아들여질 수 있는 것이다.

그러나 마르크스에게도 인간의 본질에 대해서 규정했음직한 보편적인 개념이 적어도 하나는 있는 것 같다. 그 개념은 인간은 활동적인 생산적 존재로서, 생업에 필요한 도구를 생산하는 사실로 해서 다른 동물과 구별된다는 것이다. 인간에게 있어서 자신의 생계를 위해서 일한다는 것은 자연스러운 일이다. 이와 같은 사실에는 경험적인 진리가 있는 것이 틀림없지만, 마르크스는 또한 이 사실로부터 가치 판단을 끌어내고 있다. 즉 인간에게 있어서 올바른 종류의 생활이란 것이다. 이런 입장은 소외를 산업 노동에 있어서의 성취의 결핍으로 보는 그의 진단 속에, 그리고 모든 사람이 어느 방향에서도 자신의 재능을 자유롭게 계발할 수 있는 미래의 공산주의 사회에 대한 처방 속에도 함축되어 있는 것이다. 마르크스가 휴머니스트로 불려 왔던 것은 그의 초기 저서 속에 드러난 이 논점 때문임이 틀림없다.

니체는 "우리는 더 이상 금욕적 이상에 근거한 의지(willing)가 무엇으로 표현되는지 숨길 수 없다. 간적인 것, 나아가 동물적인 것, 그리고 더 나아가 물질적인 것에 대한 혐오, 감각과 이성 자체에 대한 공포, 행복과 아름다움에 대한 두려움, 그리고 일체의 현상과 변화, 생성, 죽음, 희망으로부터 탈피하려는 갈망(渴望), 그리고 결국에는 이러한 갈망 자체로부터도 탈피하려는 갈망, 이 모든 것이 의미하는 바는 - 과감히 말하자면 - 무(無)에의 의지(a will to nothingness), 즉 삶에 대한 혐오이자 삶의 가장 근본적인 전제들에 대한 반항인 것이다. 그러나 그것은 여전히 하나의 의지(will)임에는 틀림없다…….
여기에서 결론으로 서두에 말한 것을 되풀이 하자면, 인간은 의지하지 않기(not will)보다는 무(nothingness)를 의지할 것이다"[9]라고 하였다.

(3) 프로이트 및 스키너와 로렌츠의 인간본성에 관한 주장[10]

프로이트의 기초 개념들을 네 개의 주요 항목 밑에 요약하고자 한다. 첫째

9) Friedrich Nietzsche, On the Genealogy of Morals, trans. Walter Kaufmann and R. J. Hollingdale, together with Ecce Hom(New York: Random House, 1967), Preface, s. 28.

10) 임철규 역, Leslie Stevenson 저, Seven Theories of Human Nature, Oxford University Press, 1974, pp. 97-102, p. 125, p. 148, pp. 169-170.

는 정신영역에 있어서 결정론 - 모든 사건은 그에 앞선 충분한 원인이 있다는 - 의 엄격한 적용이다. 예전에는 한 사람을 이해하는 데 아무런 중요성이 없다고 생각되었던 것들, 즉 실언이나 잘못된 행동, 그리고 꿈과 같은 것들이 프로이트는 한 사람의 정신 속의 숨은 원인들에 의해 결정된다고 생각했다.

두 번째의 주요 논점인 무의식적인 정신 상태에 대한 가정은 따라서 첫 번째 논점에서 생겨난다. 그러나 우리는 이 무의식의 개념을 정확히 이해하도록 조심해야 한다. 우리가 계속해서 의식하지 않더라도(다행스럽게도), 언제든 필요할 때마다 불러낼 수 있는 예를 들어, 어떤 특정한 사실이나 사건에 대한 기억과 같은 정신적 실체가 많이 존재한다.

세 번째 주요한 특징은 그의 본능 혹은 '충동'에 대한 이론 - 혹은 이론들이다. 왜 이론 혹은 이론들이라고 말하는가 하면, 이 본능론이 그의 저술에서 가장 다양성 있는 부문 중의 하나이기 때문이다. 본능은 정신적 장치에서 동인이 되는 힘들이며, 우리 정신 속의 모든 '에너지'는 이 본능에서만 나온다.

네 번째, 개개 인간의 성격에 대한 발생적 혹은 역사적 이론이다. 이는 성격은 꼭 유전적 기질만이 아니라 경험에도 의존한다는 자명한 공리를 이야기하는 것이 아니다. 프로이트는 특정한 '충격적' 경험은 겉으로는 잊어버린 것 같아도 한 사람의 정신적 건강에 계속적인 해독을 미친다고 하는 브로이어의 발견으로부터 출발했다. 그리고 프로이트의 정신분석의 원숙한 이론은 이 사실로부터 귀납적 결론을 내리고, 어른의 성격에 있어서 유아기와 소년 시절 초기의 경험의 절대적 중요성을 강조했다.

스키너가 가정한 것은 유기체 내부의 생리학적 상태들은 단지 그 유기체의 행동에 끼치는 그 환경(유기체의 과거와 현재)의 영향을 중재할 뿐이라는 것이다. 그러므로 그는 심리학은 환경의 영향을 직접 행동과 연결시켜 주는 법칙에 그 관심을 한정시켜야 한다고 생각한다. 여기에는 가정이 두 가지로 분리될 수 있다. 첫째는 인간행동은 어떤 종류의 과학 법칙에 의해서 지배된다는 것이다. 즉 "우리가 인간 생활에서 생기는 이러저러한 일에 과학의 방법을 이용하고자 한다면, 우리는 행동이 법칙에 지배되며, 또한 결정되어진다는 것을 가정해야만 한다." 두 번째는 이러한 법칙들이 환경적 요소들과 인간 행동 사이에 인과적 관계를 밝혀 준다는 것이다. 즉 우리의 '독립적 변수들' - 행동의 원인들 - 은 외부적 조건들로서, 행동은 그 외부적 조건들과 함수관계를 이룬다는 것이다."

로렌츠는 인간을 다른 동물들로부터 진화된 동물의 하나로 본다. 우리의 실체와 그 생리가 현저하게 다른 동물들과의 연속성을 보여 주고 있는 것처럼, 로렌츠는 우리의 행동 양태들도 기본적으로는 동물과 유사한 것이라고 예견한다. 우리 자신을 동물과 본질적으로 다른 것으로 생각하는 것은 자유의지의 이름이든 다른 무엇 때문이든 하나의 환상이다. 우리의 행동은 모든 동물의 행동과 똑같은 자연의 인과 법칙에 종속되고 있으며, 우리가 이 사실을 인식하지 않는 한 사태는 우리에게 나쁘게만 되어갈 것이다. 물론, 우리는 여타의 동물 세계와 정도에 있어서 다르며, 우리는 진화에 의해서 이만큼까지 오게 된 '지상 최고'의 성취 결과이다. 우리의 행동을 원인적으로 설명한다는 것은 반드시 우리의 '존엄성(dignity)' 혹은 '가치(value)'를 폐기하는 것은 아니며, 한편 우리가 자유롭지 않다는 것을 보여주는 것도 아니다. 왜냐하면, 우리 자신에 대한 지식이 차츰 증가됨에 따라 우리 자신을 통제할 수 있는 힘도 증가되기 때문이다. 로렌츠는 이러한 철학적 물음들을 아주깊이까지 진전시키지는 않았지만, 그는 자신이 스키너보다는 그 문제들에 대해서 훨씬 더 민감하다는 것을 보여 주고 있다.

인간 본질에 대한 로렌츠의 견해에서 결정적인 포인트는 다른 많은 동물들과 마찬가지로 우리는 우리 자신의 종족을 향해 공격적인 행동을 하는 생득적 충동을 가지고 있다는 이론이다. 그는 이 사실만이 왜 갈등과 전쟁이 인간 역사를 통해 일어나고 있으며, 이성적인 존재들이 왜 끊임없이 비이성적인 행동을 하는가에 대해 설명을 할 수 있다고 생각한다. 그는 프로이트의 죽음의 본능이론도 인간 본질에 관한 동일한 기본적인 사실에 대한 해석이라고 말한다. 로렌츠는 우리의 생득적 공격성에 대해서, 그리고 그 유별난 집단적인 공격성(왜냐하면, 대부분의 파괴적 싸움은 개인 설명을 하려 한다. 그는 우리 조상들의 어떤 진화 단계에서, 그들이 인간 외적인 환경의 위험을 다소 극복하게 되었을 때, 비로소 주요한 위험은 다른 인간의 무리로부터 오게 되었다고 생각한다. 그러므로 이웃한 적대적 종족들 간의 경쟁은 자연도태에 있어 주요한 요소가 되었으며, 따라서 '전사의 용맹(warrior virtue)'에 잔존 가치가 있게 되었다.(자연 도태는 종뿐만 아니라 문화의 진화도 결정할 수 있다.) 선사시대일 것이라고 가정되는 이 단계에서는 다른 무리들과 싸우기 위해서 가장 잘 뭉친 무리들이 가장 오래 잔존하는 경향이 있었다. 이런 사실에 의해서 로렌츠는 인간무리가 흥분하여 공격적이 되고 모든 이성과 도덕적 절제를 잃게 되는, 말하자면 그가 '호전적 열광(militant enthusiasm)'이라고 일컫는 그런 경향을 왜 갖게 되었는가를 설명한다. 이 호전적 열광은 우리의 선사시대 조상들의 집단적 방어 본능으로부터 진화해 온 것이다.

(4) 밀과 홉스 및 사르트르의 주장

존 스튜어트 밀은 "인간은 자신이 소중히 여기는 것과 대립되는 것에 대해서는 쉽사리 관용을 베풀지 못하는 천성을 타고났다"[11]고 지적한 바 있다.

홉스는 자연적 욕구(natural appetite)와 자연적 이성(natural reason)을 두 가지의 가장 자명한 인성의 기본적 전제로 제시하고 있다. 인성의 과학적 설명을 기도하고 있는 홉스는 우선 자연적 욕구에 대하여 사람의 감각기능(sensuousness)에 뿌리를 두고 있는 것으로 설명하며, 이를 동물과 공유하고 있는 인간의 속성, 즉 인간의 동물적 본성으로 규정하고 있다. 자연적 욕구는 외계의 사물에 반응하면서 욕망(desires)과 배척(aversion)의 작용을 낳음으로써 인간을 다른 동물과 마찬가지로 끊임없는 운동 상태로 몰아넣는다. 홉스는

11) John Stuart Mill, 『자유론(On Liberty)』, 책세상, 2006, p. 28.

이와 같은 기계론적 기능(mechanistic conception)에 의해서만이 어떠한 도덕적 편향성도 배제된 과학적 설명이 가능하다고 믿었다.[12)]

사르트르의 주장은 인간의 자유에 관한 것이다. 그의 견해로는 우리는 '자유롭도록 저주받은' 것이다. 우리가 자유롭기를 그만 둘 자유가 없다는 것을 제외하면, 우리의 자유에는 한계가 없다는 것을 강조한 것이다.

(5) 동양사상에서의 인간 본성에 관한 주장

순자는 "사람의 본성은 악한 것"[13)]으로 보았다. 맹자는 "사람들은 모두 '남에게 차마 어쩌지 못하는 마음'을 가지고 있다. 남을 불쌍하게 여기는 마음이 없으면 사람이 아니고, 불의를 부끄러워하고 미워하는 마음이 없으면 사람이 아니고, 겸손하고 양보하는 마음이 없으면 사람이 아니며, 옳고 그름을 판단하는 마음이 없으면 사람이 아니다. 측은지심은 인의 단서요, 수오지심은 의의 단서요, 사양지심은 예의 단서요, 시비지심은 지의 단서다. 사단을 가지고 있으면서도 스스로 인의를 행할 수 없다고 말하는 자는 자신을 해치는 자요, 자기 군주가 인의를 행할 수 없다고 말하는 자는 군주를 해치는 자이다"라고 하였다.

결론적으로, 인간은 정치적 동물이라고 아리스토텔레스가 2300여 년 전 언급한 이래 이에 대한 많은 논란이 있어 왔다. 논의의 결과가 어찌되었던 인간이 정치적 혹은 사회적 동물이라고 할 때 그것은 특수한 개인이나 단체에 한 한 것이 아니라 인간의 보편성에 관한 것으로 간주될 수 있을 것이다.

아리스토텔레스가 인간을 정치적인 동물로 보았다면, 플라톤과 마르크스는 인간의 사회적 측면을 강조하고 있다.

사회적 문제와 정치적 문제는 서로 다른 문제로 사안별로 구분되는 것이기보다는 공적 영역에서 다루어지는 문제가 갖는 두 측면으로 이해되어야

12) 김영국 외, 『Leo Strauss의 정치철학』, 서울대학교출판부, 1996, p. 243에서 재인용.
13) 안외순 옮김, 『순자』, 책세상, 2006, p. 113.

할 것이다. 올바른 척도가 있어 이를 기준으로 답을 끌어내는 부분이 사회적인 것이고, 이와는 달리 개성과 인간의 복수성이 드러나는 부분이 정치적인 것이다. 이 양자는 서로 밀접히 연결되어 있지만 뗄 수 없을 만큼 뒤얽혀 있는 것은 아니다. 양자의 특성이 전적으로 다르기 때문에 서로 분리해 구별해야 하고, 정치적인 것은 정치적으로 다루어야 한다. 인간이 사회적 동물인가 정치적 동물인가를 묻는 물음이 중요한 것은 소극적으로는 정치적 관심이 사회적 관심에 압도되지 않아야 한다는 의식에서이고, 적극적으로는 사회적 관심 위에 정치적 관심을 놓아야 한다는 의식에서이다.14)

인간의 본질에 대한 기독교적 인식에 있어서 가장 중요한 점은 자유의 개념과 하느님의 실체인 사랑을 실현할 수 있는 능력이라고 하였고, 프로이트는 정신적 본능과 환경적 경험의 중요성을 강조하였으며, 스키너는 인간의 행동이 그 외부적 조건들과 함수관계를 이룬다고 하였다.

밀과 사르트르는 개인의 자유의지를, 니체는 권력에의 의지를 인간본성의 주제어로 설명하고 있고, 로렌츠는 자신의 종족을 향한 인간의 공격성을, 홉스는 자연적 욕구와 자연적 이성 사이의 상호작용으로 인간 본성을 설명하고 있다. 순자와 맹자를 중심으로 한 동양사상에서도 인간의 본성이 악하거나 이를 제어하려는 선한 마음들이 있다는 것으로 요약될 수 있겠다.

위에서 살펴본 바와 같이 인간의 본성은 충동적이고 자기중심적이며 개인의 무한한 자유를 갈망하고 사회적 존재로서 기본적으로 권력에의 의지가 있는 것으로 요약된다. 그러면서도 이러한 본능적 본성을 제어하고자 하는 정신적 측면의 요소, 즉 이성적이거나 금욕적 혹은 타인의 자유를 존중하고자 하는 본성도 있는 것으로 평가된다. 이러한 본성은 정치적 또는 사회적 유기체로서의 역할에서 부정적이거나 긍정적인 형태로 작동한다고 볼 수 있겠다.

14) 김선욱, 『정치와 진리』, 책세상, 2005, pp. 57-58.

나. 인간 본성과 전쟁 및 사회변혁과의 관계

(1) 아리스토텔레스와 플라톤의 주장

플라톤은 “국제에 다음 가는 것이 과두제이며 이것은 재산평가에 의존하는 통치체제로 여기서는 부자만이 권력을 쥐고 가난한 자는 이것이 박탈되어 있는”[15](pp. 339)것으로 보고 “국가 내에 약점이 있을 때에는 민주적 동맹군을 불러들이게 되어 내란이 일어나며 가난한 자들이 그들의 적을 정복하여 어떤 자들은 죽이고 추방하며 그 나머지에게는 평등한 자유와 권력을 나누어줌으로써 민주제가 발생, 행정관들이 추첨제로 선출되어 통치(pp. 349)된다”고 하였으며, “민주제의 관용성, 사소한 것들에 대한 무관심, 우리가 국가를 일으켜 세우는데 있어 소중하게 설정하였던 훌륭한 원칙들에 대한 멸시……, 아주 비범한 자질을 가지고 태어난 자를 제외하고는 어릴 때부터 훌륭한 일들 속에 싸여서 놀고, 이것들로 약을 삼고 배우고 하지 않고서는 훌륭한 사람이 될 수 없는 것인데……, 민주제는 우리들의 좋은 생각을 짓밟고 정치가로 되기 위해 종사할 일에 대해서 돌아보지도 않으며 인민의 친구라고 명명만 한다면 누구이건 상관할 것 없이 명예를 주어 떠받들게 되며……, 민주제는 다양하고 무질서하고 평등한 자들에게나 평등하지 않은 자들에게나 한결같이 일종의 평등을 베푼다”고 하였다.

“이러한 사회 상태에서는 선생들이 제자들을 두려워하여 아부하고, 제자는 제자대로 그의 선생들을 멸시하며, 노유(老幼)가 한결같이 같고 젊은 것이 나이 먹은 자의 행세를 하고, 아들과 더불어 말에 있어서나 행동에 있어서 맞서려고 하며 나이 먹은 자는 젊은 것들과 어울려 노소동락하며 완고하고 권위를 지니는 같이 남이 생각하는 것을 두려워하여 일부러 젊은이들을 모방하고……, 지나친 자유는 국가에 있어서나 개인에 있어서나 지나친 노예상태로 전락할 뿐이며, 이에 따라 민주제가 참주제로 전환되며 특히 가장

15) 이병길 역, Plato 저, 『국가론(Politeia)』, 박영사, 2006, pp. 339-360.

극심한 자유의 형태에서 악화된 참주제와 노예제의 형태가 발생한다"고도 하였다.

아리스토텔레스는 "정치에 있어서 그들의 참여권이 그들이 가지고 있는 선입관과 일치하지 않는다고 생각되는 경우에 언제든지 반란을 일으키게 되는 것이며……, 두 가지 종류의 변혁이 정체에 일어나며 현존하고 있는 것으로부터 다른 어떤 것으로 변전케 하고자 할 때와 정치구조 그 자체에는 영향을 미치지 않는 것으로서 가령 정체를 동요하지는 않고 과두정치이든 군주정치이든 혹은 어떠한 것이든 간에 그 관리를 그들 자신이 장악하고자 할 때 일어나는 것이다. 열등한자들은 평등한 사람이 되고자 반란을 일으키고, 평등한 사람들은 우월자가 되기 위해 반란을 일으킨다……. 혁명을 일으키는 동기는 이득과 명예에 대한 욕구 또는 불명예와 손실에 대한 공포이며 혁명을 일으키는 사람들은 그들 자신을 위해서도 또는 그들의 친구들을 위해서도 처벌이나 불명예를 회피하고자 하는 것이다……. 그 외에는 교만, 공포, 과도한 지배, 모멸, 국가의 어느 한 부분의 불균형한 세력의 확대 등의 원인이 있으며, 또 한 종류의 원인으로서는 선거 음모, 부주의, 사소한 일에 대한 등한, 각 성분의 부동성 등이 있는 것이다"[16]라고 하였다.

(2) 마키아벨리와 니체의 주장

마키아벨리는 "우리 시대에 위대한 업적을 성취한 군주는 자신의 약속을 별로 중시하지 않고 오히려 인간을 혼동시키는 데에 능숙한 인물들이라는 것을 알 수 있다. 군주는 동물로서 그리고 인간으로서 싸워야 한다. 군주는 모름지기 인간에게 합당한 방도를 사용할 뿐만 아니라 짐승을 모방하는 방법도 알아야 한다. 현명한 군주는 신의를 지키는 것이 그에게 불리하게 작용할 때 그리고 약속을 맺은 이유가 더 이상 존재하지 않을 때, 약속을 지킬

16) 이병길 외 역, 아리스토텔레스 저, 『정치학』, 박영사, 2006, pp. 186-190.

수 없으며 지켜서도 안 된다. 필요하다면 군주는 전통적인 윤리를 포기할 태세가 되어 있어야 한다. 군주는 상기한 모든 성품을 실제 구비할 필요는 없지만, 구비한 것처럼 보이는 것은 반드시 필요하다. 가급적이면 올바른 행동으로부터 벗어나지 말아야 하겠지만 필요하다면 비행을 저지를 수 있어야 한다"[17]고 하였고, "전쟁은 군주의 직업이다. 군주는 전쟁, 전술 및 훈련을 제외하고는 그 밖의 다른 어떤 일이든 목표로 삼거나 관심을 가져서는 안 되며, 또 몰두해서도 안 된다. 어떠한 기예는 세습적인 군주로 하여금 그 지위를 보존하게 하고, 종종 일개 시민을 군주로 만들만큼 효과적인 것이다. 무력을 갖추지 못한 군주는 경멸을 받는다. 군사업무에 정통하지 않은 군주는 자신의 병사들로부터 존경받지 못하며, 그 역시 그들을 신뢰할 수 없다. 이런 이유로 군주는 항상 군사에 관심을 가져야 하며 평화 시에도 전시보다 더 관심을 가져야 한다. 이를 실천하는 데에는 두 가지 방법이 있는데, 그 하나는 훈련을 하는 것이고, 다른 하나는 연구를 하는 것이다"[18]라고 하기도 했다.

근대 철학자 니체에 대해 20세기 대표적 정치철학자로 평가받는 레오 스트라우스는 "근대 철학자 중 자연(nature)의 복귀를 주창함으로써 근대성의 극복 가능성을 제시한 철학자로 평가한다. 권력에의 의지(the will to power)의 최상의 표현으로서 인간의 '자연화(Vernaturlichung)'는 새로운 가치창조의 행위이며, 이는 '자연'에 대항하여 '인위적' 가치와 지식의 절대성을 확보하려는 근대성을 극복하기 위한 시도"라고 평가한 바 있는데, 스트라우스는 니체의 진리관을 이원적으로 해석하였다. "진리는 특히 도덕과 관련된 경우 인간이 만들어낸 산물이다. 도덕적 관점에서 볼 때 자연은 혼돈과 무질서를 의미한다. 이러한 자연에 질서를 부여하려는 '권력에의 의지'의 한 표현이 도덕적 진리의 창조이며, 이는 이데올로기나 허구(虛構)로서 '자연에 대한

17) 강정인 외 역, 니콜로 마키아벨리 저, 『군주론』, 까치글방, 2006, pp. 123-125.
18) 상게서, pp. 102-103.

전제(tyranny againstnature)'에 기반하는 것이다. 요컨대, 질서와 진리는 인간의 창조적 행위, 즉 권력에의 의지에서 기원되는 것이다"19)라고 평가하기도 했다.

(3) 홉스와 밀의 주장

토마스 홉스는 "정치 · 사회적 영역에서 가장 크게 작용하는 인간본성은 허욕(vanity)과 공포(fear)이다. 허욕은 삶의 보존과 자기이익의 증진을 위해서 누구에 대해 어떠한 것도 행하고자 하는 욕구이며 공포는 생명과 이익을 위협하는 혐오감이나 이를 회피하려는 태도"라고 하였으며, "만인에 의한 투쟁의 관점에서 개인의 생명 보존을 위해 저항할 수 있다"20)고 한 바 있다.

자연 상태에 대한 분석을 통해서 정치질서의 가능성과 불가피성을 논증하는 방식으로 그의 정치철학을 전개해 간다. 자연 상태는 모든 구성원들의 행동을 규제하는 공동의 권위체의 수립 없이 살아가는 상태이다. 홉스는 인간의 정념에 대한 분석에서 자연 상태의 본질을 연역한다. 홉스의 설명에 의하면 능력 면에서 대체적으로 평등관계에 놓여 있는 인간은 허욕의 지배를 받아 움직이기 때문에 치열한 경쟁관계에 빠지게 된다. 허욕이 지배하는 인간들 사이의 평등관계는 곧 서로가 서로에 대해 치명적 손실을 가할 수 있는 평등한 능력(equal ability to kill each other)을 가지고 있음을 의미한다. 사람들의 가장 중요한 관심사가 삶의 보존이기 때문에 평등한 살육의 능력은 중요한 관건으로 등장한다. 또한 삶의 보존에 대한 관심은 죽음의 공포라는 강력한 정념을 불러일으킨다. 홉스는 죽음의 공포가 사람들로 하여금 평화를 지향하도록 하는 행동을 불러일으킨다고 본다. 자연적 권리를 일체 양도하는 사회계약체제는 이러한 맥락에서 승인된다.

홉스의 사회계약은 각자가 가진 자연적 권리의 상호포기를 공개적으로 서

19) 김영국 외, 『Leo Strauss의 정치철학』, 서울대학교출판부, 1996, pp. 326-333.
20) 김영국 외, 『Leo Strauss의 정치철학』, 서울대학교출판부, 1996, p. 236에서 재인용.

로 확인하고 다짐하는 정치적 절차이다. 계약을 통해서 사람들은 상대방이 기꺼이 그러는 한 자신의 모든 것에 대한 권리를 내놓아야 한다. 동시에 자신에 대하여 타인에게 허용하는 것만큼만 자신이 타인에 대해 가지게 되는 자유에 만족해야 한다. 이러한 의미에서 홉스의 사회계약이론은 철저한 호혜성(互惠性, reciprocity)의 원칙에 입각해 있음을 알 수 있다.[21)]

밀은 그의 저서 『자유론』에서 인간이 개인적 자유에 기반을 두고 사회가 개인을 상대로 정당하게 행사할 수 있는 권력의 성질과 그 한계를 제시하면서 사회변혁에 관련된 생각의 일단을 보여주고 있는데 "권력을 제한하는 방법에는 두 가지가 있다. 첫째, 정치적 자유 또는 권리라고 하는 어떤 불가침 영역을 설정하고 권력자가 이를 침범하면 의무를 위반한 것으로 간주해서 피지배자들의 국지적 저항이나 전면적 반란을 정당한 것으로 인정한다. 둘째, 좀 더 시간이 흐른 뒤에 통용된 것이지만, 국가가 중요한 결정을 내릴 때 구성원 또는 그들의 이익을 대표하는 기관의 동의를 얻도록 헌법으로 규정한다.

권력이 지배자 손에 집중되어 있고 또 그들이 행사하기 편리한 형태를 띠고 있기는 하지만, 그것은 사실상 인민의 권력인 것이다. 권력을 행사하는 '인민'은 그 권력이 행사되는 대상과 늘 같은 것은 아니다. '자치'라고 말하지만, 실제로는 각자가 스스로를 지배하기보다 각자가 자기 이외 나머지 사람들의 지배를 받는 정치체제가 되고 있다. 게다가 인민의 의지라는 것도 엄밀히 말하면, 가장 많은 수를 차지하는 사람들 또는 인민들 가운데 가장 활동적인 일부 사람들, 다시 말해 다수파 또는 자신을 다수파로 받아들이도록 만드는 사람들의 의지를 뜻한다.

정치영역에서 '다수의 횡포'는 온 사회가 경계하지 않으면 안 될 큰 해악 가운데 하나로 분명히 인식되고 있다. 사회가 그릇된 목표를 위해 또는 관여

---

21) 상게서, p. 237.

해서는 안 될 일을 위해 권력을 휘두를 때, 그 횡포는 다른 어떤 형태의 정치적 탄압보다 훨씬 더 가공할 만한 것이 된다. 정치적 탄압을 가하는 사람들과는 달리 웬만해서는 극형을 내리지 않는 대신, 개인의 사사로운 삶 구석구석에 침투해 마침내 그 영혼까지 통제하면서 도저히 빠져나갈 틈을 주지 않기 때문이다.

사회는 이런 방법을 통해 다수의 삶의 방식과 일치하지 않는 그 어떤 개별성도 발전하지 못하도록 방해한다. 그러나 분명히 강조하지만, 집단의 생각이나 의사가 일정한 한계를 넘어 개인의 독립성에 함부로 관여하거나 간섭해서는 안 된다."[22)]

밀은 인간의 자유에 초점을 두고 사회변혁에 대한 인간의 역할을 제시 한 바 자유에 관한 아주 간단명료한 단 하나의 원리를 천명하고자 한다.

"다른 사람의 행동의 자유를 침해할 수 있는 경우는 오직 한 가지, 자기보호를 위해 필요할 때뿐이다. 다른 사람에게 해를 끼치는 것을 막기 위한 목적이라면, 당사자의 의지에 반해 권력이 사용되는 것도 정당하다고 할 수 있다. 이 유일한 경우를 제외하고는, 문명사회에서 구성원의 자유를 침해하는 그 어떤 권력의 행사도 정당화될 수 없다.

이 원리가 정신적으로 성숙한 사람에게만 적용될 수 있다는 사실을 굳이 부연할 필요는 없을 것이다. 미개 사회에 사는 사람들도 이 대상에서 제외하는 것이 좋다. 왜냐하면, 그런 사회에 사는 사람들은 아직 미성년자인 것으로 보아도 무방하기 때문이다"와 같이 자기보호를 위해 필요할 경우 타인의 자유를 침해할 수 있다고 주장하였다.

(4) 순자와 맹자의 주장

순자는 "사람의 본성은 악한 것으로 본성에 방종하고 사람의 성정을 좇으

22) 서병훈 역, John Stuart Mill, 『자유론(On Liberty)』, 책세상, 2006, pp. 18-25.

면 반드시 쟁탈이 일어나 사회등급의 구분을 무너뜨리고 예의 이치를 어지럽혀 끝내 폭동으로 귀결된다"[23]고 하였다.

맹자는 "군주에게 큰 과오가 있으면 간하고, 반복해서 간해도 군주가 듣지 않으면 군주의 자리를 바꾼다"[24]고 했고, "선왕들은 남에게 차마 어쩌지 못하는 마음으로 남에게 차마 어쩌지 못하는 정치를 펼쳤다. 남에게 차마 어쩌지 못하는 마음으로 남에게 차마 어쩌지 못하는 정치를 펼친다면 천하를 다스리는 것은 손바닥 위에 놓고 움직이는 것과 같다"고 하였으며, "편벽된 학설을 상대로 그 가려진 바를 알고, 지나친 학설을 상대로 그 매몰되어 있는 바를 알고, 사악한 학설을 상대로 그 괴리된 바를 알고, 둘러대는 학설을 상대로 그 궁색한 바를 알 수 있다는 것이다. [이런 학설들은] 마음에서 생겨나 정치를 해치고, 정치에 드러나 일을 해치게 된다. 성인 [공자]께서 다시 살아오신다 하더라도 반드시 내 말을 [옳다고] 따르실 것이다"[25]라 하기도 했다.

다. 결 론

플라톤은 "지나친 자유는 국가에 있어서나 개인에 있어서나 지나친 노예상태로 전락할 뿐이며 이에 따라 민주제가 참주제로 전환되며 특히 가장 극심한 자유의 형태에서 악화된 참주제와 노예제의 형태가 발생한다"고 하여 인간본성에 따른 자유성에 의해 사회변혁이 일어날 수 있다고 진단하였고, 아리스토텔레스는 "정치에 있어서 그들의 참여권이 그들이 가지고 있는 선입관과 일치하지 않는다고 생각되는 경우에 언제든지 반란을 일으키게 되는 것이며……"라고 하여 인간본성에 따른 정치적 측면의 개인적 욕구가 사회변혁의 한 원인이 될 수 있음을 지적하였다.

---

23) 안외순 옮김, 『순자』, 책세상, 2006, p. 113.
24) 안외순 옮김, 『맹자』, 책세상, 2006, p. 123.
25) 상게서, p. 123.

마키아벨리는 "군주는 동물로서 그리고 인간으로서 싸워야 한다. 군주는 모름지기 인간에게 합당한 방도를 사용할 뿐만 아니라 짐승을 모방하는 방법도 알아야 한다……. 필요하다면 군주는 전통적인 윤리를 포기할 태세가 되어 있어야 한다……. 필요하다면 비행을 저지를 수 있어야 한다"는 등 인간의 본성에 순응하여 사회를 변혁하는 것이 바람직한 것임을 시사하고 있기도 하다.

니체는 "질서와 진리는 인간의 창조적 행위, 즉 권력에의 의지에서 기원되는 것이다"라고 하여 인간의 본성인 권력에의 의지에 따라 질서와 진리가 유지될 수 있다는 점, 즉 사회변혁이 필요하다는 견해를 제시하였고, 홉스는 "만인에 의한 투쟁의 관점에서 개인의 생명 보존을 위해 저항할 수 있다"고 하여 인간 본성에 충실하기 위해 사회변혁이 불가피함을 역설하였다고 볼 수 있겠다.

밀이 "정치적 자유 또는 권리라고 하는 어떤 불가침 영역을 설정하고 권력자가 이를 침범하면 의무를 위반한 것으로 간주해서 피지배자들의 국지적 저항이나 전면적 반란을 정당한 것으로 인정한다"든가 "다른 사람의 행동의 자유를 침해할 수 있는 경우는 오직 한 가지, 자기 보호를 위해 필요할 때뿐이다"라고 지적한 것도 결국 인간의 본성 중 가장 중요한 부분(밀의 경우 '자유')이 침해될 우려가 있을 경우 사회변혁의 시도가 타당한 것으로 보는 견해일 것이다.

동양사상에서도 "사람의 본성은 악한 것으로 본성에 방종하고 사람의 성정을 쫓으면 반드시 쟁탈이 일어나 사회등급의 구분을 무너뜨리고 예의이치를 어지럽혀 끝내 폭동으로 귀결된다"고 한 순자의 사상이나 "군주에게 큰 과오가 있으면 간하고, 반복 간해도 군주가 듣지 않으면 군주의 자리를 바꾼다"고 한 맹자의 사상에서 인간 본성에 따라 어떠한 경직된 정체라도 변혁될 수 있음을 시사해 주고 있다.

위에서 살펴본 바와 같이 전쟁과 사회변혁은 인간의 본성에 의해 시도되고, 때로는 인간본성의 유지와 보장을 위해 전쟁과 사회변혁의 필요성이 제기되거나 될 수 있다는 것이 근대 동서양 정치사상가들의 견해임을 알 수 있다.

여기서 인간본성과 사회변혁과의 관계를 유추할 수 있는 바 "사회변혁은 인간의 본성에 기인하고, 인간의 본성은 사회변혁의 필수조건은 아니더라도 충분조건이 될 수 있다"는 결론이 가능하다고 본다.

요약하면, 결국 인간의 본성은 충동적이고 자기중심적이며 개인의 무한한 자유를 갈망하고 사회적 존재로서 기본적으로 권력에의 의지가 있는 것으로 요약된다. 그러면서도 이러한 본능적 본성을 제어하고자 하는 정신적 측면의 요소, 즉 이성적이거나 금욕적 혹은 타인의 자유를 존중하고자 하는 본성도 있는 것으로 평가된다. 이러한 본성은 정치적 또는 사회적 유기체로서의 역할에서 부정적이거나 긍정적인 형태로 작동한다고 볼 수 있겠다.

이러한 인간본성과 전쟁 및 사회변혁과의 관계를 고찰해 본 결과 전쟁과 사회변혁은 인간의 본성에 의해 시도되고, 때로는 인간본성의 유지와 보장을 위해 사회변혁의 필요성이 제기되거나 될 수 있다는 것이 근대 동서양 정치사상가들의 견해임을 알 수 있다.

여기서 인간본성과 전쟁 및 사회변혁과의 관계를 유추할 수 있는 바 "전쟁과 사회변혁'은 인간의 본성에 기인하고 인간의 본성은 전쟁과 사회변혁의 필수조건은 아니더라도 충분조건이 될 수 있다"는 결론이 가능하다고 본다.

유사 이래 인간사회는 수많은 정치사상과 이데올로기를 연구하고 또 그러한 사회를 경험하면서 살아 왔다. 최선이라 여겼던 이데올로기가 또 다른 이데올로기의 도전을 받아 분투 끝에 새로운 이데올로기로 전환되어 전쟁과 사회변혁이 이루어지고 변혁된 사회는 다시 변혁을 준비하는 반복의 연속이 인간사회의 본질적 요소로 자리 잡고 있다. 전쟁과 사회변혁의 시기 때마다 그시기를 전후한 여러 가지 사정들이 공통적이던 개별적이던 존재할 것인데, 그 공통적이고 보편적인 원인을 인간의 본성에서 찾을 수 있는 바 정치

현실에 있어서도 급속한 변화와 충격 혹은 점진적 정치발전의 해법을 인간의 본성으로부터 구할 수 있을 것이다.

2 이데올로기와 북한

앞서 인간의 사회변혁과의 관계에서 살펴본 바와 같이 개인의 관계에서부터 국가의 관계에 이르기까지 사회변혁이 시도되고 그 수단으로서 전쟁이 발발할 때 그 기저에는 인간의 본성이 자리 잡고 있다고 할 수 있을 것이다.

그러나 개별적 인간의 공격적 본능이 사회변혁과 전쟁을 유발할 수는 없을 것이다. 사회변혁이나 전쟁을 유발하는 데는 조직화된 막강한 힘이 필요하기 때문이다.

따라서 개별본능의 집합체라 할 수 있는 다수의 공통된 힘의 발휘가 필요할 것인데 다수의 신념이 바로 그것이라 할 수 있다. 즉 한 사회에서 다수가 본능적으로 염원하는 신념들이 그 사회를 변혁시킬만한 힘을 가질 때 변혁이 가능하고 전쟁 또한 유발가능성이 높아진다고 본다.

사회 구성원 다수가 본능적으로 염원하는 신념들이 제도화됨으로써 이데올로기가 형성되고 그러한 이데올로기를 중심으로 한 사회와 국가들이 영위되어 왔다는 사실이 역사적으로 증명되고 있다고 하겠다.

본 장에서는 이데올로기란 무엇인지를 살펴보고 역사적으로 존재하고 발전해 왔던 이데올로기를 개관하면서 특히 자유주의와 사회주의 그리고 자유민주주의와 사회민주주의, 자본주의와 공산주의 등 북한의 현실과 관련이 있는 이데올로기에 대하여 논의하고자 한다.

가. 이데올로기란?

(1) 학문적 개념

이데올로기는 이데아 <관념(觀念), 이념(理念)>를 기원으로 한 희랍어 이데아(idea)와 로기(logy) <논리(論理), 과학(科學)>의 합성어로서 관념 형태·이념·사상·기본적 사고 양식·허위의식 등으로 번역되어 사용되고 있다.

이데올로기라는 용어를 처음 학문적으로 사용한 것은 18세기 프랑스의 유물론자 D. 드 트라시의 『이데올로기개론』(1801)에서였다. 그의 이데올로기(관념학)는 관념의 형성과정을 개인의 심리·생리적 기반에 결부시키는 것으로서 단편적인 심리적 고찰에 그친 아쉬움이 있었다. K. 마르크스와 F. 엥겔스의 『도이치 이데올로기』에 이르러 사람들의 관념형태가 사회의 전체적 구조에 계통적으로 관련지어졌고, 『경제학 비판』(59) 서문에서 이데올로기론의 성립을 보게 되었다.

그 후 이 말은 점점 국제적으로 사용되었으며, 동시에 이 말의 의미와 내용도 달라지기 시작하였다. 현재 이 말의 보다 더 중요한 의미는 어떤 집단이나 사회에 특별하게 긴밀한 연관성을 가지고 있는 일련의 신념이나 관념 또는 태도 등을 가리키는 것으로 쓰이고 있다.

마르크스와 엥겔스는 자본주의 사회의 계급구조를 '해부학적'으로 규명했는데, 이데올로기에 관해서도 ① 그것이 본인의 사회적 존재에 따라 결정되며 ② 따라서 필연적으로 계급성·당파성을 지니고 ③ 피지배계급은 지배계급의 이데올로기를 그 경제적 착취의 사실과 결부하여 폭로할 필요가 있다고 강조하였다. "의식이 존재를 규정하는 것이 아니라 존재가 의식을 규정한다"는 유물론 원칙이 이데올로기론에 자리하게 된 것이다. 그는 특히 관념론적 입장에서 생각하는 이데올로기는 허위의식이라고 규정하였다. 마르크스는 어느 시대에서나 지배자의 이데올로기가 지배적이라는 사실을 인정하면서 그에 대한 피지배자의 이데올로기 투쟁의 무기로서 자신의 이데올로기론을 정립하였다.

이에 대하여 사회학에서의 이데올로기론은 그것을 특수적이라 하여 '보편적 이데올로기'의 견해를 주장한다. K. 만하임에 의하면, 그것은 자신의 이데올로기에 적대하는 이데올로기의 허위성을 폭로하는 데 그치지 않고, 자신의 입장까지를 이데올로기론적 고찰의 대상으로 하려는 견해라는 것이다. 만하임은 계급대립을 초월한 인텔리겐치아의 입장에 의해서 보편적 이데올로기의 견해를 지지할 수 있다고 보았다. 그러나 현실적으로는 그와 같은 인텔리겐치아 자체가 어떤 사회적 기반에 의해 제약을 받고 있어 반드시 '보편적'일 수는 없는 것이다.

(2) 학자별 개념

이데올로기에 대하여 연구한 학자로는 만하임(Karl Mannheim, 1960, Ideology and Utopia)과 마르크스(K. Marx and F. Engels, 1927, The German Ideology), 트라시(Destutt de Tracy, 1754~1836), 그리고 베이컨(Francis Bacon, 1620, Novum Organum) 등이 있다.

베이컨은 아리스토텔레스의 형식논리학적 연역체계에 의한 학문적 전통의 기원이 된 오르가논을 경험적 방법의 귀납체계로 대체시키면서 우상(idola)을 벗기 위한 새로운 사유양식을 주장했다. 이것은 다음 시기의 이데올로기론이 전개되는 지적 기반을 이루었다.

계몽주의자 트라시가 처음 사용했던 이데올로기란 말은 우리의 사유가 구성되는 방법을 조사, 기술하는 것인 '관념의 학(the science of ideas)'으로서 이념들은 물질적 환경에서 도출되며, 따라서 경험적 연구가 지식의 유일한 원천으로 간주되었다. 트라시는 이데올로기를 마음의 자연사로 파악한 것이다. 그러나 그의 이러한 경험적 자유주의 사상과 비판적 이데올로기론은 비현실적 형이상학으로 간주한 나폴레옹에 의해 정치사회적 도발로 인식되었다.

마르크스와 엥겔스는 이데올로기를 토대로부터 구성되는 사회적 의식형태로서 인간과 사회에 대한 그릇된 관념들의 체계이며, 일종의 허위의식(false consciousness)으로서 각 시대의 지배적 관념은 지배집단의 계급적 이익과 요구를 반영하는 것으로 보았다.

만하임은 지배계급의 계급적 이익실현과 기존 지배질서의 방어를 위한 보수적 성격의 이데올로기와 사회질서의 변화에 목적을 두는 유토피아를 구분하고, 이데올로기는 역사적 관계 속에서 파악되어야 하는 시한적(time-bound) 이념임을 강조했다. 즉 만하임은 인간의 본성과 인간관계의 제관념은 단지 일정한 역사적 경험의 맥락에서만 이해 가능한 것임을 주장함으로써 마르크스주의의 보편성을 인정하지 않는다. 또 만하임은 이데올로기를 적의 이익을 제거하려는 의식적 은폐와, 위장의 관념형태인 개별적 이데올로기(particular ideology)와, 일정한 시대와 집단의 전체적 세계관과, 역사적 생활의 산물로서의 관념체계인 전체적 이데올로기(total ideology)로 구분하고, 전체적 이데올로기에는 시대정신(Zeitgeist)이 작용한다고 보았다. 그는 다시 전체적 이데올로기를 특수적 파악(special formulation)과 보편적 파악(general formulation)으로 나누고, 전자는 자신의 사고가 사회적 존재와 입장에 구속되지 않는 절대적인 것이라는 확신 하에 상대방의 사고와 그 허위성을 폭로하는 관념형태로서 그 대표적 예로 마르크스주의를 들었다. 한편, 후자는 자신과 상대방의 사고가 모두 사회적 존재와 입장에 구속된다는 인식에서 출발하는 관념형태로 생각하고 이러한 보편적 파악을 통한 객관적인 사회적 지식을 가능케 하는 사유를 지식인(intelligentsia)에게서 기대했다.

(3) 보편적 개념

이데올로기란 인간·자연·사회의 총체에 대하여 사람들이 품게 되는 의식형태이며, ① 그들의 존재에 그 근저적(根底的)인 뜻을 부여하며(가치체계) ② 자신과 객관적 제조건에 대한 현실적 인식을 가져오며(분석체계) ③ 원망(願望)과 확신에 의해 자신의 잠재적 에너지를 의지적으로 활성화함(신념체계)과 더불어 ④ 구체적인 사회적 쟁점(社會的爭點)에 대한 수단과 태도의 선택도식(選擇圖式)을 포함한다. 이러한 내용을 가진 의식형태가 사회집단(정당 · 조직 · 세대 · 계층 · 계급 등)에 의하여 공유되면 그곳에 '사회적 이데올로기'가 성립한다. 또 이 사회적 이데올로기가 구체적인 각 개인의 생활을 통하여 내면화하면 각 개인의 '개인적 이데올로기'가 형성된다.

사람들은 갖가지 사회적 이데올로기가 뒤섞인 가운데서 전통적 요인이나 심리적 요인의 영향을 받으면서도 기본적으로 그 사회의 구조에 적응하는 어떤 개인적 이데올로기의 담당자가 되는 것이다. 사람들은 싫든 좋든 이데올로기에 의해 현실을 파악한다. 올바른 가치와 정확한 분석을 포함하는 이데올로기는 뛰어난 현실인식을 가져오며, 그것에 의해서 사람들의 사회적 요구에 올바른 실천적 해결의 길잡이를 제공하게 될 것이다.

이에 반하여 단순한 주관적 원망이나 비합리적 확신에 크게 의존하는 이데올로기는 일시적으로 폭발적 에너지를 결집하는 경우가 있다 하더라도 그 비합리성 때문에 마침내 역사의 흐름에서 빗나가고 만다. 독일에서의 나치즘이나 일본의 군국주의 또한 비합리적인 신화에 기초를 둔 이데올로기의 전형이었다.

다시 말해 이데올로기는 사회적으로 존재하고, 또 개인이 품고 있는 자연 · 인간 · 사회에 관한 포괄적인 관념의 체계이지만 이러한 의식형태가 계급이나 계층, 정당이나 여러 조직 등의 사회집단에 의하여 공유되면 '사회적 이데올로기'가 성립한다. 이 사회적 이데올로기가 구체적인 여러 개인들의 생활을 통해서 내면화되면 각 개인의 '개인적 이데올로기'가 형성된다. E. 프롬에 의하면, "개개인이 가지고 있는 특성 중에서 어떤 것을 빼낸 것으로, 한 집단에서 대부분의 구성원이 가지고 있는 성격구조의 본질적인 중핵"이라고 정의된 '사회적 성격'도 사회의 구조적 조건과 이데올로기를 매개하는 작용을 하는 것이라고 볼 수 있다. 그런데 이데올로기에는 마르크스나 엥겔스가 문제로 삼은 것처럼 단순한 주관적인 소망이나 비합리적 확신에 의존하고 현실의 과학적 분석이 결여된, 허위의식으로서의 이데올로기가 있다. 예를 들어, 나치즘이나 일본의 군국주의는 계급이나 계층을 초월한 국민적 공감대 속에서 성립한 허위의식의 이데올로기를 기반으로 하고 있었다. 그러나 과학적 인식에서 나온 이데올로기는 현실을 보다 깊이 인식하고, 사람들의 존재에 의미를 부여하며, 소망과 확신에 의하여 자기의 잠재적 에너지를 활성화시켜 사회적 쟁점을 훌륭하게 실천하는 것을 지향한다.

이데올로기는 사회를 통합시킨다. 그러나 이데올로기의 가치를 극단화하면, 그 기능은 사회의 발전을 위한 통합의 수준을 넘어 사회를 경직시킨다. 사회와 사회 구성원들에게 오직 이데올로기에 부합하는 것만을 요구하고 강제하고, 예외와 다양성을 인정하지 않음으로써 가치는 획일화된다. 인간의 가치는 이데올로기에 매몰되어 결국 인간의 삶은 왜곡된다. 지난 한 세기 동안 빚어졌던 국가 간의 전쟁과 살상, 내부 구성원들에 대한 구속과 인권 유린 등은 모두 이러한 이데올로기의 폐해라고 할 수 있다.

나. 자유주의와 사회주의

지난 200여 년 간에 걸쳐서 정치행태나 전쟁 등 인간의 모든 행태가 정신적 영상이나 그 확신에 크게 영향 받지 않았던 시대는 한 번도 없었으며, 그러한 것을 통해서 인간은 세계를 인지하고 판단하여 왔다고 할 수 있다.

미국혁명과 프랑스 혁명 시에 지대한 역할을 수행하였던 자유주의에서부터 시작하여 모든 이데올로기는 특정시대의 필요와 열망에 따라 제기되었고, 상이한 역사적 경험에 부응하여 다른 것들로 대치되거나 수정되어 왔다. 예컨대, 자유주의가 자유민주주의로 사회주의가 사회민주주의나 공산주의로 대치되었다가 다시 새로운 형태의 이대올로기로 대치되고 있으며, 북한과 같은 주체사상이라는 독창적 이데올로기로 변질된 경우도 있다.

현존하는 여러 이데올로기를 설명할 수 있는 방법은 그 출발점에서부터 시작하여 변천하는 과정을 추적해 보는 것이다. 그렇게 함으로써 현재의 이데올로기가 지닌 영향의 범위와 특성을 해석할 수 있을 것이다. 자유주의와 사회주의를 고찰해 보는 것은 이러한 이유에서이다.

(1) 자유주의

자유주의(自由主義, Liberalism)는 자유를 최상의 정치적 가치로 삼는 정치적 전통이며, 정치철학적 관점이자 이데올로기이다. 자유주의는 서구의 계몽주의 시대에 기원을 두고 있지만, 이 용어는 역사적으로 시대와 지역마다 그리고 사용되는 맥락에 따라 서로 다른 의미로 사용되고는 하였다.

대체로, 자유주의는 개인의 권리를 강조한다.[26] 그것은 인권, 법의 지배, 권력분립을 통한 권력통제, 자유로운 경제활동이 보장되는 시장경제 등을 특징으로 한다. 오늘날, 자유주의자들은 자유롭고 공정한 선거, 법에 의한 모든 시민들의 동등한 권리와 기회가 보장되는 자유민주주의를 지지하며 서구 대부분의 국가와 비서구권의 상당 국가에서 수용되고 있다.

자유주의는 과거의 정부이론에서 핵심이었던 왕권신수설, 세습적 지위, 국교화된 종교 등의 가정들을 부정한다. 그들은 기본적 인권을 주창하며 이는 인간의 생명과 자유 그리고 재산에 대한 권리를 포함한다. 자유롭고 평등한 개인들을 기초로 개인의 기본적 인권을 지키기 위하여 사회와 각종 제도들이 성립된다고 말한다.

고전적 자유주의자들은 정부의 간섭을 부정하고 기업가의 자유로운 경제활동과 개인의 재산권을 강조하며, 자유로운 시장질서에 맡겨야 한다고 주

26) 토머스 페인은 그의 저서 『상식』에서 인간이란 모든 그의 책략을 구사하도록 내버려 두면 자신이 가진 자유를 가지고 타인의 자유를 해치는 목적에 사용하는 경향을 가지고 있다는 점을 인정하고 "경제적 가치를 포함하여 인간생활에 나타나는 대부분의 절대적 가치들은 자발적인 사회적 행위의 결과로 생기는 것이다. 따라서 정부의 일차적 역할은 그 자신의 고유한 가치를 창조하는 것이 아니라 사회가 창조하여 낸 가치를 파괴적인 인간들이 해치지 못하도록 막는 데 있다"라고 하였다.

장한다. 이에 반하여 사회적 자유주의자들은 차별철폐법안, 공공서비스, 대중교육, 적극적인 과세 등으로 정부가 시장에 상당한 개입을 할 수 있음을 지지한다. 그리고 정부는, 실업자에게는 실업수당을, 무주거자들에게는 주택을, 아픈 사람들에게는 의료적 혜택을 주는 방식 등으로 충분한 복지를 제공하여야 한다고 말한다. 이 주장은 북유럽 복지국가의 탄생에 큰 역할을 하였다. 한편, 정부실패와 복지국가가 갖는 큰 정부로서의 비효율성을 비판하며 힘을 얻은 신자유주의들은 정부의 규제를 최소화하고 시장에 좀 더 큰 역할을 맡길 것을 주장한다.

자유주의라는 용어는 자유 민주주의라는 맥락 속에서 더 널리 사용되는데, 이 단어의 의미상 정부의 권한은 제한되고 시민의 권리는 법적으로 분명이 규정하는 민주주의를 가리킨다. 이것은 거의 모든 서구의 민주주의에 적용되고 있고, 그렇기 때문에 자유주의 정당에만 관계를 맺고 있는 개념이라고 할 수 없다.[27)]

(2) 사회주의

사회주의란 사회의 부(富)를 생산하는 데 필요한 재산의 사회에 의한 소유와, 노동에 바탕을 둔 공정한 사회를 실현하려는 사상이다. 사회주의라는 말은 1827년 영국 오언파(派)의 출판물에 socialism으로 처음 등장하였고, 이와는 별도로 1832년 프랑스 푸리에파의 출판물에 socialisme로 등장하였다. 사상과 운동의 역사상 사회주의와 공산주의의 구별은 엄격하지 않으나, 오늘날 공산주의는 사회주의가 더욱 발전한 평등한 것으로 이해되고 있다.

27) 자유주의와 신자유주의를 비교하면 첫째, 신자유주의는 자유주의와 달리 현실주의의 가정을 일부 수용하고 있다. 예를 들면, 국제체계의 무정부성을 인정하는 것과 합리적 행위자로 국가를 바라보는 것이다. 이것이 신자유주의와 자유주의가 다른 점이다. 둘째, 신자유주의와 자유주의의 공통점은 제도의 역할에 있다. 현실주의에서는 오직 국가만이 주요한 행위자로 보는 반면, 신자유주의와 자유주의자들은 제도의 역할을 중시하고 주요한 행위자로 보는 관점이 공통점을 지닌다.

사회주의사상은 자본주의적인 여러 관계가 급격하게 형성된 19세기 전반에 유럽에서 등장하였다. 영국의 R. 오언, 프랑스의 C. H. 생 시몽과 F. M. C. 푸리에 등은 실업과 빈곤이 없는 사회는 생산수단이 공공의 소유이며, 모두가 노동에 종사하는 협동사회의 조직과 보급으로 실현할 수 있다고 주장하여 큰 파문을 일으켰는데, 그들이 역설하는 협동사회는 현실의 자본주의 사회가 아닌 유지(有志)에 의해 건설되는 것으로 실생활에서 벗어난 유토피아였다.

19세기 중반에 사회주의는 노동자계급의 해방운동과 결부되었다. 여러 사회주의사상이 나타났으나, 그 가운데 가장 영향력이 컸던 것은 K. 마르크스와 F. 엥겔스의 마르크스주의였다. 그들은 사회주의를 사회의 발전 법칙, 특히 자본주의 발전의 필연적 결과인 신사회(新社會)로 규정하였다. 즉 자본주의에서 사회의 생산력은 급격하게 성장하고 대규모생산은 사회적인 성격을 띠게 되지만, 이것은 생산수단의 사유, 자본가에 의한 노동자 착취라는 모순이 심화되어 빈곤 · 실업, 주기적 공황을 초래한다. 이 모순은 생산수단의 사유폐지와 그 사회화, 국민경제의 계획적 · 조직적 관리에 의해서만 해결된다. 마르크스와 엥겔스는 사회주의로의 변혁은 노동자계급에 의해 달성되는 것이라고 하여, 사회주의사상을 노동자계급의 대중적 운동과 결부시키고 노동자계급의 정치적인 조직과 운동의 필요성을 역설하였다. 그들에 의하면 자본주의에서 사회주의로의 이행은 혁명을 필요로 하며, 승리한 노동자계급은 사회주의를 조직하고, 생산력을 급속하게 발전시키기 위해 자신들의 국가를 필요로 한다. 그들은 계급투쟁은 혁명 후에도 계속되며, 구지배계급의 저항을 물리치기 위해 이행기에는 프롤레타리아 독재가 필요하다고 하였다. 사회의 생산력이 더욱 발전하고 사람들의 도덕수준이 향상되었을 때, “각자는 능력에 따라서 일하고, 필요에 따라서 받는다”는 공산주의의 원칙이 실현되어, 그때에는 권력조직인 국가가 없어진다는 것이다. 마르크스주의의 사회주의는 역사 및 자본주의 사회 · 경제에 대한 과학적 분석에 바탕을 둔 것이었으므로 과학적 사회주의라고 하였다. 1864년에 창립된 제1인터내셔널은 각국의 각종 사회주의자의 집합체였는데, 마르크스와 엥겔스가 지도적 역할을 하여 마르크스주의의 국제화에 기여하였다. 그러나 71년에 파리 코뮌이 진압된 뒤, 각국 정부의 탄압으로 76년에 해산하였다. 각국 사회주의정당의 연합체로서 89년에 설립된 제2인터내셔널의 중심은 독일사회민주당이었다. 80년대에서 90년대에 걸쳐 다른 유럽 여러 나라에서도 잇따라 노동당 · 사회당 · 사회민주당 등이 결성되었다. 이들 정당은 일반적인 경향으로서 마르크스주의를 그 지도이념으로 하고 있었다. 이들 사회주의 정당은 각국의 정치과정에 영향을 주어 노동자계급의 사회적 지위를 향상시켰으나, 71년의 파리 코뮌을 마지막으로 러시아 등 일부를 제외한 유럽 여러 나라에서는 혁명적인 상황이 없었다. 제2인터내셔널은 노동자계급의 국제연대를 기본 원칙으로 하였는데, 제1차 세계대전이 발발하자, 사회주의 정당의 다수파가 자국의 전쟁정책 지지를 결의함으로써 각 당은 분열되고 제2인터내셔널도 붕괴되었다. 1917년 러시아에서 사회주의혁명이 성공함에 따라 사회주의는 사상과 운동면에서 한 국가에서의 실현과정에 들어갔고, 운동으로서의 사회주의 운동도 새로운 단계로 접어들었다. 러시아의 혁명과 사회주의 건설을 지도한 것은 V. I. 레닌을 지도자로 하는 좌파인 러시아 사회민주노동당이었고, 이 당은 19년 우파(수정주의)인 사회주의정당과의 차이를 명확히 하기 위해 러시아공산당으로 개칭하였다. 같은 해 각국의 좌파 사회민주당 · 공산당에 의해 제3인터내셔널(약칭 코민테른)이 결성되고, 가입하는 당 명칭은 원칙적으로 공산당이 되었다. 코민테른과 각국 공산당은 러시아 혁명과 소비에트 정권을 지지하고, 처음에는 러시아 혁명을 유럽 여러 나라의 혁명 모델로 삼았다. 그러나 제2인터내셔널계의 사회민주당 · 사회당에서는 우파가 지도권을 장악하고, 그들은 러시아혁명과 소비에트정권을 비판하며 혁명이 아닌 개혁노선을 취했는데, 그때의 모델은 독일사회민주당이 정권에 참가했던 바이마르시대의 독일(1919~32)이었다. 33년 독일에서 나치당이 정권을 장악하여 나치당 이외의 모든 당을 탄압하고, 파시즘이 수립되어 사회주의 운동에 큰 타격을 주었다. 35년 코민테른은 사회주의를 직접 지향하지 않는 반파시즘 통일전선노선을 결정하고, 각국 사회당 사이에도 공산당과의 협력 분위기가 고조되어, 36년 프랑스와 에스파냐에서 사회당 · 공산당 등이 참여하는 인민전선 정부가 수립되었으나, 프랑스의 인민전선 정부는 38년 해체되었고, 에스파냐의 인민전선 정부는 39년 붕괴되었다.

제2차 세계대전 말기부터 그 직후에 걸쳐 동유럽 여러 나라에서는 전시에 결성된 반나치스 통일전선을 기반으로 공산당이 주도하는 통일전선정권이 수립되었다. 아시아에서도 베트남 · 북한 · 중국에 공산당 중심의 새로운 국가가 수립되었으며, 이들도 사회주의 국가의 성격을 띠게 되었다. 코민테른은 1943년 해체되었는데, 냉전 개시와 동 · 서유럽 사이의 긴장이 격화되는 가운데, 47년 소련과 동 · 서유럽 주요 국가들의 공산당 연락조정기관으로 코민포름이 결성되었다. 그러나 코민포름은 각국의 상황을 무시한 지도로 인해 구체적인 성과 없이 56년 해체되었다. 사회당계열의 국제조직은 1951년 사회주의 인터내셔널로 재발족 되었는데, 여기에 가입한 사회당 · 사회민주당의 대부분은 마르크스주의에서 이탈하였고, 특히 서독의 사회민주당은 59년 마르크스주의 지도이념을 포기하였다. 제2차 세계대전 뒤 사회주의 사상은 과거의 식민지 · 종속국이었던 발전도상국으로 확산되었다. 몇몇 국가에서 외국자본과 상인이 지배하는 사적(私的) 경제의 배제, 국유경제의 발전을 중심으로 한 사회주의적 방법으로 서유럽제국으로부터의 경제적 독립과 자국의 사회적 · 경제적 후진성을 극복하려는 사상이 나타났다. 마르크스주의를 지역조건에 맞추어 수정한 아프리카 사회주의, 전통적인 종교를 기반으로 하는 이슬람 사회주의 등을 지도이념으로 하는 발전도상국이 사회주의를 지향하는 국가들이다.

제2차 세계대전까지 사회주의 국가는 러시아와 몽골뿐이었는데, 전후에 그 수가 크게 늘어 1980년대 중반 사회주의국가는 16개국에 이르렀다. 사회주의 국가들 가운데 알바니아는 쇄국주의를 취하고 있으며, 중국은 1960년대와 70년대에 소련과 대립하였는데, 70년대 이후로는 사회주의 국가들보다도 미국을 비롯한 서방측과의 협력을 중요시하였고, 베트남전쟁 뒤에는 베트남과의 관계가 악화되었다. 한편 캄보디아문제를 둘러싸고 베트남 · 러시아 · 중국이 대립하였다.

대부분의 사회주의 국가들은 서방측의 자본주의 국가들보다 경제적 · 사회적으로 낙후되어, 이들 국가들은 후진성 극복을 위해 공업의 급속한 발전에 역점을 두고 사회주의 공업화의 노선을 실행해 왔다. 몇몇 국가에서는 공업화 자금을 농업에서 충당하려는 이른바 사회주의적 본원축적(本源蓄積) 정책을 취하여 농업생산 발전에 지장을 초래하게 되었고, 또 노선과 정책의 강행으로 프롤레타리아 독재의 확대해석과 개인숭배가 나타났으며, 전통적 정치문화와 권위주의, 그리고 민족주의도 소련의 스탈린문제, 중국의 마오쩌둥(毛澤東) 문제가 그 대표적인 예이다.

60년대 말에 소련과 동유럽 여러 나라에 '발달한 사회주의', '성숙한 사회주의'라는 말이 나타났다. 이것은 사회주의가 체제로서 안정되어 있고, 경제적으로도 발전수준이 높은 사회주의를 뜻하나, 이 기준에서 본 발달한 사회주의 국가는 소련뿐이고, 동유럽 국가들은 발달한 사회주의로의 과도기에 있다. 그러나 90년대에 들어서자, 소련마저도 경제문제 등으로 서방과의 개방을 시도하던 과정에서 이에 반발한 군부가 91년 일으킨 '8월 쿠데타' 실패 이후 공산당 해체와 함께 새로운 사회주의를 모색하고 있다.[28)]

사회주의 경제는 기본적인 생산수단, 기본적 경제부문의 국유를 특징으로

---

28) 소련은 1990년 개혁과 개방정책으로 연방이 붕괴되어 독립연합국가로, 이어서 러시아로 개명되면서 사회주의의 대폭적인 수정이 있었고, 동유럽의 소위 소련의 위성국가들이 사회주의체제를 획기적으로 수정하였으며, 중국 또한 2000년대의 세계적 이데올로기 조류에 편승하여 대폭적인 수정과 변화를 보이고 있다. 북한의 경우는 독특한 이데올로기 체제를 공고히 하면서 조선인민민주공화국이라는 국명으로 변화된 사회주의 이데올로기를 유지하고 있다.

하고 있다. 농업은 생산농업협동조합이 일반적이지만, 러시아의 경우 국유농장의 비중이 증대하여, 생산농협인 콜호스의 역할은 작아지고 있다.

사회주의국가에서 정치의 중심은 마르크스주의를 지도이념으로 하는 각국 공산당이다. 국가에 따라 차이는 있지만, 일반적인 경향을 보면 공산당의 중앙기관은 당의 하부기관 · 정부기관 · 연구기관 등의 협력 아래 국가의 장기적 정책을 장기계획 형태로 결정하며 당면한 중요문제에 관한 정책도 결정한다. 당의 결정은 국가기관과 사회단체에 의해 구체화되어 실시되는데, 그때 당의 하부기관과 당원은 결정사항의 실시에 있어서 적극적인 역할을 수행한다.

이상과 같은 과정에서 당 내외의 여러 가지 요인이 작용하고, 제각기 독자적인 이익을 지닌 사회계층과 사회집단이 이 과정에 영향을 주고 있다. 사회주의 여러 나라에서 체험된 바에 의하면 당지도부에 의한 독단, 객관적 조건의 과소평가, 당원과 일반국민의 정치적 · 사회적 의식의 경시, 사회과학 성과의 무시, 당내 민주주의와 사회주의민주주의의 침해는 일시적으로는 성공하지만, 장기적으로는 혼란과 후퇴를 가져온다는 것을 보여준다. 마르크스주의는 근대적 합리주의의 소산인데, 실제로는 일부 국가에서 당의 최고 지도자를 신격화하고 그 언동을 정치의 절대적인 지침으로 삼는 권위주의적인 개인숭배로 나타났으나, 개인숭배는 지도자의 사망과 함께 붕괴되고 있다.

다. 자유민주주의와 사회민주주의

(1) 자유민주주의

자유민주주의(自由民主主義, Liberal democracy)는 우리가 흔히 '민주주의'라고 부르는 자유민주주의체제로서, 전형적인 제한적 민주주의이다. 자유민주주의는 정치권력의 구성 원리로서의 민주주의와 민주적으로 구성된 공권력의 제한 원리로서의 자유주의의 결합의 결과이며 자유주의와 민주주의가 결합된 정치원리 또는 정부형태이다.

자유민주주의가 가장 중요시하는 가치로, 인권의 보호, 서양의 자유경제체제의 유지, 인격의 발달을 들 수 있는데, 이런 자유민주주의의 핵심에는 다음의 5가지 특성을 내포한다.

① 자유(liberty)
② 평등(equality) : 공산주의에서 모든 인간이 모든 면에서 평등하다고 완전하다는 가정에서 공산사회를 건설할 수 있다고 믿는 것과는 달리, 자유민주주의에서는 어떠한 한정된 면에서 평등하다는 것이다.
③ 주권재민의 원칙 : 주권재민이란 권력이 지역사회의 일부나 특정 개인에게 속하는 것이 아니라 그 구성원 전체에 속한다는 뜻이다.
④ 국민 참여의 원칙 : 시민에 의해 발의되는 개별적인 시민활동(예 : 서한 작성), 협동적 또는 집단적 행동(정치적 단체나 클럽), 캠페인 운동, 선거 등에 국민은 참여할 수 있는데, 국민의 과도한 정치적 참여가 고대 민주주의에는 최적일지 모르겠지만, 수천만 이상의 인구를 가진 나라들에서는 오히려 혼란과 무질서를 불러일으킬 수 있다. 이것을 위해서는 적어도 다음 세 가지가 전제되어야 한다. 첫째, 공공정책에 있어서 진정한 국민의 의사가 표시되어야 하고, 둘째, 권력을 가진 자는 국민이 무엇을 요구하는지를 알아야 한다. 그리고 셋째, 국민의 의사를 알아낸 뒤에는 그것을 여러 가지 방법으로 충실하게 행동으로 옮겨야 한다.
⑤ 다수결의 원칙 : 이에는 '절대적' 다수결의 원칙과 '제한된' 다수결의 원칙이 있다. '절대적' 다수결의 원칙이란 다수결 원칙에는 양보나 제약이 있을 수 없다는 입장이며 '제한된' 다수결 원칙이란 "다수냐 소수냐의 문제가 아니며, 제3의 대안이 있다"는 것이다. 그것은 법률에 모든 다수와 소수집단이 소속해야 하고 통제를 받아야 한다는 설이다. 그 법률 중에 출판, 언론, 종교의 자유라든지 적법절차들이 예가 될 수 있다.

래리 다이아몬드(Larry Diamond) 교수는 자유민주주의를 민주주의와 입헌적 자유주의의 결합으로 보면서 11가지의 요소를 들고 있다.

① 선거의 결과가 불확실하고 반대표도 상당하며 헌법 원리를 부정하는 정치적 세력은 정당의 설립과 선거의 참여가 부정된다.
② 군을 비롯하여 민주적인 책임을 지지 않는 기관은 선거에 의해 선출된 기관에 복종한다.
③ 시민은 자유롭게 만들고 참여할 수 있는 다양하고 독자적인 결사와 같이 그들을 표현하고 대표하는 여러 경로를 가질 수 있어야 한다.
④ 개개인에게 실질적인 신념의 자유, 의견의 자유, 토론의 자유, 표현의 자유, 출판의 자유, 결사의 자유, 집회의 자유, 청원의 자유 등이 보장되어야 한다.
⑤ 시민들이 정치적으로 독립된 언론과 같이 정보를 구득할 수 있는 여러 경로가 있어야 한다.
⑥ 행정권력은 독립된 사법부, 의회, 다른 공적기관 등에 의하여 견제되어야 한다.
⑦ 시민의 자유는 독립되고 평등한 법적용을 하는 사법부에 의하여 효과적으로 보장되어야 한다. 사법부의 결정은 존중받고 공권력에 의하여 강제될 수 있어야 한다.
⑧ 시민은 법 앞에 정치적으로 평등하다.
⑨ 소수자는 억압받지 아니한다.
⑩ 법의 지배 원리는 시민들의 인권을 보장해야 한다.
⑪ 헌법의 최고규범성이 보장되어야 한다.

프리덤 하우스는 자유민주주의를 시민의 자유를 보호하는 대의 민주주의로 정의한다. 마르크스주의자인 김세균 교수는 "(정치체제로서의) 자유민주주의는 다른 계급들에 대한 부르주아계급의 정치적 지배를 '민주적 방식'으로 관철하는 정치형태"라고 규정한다.

대한민국 헌법상의 자유민주적 기본질서와 자유민주주의의 관계에 대해서는 견해의 대립이 있다. 해당 표현은 1972년 유신헌법에서 처음 등장하였는데, 평화통일 조항과 함께 들어왔다. 이에 대해 이를 냉전 완화라는 세계정세 가운데 반공주의라는 소극적 이데올로기에 기초한 권위주의 체제를 유지하려는 당시 정권이 안고 있던 고민의 산물로 분석하는 견해가 있다. 한편, 자유주의적 민주주의와 자유로운 민주주의의 인식은 구분되어야 한다고 하면서, 당시 헌법 개정에 참가한 헌법전문가들이 양자의 차이를 인식하지 못했을 가능성을 제기하는 학자도 있다.

한편, 대한민국의 헌법재판소는 "자유민주적 기본질서에 위해를 준다 함은 모든 폭력적 지배와 자의적 지배, 즉 반국가단체의 일인독재 내지 일당독재를 배제하고 다수의 의사에 의한 국민의 자치, 자유·평등의 기본원칙에 의한 법치주의적 통치질서의 유지를 어렵게 만드는 것으로서, 구체적으로는 기본적 인권의 존중, 권력분립, 의회제도, 복수정당제도, 선거제도, 사유재산과 시장경제를 골간으로 한 경제질서 및 사법권의 독립 등 우리의 내부체제를 파괴·변혁시키려는 것"이라고 명시하고 있다.[29)]

자유민주주의는 현재 지구상에서 가장 선호되는 정치체제임에도 자유주의적 속성이 지배적인 데서 비롯되는 여러 결함들을 지니고 있다. 자유민주주의는 국민적 지배의 측면보다는 권력의 제한과 통제 문제에 더 많은 관심을 기울이고 있다. 국민의 정치참여는 주로 선거를 통해서만 이루어진다. 자유민주주의는 과연 스스로 이론적으로 표방하는 '인민주권론'에 충실하지 못하며, 자유민주주의는 오직 대의정부(representative goverment)에만 집착한

29) 독일연방헌법재판소는 '자유롭고 민주적인 기본질서(Freiheitliche demokra tische Grundordnung)'를 "모든 폭력적 지배와 자의적 지배를 배제하고, 다수의 의사와 자유 및 평등에 의거한 국민의 자기결정을 토대로 하는 법치국가적 통치질서"라고 규정했다.

다. 그래서 유권자이며 지배자인 국민은 실질적인 지배자의 위치에 서지 못하게 된다. 또한 사회 속에서도 '자유경쟁'과 '기회의 균등'이라는 자유민주주의적 구호에도 불구하고 빈부격차와 사회적 불평등이 부추겨지고 깊어진다. 그러나 이러한 부정적인 현상을 극복하기 위한 국가의 개입은 '개인의 자유'를 보호한다는 명분으로 억제된다. 왜냐하면 국가 자체가 자유주의적 국가이기 때문이다. 아울러 정치 · 제도적 영역을 벗어난 사회의 다른 분야, 예컨대 산업조직이나 경제구조에서의 민주화도 마찬가지로 기꺼이 받아들여지지 않는다.

현재 최상의 민주주의 체제로 주장되는 자유민주주의는 형식적으로 모든 사람의 자유와 평등을 보장하고 있음에도 불구하고 실질적으로는 사회구성원 모두의 이해를 포괄적으로 대변하고 있지 못하고 오히려 경제적 · 정치적 영향력을 누리고 있는 기성의 집단에 의한 소외집단 또는 약자 지배를 지지하고 보장하는 불평등한 사회진화론적 성격을 보여준다는 견해도 있다.

(2) 사회민주주의

사회민주주의라는 용어는 1840년대에 이미 프랑스와 독일 등에서 사용되기 시작하였으며, 19세기 중엽에는 사회주의 정당들의 당명 혹은 이념을 지칭하는 용어로 사용되었다. 사회민주주의 운동은 부르주아 계급의 이익 및 정치적 민주주의에 초점이 맞추어진 '부르주아 민주주의'를 비판하면서 민주주의를 사회 · 경제적 영역으로 확대시키고 프롤레타리아 계급이 역사의 주역으로 등장하는 사회를 추구하였다.

20세기의 전환기에 독일에서는 사회민주주의 진영 내에서 마르크스주의에 토대를 둔 혁명적 사회주의 노선과 베른슈타인이 제안한 사회민주주의적 개혁주의 노선 사이에 큰 충돌이 벌어진다. 이때 베른슈타인이 제기한 수정주의 이론을 사회민주주의 운동의 이론적 초석으로 보고 있다. 사회민주주의 운동은 무엇보다도 사회의 불공정성을 시정하려는 것을 목표로 하고 있다. 사회 정의, 좀 더 좋은 생활, 자유, 그리고 세계평화를 위해서 노력하는 운동이기도 하며 민주적이고 점진주의적 방식에 의한 사회주의 건설을 추구하고 있다.

계몽주의, 자유주의, 마르크스주의, 윤리적 사회주의 등이 사회민주주의의 지적 발전에 직·간접적인 지적 원천으로 작용하였다. 계몽사상가들은 사회개혁의 방법과 관련하여 폭력혁명을 믿지 않았을 뿐만 아니라 정치제도가 한 특권계급을 위해서가 아니라 모든 국민의 이익을 위해서 만들어져야 된다고 생각하였다. 사회민주주의는 바로 계몽사상가들의 이러한 세계관으로부터 지적 원천을 제공받았다. 사회민주주의 운동의 이론적 토대를 제공해 주었던 페이비어니즘과 수정주의는 모두 자유주의에 큰 신세를 지고 있다. 또, 급진적 휴머니즘에서 출발하여 소외를 비판하는 것이 사회민주주의의 핵심이라는 관점에서 사회민주주의는 마르크스주의에서 그 사상적 뿌리를 발견할 수 있다. 윤리적 요소는 19세기 후반 독일에서 전개된 신칸트학파의 윤리적 사회주의에서 좀 더 구체적으로 드러난다.

베른슈타인은 1890년대 후반에 마르크스주의에 대한 수정을 요구하면서 수정주의 이론을 제시하였다. 베른슈타인이 20년간 마르크스주의 이론가로 활동하다가 1890년대 중반에 사회민주주의자로 전향한 데에는 몇 가지의 정치, 경제, 사상적 배경들이 깔려 있다. 그는 정치적으로 혁명의 가능성 및 효용성에 대한 회의, 독일 제국의회 선거에 도입된 보통선거제에 대한 기대, 그리고 사민당이 제국의회 선거에서 획득한 높은 지지율 등에 고무되어 민주적 방식에 의한 사회주의 건설론에 관심을 갖게 되었다. 수정주의는 이러한 정치, 경제적 배경 외에도 페이비언 사회주의 및 신칸트학파의 윤리적 사회주의로부터 많은 영향을 받으면서 형성되었다. 베른슈타인은 마르크스주의가 너무 결정론적으로 기울어져 있고 사회적 생산의 하부구조와 법적, 정치적 상부구조에 대한 마르크스의 주장이 너무 일면적이라고 비판하였다. 또 자본주의제도의 부도덕성과 모순을 계속해서 비판하였다. 그는 사회주의

자들은 자본주의 사회에서 사회주의 사회로 이행하기 위한 해결점을 꼭 자본주의 붕괴론과의 연관 속에서가 아니라 자본주의의 발전이라는 현실을 인정한 가운데서 찾아야 한다고 주장하였다. 수정주의는 정치적으로 의회 민주국가 개념을 제시하였고 정치적 민주주의만 달성되면 민주적 방식에 의한 사회주의 건설은 충분히 가능하다고 주장하였다. 수정주의의 내용 속에는 자유에 대해 강조했는데, 베른슈타인은 집단적 자유만이 아니라 개인의 자유도 마찬가지로 중요하다고 생각하였다.

베른슈타인의 사회주의론은 경제적 평등을 지향하는 사회주의적 여러 특징들을 존중하면서 거기에 민주적 원칙을 첨가하고 여기에다가 다시 자유를 강조하는 방식으로 사회주의와 민주주의와 자유주의의 조화로운 결합을 시도한 것이었다. 정통 마르크스주의자들은 수정주의를 사회주의 이론이라기보다는 오히려 부르주아 급진주의에 가까운 이론이라고 비판하였다. 수정주의가 이론적 측면에서 새로운 평가를 받게 된 것은 제2차 세계대전 이후 서유럽의 사회주의 정당들이 이론과 실천 양면에서 명실상부하게 사회민주주의적 개혁 정당으로 탈바꿈하면서부터였다.

사회민주주의자들은 케인즈의 일반이론 속에서 그들이 절박하게 필요로 했던 어떤 것, 즉 정부관리적 자본주의 경제라는 대안을 발견하였다. 케인즈 경제학은 사회민주주의자들로 하여금 국유화 계획을 포기한 가운데 공공복지를 위한 새로운 개혁안 즉 '복지국가'라는 훌륭한 이데올로기를 발전시키도록 이끌었다. 1920~30년대에 걸쳐서 사회민주주의는 본질적으로 유럽적이었다. 러시아에서 사회민주주의 운동은 볼셰비키혁명 이후 완전히 좌절되었다. 이탈리아 등에서는 파시즘의 등장과 함께 사회주의 운동 전체가 침몰하였다. 미국에서는 사회주의 운동 자체가 발달할 수 없었다. 결국 양차 세계대전 사이에 사회민주주의 혹은 사회민주주의는 주로 서유럽 선진국, 특히 의회 민주주의의 전통이 확립된 나라들에서만 제한적으로 실험된 이념이었다.

사회민주주의자들은 제2차 세계대전이 끝난 후 몇 년 사이에 세계정치무대에서 매우 강력한 영향력을 가진 정치세력으로 등장하였다. 유럽의 거의 모든 다른 나라들에서 사회주의 정당들이 연정에 참여하거나 혹은 강력한 야당으로서 정치적 영향력을 행사하였다.

사회민주주의자들은 1950년 프랑크푸르트에서 사회주의 인터내셔널의 새로운 창설대회를 개최하고 '사회민주주의의 목적과 임무'를 선언하였다. 이 선언은 우선 사회민주주의의 목표가 자본주의의 극복에 있다는 것을 분명히 하였다. 사회주의 인터내셔널은 강령의 제1장에서 "사회주의자들은 자유로운 가운데 민주적 수단을 가지고 새로운 사회 건설을 위해 노력하며" 또한 "자유 없는 사회주의는 없다. 사회주의는 민주적으로만 실현될 수 있으며, 민주주의는 사회주의를 통해서만 완성될 수 있다"라고 주장하였다. 사회민주주의는 프랑크푸르트 선언에서 "모두 공동의 목적 즉 사회적 평등, 더 높은 복지, 자유 그리고 세계 평화의 사회질서를 위하여 노력한다", "사회민주주의는 모든 형태의 제국주의에 대하여 투쟁한다"고 선언하였다. 사회민주주의 정당들은 집권하면서 복지국가를 만들고 공산주의의 확산을 저지하는 데 중요한 역할을 하였다.

그러나 영국의 경우 수입세나 상속세와 같은 조처를 통해 재산의 재분배를 도모한 노동당 정부의 노력에도 불구하고 영국 사회는 여전히 부가 편중되었으며, 사회주의자들의 집권을 경험하지 못한 서양의 다른 산업사회와 크게 다르지 않았다. 스웨덴의 경우도 사회 민주주의적 통치가 스웨덴을 완전한 이상주의 사회로 만들지는 못했고 그들은 다만 자유주의적 자본주의 사회의 남용을 치유하는 데 초점을 맞추었다.

20세기 후반 서유럽 선진국가들에서 실험된 사회민주주의는 정치적으로는 민주주의와 자유에 토대를 둔 정치제도를 확립하고 경제적으로는 일부 기간산업의 국유화와 복지국가를 지향하는 내용으로 집약된다.

라. 자본주의와 공산주의

(1) 자본주의의 정의

자본주의에 대한 정의는 보는 관점에 따라 여러 가지로 내려지기 때문에 자본주의에 대해 모두가 동의할 수 있는 하나의 정의만 존재하는 것은 아니다. K. 마르크스는 자본주의의 특징을 '이윤획득을 목적으로 상품생산이 이루어진다는 점, 노동력이 상품화된다는 점, 생산이 무계획적으로 이루어진다는 점'으로 보았다. W. 좀바르트는 자본주의체제란 "서로 다른 두 지배권을 가지며 동시에 경제주체인 생산수단의 소유자와 생산수단을 소유하지 않은 노동자가 시장에서 결합되어 함께 활동하는, 그리고 영리주의와 경제적 합리주의에 의해서 지배되는 하나의 유통 경제적 조직이다"라고 정의하였다. M. 베버는 "근대자본주의는 합법적 이윤을, 직업으로서 조직적 · 합리적으로 추구하는 정신적 태도"라고 정의하였다. 분명한 것은 이들을 비롯한 저명한 학자들의 공통적인 생각들은 자본주의를 생산을 통한 이윤획득에 중점을 두고 있다. 그런 의미에서 볼 때 자본주의는 '주의'라는 단어가 붙어 있음에도 불구하고, 어디까지나 경제체제를 가리키는 용어임에 주의를 기울여야 할 것이다. 개인적으로 생각해 볼 때 자보주의란 모든 "재를 합리적인 수단으로 파악하여 이익을 추구하는 경제적 이데올로기"라고 생각한다.

(2) 자본주의의 등장과 전개

현재 서유럽 · 미국 및 한국을 비롯한 많은 나라의 국민은 '자본주의체제'라는 경제체제 하에서 경제생활을 영위하고 있다. 이와 같은 체제가 발생한 것은 인류의 유구한 역사에서 볼 때 비교적 오래지 않은 일이다. 즉 이와 같은 경제체제는 16세기 무렵부터 점차로 봉건제도 속에서 싹트기 시작하였는데, 18세기 중엽부터 영국과 프랑스 등을 중심으로 점차 발달하여, 산업혁명에 의해서 확립되었으며, 19세기에 들어와 독일과 미국 등으로 파급되었다.

자본주의 경제가 성립한 초기에 있어서는 다수의 소자본가가 자유경쟁에 의하여 생산을 영위하고 있었다. 자본가는 봉건시대의 전통적 생산방식을 타파하고 근대적 공장제생산조직을 구축하였다. 이와 같은 초기의 자본주의를 '상업자본주의 또는 초기 자본주의'라고 한다. 산업혁명을 거쳐 산업자본이 확립되고, 산업자본이 주역을 맡게 된 시기를 '자유자본주의 또는 산업자본주의'라고 한다. 19세기 말부터 독점(獨占)이 널리 존재하게 되었다. 자유경쟁에 의하여 약소기업이 자연 도태되고 대기업만이 남게 되자, 대기업과 대기업 사이에서 경쟁이 치열하게 되었다. 이와 같은 경쟁으로 대기업들이 함께 치명타를 입는 결과를 낳자, 대기업들은 서로 간에 독점을 결성하기에 이르렀다. 독점에는 카르텔 · 트러스트 등이 있는데, 이와 같은 독점이 일반화한 경우를 '독점자본주의'라고 한다. 이 단계에서는 산업자본과 결합한 은행자본, 즉 R. 힐퍼딩이 말하는 금융자본이 지배적인 데서 '금융자본주의'라고도 한다. 마침내 자본주의의 내재적 모순이 표면화되기 시작하여 자유주의의 원칙을 대신하는 계획경제 또는 통제경제가 주장되었다. 이에 부응하여 등장한 것이 케인스 경제학인데, 그 후 여러 면에서 자본주의의 성질이 변화되어 왔기 때문에, 오늘날은 수정자본주의로 일컬어진다.

(3) 자본주의의 주요내용과 쟁점

민주적 정치제도의 기본 원리가 개인의 자치적 능력을 믿는 신념에 기초하고 있는 것과 마찬가지로, 자본주의 경제체제의 기본원리도 각 개인이 스스로의 행복을 추구하는 최선의 능력을 가지고 있다는 신념에 근거하고 있다. 그리하여 자본주의 경제체제는 경제 활동의 자유를 최대한으로 보장해 주고자 한다. 사람들은 마음대로 직업을 선택하고, 마음대로 생산을 하며, 원하는 것을 소비할 수 있다. 그리고 이윤획득을 목적으로 자유경쟁이 벌어지기 때문에 사람들은 창의를 발휘하여 좋은 상품을 풍부하게 저렴한 가격으로 생산하게 된다. 이것이 사회에 양질 · 풍부 · 저렴한 재(財)를 공급하는 결과가 된다. 이것을 A. 스미스는 '보이지 않는 손'에 의해 인도되고 있는 것이라고 하였다. 이처럼 자본주의는 자유가 강조되는 만큼 그 이념에 많은 단점들을 수반하고 있다. 우선 부와 소득 분배의 불공평을 지적할 수 있다. 자본주의 경제 제도의 가장 큰 특징이라고 할 수 있는 사유재산 제도는 인간에게 경제를 움직이는 동력이 되지만, 그만큼의 빈부격차를 초래한다. 그리고 인간 소외의 문제도 일어나고 있다. 즉 인간의 필요에 의해서 상품을 생산했지만, 역으로 그것이 인간의 모든 생활을 지배 조정하게 된 현실을 뜻한다. 채플린의 영화 'modern times'에서 자동화된 공정이 사람을 기계의 부속품으로 전락시켰듯이, 인간이 생산물의 주인이 되는 것이 아니라 역으로 그 지배를 받는 과정이 바로 오늘날 자본주의가 안고 있는 인간소외의 문제인 것이다. 그 밖에도 자본주의는 노사 간의 문제, 실업 문제 등의 많은 문제를 수반하게 된다.

(4) 공산주의의 정의

자본주의 체제의 기본모순을 극복하기 위한 사상과 이념을 주로 사회주의 또는 공산주의라 일컫는다. 일반적으로 사회주의는 사적 소유에 기반하는 자본주의의 경제적 원리인 개인주의를 대체하여 생산수단의 사회적 소유와 관리를 기반으로 하는 새로운 사회질서를 건설하려는 사상이나 그 질서의 원리를 의미한다. 사회주의와 공산주의는 그 의미가 가까워 거의 혼용해서 사용되어졌다. 그러나 마르크스가 공산주의 이론이 등장하면서 그 의미가 분리되었다. 마르크스주의에 따르면, 프롤레타리아트가 자본주의를 전복한 후 생산수단을 사회화함으로써 부르주아 계급을 소멸시켜 사회가 보다 높은 단계로 발전하면, 완전한 자유와 평등의 무계급사회 곧 완전한 공산주의 사회가 도래한다고 한다. 요약하면, 자본주의의 핵심이 자유에 있다면 공산주의는 평등에 있는 것이다.

(5) 공산주의의 등장과 전개

19세기 중엽부터 사회주의는 노동자 계급의 해방운동과 결부되었다. 여러 가지 다양 한 사회주의 사상이 출현했으나, 그 중에서 가장 영향력이 컸던 것은 마르크스와 엥겔스의 마르크스주의였다. 그들은 사회주의를 사회의 발전법칙, 특히 자본주의 발전의 필연적 결과인 신사회로서 생각하였다. 즉 자본주의에서 사회의 생산력은 급속히 성장하고 대규모 생산은 사회적 성격을 가지나 이것은 생산수단의 사유, 자본가에 의한 노동자의 착취라는 생산관계의 모순을 심화하여 빈곤, 실업 및 주기적 공황을 초래한다. 이 모순은 생산수단의 사유 폐지와 사회화, 국민경제의 계획적, 조직적 관리에 의해서만 해결된다고 하였다. 마르크스와 엥겔스는 사회주의로의 변혁은 노동자 계급에 의해 달성되는 것이라 하고, 사회주의 사상을 노동자 계급의 대중적 운동과 결부시켜 노동자 계급의 정치적인 조직과 운동의 필요를 역설했다. 또한 그들은 자본주의에서 사회주의로 이행하는 데는 혁명이 필요하며 승리를 거둔 노동자 계급은 사회주의를 조직하고 생산력을 급속히 발전시키기 위해 그들 자신의 국가를 필요로 한다고 하면서 계급투쟁은 혁명 후에도 계속되고 이행기에는 구지배계급의 저항을 물리치기 위하여 프롤레타리아트의 독재가 필요하다고 주장했다. 마르크스주의의 사회주의는 역사와 또한 자본주의의 사회, 경제의 과학적 분석에 기초를 둔 것이기 때문에 과학적 사회주의라고 불리고 있다.

(6) 공산주의 주요내용과 쟁점

산업 혁명을 거치면서 자본주의의 모순이 표면으로 나타났다. 이런 상황은 공산주의의 급속한 확산을 촉진시켰고 사회 비판적인 지식인층에 많이 퍼졌다. 이 중 레닌 등 사회 참여를 중요시했던 공산주의자들은 국가체제에 직접 공산주의 사상을 대입하고 공산주의 국가 건설에 노력하게 되는데, 그것으로 인해 탄생된 나라가 소련을 비롯한 공산주의 국가들이다. 공산주의

자들은 자본주의의 모순을 재산의 사적 소유와 자유경쟁에서 찾았다. 그 모순이란 사유재산으로 인한 자본가의 산업 독점, 극빈층의 양산, 자유경쟁으로 인한 주기적인 상업 공황의 발생 등을 말한다. 이 문제들을 해결하기 위해서 이들은 재산의 공적 소유와 계획 경제체제를 주장한다. 이들은 이른바 '능력에 따라 일하고 능력에 따라 배분 받는다'를 실현시키기 위해서 국가를 최고 경영자로 하여 사회를 통제하고 사회적인 재화의 분배를 행했다. 그러나 결국 사회주의 국가는 경제적인 문제와 공산주의 사상과 체제 간의 괴리로 인하여 멸망하게 되었다. 공산주의 국가들은 평등한 사회를 건설하기 위해 재산을 공적으로 소유하는 것을 원칙으로 삼았기 때문에 초기에는 백성들의 호응을 얻어 경제 발전을 이루는 듯했다. 하지만 국가의 철저한 계획경제는 백성들의 노동 의욕을 상실시켰고, 사회적으로 생산되는 물품이 충분하지 않았고 이들 간의 경쟁이 없었기 때문에 상품의 질도 현저히 떨어졌다. 또 수요 계산에 의한 정해진 개수의 상품 생산은 실제 수요와 맞는 것이 불가능했기 때문에 상품은 불충분하기 일쑤였다. 이로 인해 백성들의 생활은 피폐해졌고 공산주의가 무너지는 주요 원인이 되었다.

공산주의 국가의 이념은 평등한 사회를 만드는 것이었다. 이들은 국민 모두가 공산주의 이념을 가지고 자발적으로 평등한 사회를 만들어가는 것을 이상으로 삼았는데, 초기부터 실현되기는 어렵기 때문에 국가를 관리자로 세워 통제하는 것을 원칙으로 했다. 즉 국가는 진정한 공산주의 사회로 가기 위한 도우미로서 세워진 것이다. 하지만 국가의 통제가 필연적이라는 공산주의의 특성상 국가는 많은 권력을 합법적으로 소유하게 되었고 관료들에 의해 오용되기 쉬웠다. 따라서 관료들은 일반 백성들보다 경제적, 사회적으로 더 높은 지위를 가지게 되었고, 이는 공산주의 사상 자체에 배치되는 것이었다. 결국 자본주의, 공산주의, 지배와 피지배 관계는 성립되었고 이는 공산주의 궁극적인 목적과는 거리가 있었다. 자본주의의 모순을 해결하고자 등장했던 공산주의 이론은 스스로가 자본주의의 맹점에 빠졌던 것이다.

3 북한학의 접근방법

가. 지역(국가)연구의 기본이론

지역(국가)을 연구하는 기본 틀로는 크게 외재적(外在的) 연구방법론과 내재적(內在的) 연구방법론으로 구별할 수 있다. 외재적 연구방법론은 외부에서 연구대상의 현상학적 특징들을 분석자의 가치기준에서 분석, 평가하는 것으로 ① 연구자의 주관된 가치기준에서 편견이 발생하여 객관성을 떨어뜨리기 쉽고, ② 소속된 사회나 국가의 이데올로기적 평가기준에서 상대방을 관찰, 해석하는 데서 야기되기 쉬운 편견이 연구 결과의 신뢰도와 타당도를 떨어뜨리기 쉬우며, ③ 공산권 국가들의 특징인 기본적인 정보가 공개되지 않는 상황에서 지역연구를 수행할 때는 정보부족과 의도적으로 왜곡시켜 유출하는 허위정보 때문에 잘못된 연구로 발전하기 쉬운 난점과 한계가 있다. 내재적 연구방법론은 분석대상의 입장에 서서 현상들을 설명하는 것으로, ① 북한체제의 긍정적인 측면을 부각시키는 논리의 편파성으로 인해 또 다른 흑백론이 생기기 쉽고, ② 북한체제에 대한 비판적 태도의 회피 또는 결여로 인해 긍정적인 측면만 부각시키고 일인독재 정치체제나 심각한 인권문제와 같은 현실에 대한 언급은 회피 또는 묵과하기 쉬우며, ③ 사회주의권의 붕괴와 변혁에 대한 설명에서의 내재적 접근법이 해석방식이 인간적인 얼굴을 지닌 새로운 사회주의 건설과정에서 나타난 결과이거나 개혁론으로 설명하려는 자세를 보이는 난점과 한계가 있다고 할 수 있다.

나. 북한학의 제 연구방법론

북한학을 연구하는 여러 가지 방법론과 그 장단점을 요약하여 정리하면 다음 표와 같다.

방법론	내 용	특 징
전체주의 접근방법	외재적 접근방법의 대표적인 방법론	자본주의적 시각에서 공산권 국가들의 특징을 규정하는데 가장 간단하고 쉬움. 독재자들의 개인적 특성과 체제내부의 메커니즘을 간과하기 쉽고 권력의 다이내믹한 변동의 설명이 어려움.
엘리트 접근방법	공산권 국가와 권력의 변화과정을 지배 계층의 성격특성을 기준으로 분석, 연구하는 방법론	전체주의 접근법의 한계를 다소 보완함. 전체주의 국가들이 갖고 있는 지나친 정보의 통제로 말미암아 분석의 기본조건인 정확한 기초자료수집의 어려움과 자료조작 및 기술에 있어서도 많은 한계점이 있어 이른바 연구결과의 신뢰도와 타당도 그리고 객관성의 문제점이 있음.
관료정치적 접근방법	관료사회의 특징을 연구하면 국가의 성격을 파악할 수 있다는 근거에서 관료사회의 특징을 연구하고 분석하는 방법론	공산주의 국가들의 통치형태에서는 원래 관료주의를 강하게 부정하고 배격하고 있으나 현실적으로는 모든 국가에서는 이러한 관료주의가 보편화된 현상이므로 관료사회의 특징을 연구하면 국가의 성격을 파악할 수 있다는 근거에서 관료정치적 접근방법론은 매우 설득력이 있음.
구조기능주의적 접근방법	정책결정과정을 투입→산출의 개념에서 파악하고 권력의 행사가 어떠한 특징으로 수행되고 있는가를 동태적(動態的)인 관점에서 분석하고 연구하는 방법론	권력의 전개를 기능적인 기준에서 분석하는데 있어서 서구적 민주사회의 사회과학 분석틀로 적용할 때에는 상당한 한계점이 나타남.
집단-갈등적 접근방법	개인의 자유와 집단 간의 이익추구가 국가의 정책결정 과정에서 나타나는 갈등을 분석하고 연구하는 방법론	개인의 자유와 집단 간의 이익추구가 국가의 정책결정 과정에 커다란 변수로 작용하는 자본주의 국가의 성격을 설명하는 데 가장 효과적인 접근방법론임. 공산주의 국가가 갖는 전체주의적 사회구조의 중앙집권적 권력체계에서는 개인과 개인, 개인과 집단, 집단과 집단, 집단과 국가 간의 갈등이란 기대하기 어렵기 때문에 별로 도움이 안 되는 방법론임.

방법론	내 용	특 징
근대화-발전적 접근방법	사회적인 근대화와 경제발전이 정치체계의 변동에 커다란 변수로 작용한다는 가정에서 성립되는 이론	북한의 경우 여타의 공산권 국가와는 달리 김일성정권 하에서 1970년대까지는 상당한 수준의 경제발전을 수행했음에도 불구하고 정치적인 근대화는 이루지 못하였고 오히려 김일성의 독재체제가 강화된 특수한 현상으로 발전되었음.
역사-문화적 접근방법	어떤 국가의 성격을 이해하는데 있어 그 국가가 쌓아온 역사와 문화의 특성을 전제하고 현재의 현상을 해석하면서 접근하는 방법론	북한의 경우는 마르크스 변증법적 유물사관의 구조형태와는 맞지 않는 특수성과 김일성 특유의 주체사상은 오히려 반 마르크시즘적인 봉건 유교적인 가치관을 내포하고 있다는 측면에서 북한을 설명하는데 적합함.

다. 북한연구를 위해 적용한 이론

(1) 분단 이후 1970년대까지

동서냉전 구조 하에서 주로 외재적 연구방법론에 속하는 전체주의적 접근방법에 의존하는 방법뿐이었다. 이후에 비교 분석적 접근법도 나왔으나, 외재적 연구방법론의 한계점을 벗어나지는 못했으며 북한의 부정적인 측면만을 부각시켜 강조하는 반공주의 시각에서 철저한 흑백론적 해석과 평가만이 이루어졌다.

(2) 1980년대 중반 이후

남한의 정치민주화가 진행되면서 학문연구의 자유영역이 점차 확대되었고. 브루스 커밍스로 대표되는 남북분단사의 새로운 해석이 생겨났으며, 종래의 전통적인 외재적 접근방법론에 비판을 가하면서 수정주의 논쟁이 생기기도 함으로써 내재적 접근방법이 새로운 접근방법론으로 부각되었다.

라. 북한 연구의 현황

기존 북한에 대한 연구는 한국전쟁까지만 해도 주로 미국 및 여타의 다른 나라 등지에서 한국인 유학파나 재외 학자들에 의해 이루어 졌다. 이때까지만 해도 양국은 서로의 실체를 인정하지 않았으므로 국내에서의 북한 연구는 전무하였다. 물론 시간도 짧았고 시대적 상황도 좋지 않았다는 특징이 적용되었다.

그러던 것이 1963년 북한에 대한 최초의 석사학위 논문이 나온 시점부터 1994년까지 석 · 박사 논문만 1,062편, 또한 1945년부터 1986년 사이에 출판된 북한 관련 단행본만 해도 2,898편에 이를 정도로 그 숫자가 엄청났다. 만약 이 기준을 2009년도까지 확대 적용시킨다면 그 숫자는 어마어마할 것으로 예상된다. 그러나 역설적으로 당시의 북한 연구는 이러한 양적 풍성함에도 불구하고 그 학문성을 의심받던 분야였다. 당시는 냉전 시기였기 때문에 첨예한 이념 갈등과 체제 대립 속에서 북한이라는 대상이 학문적 연구의 대상이라기보다는 우리가 상대해야 할 적으로 존재했다. 따라서 다양한 학문적 연구보다는 정책적으로 연구 · 이용되었다. 또한 자료접근의 어려움과 자료가 갖는 한계점으로 인해 각종 추측이 난무하는 연구가 비일비재 했으며, 정치적 고려에 의한 과정과 왜곡도 없지 않았다. 이러한 상황 속에서 북한에 대한 체계적이고 객관적인 연구가 이루어지기란 매우 어려웠다. 하지만 1980년대 후반 들어 국제적 수준에서의 탈냉전과 국내적 수준에서의 민주화를 거치면서 상당한 변화를 보이기 시작하였다. 즉 탈냉전은 사회주의권의 붕괴를 동반하면서 그동안 불문율처럼 북한 연구자들을 강박했던 이데올로기의 족쇄를 느슨하게 만들었다.

그리고 국내적 민주화와 민족의식의 고취 등으로 인해 북한연구의 열의가 그 어느 때보다 증진되고 자유로운 연구 활동의 폭이 확장되었으며, 최소한 이것이 국내정치적으로 이용되어 연구자들을 압박하는 수단으로 사용되지는 않았다. 이러한 시대적 흐름과 상황적 변화로 인한 자유스러운 분위기는 북한 연구의 과학화와 객관화에 직접적인 영향을 미쳤고, 이 분야에 질적 · 양적으로 비약적인 성장을 이끌어내는 토대를 마련하였다. 하지만 이러한 변화에도 불구하고 북한 연구가 학문적으로 더 다양화되고 이론화되기 위해서는 넘어야 할 난제가 많다.

마. 북한 연구의 어려움과 한계점

북한 정치 연구에 대한 어려움은 여러 가지 요인에 의해 나타나지만, 그 중에서 가장 큰 어려움은 '북한 정치체제의 폐쇄성'에서 기인하는 문제점이라고 볼 수 있다.

일반적으로 어느 지역 또는 국가전문가라고 하면 그 연구자는 그 지역과 나라를 큰 제약 없이 자주 방문하여 현장조사도 하고, 현지인이나 관료들과 쉽게 접촉해서 의견과 정보도 교환하고 자료도 수집하는 등 이른바 현지조사 활동(first-hand field survey or obser vation)이 가능해야 한다. 그리고 대부분의 나라와 지역들은 그것이 가능하다.[30] 즉 미 · 소 냉전이 첨예하던 1950~1960년대에도 서방 전문가들의 소련 및 중국, 그리고 동구 공산권 국가들에 접근이 전혀 불가능 했던 것은 아니었다.

물론 공산국가의 폐쇄성이라는 특성 때문에 자료나 정보 및 지역접근이 지극히 어렵고 불충분하여 공산권 연구는 일종의 특수 분야로 그 한계를 인정해 주었던 것이 사실이다. 무엇보다 이들 나라들이 내놓은 자료나 선전물들이 홍수를 이루기도 하지만 그 신빙성, 객관성, 정확성 등이 의문시되는 문자 그대로 선전 · 선동물뿐이고 매체들도 당 · 정부 · 산하단체의 기관지들이어서 그 기사를 읽는다기보다는 그 기사 사이의 행간을 이해하기 위한 노력이었다는 것이 적합한 표현일 것이다.

---

30) 양성철 · 강성학, 『북한외교정책』(서울: 서울프레스, 1995), p. 4.

이러한 자료접근의 한계성과 정보의 제약성 때문에 공산권 연구는 특수 분야로 인정되었던 것이다. 그러나 북한 연구와 관련해서는 탈냉전의 이 순간에도 그 어려움이 고스란히 존재하고 있다. 지난 세월 북한은 체제적 폐쇄성의 극치를 보여주었다. 적어도 특정지역 및 특정 국가 전문가라면 그 지역, 그 국가의 과거와 현재의 실상에 대한 만족할 만한 정보와 지식 그리고 현장 검증을 거친 기초 위에서 미래를 관측 또는 추리할 수 있어야 하며, 그것이 바로 연구의 기본이다. 그러나 불행하게도 북한은 여전히 접근이 쉽지 않다. 그렇기 때문에 북한 연구의 문제점은 과거에는 조작되고 과장되고 허위로 가득 차 있는 자료 분석이 갖는 한계를 노정하였고, 현재에는 그 접근 자체가 거의 불가능하거나 자유롭지 않고 현황파악이 극도로 제한되고 있기 때문에 연구의 어려움은 이중고로 다가오게 된다.

다시 말해, 다른 지역연구 및 국가연구의 경우는 과거와 현재의 기초 위에서 미래를 예측 · 관측 · 전망할 수 있으나, 북한 연구는 북한체제의 폐쇄성에 따른 현지조사활동의 불가능으로 과거와 현재의 기초자료와 분석도 부재 혹은 결여된 상태에서 미래를 점쳐야 하는 문자 그대로 이중고, 삼중고를 겪는 셈이다.

하지만 이러한 문제는 의외로 간단히 해결된 수 있는 방법이 있다. 그것은 바로 북한의 개혁개방이 지속적으로 이루어져 체제의 폐쇄성이 완화되거나 점점 제거된다면 의외로 자연스럽게 해소될 수 있는 문제이기도 하다.

다음으로는 현지 조사활동의 어려움과 자료 및 정보접근의 부재로 인한 '자료의 신빙성' 문제가 있다. 즉 북한의 현장 조사나 태도 측정이 불가능하고, 쏟아져 나오는 자료(로동신문이나 김일성 저작들) 등은 북한의 선전도구에 불과하므로 자료의 신빙성과 객관성, 정확성 등에 의문이 대두된다.

그리고 이와 함께 북한 연구에 있어서 또 다른 어려움으로 지적될 수 있는 부분은 남북한 간 오랜 체제 대립으로 인한 객관성의 문제가 그것이다. 즉 북한이라는 연구 대상을 객관적 분석의 대상으로 인식하기보다는 당위성 ·

주관성·개인적 정서에 따라 판단하게 되고, 이로 인해 연구자의 가치 함축성에 따라 그 연구 결과가 판이하게 다른 양상을 보이게 된다. 그리고 또 하나, 정치·경제·사회·문화에 대한 개념 및 인식의 차이 그리고 이념적 차이에서 오는 정서적 이질감 등으로 인해 북한 연구의 발전이 어려움을 겪고 있다는 점을 지적할 수 있다.

이제 우리는 북한을 이해하는데 주관적 인식이나 편견에 기초한 감정적 이해보다는 객관적 분석을 시도할 필요가 있다. 이를 위해서는 먼저 북한연구에 대한 과학화·이론화 정립이 시급하다. 즉 감정적·주관적·당위적 인식에서 벗어나 합리적·객관적 연구가 되기 위해서는 북한 연구의 과학화 이론화 시도는 필수적인 과제라 할 수 있다. 그리고 지나치게 정치 영역에만 편중되어 있는 연구에서 탈피하여 경제·사회·문화·예술 등 다양한 분야의 연구를 바탕으로 북한의 전반적인 모습을 종합적이고 체계적으로 이해해 나가는 노력이 필요하다. 이러한 노력이야 말로 북한을 합리적이고 실용적인 '있는 그대로의 모습'으로 이해하는 도움이 된다.

제2장

북한체제 개관

1 북한정권의 수립과 발전

가. 소련의 점령정책과 북한정권의 수립

제2차 세계대전의 종료가 임박한 가운데 미·영·불·소의 4대 연합국은 포츠담에서 회담(1945. 7. 17~8. 2)을 갖고 전후 유럽문제의 해결과 소련군의 대일참전에 따르는 문제 등을 논의하였다.

이 회담에 참가한 미·소 군사대표들의 회담에서는 한반도지역의 군사작전문제가 논의되었으나, 구체적인 군사점령지역에 대해서는 협의하지 않은 것으로 알려지고 있다. 포츠담회담 결과 소련은 대일전에 참가하게 되었으며, 한반도 분단의 직접적인 계기가 되었다고 할 수 있다. 포츠담회담이 끝난 지 4일째인 1945년 8월 6일 미국은 일본의 히로시마에 원자탄을 투하하였으며, 그로부터 이틀 후인 8월 8일 소련은 대일 선전포고를 함과 동시에 8월 9일부터 만주와 한반도로 진격하기 시작하였다.

소련군은 8월말까지 38도선 이북의 거의 전 지역에 진주하였으며, 8월 24일 평양에 진격한 소련군은 "소련군의 관할구역을 북위 38도선 이북으로 한다"는 성명을 발표하였다.

38도선은 소련군의 남하저지와 일본군의 항복을 받기 위해 군사적 목적에서 설정된 잠정선이었지만, 결국 소련의 책략에 의해 정치적 분할선이 되어 우리 민족과 국토가 남북으로 갈리는 결과를 가져오고 말았다. 곧이어 북한지역은 소련군의 점령정책을 통해 공산화되었다. 우선 북한지역의 소비에트화는 각 도인민위원회(道人民委員會)를 조직하여 일제로부터 접수한 행정권을 인계받아 행정의 공백을 메우는 일에서부터 시작되었다.

당시 북한지역 점령군 사령관인 로마넨코 소장은 평양에 있던 건국준비위원회(건준) 평남지부(대표 조만식)와 조선공산당 평남지부(대표 현준혁)를 통합하여 '임시인민위원회'를 조직하도록 하였다. 이에 따라 '평안남도 인민정치위원회'(1945. 8. 27)가 구성되었으며, 유사한 단체들이 북한의 나머지 4개도에도 속속 조직되었다.

1945년 10월 8일 로마넨코는 북한 5개도에 설치되었던 임시인민위원회 대표자대회를 소집하였는데, 회의 결과 1945년 10월 28일 '5도행정국'이 발족되었다. 5도행정국은 소련군정 하에서 각급 인민위원회를 중앙에서 통일적으로 지도하는 기구였다.

한편 소련 점령군의 초미의 관심사는 소련에 충성하는 공산당을 효율적으로 조직하는 문제였다. 서울에는 박헌영 중심의 '조선공산당'(1945. 9. 11)이 조직되어 있었으나, 소련군 사령부는 북한지역의 조선공산당 5도 책임자를 중심으로 '조선공산당 북조선 분국'을 만들었다. 북조선 분국의 설치는 북한에 서울과 별개의 공산당을 조직하여 김일성으로 하여금 그 지도권을 장악

1948년 김일성 소련 도착 성명

케 하려는 소련군사령부의 의도에서 유래한 것이다.

1945년 12월 17~18일 분국 3차 확대집행위원회에서는 '북조선공산당'으로 명칭이 바뀌었으며, 김일성이 위원장이 되었다. 북한에서 소련 점령군의 도움 아래 공산당이 결성됨에 따라 공산당 지배체제가 구축된 것이다. 그 후 북조선공산당은 김두봉의 '신민당'과 합당(1946. 8)하면서 '북조선로동당'으로 개칭하였으며, 공산당 일당지배를 위한 내적 통치기반을 강화하기 위하여 강력한 중앙통치기구를 계획하게 되었다.

김일성은 1946년 2월 8일 "북조선 정당 · 사회단체 5도행정국 및 각도 인민위원회 확대회의"를 개최하여 '북조선 임시인민위원회'를 조직하였다. 또한 북조선 임시인민위원회는 5도행정국의 기능을 계승함으로써 북한에 공산당이 지도하는 단독 정권기관이 등장하게 되었다. 북조선 임시인민위원회는 최고 집행권을 행사하는 동시에 임시법령을 제정하고 공포할 권한을 함께 갖는 기관이었다.

소련 점령군 당국은 김일성을 통치자로 만드는 작업과 함께 1946년 11월에 북한의 각 도 · 시 · 군 인민위원회 선거를 실시토록 하고, 1947년 2월에는 읍 · 면 · 리 인민위원회 선거를 실시하였다. 선거를 통해 도 · 시 · 군 인민위원회를 구성한데 이어, 최고입법기관으로서 북조선 인민회의의 설치를 결의하고, 1947년 2월 21일 북조선 인민회의를 통해 '북조선 인민위원회'가 공식 출범하였다.

1948년 2월 8일에는 조선인민군이 창설되었다.[31] 그리고 1948년 4월 29일 북조선 인민회의는 특별회의를 통해 '조선민주주의인민공화국' 헌법 초안을 승인했다.

---

31) 북한의 군 창건일은 1948년 2월 8일이나 1978년부터 김일성 주석이 항일유격대인 '조선인민혁명군'을 조직했다는 1932년 4월 25일을 군 창건일로 변경하여 매년 변경해오고 있으며, 2007년에는 군 창건 75주년 기념행사를 미사일부대 퍼레이드를 포함하여 대규모로 실시한 바 있다.

정권수립일(9·9절) 기념행사 홍보물

1948년 8월 25일 최고인민회의 대의원 선거가 실시되고, 9월 2일부터 9월 10일까지 개최된 최고인민회의 1차 회의에서 헌법을 채택(9. 8)한 후, 9월 9일 김일성을 수상으로 하는 내각을 승인함으로써 소련의 위성국(衛星國)이 한반도 북쪽에 탄생[32]하게 되었다.

정권수립 이후 1949년 6월 24일 남로당과 북로당 제1차 전원합동회의를 개최하여 합당함으로써 북한의 '조선로동당'이 공식적으로 창당되었고, 위원장에는 김일성이 선출되었다.

소련은 북한정권이 성립하기까지는 물론, 그 이후에도 계속 배후조종과 감독을 계속하였다. 최근 러시아가 공개한 문서에 의하면 김일성이 1948년 1월 20일자로 스티코프 장군에게 북조선 인민회의 의제와 회의 개최 허락을 요청한 사실과 당시 조・소 간에 11개 협정이 체결된 후 북한에서 시행되어져야 할 제반 조치들을 나열해 놓은 1949년 3월 19일자 스티코프의 편지 등이 이를 말해주고 있다.

나. 김일성의 권력 공고화와 유일체제의 형성

해방 이후 북한에는 조만식을 중심으로 한 민족주의세력, 현준혁・박헌영 등 국내 공산주의세력, 중국공산당과 함께 항일투쟁을 한 김두봉 등 연안파(延安派), 소련군과 함께 들어온 허가이 중심의 소련파, 김일성 추종세력 등

32) 북한은 정권 수립일을 9・9절로 명명하고 국가적 명절로 기념하고 있으며, 1998년에는 정권수립 50주년을 맞아 김정일 위원장 주관 하 대규모 열병식 및 군중시위를 실시하였고, 2003년에는 55주년 행사를 실시하였으며, 2008년 9월 9일 정권수립 60주년 행사를 실시하였으나, 이때에는 김정일 위원장이 건강상의 이유로 불참하였다.

김일성 위원장과 김구 선생의 단일정부 협상

다양한 정치세력이 존재하였다.

조선노동당은 김일성 중심의 북조선공산당과 김두봉 중심의 조선신민당, 박헌영 중심의 남조선노동당이 시차를 두고 합당하여 창당된 것이며, 여기에 소련파가 가세하였다. 김일성은 소련의 비호 하에 테러와 통일전선전술 등 이중정책을 구사하며 정적(政敵)들을 제거해 나갔다.

점령 초기 현준혁과 조만식을 제거한 김일성은 6·25전쟁과 그 직후 정적들을 숙청해 나가면서 권력기반을 공고히 하였다. 이후 김일성은 1957년 5월 30일 당 상무위원회를 열고 '중앙당 집중지도사업'을 단행하여 전 북한사회를 공포분위기로 몰아갔다.

이러한 와중에서 김두봉, 최창익, 한빈 등 연안파는 완전히 축출되었으며, 소련파의 상당수는 소련으로 피신했으나 박창옥 등은 처형되었다. 남로당계와 연안파·소련파에 대한 숙청을 마무리 지은 김일성은 자신과 함께 항일빨치산운동을 전개했던 '빨치산파'의 일부까지도 숙청하였다. 한마디로 김일성의 권력 공고화 과정은 피의 숙청과정이라고 할 수 있다.

한편, 1967년 5월 당 중앙위원회 제4기 제15차 전원회의에서 "당의 유일사상체계를 튼튼히 세우며 온 사회를 혁명화, 노동계급화 하기 위한 투쟁"을 적극 전개하기로 결정하여 주체사상이 북한의 통치이데올로기로 확립됨으로써 김일성 유일체제의 사상적 기반이 되었다. 이 당시부터 김일성은 영도와 사상의 유일성을 확보하면서 '수령'이라고 불리우기 시작하였다.

1970년 제5차 당 대회 무렵 북한의 지도층은 김일성에 대한 충성파로 일색화되었으며, 이른 바 '유일영도체계'가 확립되기에 이르렀다. 김일성 유일체제는 1972년 12월 개정된 '사회주의헌법'을 통해 제도화되었다.

다. 김정일의 등장과 후계체제 개편

(1) 김정일의 권력기반 구축과정

김정일은 1967년 5월에 개최된 당 중앙위원회 제4기 제15차 전원회의에서 갑산파에 대한 숙청을 주도하면서 당권 장악의 기틀을 마련하였다. 더욱이 70년대 들어 유일체제가 구축된 이후 김일성은 장자인 김정일을 후계자로 삼아 부자세습체제를 구축하기 시작하였다.

김정일은 1973년 2월부터 착수된 '3대혁명소조운동'의 책임을 맡은 데 이어, 동년 9월 당 중앙위원회 제5기 제7차 전원회의에서 당 중앙위원회 비서로 선출되었다. 이어 김정일은 1974년 2월 개최된 당 중앙위원회 제5기 제8차 전원회의에서 당 중앙위원회 정치국 위원으로 선출되면서 김일성의 유일한 후계자로 추대되었다. 또한 1975년 11월부터 시작된 '3대혁명 붉은기 쟁취운동'을 주도하였으나, 그 당시 김정일은 '당 중앙'이라는 호칭으로 불리기 시작하였을 뿐 이러한 내용이 처음부터 공식화된 것은 아니었다.

김정일은 1980년 10월에 개최된 제6차 당 대회를 통해 당 중앙위원회 정위원(서열 4위), 당 정치국과 상무위원회 위원, 당 비서국 비서, 당 군사위원회 위원으로 선출되면서 김일성의 후계자로서 공식적으로 등장하였다. 제6차 당 대회 이후 당의 지도체제가 김정일 중심으로 개편되었으며, 김정일은

김일성과 모택동

김일성과 등소평

주요 대외문제를 제외한 대부분의 대내정책을 수행하는 실질적인 당 책임자이자 후계자의 역할을 수행하였다. 김정일은 1981년 5월 김일성을 수행하여 묘향산지구 개발공사 현장을 시작으로 주요 산업 · 건설현장을 '실무지도' 형식으로 시찰, 각종 지시를 하달하였다. 또한 김정일은 1982년 3월 「주체사상에 대하여」라는 논문을 발표하여 주체사상을 심화, 발전시키는 한편, 1980년대 속도창조운동, 숨은 영웅들의 모범을 따라 배우는 운동, 전당의 주체사상화, 준법기풍 앙양, 8·3 인민소비품 생산운동(1984) 등을 주도하였다. 이 시점을 전후하여 김일성과 김정일은 대외업무와 대내업무를 나누어 업무분담을 한 것으로 알려지고 있다.

한편, 김일성은 1986년 5월 31일 김일성 고급당학교 창립 40돌에 즈음하여 집필한 강의록 『조선로동당건설의 력사적 경험』을 통해 후계자 문제는 "정치적 수령의 지위와 역할을 계승하는 문제"라고 규정하는 한편, "우리 당에서는 혁명위업의 계승문제가 만족스럽게 해결되었습니다"라고 언급하여

김일성 가족사진, 소련에서 평양 귀환당시, 오른쪽 하단이 김정일

김정일 후계체제의 성립을 공식적으로 선언하였다.

김정일은 1990년 5월에 개최된 최고인민회의 제9기 제1차 회의에서 확대 개편된 국방위원회 제1부위원장으로 선출되면서 군부를 장악하기 시작하였으며, 1991년 12월 24일 개최된 당 중앙위원회 제6기 제19차 전원회의에서 '조선인민군 최고사령관'으로 추대되었다. 김정일은 1992년 4월 20일 '원수' 칭호를 수여받은 이후, 1993년 4월 9일 최고인민회의 제9기 제5차 회의에서 국방위원회 위원장직을 맡았다. 이로써 김정일은 당·정·군 등 주요 분야에 걸쳐 통치자적인 입지를 확고히 구축하였다.

(2) 김정일 체제의 출범

1994년 7월 김일성이 사망[33)]하자, 김정일은 '조선인민군 최고사령관'의 직함을 가지고 유훈체제를 공고히 하는데 주력하였다. 우선 김일성 사망에 따른 과도기간 동안 군부를 중심축으로 후계정권을 조기에 안정시키기 위해 지속적으로 군부대를 방문, 군의 저변을 장악하는데 역점을 두었으며, 군부 지도층의 권력서열을 대폭 상승시켰다. 또한 체제의 정당성을 김일성의 '유훈통치'에 둠에 따라 김일성의 시신을 미이라화 하여 '금수산 기념궁전'에 안치하는 한편, 김일성 영생탑을 건설하고 주체연호와 태양절을 제정(1997. 7)하였다.

김일성 사후 과도기간을 안정적으로 수습한 김정일은 1997년 10월 8일 '당중앙위원회·당중앙군사위원회 특별보도'를 통해 노동당 총비서로 추대된데 이어, 1998년 9월 5일 최고인민회의 제10기 제1차 회의에서 헌법을 개정하고 실질적인 국가지도자 자리인 국방위원장에 재추대됨으로써 본격적

33) 김일성 주석(1912. 4. 15~1994. 7. 8)은 1994년 7월 8일 심장마비로 사망한 것으로 알려지고 있다. 이후 김일성 주석의 생일을 국가 주요기념일로 선정하여 국가적 명절로 기념해 오고 있으며, 1997년 김 주석의 85회 생일과 군 창건 65주년을 기념하는 열병식 때 기념메달을 제작하기도 하였다.

인 김정일 체제가 출범하게 되었다.

먼저 헌법개정(8차)의 주요내용을 살펴보면, 첫째, 김일성을 칭송하는 '서문'을 신설하고 "조선민주주의 인민공화국 사회주의헌법은 위대한 수령 김일성동지의 주체적인 국가건설사상과 국가건설업적을 법화한 김일성헌법이다"고 규정하고 개정헌법을 '김일성 헌법'으로 명명하였다. 또한 김일성을 '영원한 국가주석', '사회주의 조선의 시조'로 추켜세움으로써 김정일 체제가 김일성의 혁명유업을 계승하는 후계체제임을 분명히 하였다.

둘째, 김일성이 '영원한 국가주석'으로 칭송됨에 따라 구 헌법상 국가의 수반이며 국가주권을 대표하는 국가주석직을 폐지하였으며, 당 · 정을 포괄하여 명목상 국가주권의 최고지도기관이었던 중앙인민위원회도 폐지하였다. 반면, 헌법규정에도 불구하고 군사최고기관인 국방위원장이 실질적인 국가지도자의 역할을 수행토록 함으로써 김정일의 권력기반을 강화하였다. 비록 개정헌법이 "국방위원장은 일체의 무력을 지휘통솔하며 국방사업 전반을 지도한다"고 규정(제102조)하고 있지만, 김영남 최고인민회의 상임위원

김정일 위원장과 북한의 인공기

장의 추대사를 보면, "국방위원장은 나라의 정치 · 군사 · 경제역량의 총체를 통솔 · 지휘하는 국가최고의 직책"으로 격상되어 있다.

셋째, 국가권력을 형식적으로 분산시킴으로써 김정일 체제 출범에 따른 통치책임과 위험을 분산시키는 모양새를 갖추고 있다. 1차적으로 최고인민회의 상임위원회에 종전의 국가주석과 중앙인민위원회의 임무와 권한인 조약의 비준 · 폐기권, 외교사절의 임면권, 신임장 접수권을 부여하였으며, 상임위원장이 대외적으로 국가를 대표토록 하였다. 또한 정무원을 내각으로 개편하여 종래의 '행정적 집행기관' 기능에 주석 및 중앙인민위원회의 기능이었던 '전반적 국가관리기관'의 권한을 추가하였다. 특히 정무원의 '부(部)'를 '성(省)'으로 개칭하면서 37개 부서를 31개 부서로 조정하였고, 부총리 10명을 2명으로 축소하였으며, 경제관련 유사분야를 통폐합하여 32개 부서를 23개 부서로 조정, 외형상 조직운영의 효율성을 도모한 점이 특색이라 하겠다.

넷째, 구 헌법상 지방의 전반적 사업을 지도하는 당 · 정합의기관인 '지방인민위원회'가 지방행정기관인 '지방행정경제위원회'의 임무와 기능을 흡수하여 내각의 결정사항을 집행토록 하였다.

다섯째, 그동안 경제여건이 변화된 현실을 제도적으로 일부 수용하여 ① 독립채산제 실시 및 원가 · 가격 · 수익성 개념 도입 ② 개인소유 범위 확대 ③ 특허권 보장 ④ 국가 이외에 사회협동단체도 대외무역 주체가 될 수 있도록 허용 ⑤ 특수경제지대에서의 기업의 창설, 운영 장려 ⑥ 주민의 경제생활과 관련된 거주 · 여행의 자유권이 규정되었다. 이러한 규정들은 변화된 경제상황의 일부만을 반영하는데 그치고 있으나, 북한이 단계적으로 변화되는 조짐을 나타내고 있어 귀추가 주목된다.

이러한 헌법 개정을 토대로 김정일 체제의 권력구조상 특징을 살펴보면, 첫째, 형식적으로는 국가권력의 분산과 집단지도체제의 모양을 갖추고 있으나 국방위원장인 김정일이 사실상 국가지도자의 역할을 하는 유일영도체제라 할 수 있다는 점이다. 즉 김정일은 당 총비서 및 국방위원장으로서 당 ·

군을 장악하고 있으나 실질적으로는 모든 국가기관이 김정일의 지도를 받되, 대외관계는 최고인민회의 상임위원회에 위임하고, 경제문제는 내각이 전담토록 하였다.

둘째, 국방위원장이 최고통치권자로 부각됨에 따라 군부에 대한 의존정도가 심화되었다는 점이다. 이는 김정일 체제가 출범과 동시에 정치와 사상의 강국, 군사의 강국, 경제의 강국 등 '강성대국'을 표방하고 있는 점이라든가, 국방위원회 위원이 5명에서 10명으로 확대됨과 동시에 국방위원(조명록 · 이을설 · 김일철 · 이용무)이 주석단 서열에 있어 당 비서(계응태 · 전병호 · 한성룡) 보다 상위서열로 부상하였고, 국방위원 중 7명이 당 중앙군사위원, 도당 책임비서, 정치국후보위원을 겸직한 사실에서도 잘 나타나고 있다.

이와 함께 김정일의 공개 활동이 주로 군에 치중되어 있으며, 군을 통한 사회통제와 군사문화의 파급현상이 급격히 증대되고 있다는 점을 들 수 있다. 예컨대 '총폭탄 정신', '무적필승의 강군', '전인민의 무장화', '전국의 요새화'를 통해 '난공불락의 사회주의 조선'을 건설해 나가자는 등의 구호를 들 수 있다.

셋째, 김정일 체제 출범을 계기로 김정일 측근들이 주요 권력기구의 핵심을 장악하게 되었다는 점이다.

우선 원로계층이라 할 수 있는 이종옥 · 김영주 · 박성철 등 국가부주석들

김정일과 군부실세

이 명예적 지위인 최고인민회의 상임위원회 명예부위원장으로 추대된 반면, 내각의 31개 부서 중 21개 부서의 장이 새로운 인물로 교체되었으며, 최고인민회의 제10기 대의원 687명 중 64%인 443명이 새로운 인물로 채워졌다.34)

2 북한의 체제적 특성 개관

사회주의 국가에 대한 정의는 몇 가지 '이념적 유형(ideal type)'에 따라 결정된다. 즉 사회주의 국가의 일반적 특징과 관련해 학자들은 각기 관점에 따라 약간의 강조점과 차이점을 노정하기는 하지만, 대체로 다음 4가지 유형을 지적하고 있다고 하겠다. 그것은 통치이데올로기의 존재 유무, 공산당의 영도권, 공유제 경제, 양대 진영론 등이라 할 수 있다.

첫째, 통치이데올로기의 존재 유무에 대해 살펴보면, 사회주의 국가들은 모두 마르크스-레닌주의 내지는 그것의 변형이라고 할 수 있는 사상을 공식적인 당의 지도 이념으로 삼고 있으며, 그것은 당과 국가의 정책과 노선의 방향에 영향을 주고, 또 그것을 정당화할 뿐만 아니라 개개인과 집단의 행동 규범을 제공하기도 한다.

둘째, 공산당의 영도권과 관련해 사회주의 국가의 가장 중요하고도 결정적인 기준은 역시 공산당의 영도권을 바탕으로 한 국가의 정치제도를 견지하고 있는가의 문제라고 할 수 있다. 즉 공산당이 국가와 사회를 지배한다는

34) 이후 김정일 정권에서는 2002년 7월 1일 경제관리 개선조치를 통해 대대적 경제관리 개선을 추진하였다. 2002년 10월 17일 '핵무기 개발계획 추진' 내용을 발표하고, 2005년 2월 10일 '핵무기 보유를 선언' 하였으며, 2006년 7월 5일 대포동2호 미사일 발사 실험을 하는 등 핵무기와 관련된 국제적 문제를 야기하여 한국, 북한, 미국, 일본, 러시아, 중국이 포함된 6자회담의 중심에 서기도 하였다. 2008년 9월 김정일의 건강악화로 김정일 이후의 북한 정권구도에 대한 연구가 활발히 진행되기도 하였으나, 2009년 이후 인공위성을 발사하고 핵문제와 관련한 6자회담의 중심에 서는 등 체제를 더욱 공고히 하는 양상을 보이고 있다.

원칙은 이념적 차원에서 뿐만 아니라 정치적·제도적 차원에서도 보장되어 있는 당 국가체제를 견지하고 있다는 것이다. 다시 말해, 공산당의 지배권은 선거나 다수결 원칙으로 합법화되는 것이 아니라, 당국가체제의 이념과 제도 안에 내장되어 있다는 것이다.

셋째, 공유제 경제 문제이다. 국가들마다 정도의 차이는 있겠지만 대부분의 사회주의 국가에서는 공유제의 원칙이 강조되면서 사적 소유와 사적 경제활동이 제약을 받고 있다. 그리고 이와 함께 기본적으로 중앙 집권적 계획경제의 틀 안에서 당과 국가에 의한 직접 통제가 관철되고 있는 것이다.

넷째, 양대진영론 문제는, 사회주의 국가는 기본적으로 프롤레타리아 국제주의를 표방하면서 사회주의 진영과의 연대를 강조하고 있기 때문에 자본주의 국가와의 대립은 불가피하다. 즉 사회주의 국가들은 자본주의 진영과의 경쟁과 갈등, 그리고 대결을 바탕으로 복잡한 국제관계에 접근하고 있는 것이다.

일반적으로 사회주의 국가의 이상형을 스탈린주의체제라고 한다면, 스탈린주의 체제가 보여주는 구조적 특징은 바로 위에서 지적한 4가지로 요약할 수 있는 것이다. 그렇다고 해서 모든 사회주의 국가들이 이런 4가지 구조적 특징을 공유하고 있는 것은 물론 아니다. 역사적 상황과 현실적 조건에 따라서 사회주의체제는 위의 4가지 특징을 부분적으로 수정·보완하면서 다양한 형태의 사회주의체제를 발전시켜 왔다고 하겠다. 이런 측면에서 볼 때, '북한식 사회주의체제'는 다음과 같은 정치·경제·사회적 특징을 갖는다고 하겠다.

김정일, 평양주재 중국대사관 방문, 2008. 3. 1

북한은 '우리식 사회주의'라는 독특한 체제를 유지하고 있는 국가로서 나름의 역사와 경험 속에서 정치·경제·사회적 특성을 이루고 있다. 따라서 '있는 그대로의 북한'을 올바로 이해하기 위해서는 무엇보다 북한 체제의 구조적 특징을 살펴볼 필요가 있다.[35)]

먼저, 북한체제의 정치적 특성은 다음과 같다. 북한은 주체사상이라는 통치이데올로기를 중심으로 수령의 유일적 영도체제에 의해 지배되며, 혁명의 전위대인 조선로동당 일당에 의해 지배되는 정치적 특성을 가진 국가이다. 즉 사상적으로 주체사상이라는 통치이데올로기가 존재하며, 정치적으로 일당지배체제가 유지되는 사회주의의 정치적 특성을 가진 국가이다.

통치이데올로기 측면에서 북한의 통치이념은 1956년 이전까지는 마르크스 레닌주의였으나, 1970년 11월 제5차 로동당 대회를 계기로 마르크스-레닌주의와 함께 주체사상이 로동당의 지도이념으로 확립되었다가, 1972년 12월 개정된 사회주의헌법에서는 "마르크스-레닌주의를 창조적으로 적용한 주체사상만을 국가 활동의 지침으로 삼는다"라고 했으며, 1980년 10월 제6차 로동당대회의 당 규약에서는 "김일성의 주체사상"만을 당의 공식 지도이념이라고 규정하였다. 이후 1992년 4월 개정된 사회주의 헌법에서는 "사람중심의 세계관이며 인민대중의 자주성을 실현하기 위한 혁명사상인 주체사상을 자기활동의 지침으로 삼는다"라고 규정하였다. 즉 북한의 주장에 따르면 주체사상은 사람중심의 세계관이고 인민대중의 자주성을 실현하기 위한 혁명사상이다. 북한은 이러한 변화과정을 거친 주체사상이라는 유일사상에 의해 지배되는 체제이다.

북한에서의 수령은 주체의 핵이며 당은 수령을 중심으로 한 정치적 조직으로 설명될 수 있다. 이렇게 볼 때, 북한은 사실상 수령의 유일적 영도 아래 통치되는 전체주의적 독제체제이다. 이와 같은 수령 중심의 체제논리는 1982년 김정일 국방위원장이 발표한 논문에서도 다음과 같이 강조되고 있다.

---

35) 양재성, "북한 어떻게 볼 것인가", 『2006 북한이해』(서울: 통일교육원, 2006), pp. 12-17.

수령의 사상과 령도를 떠나서 령도적 정치조직으로서의 당에 대하여 생각할 수 없으며 대중과 결합되지 않고는 혁명과 건설을 승리에로 이끌어 나갈 수 없다. 수령을 중심으로 수령·당·대중이 일심동체가 될 때 가장 공고하고 위력한 혁명의 주체를 이루게 되며 그것은 혁명과 건설의 위대한 추동력으로 된다. 그러므로 로동계급의 당은 수령의 당으로, 수령의 사상과 령도를 실현하는 정치조직으로 건설되어야 하며 인민대중과 혼연일체를 이루어야한다. … 당의 유일사상체계는 수령의 사상체계이며 수령의 령도체계이다….

유일사상체계를 세우는 것은 당을 수령의 당으로 건설하기 위한 기본방도이다. … 로동계급의 당은 전당이 수령의 사상으로 일색화되고 수령의 유일적 령도 밑에 하나와 같이 움직이는 사상적 순결체로, 조직적 전일체로 되어야 한다.36)

이처럼 북한에서의 수령은 단결과 영도의 중심으로서 인민대중의 운명을 개척하는데서 결정적 역할을 하는 당의 최고 영도자로 규정되는 동시에, 사회정치적 생명체의 '최고 뇌수'로 규정된다. 나아가 '사회정치적 생명체'란 "인민대중이 혁명의 자주적 주체로 되기 위해 당의 영도 밑에 수령을 중심으로 조직 사상적으로 결속됨으로써 영생하는 생명력을 지닌 생명체"라고 주장한다. 북한사회에서의 수령은 '전 당의 조직적 의사의 체현자'이며, '당의 최고 령도자'로 "사회정치적 생명체의 생명활동을 통일적으로 조직하고 지휘하는 령도의 유일 중심"이라고 하여 그 절대적 지위와 역할을 부여받고 있다.

그러나 북한의 수령은 현재까지 김일성 주석 개인에만 한정된 호칭이었다. 북한은 김일성 주석이 사망한 이후 김정일 체제가 공식 출범한 시점에서도 김일성 주석을 '영원한 수령'이라고 부르고 있다.

2002년 신년 공동사설에서 수령 제일주의를 주장하고 있음을 볼 때 이미

36) 김정일, "주체사상에 대하여", 『친애하는 지도자 김정일 동지의 문헌집』(평양: 조선로동당 출판사, 1992), pp. 43-45; 김정일, "조선로동당은 김일성 당이다"(10. 2), 『월간 북향동향』, 1995년 10월, pp. 173-174.
그러나 2년 후 북한은 1997년 10월 10일 로동신문 기념사설을 통해 종래 "조선로동당은 김일성 당이다"라고 지칭하던 것을 '김정일의 당'으로 호칭하는 변화를 보이고 있다.

김정일 국방위원장이 수령으로서의 역할을 계승·수행하고 있다고 볼 수 있다. 즉 김정일 국방위원장은 이미 북한의 당과 군과 정권의 유일중심으로서 사회정치적 생명체의 '뇌수' 역할을 수행하고 있는 것이다.

다음으로, 북한체제의 경제적 특성은 다음과 같다. 북한은 생산수단을 국가와 협동단체가 소유하는 사회주의적 소유제도와 자원의 배분을 국가계획위원회라는 국가의 공식 계획기구가 담당하는 중앙집권적 계획경제제도를 유지하고 있는 국가이다.

북한은 사회주의적 소유를 "사회주의적 생산관계의 기초가 되는 생산 수단과 생산물의 전 사회적 또는 집단적 소유"라고 개념화하고 있다.37)

사회주의적 소유의 핵심은 생산수단에 대한 소유인데, 생산수단은 국가와 사회협동 단체가 소유함을 원칙으로 한다. 그러나 북한에서도 매우 제한적이나마 개인소유를 인정하고 있다. 북한의 개인소유는 생산수단에 대한 사

김정일 국방위원장과 김대중 대통령, 2000. 6. 14

37) 『백과전서』 제3권(평양: 과학백과사전출판사, 1983), p. 530.

회적 소유의 토대에서 발생한다고 하여 '사회주의에서의 개인소유'라고 강조한다. 개인소유의 대상은 근로자들이 받는 임금이나 노동의 질과 양에 따라 받는 분배 몫과 그것으로 구입한 소비품목들이다. 구체적으로 근로소득과 저축, 가정용품, 일용소비품 등이 개인소유의 대상에 포함된다. 개인소유물은 그 소유자가 자유롭게 처분할 수 있으며 그에 대한 상속권도 인정하고 있다.[38] 북한의 각종 수매기관과 농민시장은 개인소유물을 처분할 수 있는 제도적 장치로 이용되고 있다.

북한 경제는 "중앙집권화 된 경제이며 유일적인 지휘에 따라 움직이는 경제"이다. 따라서 북한은 계획수립을 비롯한 모든 경제적 의사결정과 이에 필요한 정보의 흐름이 중앙당국에 집중되어 있으며 하부조직은 중앙의 명령에 절대적으로 복종하도록 되어 있어 '중앙집권적 명령경제 체제(Centrally Planned Command System)'라고도 한다. 중앙집권적 계획경제란 경제계획의 작성과 집행 및 감독은 국가계획위원회를 중심으로 하여 도 · 시 · 군 및 공장 기업소에 이르기까지 일원화된 체계로 이루어지고 있다. 국가계획위원회는 경제 전 분야에 걸쳐 로동당의 정책을 계획화하고 그 집행을 감독하는 것을 임무로 하고 있다. 1965년부터 계획의 일원화와 세부화 원칙이 강조된 이래, 지구계획위원회와 중앙 공장 · 기업소 계획 부서를 국가계획위원회의 직속으로 개편하는 등 계획체제의 중앙집권화를 강화시켜 왔다.

북한은 국가계획기관과 감독 · 통제기관이 국가계획을 제멋대로 변경시키거나 계획권 밖에서 경제활동을 벌이는 아주 사소한 요소도 허용하지 않으며, 계획 작성으로부터 집행에 이르기까지 모든 사업을 당의 요구에 맞게 조직 · 진행하도록 강력히 통제하고 있다. 그러나 실제의 경우 인민경제계획을 수행하는 과정에 어쩔 수 없이 법을 어긴 행동에 대해서는 행정적 또는 형사적 책임을 묻지 않는다. 사례로 석탄을 생산하고 있는 탄광의 지배인이 생산

38) 『경제사전』 제2권(평양: 과학백과사전 출판사, 1998), p. 118.

된 석탄을 국가계획에 의하여 지정된 화력발전소에 보내지 않고 부득이하게 탄광노동자들의 식량과 탄광에 필요한 운반기계를 해결하는 데 소비하여 화력발전소의 전력생산에 상당한 지장을 주었더라도 탄광지배인은 본인이 부정축재를 하려고 한 것이 아니라 탄광의 경영활동을 위하여 어쩔 수 없이 국가계획을 어겼으므로 법적 및 행정적인 책임을 묻지 않은 예가 있었다.

그러나 북한은 2002년 7월 1일 '7·1 경제관리 개선조치' 이후 계획경제의 핵심이라고 할 수 있는 국가에 의한 배급체계가 대폭 축소되고 주민들이 시장과 상점에서 생필품을 자체 구입할 수 있도록 전환됨으로써 기존의 중앙집권적인 계획경제제도에 사실상 자본주의 사장경제의 요소가 도입되어 가는 과정이 시작되었다고 볼 수 있다.

북한은 7·1조치 추진 이후 초인플레, 재정의 압박, 빈부격차의 확대 등으로 거시 경제적 문제를 겪고 있으나, 외부세계의 평가와는 달리 2005년까지 2년 6개월 동안 점차 안정적이며 '관리되는 개혁'으로 추진되는 모습을 보이고 있다. 북한은 7·1조치의 성공적 추진을 위해 체제 유지를 위한 선군정치를 강조하면서도, '3실(즉 실리 · 실적 · 실력)'을 강조하는 실리사회주의 노선에 따라 당 · 정 인력들을 젊은 층으로 세대교체를 하였으며, 무역성 산하에 자본주의 경제제도 연구원을 설립하여 적극적인 대외개방도 추진하고 있다. 물론 7·1조치 이후 대두된 정치 · 경제 · 사회적 부작용은 북한이 극복해야 할 도전과제이기도 하다.

마지막으로, 북한체제의 사회특성은 다음과 같다. 북한은 집단주의 원칙에 의한 공산주의적 전체주의 체제이며, 수령을 어버이로 하는 '사회주의 대가정체제'라는 특성을 가지고 있다.[39]

---

39) 2008년 4월13일 중앙일보, '北 최고인민회의 11기 마지막 회의' 제하의 보도 자료에 따르면, 남한에서 총선이 실시된 9일, 평양의 만수대의사당에선 우리의 국회격인 최고인민회의(대의원 임기 5년) 11기 6차 회의가 열렸다. 11기 마지막인 이번 회의에선 핵 문제와 남북관계에 관한 결정이나 발표가 있지 않겠느냐는 관측으로 주목을 끌었다. 실제로 2003년 9월 11기 1차 회의는 핵 억제력 강화를 천명한 외무성의 조치를 승인하는 '결정'을 채택하

북한은 공민들의 권리와 의무는 '하나는 전체를 위하여 전체는 하나를 위하여'라는 집단주의 원칙에 기초[40]하고, 자기 운명을 집단의 운명과 결부시켜 개인적 목표가치보다는 집단적 목표 가치를 우선으로 추구하는 집단주의 원리에 의거 공산주의적 인간으로의 개조사업을 하고 있다. 북한에는 개념적으로 두 개의 가정이 존재한다. 하나는 혈육들로 구성되는 '보통의 가정'이고, 다른 하나는 수령을 어버이로 하는 소위 '사회주의 대가정'이다. 이 '사회주의 대가정'의 가족성원인 북한 사람들은 보통의 가정에서 자녀들이 부모를 섬기듯 어버이인 수령을 믿고 사랑하며 충성과 효성을 다해야 하는 것으로 교육받고 있다. 유교사회의 관습과 전통이 비교적 많이 남아있는 북한에서 사회주의 대가정론은 '수합방식'이 되는 것이다.

북한은 주민들에게 이러한 규범을 강인시키기 위해 정치학습, 생활총화 등 정치사상 교육을 시키고 있으나 주민들의 실제 가치관이 반드시 이러한

기도 했다. 그러나 회의에서는 대외문제에 대한 언급이 전혀 없었고, 경제재건 문제가 주로 논의됐다. 남북관계 등에 대한 입장을 내놓아 제약을 받기보다 상황에 따라 유연하게 대처하겠다는 의도가 엿보인다. 경제 문제를 화두로 삼은 것은 올해 북한 3개지의 공동사설(신년사)이 경제 강국 건설을 강조한 것과 맞물려 있다는 분석이다. 김영일 내각 총리는 "지난해 인민경제의 기술개건을 다그치는 데 중심을 두고 경제 사업을 조직 전개했다"며 "올해 과업은 경제 강국 건설의 진격로를 열고 기술개건과 인민생활 제일주의 원칙에서 먹는 문제, 식량 문제, 소비품 문제를 풀어 근로자들의 생활을 개선하는 것"이라고 말했다. 그는 특히 올해 과학기술발전 5개년 계획을 수립해 이행에 들어간다고 밝혔다. 북한이 경제 분야에서 5개년 계획을 수립하기는 2002년에 이어 두 번째다. 정창현 국민대 겸임교수는 "북한은 고난의 행군 시절인 1990년대 중반부터 경제계획 수립이 어려울 만큼 심각한 경제난을 겪었다"면서 "2002년부터 여유가 생겨나 농업·과학 분야에서 2~3개년 계획을 세워 왔다"고 말했다. 회의에 보고된 지난해 예산·결산 가운데 국방비가 준 것도 주목거리였다. 국방비 비율은 15.7%로, 2006년 16%, 2005년 15.9%에 비해 약간 줄었다. 김연철 고려대 연구교수는 "국방비 비율이 줄었더라도 최근 북한의 전체 예산이 증가하고 있는 만큼 절대 액수에는 큰 변화가 없을 것"이라면서도 "경제 재건을 위한 시설투자와 경공업 생산품을 늘리기 위한 시설 보수에 상대적으로 많은 예산을 투입한 것으로 보인다"고 말했다. 북한은 2003년 이후 예산 액수를 밝히지 않고 전년 대비 변동폭만 제시하고 있으나, 통일부는 한 해 북한 예산을 약 30억 달러, 국방비를 약 5억 달러로 추정하고 있다고 보도했다.

40) 『조선민주주의인민공화국 사회주의헌법』 제63조(1998년 9월 5일 개정).

규범과 일치하고 있는 것은 아니다. 최근 들어, 집단주의 규범에 대한 주민들의 거부감이 높아지고 있으며, 이 같은 불만은 경제난이 심해지면서 더욱 커지고 있다. 겉으로는 당·수령·대중이 평등하게 함께 하는 가정이라고 하지만 실제로는 당원과 비당원, 상급간부와 하급간부 사이에 사회적 대우, 배급량과 임금 등에서 실질적인 차별이 존재하고 있기 때문이다. 그동안 북한체제를 유지시켜 주던 '사회정치적 생명체론'과 '사회주의 대가정론'에 대한 신념이 점차로 느슨해지고 있는 것이다.

결론적으로 북한은 '우리식 사회주의'라는 대전제 아래, 사상적으로 주체사상이라는 통치이데올로기를 유지하고 있고, 정치적으로 수령을 정점으로 하는 조선로동당의 일당지배체제를 지속하고 있으며, 경제적으로 중앙집권적 계획경제체제라는 사회주의적 경제원칙을 실시하고 있다. 따라서 우리는 북한의 이러한 정치·경제·사회적 특성을 이해하는 바탕 위에서 북한에 대한 연구를 시작하여야 할 것이다.

3 2010년 이후 북한의 변화

북한은 매년 1월 1일 당보(노동신문), 군보(조선인민군), 청년보(청년전위) 3개 신문에 같은 내용의 사설을 게재하는데 이를 '신년 공동사설'이라고 한다.[41)]

신년 공동사설은 북한의 그해 정책기조를 국내외에 천명하는 '공식 신년사'라 할 수 있다. 1995년부터 나타난 공동사설은 서두에 전년을 결산한 뒤 정치, 경제, 군사, 대남·대외관계 순서로 정책 목표를 제시한다. 공동사설의

41) 북한 정권의 첫 신년사는 광복 이듬해인 1946년 '신년을 맞이하면서 전국 인민에게 고함'이라는 제목으로 나온 김 주석의 연설이었다. 그 후 신년사, 축하문, 연설, 공동사설로 명칭과 형식이 변했다.

중점은 북한이 처한 여건에 따라 달라진다. 1차 핵실험 직후인 2007년 공동사설은 핵실험에 대한 자긍심을 고취하면서 국방력 강화와 경제 건설에 주력할 것임을 강조했다. 남한의 정권 교체기였던 2008년에는 남북 경제협력 추진의 중요성을 강조하고 2012년 강성대국 건설의 과제를 제시했다. 2009년에는 한반도 비핵화와 동북아 평화 문제를 거론하면서 남한 정부를 험하게 비난하는 양면성을 보였다.

김일성 주석이 살아 있던 1994년까지는 매년 김 주석이 방송을 통해 신년사를 발표했다. 그러나 같은 해 7월 김 주석이 사망한 후 이듬해부터는 권력 승계자인 김정일 국방위원장이 나서지 않고 공동사설로 대신해왔다.

이러한 신년사를 통해 북한의 정책방향과 변화의 일면을 볼 수 있기도 하다. 2010년의 공동사설은 그 어느 해보다도 특이하게 변화한 내용을 담고 있고 향후 수년간의 변화모습을 전망해 보 수 있는 내용이 포함되어 있어 이를 면밀히 분석해 보기로 한다.

먼저 <조선신보>에 게재된 해설기사를 살펴보고 분야별 주요내용을 정리해 보기로 한다.

가. 2010년 신년사 분석

북한 측 입장을 대변하는 조총련 기관지 <조선신보>는 2일 북한의 새해 공동사설에 대해 분야별로 해설하는 기사를 실었다. 그 내용을 정리해 보면 다음과 같다.

<로동신문>, <조선인민군>, <청년전위>는 새해공동사설에서 지난해는 조국청사에 특기할 변이 난 해, 인민의 모든 이상이 실현되는 희한한 시대가 펼쳐진 극적인 전환의 해였다고 강조하였다.

사설은 지난해에 강성대국의 대문을 두드리는 놀라운 사변들이 연이어 일어난데 대해 지적하였다. 그에 의하면, 조선이 자체의 힘과 기술로 인공지구

위성 '광명성 2호'를 성과적으로 발사하고 제2차 지하핵시험을 성공적으로 진행하였으며 주체철생산체계를 완성하였다. CNC 기술이 세계의 첨단을 확고히 돌파하였다. 태양절과 5·1절, 10월의 명절에 펼쳐진 축포야회들은 강성대국을 건설하는 우리의 리상과 포부가 얼마나 원대하며 위대한 당의 향도 따라 전진하는 선군조선의 미래가 얼마나 휘황찬란한가를 내외에 힘 있게 과시하였다.

인민경제의 선행부문, 기초공업부문에서 생산이 획기적으로 장성하고 전반적인 공업부문이 활성화되었다. 새로운 천리마속도, '희천속도'가 창조되고 선군시대의 기념비적창조물들이 도처에 일어섰으며 중요공장, 기업소들의 현대화가 힘 있게 추진되었다.

농업생산과 농촌건설에서 비약적인 성과가 이룩되고 수많은 협동농장들이 강성대국리상촌으로 전변되었으며 방직공업과 식료가공공업을 비롯한 경공업부문의 생산토대와 잠재력이 훨씬 강화되었다.

영화와 가극, 연극, 음악부문에서 명작들이 연이어 창작 형상되었으며 교육기관들이 새 세기의 요구에 맞게 훌륭히 꾸려지고 조선인민에게 커다란 기쁨을 안겨준 체육경기성과들이 마련되었다.

사설은 "지난해에 이룩된 대고조의 위대한 승리는 우리 조국이 비약의 룡마를 타고 무섭게 솟구치고 있으며 바야흐로 강성대국선포의 승전고가 울려퍼질 그날이 다가오고 있다는 것을 확증해주었다"고 강조하였다.

<로동신문>, <조선인민군>, <청년전위>는 새해를 맞으며 발표한 공동사설에서 혁명적대고조의 불길 드높이 인민생활향상에서 결정적인 전환을 가져오기 위한 일대 공세를 벌리는 것을 올해의 총적인 투쟁방향으로 제시하였다.

사설은 인민생활 향상을 위한 전당적, 전국가적인 총공세를 드세차게 벌려나감으로써 대고조의 승리가 더 큰 승리로 이어지게 하고 올해를 인민의 행복이 넘치나는 빈영의 해로 되게 하여야 한다고 강조하였다.

우리는 “당 창건 65돐을 맞는 올해에 다시 한 번 경공업과 농업에 박차를 가하여 인민생활에서 결정적 전환을 이룩하자!”는 구호를 높이 들고나가야 한다고 하면서 사설은 다음과 같이 지적하였다.

경공업과 농업은 인민생활향상을 위한 투쟁의 주공전선이다. 경공업부문에서는 공장, 기업소들의 현대화를 계속 높은 수준에서 실현하며 인민소비품의 질을 높이기 위한 투쟁을 힘 있게 벌려야 한다.

농업부문에서는 당의 종자혁명방침, 두벌농사방침, 감자농사혁명방침과 콩농사방침을 비롯한 당의 농업혁명방침을 빛나게 구현하여 농업생산을 획기적으로 늘여야 한다.

인민생활과 관련된 부문들에 대한 국가적 투자를 결정적으로 늘이며 모든 부문, 모든 단위에서 경공업제품생산에 필요한 원료, 자재들을 제때에 원만히 보장하여야 한다. 대외시장을 확대하고 대외무역활동을 적극적으로 벌려 경제건설과 인민생활향상에 이바지하여야 한다.

4대 선행부문에서는 경공업과 농업의 발전이 중공업의 발전에 달려있다는 확고한 관점을 가지고 높은 생산적 앙양으로 인민생활향상을 위한 오늘의 총공세를 힘 있게 떠밀어나가야 한다.

당과 국가의 인민적 시책들을 철저히 구현하여 전체 인민이 사회주의 혜택의 참다운 향유자로 되게 하여야 한다.

만수대거리 살림집을 본보기로 하여 평양시의 10만 세대 살림집 건설을 힘 있게 내밀며 도시와 농촌들에 21세기의 사회주의선경거리, 선경마을을 더 많이 일떠세워야 한다. 상품류통에서 사회주의원칙을 철저히 지키며 인민봉사의 질을 결정적으로 높여야 한다.

1일 발표된 새해공동사설은 올해의 총공세에서 비약을 일으키기 위한 방도에 대해 지적하였다.

사설은 올해의 총공세에서 새로운 비약을 이룩하기 위한 근본비결은 모든 분야에서 첨단을 돌파하기 위한 투쟁을 과감히 벌이는 데 있다고 하면서 “강성대국건설의 모든 전선에서 첨단을 돌파하며 더 높이, 더 빨리 비약하자!"는 구호를 들고 한결같이 떨쳐나서야 한다고 강조하였다.

첨단돌파전의 기본전선인 국방공업부문에서 강성대국의 대문을 두드리는 승리의 포성이 계속 울려나오게 하며 인민경제 모든 부문, 모든 단위에서 첨단돌파의 열풍이 일게 하여야 한다고 사설은 지적하였다.

사설은 오늘의 벅찬 현실은 경제조직사업에서 혁명적인 개선을 가져올 것을 요구하고 있다고 하면서 경제지도일군들이 진취적이며 현실성 있는 기업전략, 경영전략을 세우고 오늘의 대고조진군을 주동적으로 밀고나갈 데 대해 인급하였다.

올해 총공세의 진격속도를 최대로 높이기 위해서는 천만군민의 무한대한 정신력을 끊임없이 고조시켜야 한다고 사설은 지적하였다.

당원들과 근로자들 속에서 주체사상교양, 선군사상교양을 비롯한 사상교양사업을 끊임없이 강화하여 대중의 사상정신력이 최대로 발휘되게 하며 사회생활의 모든 분야에서 조선민족제일주의정신을 철저히 구현해나가야 한다고 사설은 강조하였다.

사설은 올해에 당이 제시한 전투 목표를 점령하자면 인민군대를 핵심으로 하는 혁명대오의 위력을 백방으로 강화하며 전체 인민이 자기 초소를 전선으로 여기고 과감한 공격전을 벌려야 한다고 지적하였다. 또한 당을 강화하고 당 조직들의 역할을 비상히 높이며 사회주의경쟁을 비롯한 여러 가지 대중운동을 활발히 벌려 모든 근로자들이 오늘의 강성대국건설대전에서 애국의 열정을 남김없이 폭발시키도록 하여야 한다고 사설은 강조하였다.

1일 발표된 새해공동사설은 인민군대에서는 경애하는 최고사령관 김정일 동지께서 선군혁명령도를 시작하신 50돐이 되는 올해에 첨단을 돌파할 데에 대한 당의 사상을 받들고 모든 군사정치사업을 최상의 수준에서 설계하고 진행함으로써 무진막강한 백두산혁명 강군의 위력을 더 높이 떨쳐야 한다고 강조하였다.

인민군대는 주체혁명의 주력군, 강성대국건설의 제일기수이며 대고조의 승리와 인민의 행복은 위력한 선군의 총대에 의하여 담보된다고 하면서 사설은 다음과 같이 지적하였다. 인민군대에서는 "위대한 김정일 동지를 수반으로 하는 혁명의 수뇌부를 목숨으로 사수하자!"는 구호를 높이 들고 모든 장병들을 경애하는 최고사령관 동지를 그대로 닮은 선군혁명의 전위투사, 수령옹위정신으로 심장을 불태우는 육탄결사대로 키워야 한다. 인민군대는 순간의 안일해이도 없이 언제나 고도의 격동상태를 견지하며 적들의 그 어떤 불의적인 도발책동도 단호히 짓부셔버릴 수 있게 전투동원준비를 빈틈없이 갖추어야 한다. 인민군장병들은 혁명적 군인정신으로 희천발전소건설장을 비롯한 대건설전투장들에서 력사에 빛날 위훈을 계속 창조해나가야 한다. "인민을 돕자!"는 구호를 높이 들고 선군조선의 밑뿌리인 군민일치를 철통같이 다져나가며 사상정신과 도덕, 체육과 예술 등 모든 면에서 사회의 본보기가 되여야 한다.

<로동신문>, <조선인민군>, <청년전위>는 새해공동사설에서 전체 조선민족은 단합된 힘으로 반통일세력의 온갖 도전을 물리치며 거족적인 통일대행진을 다그쳐나감으로써 2010년을 자주통일의 새국면을 여는 해로 빛나게 장식하여야 한다고 강조하였다.

사설은 우리는 력사적인 6·15북남공동선언발표 10돐이 되는 올해 "북남공동선언의 기치 밑에 온 민족이 단합하여 조국통일을 하루빨리 실현하자!"는 구호를 들고 북남관계개선의 길을 열어나가며 민족의 화해와 협력을 적극 실현해야 한다고 지적하였다.

사설은 다음과 같이 지적하였다. 역사적인 6·15공동선언과 10·4선언에 기초하여 북남관계를 개선하고 조국통일의 앞길을 열어나가려는 우리의 립장은 확고부동하다. 남조선당국은 대결과 긴장을 격화시키는 일을 하지 말아야 하며 북남공동선언을 존중하고 북남대화와 관계개선의 길로 나와야 한다.

민족공동의 이익을 첫자리에 놓고 화해를 도모하며 각 계층의 래왕과 접촉을 통하여 협력사업을 추동해나가야 한다. 민족의 공리공영을 위한 사업을 저해하는 온갖 법적, 제도적 장치들은 철폐되어야 하며 광범한 인민들의 자유로운 통일 논의와 활동이 보장되어야 한다.

북과 남, 해외의 온 겨레는 연대연합을 강화하여 조국통일운동을 발전시켜나가야 한다. 6·15공동선언발표 10돐과 고려민주련방공화국 창립방안제시 30돐을 맞으며 전민족적범위에서 자주통일기운과 화해와 협력, 단합의 분위기를 더욱 고조시켜야 한다.

<로동신문>, <조선인민군>, <청년전위>는 새해 공동사설에서 조선로동당과 정부는 자주, 평화, 친선의 기치높이 나라들 사이의 선린우호관계를 발전시키며 세계의 자주화를 위하여 힘차게 투쟁해 나갈 것이라고 강조하였다.

사설은 오늘 조선반도와 지역의 평화와 안정을 보장하는데서 나서는 근본문제는 조미사이의 적대관계를 종식시키는 것이라고 지적하였다.

대화와 협상을 통하여 조선반도의 공고한 평화체제를 마련하고 비핵화를 실현하려는 우리 공화국의 립장은 일관하다고 사설은 강조하였다.

나. 신년 공동사설 분야별 주요내용

(1) 남북·대외관계

올해는 역사적인 6·15북남공동선언 발표 10주년이 되는 해다. 2000년 북남수뇌상봉(남북정상회담)과 6·15공동선언 발표는 조국통일 위업 수행에서 거대한 의의를 가지는 역사적 사건이었다.

우리는 지난해 악화된 북남관계를 개선하고 조국통일의 전환적 국면을 열기 위해 주동적인 조치들을 취하면서 성의 있는 노력을 기울였다.

우리는 올해 “북남공동선언의 기치 아래 민족이 단합해 조국통일을 하루빨리 실현하자!”는 구호를 들고 나가야 한다. 북남관계 개선의 길을 열어나가야 한다.

6·15공동선언과 10·4선언에 기초해 북남관계를 개선하고 조국통일의 앞길을 열어나가려는 우리의 입장은 확고부동하다.

남조선 당국은 대결과 긴장을 격화시키는 일을 하지 말아야 하며 북남공동선언을 존중하고 북남대화와 관계 개선의 길로 나와야 한다. 오늘 조선반도와 지역의 평화와 안정을 보장하는 근본 문제는 북미 사이의 적대관계를 종식하는 것이다. 대화와 협상을 통해 조선반도의 공고한 평화체제를 마련하고 비핵화를 실현하려는 우리의 입장은 일관하다.[42)]

(2) 정 치

새해는 혁명적 대고조의 자랑찬 승리와 성과에 토대해 인민생활 향상에 전당적, 전국가적 힘을 집중해야 할 총공세의 해다. 당은 인민생활에서 결정적 전환을 안아오기 위한 웅대한 구상과 작전을 펼치고 있다. 혁명적 대고조의 불길 드높이 인민생활 향상에서 결정적 전환을 가져오기 위한 공세를 벌리는 것, 이것이 올해의 투쟁 방향이다.

인민생활을 높이는 것은 경제 사업이 아니라 어버이 수령님(김일성 주석)의 유훈을 관철하고 인민들의 이상을 꽃피우기 위한 당의 위업의 정당성을 과시하는 중요한 정치적 사업이다.

(3) 경 제

'당 창건 65돐을 맞는 올해 다시 경공업과 농업에 박차를 가해 인민생활에서 결정적 전환을 이룩하자'는 구호를 높이 들고 나가야 한다. 경공업과 농업은 인민생활 향상을 위한 투쟁의 주전선이다. 전당적, 전 국가적 힘을 집

42) 북한의 이 같은 입장은 지난달 스티븐 보즈워스 미국 대북정책 특별대표가 평양을 방문해 북미 대화가 재개된 것을 토대로 올해 평화체제와 비핵화 논의를 본격 추진하겠다는 뜻으로 풀이된다.

중해 인민 소비품 생산을 대대적으로 늘려야 한다. 농업부문에서는 종자혁명 방침, 두벌농사 방침, 감자농사혁명 방침, 콩농사 방침을 비롯한 당의 농업혁명 방침을 빛나게 구현해 농업생산을 획기적으로 늘려야 한다.

인민생활과 관련된 부문들에 대한 국가적 투자를 결정적으로 늘리며 모든 부문, 모든 단위에서 경공업 제품 생산에 필요한 원료, 자재들을 제때 보장해야 한다. 대외시장을 확대하고 대외무역 활동을 적극 벌여 경제건설과 인민생활 향상에 이바지해야 한다. 상품유통에서 사회주의 원칙을 철저히 지키며 인민봉사의 질을 결정적으로 높여야 한다.

올해 총공세에서 새 비약을 이룩하기 위한 근본 비결은 모든 분야에서 첨단을 돌파하기 위한 투쟁을 과감히 벌이는 데 있다. 첨단 돌파전의 기본 전선인 국방공업 부문에서 강성대국의 대문을 두드리는 승리의 포성이 계속 울려나오게 해야 한다.

(4) 군 사

전군이 부대지휘 관리를 개선하고 군기를 철저히 확립해 최정예화된 혁명강군의 면모를 더욱 힘 있게 과시해야 한다. 인민군대는 순간의 안일도 없이 언제나 고도의 격동 상태를 견지해 적들의 어떤 도발책동도 단호히 짓부숴버릴 수 있게 전투동원 준비를 빈틈없이 갖춰야 한다.

"인민을 돕자 !"는 구호를 높이 들고 선군조선의 밑뿌리인 군민일치를 철통같이 다져나가며 사상정신과 도덕, 체육과 예술 등 모든 면에서 사회의 본보기가 돼야 한다.

(5) 2009년 평가

지난해는 조국에 큰 변화가 있던, 인민의 이상이 실현되는 시대가 펼쳐진 극적 전환의 해였다. 우리 기술로 인공위성 '광명성 2호'를 성공적으로 발사하고 2차 핵실험을 성공적으로 진행한 것은 강성대국 건설에서 승리의 첫

포성을 울린 역사적 사건이었다. 당의 영도 하에 나라의 경제가 본격적 상승 단계에 들어섰다. 인민경제의 선행부문, 기초 공업부문에서 생산이 획기적으로 성장하고 전반적 공업부문이 활성화됐다. 지난해 이룩된 대고조의 승리는 바야흐로 강성대국 선포의 승전고가 울려 퍼질 날이 다가오고 있다는 것을 확증해줬다.

제3장

북한의 자연과 사회·문화

1 자연환경

가. 위치 및 면적

우리나라는 아시아 대륙의 동북쪽에 위치한 한반도와 부속 도서로 이루어져 있으며, 위도 상으로 북위 33도~43도에 속하는 온대기후지역이다. 동쪽으로는 동해와 대한해협을 사이에 두고 일본열도와 서쪽으로는 황해를 사이에 두고 중국대륙과 마주하고 있으며, 북쪽으로는 압록강과 두만강을 경계로 만주와 러시아의 시베리아 지방과 접하고 있어서 예로부터 대륙과 해양을 잇는 교량적 기능을 수행함으로써 전략적 요충지 역할을 해왔다.

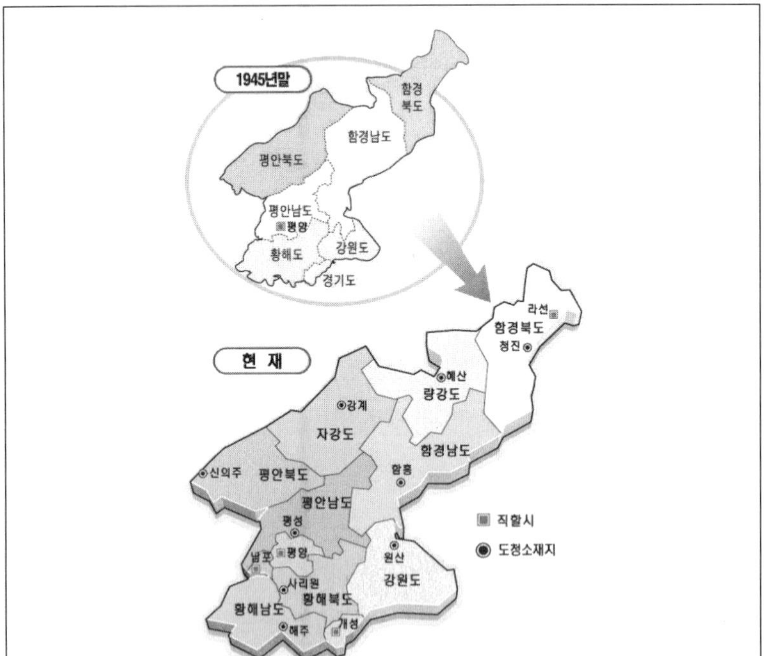

북한 지역은 1953년 7월의 정전협정에 의해 설정된 군사분계선 이북지역을 말하는 것으로 면적은 우리나라 전체 면적 222,300km^{2}의 55%인 122,762km^{2}를 차지하고 있다.

한반도 남북의 총 길이는 약 1,100km이고 동서의 길이는 좁은 곳이 200km, 넓은 곳은 320km이다. 해안선 길이는 총 8,593km인데 이중 북한지역의 해안선은 2,495km이다. 또한 중국과는 1,353.2km 러시아와는 16.2km를 각각 접하고 있어 그 접경선의 전체 길이는 1,369.4km이다.

(1) 북한 지역의 위치

방 향	경·위도	해당 지명
동 단	동경 130도 41분 32초	함경북도 선봉군 우암리 (분단전 : 경흥군 노서면)
서 단	동경124도 18분 41초	평안북도 룡천군 진흥로동자구 (분단전 : 용천군 마안도)
남 단	북위 37도 41분 00초	황해남도 강령군 등암리 (분단전 : 황해도 옹진군 봉강리)
북 단	북위 43도 00분 36초	함경북도 온성군 풍서리 (분단전 : 현재와 같음)

* 출처 : 『조선중앙년감』(1998). p. 35
* 섬을 포함하는 경우의 서단은 평안북도 신도군 비단섬(동경 124도 10분 47초)

나. 지 형

북한의 지세는 백두대간인 낭림산맥이 북쪽에서 남쪽으로 뻗어내려 이로부터 서쪽으로 강남산맥, 적유령산맥, 묘향산맥, 언진산맥, 멸악산맥 등이 펼쳐져 있고 함경북도에서 함경남도에 걸쳐 함경산맥과 부전령산맥 등이 낭림산맥과 이어져 북부와 동부가 높고 서부와 남부로 오면서 점차 낮아진 형태를 취하고 있다. 이들 산맥으로부터 발원한 여러 개의 큰 강들은 서해 및 동해로 흐르고 있으며 이들 강을 중심으로 평야지대가 형성되어 있다.

특히 평안북도의 묘향산과 함경남도의 함흥을 연결하는 선의 이북지방은 고산지대를 형성하여 백두산(2,750m), 관모봉(2,540m), 북수백산(2,521m), 남포태산(2,433m), 와갈봉, 차일봉, 두운봉, 백산, 운령, 대연지산, 낭림산 등 2,000m가 넘는 산만도 50여개 정도이다.

이에 따라 고원지대가 발달되어 한반도의 지붕이라고 일컬을 수 있는 백무고원(백두 및 무산고원)과 개마고원을 비롯하여 장진고원, 낭림고원, 풍산고원 등 10여개의 고원지대가 형성되어 있으며 회령분지, 강계분지, 구성분지, 덕천분지, 이천분지 등 분지지형도 고루 발달되어 있다. 북한에 있는 강·하천들은 이러한 고산지역의 경사가 심한 지형을 따라 흐르고 있기 때문에 유속이 빠르고 수량도 풍부하여 동력자원으로서의 이용가치가 크다.

북한에서 가장 길이가 긴 압록강을 비롯하여 대동강, 청천강, 예성강 등 서해로 흐르는 강들은 산악지대를 벗어나서는 완만한 경사와 곡류하천의 특성을 지니고 있다. 반면에 두만강, 남대천, 용흥강, 어랑천, 성천강 등 동해로 흐르는 강들은 대체로 하천의 길이가 짧고 하폭이 좁고 깊으며 거의 직류하천의 형태를 유지하고 있다. 북한의 평야는 큰 하천들을 중심으로 서해안지대에 넓게 분포되어 있으며 동해안지역에는 서해안에 비해 평야의 발달이 미약하여 규모가 작다.

주요 평야로는 평양을 중심으로 중부 및 서남부의 대동강 유역에 발달한 평양평야(950km^2)와 황해남도의 재령, 신천, 안악, 은천 등 재령강 유역에 발달한 재령평야(1,300㎢), 황해남도 연안, 배천, 청단 지역의 연백평야(1,150km^2), 평안남도의 안주, 문덕, 숙주, 평원 등 청천강 유역의 열두 삼천리평야(750km^2), 함경남도의 함주, 증평 등 성천강 유역의 함흥평야, 평안북도 압록강 유역의 용천평야 등이 있다. 또한 북한에는 크고 작은 자연호수와 인공호수가 많이 있다.

자연호수로는 양강도의 천지(9.2km^2)를 비롯하여 함경남도의 광포(9.0km^2),

함경북도의 장연호(7.7km^2) 및 만포호(8.6km^2) 등 5km^2 이상의 호수만도 5개에 이른다.

인공호수는 관개용수로 이용하기 위해 만든 것과 수력발전용으로 조성된 것으로 수풍호(298.2km^2)를 비롯하여 운봉호(104.9km^2), 장진호(46.1km^2), 부전호(20.3km^2), 서흥호 등 5km^2 이상의 호수가 25개 정도 조성되어 있다.

다. 지하자원

북한지역에는 지질적으로 시생대부터 신생대에 걸쳐 여러 지층이 형성되어 있고 지각변동의 영향으로 다양한 광물이 분포되어 있다. 대표적인 광물로는 몰리브덴, 마그네사이트, 흑연, 중정석, 운모, 형석, 은, 철, 연, 아연, 알루미늄, 석탄 등을 들 수 있다.

철광석은 함경북도 무산군을 중심으로 황해남도 은률과 재령 일대, 함경남도 허천, 덕성, 북청지구 및 강원도 창도군에 매장되어 있다. 금 · 은 · 동은 평안북도 운산, 삭주지구를 비롯하여 북한 전역에 널리 분포되어 있다.

특히 북한의 주종 수출품이 되고 있는 연 · 아연광은 함경남도 단천과 양강도 등 20여개 지역에 분포되어 있으며, 특히 함경남도 단천군의 검덕광산이 규모면에서 유명하다. 마그네사이트광은 북한지역에 전 세계 매장량의 약 50%가 매장되어 있을 정도로 풍부하며, 특히 함경남도 단천군 일대에는 노천광산이 많이 산재되어 있다.

북한의 가장 중요한 에너지원이 되고 있는 석탄 역시 북한 전역에 걸쳐 풍부하게 매장되어 있다. 북한지역에 매장되어 있는 석탄은 대부분이 무연탄이며, 유연탄은 함경북도 아오지를 중심으로 하는 북부탄전지대와 평안남도의 안주탄전에서 주로 생산된다. 한편 원유는 매장 가능성은 있으나 경제성 여부는 불투명한 것으로 알려져 있다.

그동안 북한 서부 연안 대륙붕과 동한만에 대한 시험탐사작업이 스웨덴,

영국, 오스트레일리아, 일본 등 외국 석유기업들에 의해 일부 시도되었으나 별다른 성과를 거두지는 못하였다.

최근 북한은 20만분의 1, 5만분의 1 지질도를 완성하고 지질탐사사업을 강화하는 등 새로운 지하자원 발굴에 적지 않은 노력을 기울이고 있는 것으로 알려지고 있다

라. 기 후

북한의 기후는 사계절의 변화가 뚜렷한 온대지역이나 대륙성 기후의 영향을 받아 겨울철에는 매우 춥고 여름에는 덥다. 그리고 여름에는 습기가 많고 훈훈한 태평양쪽의 남동풍의 영향으로 자주 흐리고 무더우며 겨울에는 차고 건조한 시베리아 쪽의 북서풍의 영향으로 춥고 맑은 날씨가 계속된다.

봄과 가을은 대체로 따뜻하고 맑은 날씨가 계속되는데 봄철에는 기온의 급상승에 따른 수분증발의 증가로 가장 건조한 시기가 된다. 연중 평균 바람의 속도는 전반적으로 초당 약 2~3m 정도로 약한 편이다. 해마다 여름철에는 7~9월 중 태풍이 통과하여 적지 않은 풍수해와 해일피해를 초래하기도 한다. 그동안의 주요 태풍으로는 제니스(1995), 올리와(1997), 야니(1998), 바트(1999), 프라피룬 · 사오마이(2000), 라마순.루사(2002) 등으로 거의 매년 발생하고 있는데, 특히 1995년도에는 태풍이 북한 전역에 피해를 입힌 바 있다.

한반도의 연평균 기온은 10℃로써 남부지방이 14~15℃, 중부지방이 10℃ 내외인데 비하여, 북부지방은 3~6℃로 여름과 겨울의 기온차가 심한 편이다.

지역별로는 동쪽의 산맥 발달과 계절풍의 영향으로 동해안이 서해안에 비하여, 해안지대가 내륙지방에 비하여 다소 높은 편이다. 특히 남부해안지대는 가장 추운 1월 달의 평균기온이 약 2℃ 내외인데 비하여 북부 고원 지대는 영하 18℃로 남북 간의 차이가 매우 크다. 또 혜산의 연평균 기온이 3.6℃인데 비하여 해주 및 원산은 11℃로써 7℃ 정도의 차이가 있고 1월평균기온

은 원산의 영하 2.5℃에 비하여 혜산은 영하 16.6℃로서 약 14℃정도의 차이가 있다. 겨울은 대체로 약 5개월 동안 지속되어 남한 지역에 비해 기간이 길다. 하천의 결빙기간만도 두만강은 4개월 이상, 압록강 및 대동강은 3개월 또는 그 이상 계속된다.

그러나 여름철의 월평균 최고 온도는 혜산의 20.5℃(7월평균)에 비하여 신의주의 8월 평균기온이 3.5℃ 정도가 높을 뿐이고 우리나라 남부지방의 월평균 최고 온도와도 별 차이가 없는 등 여름의 지역별 평균온도차는 그렇게 크지 않은 편이다.

(2) 강수량

북한지역의 연간 강수량은 600mm~1,500mm이며 그 중 53~63%가 6~8월의 3개월 동안에 내린다. 북한 주요지역의 연평균 강수량을 보면 장전지역(강원도 고성군)이 가장 많은 연 1,520mm인데 비하여 혜산은 가장 적은 606mm로써 지역에 따라 많은 차이가 있으며 대체로 남한에 비해 적은 편이다.

북한의 지대별 강수량 분포를 보면 대체로 원산 지방을 비롯하여 마식령산맥과 광주산맥, 적유령산맥 일대가 연평균 1,300mm 내외로 가장 많은 편이고 평안북도와 평안남도의 북부 내륙지방은 700mm 이하이며, 동북부의 두만강 유역도 600~800mm 정도로 강수량이 적은 지대에 속한다.

2 인구 및 행정구역

가. 인 구

북한은 그동안 인구통계를 공식적으로 발표하지 않다가 지난 1989년에야 비로소 「유엔인구기금」(UNFPA)에 1946~1987년 기간의 각종 인구 통계자료를 제출한 바 있다. 또한 1994년 1월 3~15일 기간 중 「유엔인구기금」의 도움을 받아 인구 총 조사를 실시하여 1993년 인구를 2,121만3,378명으로 제시한 바 있다. 그러나 이후부터 북한은 『조선중앙년감』을 통해 매년 총인구만을 발표해 오고 있다. 2002년 『조선중앙년감』에 의하면, 1999년 북한의 총인구는 2,275만 명이며, 한국은행에서 발표한 북한관련자료[43]에 따르면 2001년부터 2007년까지의 인구는 아래 표와 같다.[44]

단 위		'00	'01	'02	'03	'04	'05	'06	'07
인구	천명	22,175	22,253	22,963	22,522	22,709	22,928	23,079	23,200

북한의 인구증가율을 보면 1960년대는 3.08%의 높은 수준을 유지하다가 1970년대부터는 1.70%, 1980년대에는 1.60%, 1990년대 이후에는1.02%로 점차 낮아지는 추세를 보이고 있다. 이는 지난 1960년대 사회주의 공업화 정책을 추진하는 과정에서 부족한 노동력을 여성인력으로 보충하기 위하여 1980년대까지 출산제한 정책을 추진한데 기인한 것으로 보인다.

특히 1990년대 중반이후부터 인구증가율이 둔화되고 있는 것은 극심한 경제난의 영향으로 여성들의 출산율 저하와 영아사망률 증가가 큰 원인으로 작용하고 있는 것으로 보인다. 지역별 인구 분포를 보면 평양시 및 평안남·북도에 전체인구의 40% 이상이 거주하여 서부지역에 인구 집중도가 가장 높으며, 북부내륙지방인 자강도·양강도에는 8.7%가 거주하고 있는 것으로 나타나고 있다. 또한 도시와 농촌으로 나누어 보면 총인구의 61% 정도가 도시지역에 집중됨으로써 농촌지역의 노동력 부족을 더욱 심화시키고 있다. 북한의 직업별 인구구성은 1960년대에서 1993년 말 현재까지 공장·기업소

43) 2008. 8. 13 한국은행 홈페이지 검색(http://www.bok.or.kr).

44) 2008년 10월 기준 북한 인구는 2,405만 1,218명(유엔인구활동기금이 2008년 10월 1~15일간 북한 전역 588만 7,767가구를 방문 조사한 결과)으로 발표되었다.

근로자는 38.3%에서 63.1%로, 농장원은 44.4%에서 23.5%로, 비생산직 사무원은 14.0%에서 13.4%로 변화되는 추세를 보이고 있다.

이렇게 농업인구는 감소, 공장·기업소 근로자는 증가하는 경향을 나타내고 있다. 이러한 북한 인구의 도시집중은 서방권의 산업화에 따른 도시 집중화 현상과는 근본적으로 다른 특징을 갖는다.

북한의 인구정책은 위에서 본 바와 같이 1980년대까지는 출산제한정책을 추진해 왔으며, 특히 1983년에는 여성들의 낙태수술을 공식적으로 허용한 바 있다. 그러나 1990년대에 들어와서 경제난이 심화되는 과정에서 아사자·영아사망률이 증가하고 더욱이 여성들의 출산기피현상이 나타남에 따라 노동력 확보를 위해 적극적인 다산정책을 취하고 있다.

이에 따라 1996년에는 '산아제한규정'을 변경하여 출산을 장려하고 있으며 다산여성들과 유아들에 대해서는 국가에서 혜택을 제공하고, 낙태수술을

금지하고 있다. 1998년에는 37년만에 '제2차 전국어머니대회'를 개최하여 다산운동을 독려하였다. 또한 "녀성들이 사회주의 건설에서 한쪽 수레바퀴를 떠맡고 있다"고 주장하면서 강성대국건설에서 여성들의 적극적 참여와 출산을 장려하기도 하였다.

나. 행정구역

북한의 행정구역은 1945년 해방 당시에는 6도, 9시, 89군, 810읍 · 면이었으나, 1952년 12월 행정체계와 행정구역 개편을 통해 도(특별시),시 · 군(구), 읍 · 면, 리(동)의 4단계 행정구역체계 중 면을 폐지하여 도 (직할시), 시(구역) · 군, 읍 · 리(동 · 노동자구)의 3단계 행정구역체계로 개편하고 군 지역을 재분할하였다. 이에 따라 행정단위는 오히려 증가되었다. 즉 1946년 9월 평양시를 평안남도에서 분리하여 특별시로 승격시켰다가 1952년 12월에는 직할시로 개편하는 등 60여 차례의 행정구역을 개편하였다.

2003년 12월 현재 3직할시, 9도, 25시, 31구역, 145군, 2구, 2지구, 145읍, 3,230리, 1,136동, 267노동자구의 행정구역으로 되어 있다. 종래의 행정구역 개편이 중앙집권체제를 강화하면서 김일성 · 김정일 부자 및 가계우상화를 위한 지명 개칭과 한국의 행정구역수를 의식한 구역수의 확대를 염두에 둔 것이라고 본다면, 나선시, 홍남시, 신의주특별 행정구 등 최근의 행정구역 개편은 경제적 측면을 고려한 개편이라고 볼 수 있다.

3 사회정책과 문화

북한의 사회와 문화에 대해서는 사회주의 헌법 제39조에서 제57조까지에 명시되어 있는데, 그 내용을 보면 다음과 같다.

제39조 조선민주주의인민공화국에서 개화발전하고 있는 사회주의적 문화는 근로자들의 창조적 능력을 높이며 건전한 문화 정서적 수요를 충족시키는데 이바지한다.

제40조 조선민주주의인민공화국은 문화혁명을 철저히 수행하여 모든 사람들을 자연과 사회에 대한 깊은 지식과 높은 문화예술수준을 가진 사회주의, 공산주의 건설자로 만들며 온 사회를 인테리화 한다.

제41조 조선민주주의인민공화국은 사회주의 근로자들을 위하여 복무하는 참다운 인민적이며 혁명적인 문화를 건설한다. 국가는 사회주의적 민족문화건설에서 제국주의의 문화적 침투와 복고주의적 경향에 반대하며 민족문화유산을 보호하고 사회주의 현실에 맞게 계승 발전시킨다.

제42조 국가는 모든 분야에서 낡은 사회의 생활양식을 없애고 새로운 사회주의적 생활양식을 전면적으로 확립한다.

제43조 국가는 사회주의 교육학의 원리를 구현하여 후대들을 사회와 인민을 위하여 투쟁하는 견결한 혁명가로, 지덕체를 갖춘 공산주의적 새 인간으로 키운다.

제44조 국가는 인민교육사업과 민족간부양성사업을 다른 모든 사업에 앞세우며 일반교육과 기술교육, 교육과 생산로동을 밀접히 결합시킨다.

제45조 국가는 1년 동안의 학교 전 의무교육을 포함한 전반적 11년제 의무교육을 현대과학기술 발전 추세와 사회주의 건설의 현실적 요구에 맞게 높은 수준에서 발전시킨다.

제46조 국가는 학업을 전문으로 하는 교육체계와 일하면서 공부하는 여러가지 형태의 교육체계를 발전시키며 기술교육과 사회과학, 기초과학 교육의 과학리론 수준을 높여 유능한 기술자, 전문가들을 키워낸다.

제47조 국가는 모든 학생들을 무료로 공부시키며, 대학과 전문학교 학생들

에게는 장학금을 준다.

第48조 국가는 사회교육을 강화하며 모든 근로자들이 학습할 수 있는 온갖 조건을 보장한다.

第49조 국가는 학령전 어린이들을 탁아소와 유치원에서 국가와 사회의 부담으로 키워준다.

第50조 국가는 과학연구사업에서 주체를 세우며 선진과학기술을 적극 받아들이고 새로운 과학기술분야를 개척하여 나라의 과학기술을 세계적 수준에 올려 세운다.

第51조 국가는 과학기술발전계획을 바로 세우고 철저히 수행하는 규률을 세우며 과학자, 기술자들과 생산자들의 창조적 협조를 강화하도록 한다.

第52조 국가는 민족적 형식의 사회주의적 내용을 담은 주체적이며 혁명적인 문학예술을 발전시킨다. 국가는 창작가, 예술인들이 사상예술성이 높은 작품을 많이 창작하며 광범한 대중이 문예활동에 널리 참가하도록 한다.

第53조 국가는 정신적으로, 육체적으로 끊임없이 발전하려는 사람들의 요구에 맞게 현대적인 문화시설들을 충분히 갖추어주어 모든 근로자들이 사회주의적 문화정서생활을 마음껏 누리도록 한다.

第54조 국가는 우리말을 온갖 형태의 민족어 말살정책으로부터 지켜내며 그것을 현대의 요구에 맞게 발전시킨다.

第55조 국가는 체육을 대중화, 생활화하여 전체인민을 로동과 국방에 튼튼히 준비시키며 우리나라 실정과 현대체육기술발전 추세에 맞게 체육기술을 발전시킨다.

第56조 국가는 전반적 무상치료제를 공고 발전시키며 의사담당구역제와 예방의학제도를 강화하여 사람들의 생명을 보호하며 근로자들의 건강을 증진시킨다.

제57조 국가는 생산에 앞서 환경보호대책을 세우며 자연환경을 보존, 조성하고 환경오염을 방지하여 인민들에게 문화위생적인 생활환경과 로동조건을 마련하여 준다.

가. 사회정책

북한의 사회정책 기조는 '온 사회의 주체사상화와 공산주의 사회 건설'이라는 당이 추구하는 당면 목적을 충실히 성취시킨다는데 두고 있다. 즉 로동당 규약 전문에 "조선로동당의 당면목적은 공화국 북반부에서 사회주의의 완전한 승리를 이룩하여 전국적 범위에서 민족 해방과 인민민주주의의 혁명과업을 완수하는데 있으며 최종 목적은 온 사회의 주체사상화와 공산주의사회를 건설하는데 있다"고 명시하고 있는 것처럼 사회정책도 이 목적 달성을 위해 추진되고 있는 것이다. 이러한 사회정책의 기본은 계급정책으로 북한

북한의 탁아소 모습

사회의 계급적 성격은 로동당 규약과 헌법에 명시되어 있다.

로동당 규약 전문에서 "조선로동당은 온 사회의 혁명화, 로동계급화, 인테리화를 촉진하고……"라고 명시하고 있으며, 사회주의 헌법 제8조에는 "국가는 착취와 압박에서 해방되어 국가와 사회의 주인으로 된 로동자, 농민, 근로인테리와 모든 근로인민의 리익을 옹호하며 보장한다"고 밝히고 있다. 즉 북한은 사회주의국가로서 기본계급을 노동자, 농민, 근로 인테리 및 모든 근로인민으로 분류하고, 표면적으로는 이들이 주권을 행사하는 주체임을 밝히고 있다. 또한 계급노선을 견지함으로써 프롤레타리아 독재사회를 지향하고 있다. 다시 말해서 북한은 프롤레타리아 계급을 중심으로 자주적이고 창조적인 사회주의 사회 건설을 당면 목표로 삼고 최종적으로는 온 사회의 주체사상화와 공산주의 사회건설을 국가목표로 삼고 있으며, 사회정책은 이러한 목표를 달성하기 위한 수단적 의미를 지닌다. 이러한 의미에서 공산주의 사회정책이란 '온 사회를 정치적으로 단합된 하나의 집단으로 만드는 것'이다.

따라서 공산주의 사회정책은 목표달성을 위해 강력한 프롤레타리아 독재를 실시하며, 계급이 생성될 수 있는 물질적 토대를 없애는 계급투쟁을 계속 전개할 것을 요구하게 된다. 이에 따른 구체적 수단으로 북한은 주민들에 대한 사상교양사업과 함께 소위 '반당반혁명분자'에 대한 색출과 감시를 강화하여 전 주민을 '공산주의적 인간'으로 개조하는데 주력해 왔다. 한편으로는 전 주민에 대한 성분조사 사업과 계층구분 사업, 로동당의 조직적 지도사업과 감시계통의 조직화를 통해 '온 사회의 주체 사상화'에 모든 주민들의 노력을 최대한 이용하는 전 사회적 동원체제를 갖추고 있는 것이다.

나. 사회계층 구조

북한은 '온 사회를 정치적으로 단합된 하나의 집단'으로 만들기 위해 분단 이후 수차에 걸친 성분조사사업을 실시하였다. 이 과정에서 성분에 따라 분류하고 이를 기준으로 개인에게 사회적 직종과 직위를 맡기고 있다.

결국 북한사회의 계층구조는 정치적이고 인위적인 계급정책에 의한 의도적 산물인 것이다. 즉 북한사회는 사회주의체제에서 표방하는 평등사회가 아니라 오히려 자본주의국가보다도 계층 간의 차이가 큰 불평등 구조로 되어 있다.

북한이 이와 같이 사회계층간에 불평등구조를 만들어 놓은 것은 반당·반혁명적 색채를 가진 인물을 근본적으로 제거하고 김정일 체제에 반감을 가질 소지가 있는 사람을 원천적으로 격리시키려는 데 있다. 이러한 인위적인 계층구조가 설정됨에 따라 주민들은 성분 분류에 의해 의식주 생활은 물론 진학, 직장 선택 등에 있어 차별대우를 받으며 자기가 속한 계층에 대한 순종과 아울러 상위 계층으로의 이동을 위한 당과 수령에 대한 끊임없는 충성심을 강요당하고 있다.

4 사회복지

가. 사회보장제도

북한 헌법은 노동을 전 주민의 권리이자 의무라고 하면서 "로동능력 있는 모든 공민은 희망과 재능에 따라 직업을 선택하며 안정된 일자리와 로동조건을 보장받는다"고 직업선택의 자유와 노동조건에 대한 최소한의 보장을 규정하였다. 또한 "공민은 휴식에 대한 권리를 가진다"고 하면서 "이 권리는 노동시간제, 공휴일제, 유급휴가제, 국가비용에 의한 정휴양제, 계속 늘어나는 여러 가지 문화시설들에 의하여 보장된다"고 하여 노동보호를 규정하고 있다.

그리고 "공민은 무상으로 치료받을 권리를 가지며, 나이가 많거나 병 또는 불구로 로동능력을 잃은 사람, 돌볼 사람이 없는 늙은이와 어린이는 물질적 방조를 받을 권리를 가진다. 이 권리는 무상치료제, 계속 늘어나는 병원, 요양소를 비롯한 의료시설, 국가사회보험과 사회보장제에 의하여 보장된다"고 하는 등 선진 복지국가의 제도를 모방해 놓았다.

노동법은 질병 · 부상 · 임신 · 해산에 관한 의료상의 방조, 질병 · 부상 · 불구로 인하여 일시적 노동능력을 상실한 경우의 보조금, 임신 · 해산으로 인한 경우의 보조금, 질병 · 부상으로 불구 또는 폐질이 되었을 때의 연금, 부양의 책임을 진 피보험자가 사망 또는 실종되었을 때의 그 유가족에 대한 연금, 연로한 피보험자에 대한 연금 등 다양한 명목상의 사회보장 · 복지시책을 마련해 놓고 있다. 이처럼 북한은 헌법에 사회보장에 관한 원칙을 망라하면서 노동법령에 다양한 복지시책을 마련해 놓아 명목상으로는 마치 복지국가를 구현하고 있는 것처럼 보인다. 그러나 실제로는 직업선택의 자유, 1일 8시간 노동제, 사회보장제가 규정과 달리 제대로 지켜지지 않고 있는 것으로 알려지고 있다.

나. 사회복지시설

(1) 탁아소 · 유치원제도

탁아제도는 원래 근로여성, 특히 저소득층의 근로여성을 위한 사회 복지적 차원에서 마련된 것이나 북한에서는 취학 전 아동에 대한 공산주의 정치사상 교육의 필요성에 따라 정립된 유아교육제도로서 의의가 더욱 크다. '어린이 보육교양법' 제1조에 의하면 "어린이들은 조국의 미래이며 공산주의 건설의 후비대이며, 대를 이어 혁명할 우리 혁명위업의 계승자들이다"라고 규정하고 있고, 동법 제2조에는 "모든 어린이들을 탁아소와 유치원에서 국가와 사회의 부담으로 키운다"고 명시, 탁아소 · 유치원이 북한의 조기 정치사상 교육기관임을 시사해 주고 있다.

한편 동법 제6조에서는 "우리나라에 전반적으로 확립된 선진적인 어린이 보육교양제도를 더욱 공고히 발전시켜 모든 어린이들을 튼튼히 키우며 녀성들을 어린이를 키우는 무거운 부담에서 해방하는 신성한 사업을 실현하며 나라의 사회주의 건설을 힘 있게 다그치며 온 사회를 혁명화, 로동계급화 하는 력사적 위업수행에 이바지한다"고 규정하고 있다. 이는 탁아소와 유치원의 설치목적이 노동력 부족을 여성노동으로 보충하려는 의도에서 이루어진 것임을 잘 말해주고 있다. 북한이 지금까지 추진해 온 탁아소와 유치원에 관한 주요 조치 및 활동사항은 다음 표와 같다.

(2) 특수 사회복지시설

북한은 특수 사회복지시설로 육아원, 애육원, 양생원, 양로원 등을 운영하고 있다. 육아원은 만 3세 이하의 고아들을 양육하는 기관이며 애육원은 만 4세 이상 학령 전 고아들을 수용하여 양육하는 기관이다. 양생원은 무의탁 지체부자유자들을 수용하는 곳으로 각 도에 1개소를 두고 있었으나 경제난에 따른 운영의 어려움으로 일부 도에서는 통・폐합되고 있다. 양로원은 부양능력이 없는 남자 60세, 여자 55세 이상자를 수용하여 부양하는 곳이다.

그 외에도 북한에는 전쟁 또는 군복무시 불구가 된 자를 수용하여 장기치료를 해주는 영예군인병원, 장기치료와 요양을 해주는 영예군인정양소, 휴양소 등이 있다. 2002년 말 현재 북한에는 근로자들이 휴양생활을 할 수 있는 휴양소가 100여개 있는 것으로 알려져 있다.

다. 사회보험

(1) 연금제도

북한의 연금제도는 '국가사회보장법'과 '사회주의 로동법'에 따라 임금노동자를 대상으로 실시되고 있는데, 연금의 종류는 유가족연금, 연로연금, 공로자연금, 노동능력상실연금, 영예군인연금 등이 있다. 1986년 11월부터 임금노동자에게만 실시하던 연금제도를 협동농장 농민에게 확대 적용하고 1992년 3월 1일부터 주민복지향상시책의 일환으로 사회보장자들에 대한 사회보장연금을 기존보다 평균 50.7% 인상 조치하였다고 발표한 바 있다.

또한 2002년 '7·1경제관리 개선조치'에서는 사회보험제 등 사회적 시책들을 강화 발전시킬 것을 강조한 바 있다. 그러나 실제로는 중앙당 간부, 군 장성급 등을 제외한 기타 근로자들은 대부분의 경우 남자 60세, 여자 55세에 정년을 맞지만 퇴직금과 같은 노후보장제도는 마련되어 있지 않다. 특히 '7·1경제관리 개선조치'의 부진으로 근로자들은 임금도 제대로 받지 못하고 있는 실정이며, 더구나 사회보장 혜택은 사실상 유명무실한 것으로 전해지고 있다. 다만, 정년 전에 김일성 훈장, 김정일 표창장, 영웅칭호, 인민·공훈칭호, 국기훈장 1급 등 국가표창자만이 근무 시와 비슷한 수준의 연금 혜택이 주어질 뿐이다.

(2) 산재보험(사회보험)

북한의 산재보험(사회보험)은 앞에서 살펴본 '국가사회보장법'과 '사회주의 로동법' 제73조, 75조, 77조에 의거하여 실시되고 있다. 이는 근로자가 일시적(통상 6개월 이내)으로 노동능력을 상실하는 경우 보조금을 지급하는 사회보장 성격의 보험으로써 근로자들은 의무적으로 매월 수입의 1%를 사회보험료로 납부한다. 보험급여는 취업당시의 임금을 기준으로 하여 1급부터 5급까지 구분되어 있는데, 1급은 임금의 75%, 5급은 50%를 지급한다.

그러나 북한에서는 성분이 좋은 열성당원에게는 보험급여를 규정대로 적용하고 있지만, 여러 가지 이유(고의, 과실 사고 등)를 들어 재해를 노동자들의 귀책사유로 하여 정당한 혜택을 받지 못하는 사례가 많은 것으로 알려져 있다.

(3) 실업보험

북한의 실업보험은 '국가사회보장법'에 의해 노동의 의사와 능력이 있음에도 1개월 이상 직장을 배정받지 못하여 생계가 어렵고 달리 부양할 사람이 없는 경우 표준임금의 20%를 6개월 한도로 지급하고, 자발적 실업 및 노동규율 위반, 범죄 등 과실에 의한 해고의 경우에는 지급하지 않는다고 규정되어 있다. 그러나 실업수당이 지급된 경우는 거의 없는 것으로 알려져 있다.

5 문화시설

북한의 문화시설은 주민들의 문화생활 향유라는 고유의 목적보다 전인민의 노동계급화·혁명화라는 공산주의 문화·예술정책의 기본이념에 따라 건립된 것으로 거의 대부분이 김일성 체제 우상화라는 목적성을 띠고 있다.

즉 모든 건축물은 사상 예술적 의미를 가지고 각각의 개성을 가진다는 원칙 아래 건립되었으며, 이러한 대규모 시설물들은 '로동당 시대의 대 기념비적 창조물'로 건설한다는 구실로 최근 대형화되는 경향을 보이고 있다. 그것은 남북한의 체제경쟁을 의식하여 북한의 사회주의체제 우월성을 과시하고 외형적 발전상을 대내외적으로 선전함과 동시에 김정일 체제의 구축을 위한 상징을 마련한다는 건립취지에 따른 것이다. 이러한 시설물은 전국 각지에 건립되어 있지만 특히 평양에 집중 설치되어 있고 평양에서도 중구역에 많은 시설들이 설치되어 있다. 그러나 지방에 있는 문화예술시설은 평양에 비해 상대적으로 빈약한 실정이다. 한편 기업소·공장 등에도 공장 문화회관이나 구락부, 선전실 등이 있으나 이러한 시설은 다른 문화시설과 마찬가지로 문화를 향유하기 위한 시설로 사용되기 보다는 주로 사상교양 등을 위한 선전 시설로 이용되고 있다.

6 관 광

가. 관광정책

사회주의 국가에서는 관광을 부르주아 생활양태로서 비생산적인 것으로 간주하기 때문에 1970년대까지만 하더라도 북한은 주민의 대외 관광이나 외국인의 북한여행을 '자본주의 타락'의 대표적인 형태로 단정하여 백안시하였다. 그나마 제한적으로 허용되었던 관광이라고 하더라도 그것은 주로 체제선전 목적으로 행해졌을 뿐이다.

그러나 1980년대부터 경제난이 심각해지자 외화수입 증대수단의 하나로 관광 사업에 관심을 보여 관광자원 개발과 관광시설 확충에 주력하기 시작하였다. 1984년에는 '합영법'을 제정하여 동 법에 관광 사업을 포함시켰으며, 1986년에는 여행관리국을 국가 관광총국으로 확대·개편하고, 1987년에는 9개 관광개방지역을 선포하여 외국관광객 유치에 주력하였다. 한편, 세계관광기구(WTO)에 가입하였으며, '장철구평양상업대학'에 관광학과 등을 신설하고 제3차 7개년계획에 관광개발을 추가하였다. 1995년에 '아시아·태평양관광협회'(PATA)에 가입한데 이어 1996년에는 '나진·선봉경제무역지대'에 대한 관광규정을 제정하였다. 뿐만 아니라 묘향산, 칠보산, 구월산 등의 관광휴양지 개발에 주력해 오고 있다.

특히, 지난 1998년 10월 29일에는 현대·아태 간의 금강산관광 및 개발사업 합의서가 체결되어 금강산광광이 실현되었다. 2002년은 북한의 관광정책 추진에 있어 호기기적인 한해였다. 2002년 5월 15~18일 세계관광기구(WYTO) 사무총장 일행이 북한을 방문한 바 있으며, 최고인민회의 상임위원회 정령으로 '금강산관광지구법'을 채택(2002. 11. 13.)하였다. 또한 2003년 2월 시범육로관광에 이어 9월 1일부터 본격적으로 금강산 육로관광이 시작되었으며,

9월 15일에는 남한 관광객을 대상으로 한 평양관광이 시작되기도 했다. 관광사업은 내각 산하 '국가관광총국'이 지도 관리하며 관광계획, 관광조사 및 개발, 관광선전 및 시장개척, 관광재정관리 등을 총괄하고 있다. 산하에는 조선국제여행사, 관광선전통보사 등을 두고 있다. 조선국제여행사는 외국인 관광객 유치를 위한 여행계약과 판매, 관광안내 서비스를 담당하고 있으며 중국의 베이징과 단둥 등에 지사를 두고 있다. 관광선전사는 관광선전을 위한 출판물, 비디오, 사진 등을 제작 보급하고 있으며, 관광기념품전시관을 통해 북한의 특산물, 기념품 등을 외국관광객들에게 판매하고 있다.

나. 관광자원

북한은 통제사회의 특성상 사적, 유적, 문화재, 자연경승, 향토특산물 등의 관광자원이 대체로 잘 보호·관리되고 있다. 내륙산간지대와 해안지대에는 자연경관이 뛰어난 경승지와 명소가 많은데 이 중 금강산, 묘향산과 같은 이름난 산과 명사십리, 몽금포 등은 대표적인 관광명소가 되고 있다. 또한 도처에 산재해 있는 맑은 호수와 깨끗한 심산계곡은 훌륭한 관광자원이 되고 있다. 그러나 백두산과 금강산 등의 명산에는 김일성·김정일의 우상화와 관련 글씨를 수많은 암벽에 새겨 넣어 자연경관이 크게 훼손되고 있다.

북한의 문화유적지는 주로 평양 일원이나 함흥, 개성에 편중되어 있다. 선사유적은 압록강, 두만강, 대동강유역에서 많이 발견되며 고구려, 고려, 조선의 유적은 평양, 함흥, 개성에 주로 남아 있다. 그러나 선사유적과 고구려고분, 산간지역 사찰 등 상당수의 유적과 문화재가 아직 일반인에게 공개되지 않거나 접근이 허용되지 않고 있다. 현재 북한이 관광 자원화하고 있는 곳은 평양과 그 주위의 성곽, 사찰, 동명왕릉, 단군릉 등으로 그 대상이 한정되어 있다. 외국 관광객들에게 개방된 대표적 사찰은 묘향산의 보현사와 개성의 관음사 정도이며, 사적지의 경우에도 평양과 그 주변에 있는 유적과 개성의 왕릉, 성곽, 성균관, 고려 왕궁터 정도이다.

제4장

북한의 교육과 역사

1 교 육

가. 교육정책

북한은 '사회주의 헌법' 제43조에서 "후대들을 사회와 인민을 위하여 투쟁하는 견결한 혁명가로, 지 · 덕 · 체를 갖춘 공산주의적 새 인간으로 키운다"라고 명시, 교육 이념이 공산주의적 새 인간으로의 육성임을 밝히고 있다.

이러한 교육의 이념에 따른 교육정책을 구체적으로 제시한 지침으로는 김일성이 교육문제와 관련하여 한 연설, 교시와 명령을 정리하여 1977년 9월 5일 공포한 '사회주의 교육에 관한 체계'이다. 여기에는 "모든 학생들이 개인주의 · 이기주의를 없애고, 집단주의 원칙에 따라 사회와 인민의 이익, 당과 혁명의 과업을 위하여 몸 바쳐 투쟁하도록 교양하여야한다"고 제시, 충직한 혁명투사로서 필요한 소양을 길러주는데 교육목표를 두고 있음을 밝히고 있다. 1999년 8월에는 교육법을 채택하여 그동안의 교육에 대한 각종 교시와 지침을 종합함으로써 교육정책의 방향을 분명히 하였다.

동 법은 제1장 교육법의 기본, 제2장 전반적 무료의무 교육제, 제3장 교육기관과 교육일꾼, 제4장 교육내용과 방법, 제5장 교육조건보장, 제6장 교육사업 등 6장 52조로 구성되어 있다. 동 교육법은 지난 1977년에 제정된 '사회주의 교육체제'에서 '혁명인재 육성'을 '인재 육성'으로 이념성을 완화하고 있으며, 동법 제4조에서 '교육과 실천'을 결합하여 쓸모 있는 지식과 실천능력을 겸비한 인재육성을 강조, 이념성보다 실리적 측면을 부각시키고 있는 점이 주목되고 있다.

북한의 교육은 이러한 이념과 목표에 따라 계급의식을 고양, 공산주의 인간으로 육성하며 또한 집단주의 원칙에 따라 일하고 생활하며, 사회와 인민의 이익 그리고 당과 혁명의 이익을 위하여 몸 바칠 것을 교양함으로써 당과 수령의 영도 밑에 하나의 사상, 하나의 조직으로 결속하도록 하고 있다.

2001년 4월부터는 각지의 중학교에서 학생들에게 실제 써 먹을 수 있는 산지식을 교육하기 위한 선택과목 교육을 실시하고 있다. 특히 2002년 10월 내각 전원회의 확대회의를 통해 '새 세기의 요구에 맞게 교육 사업을 개선할 데 대한 지침'을 제시하였다. 이에 앞서 9월부터는 초등교육기관인 '인민학교'를 '소학교'로, 중등교육기관인 '고등중학교'를 '중학교'로 각각 개칭하면서 학제를 개편하였다. EH한 일부 대학에서는 양질의 기술 인력을 조기 배출하여 산업현장에 공급하기 위해 수업연한을 4년으로 축소조정하고 종래의 점수제에서 학점제로 변경하였다.

이와 같이 최근 들어 북한은 교육체계 및 내용 개편을 통해 실용주의적으로 교과내용과 교수의 질을 개선하며 과학기술교육 강화의 일환으로 실력있는 인력 양성에 집중하는 교육개혁을 추진해 나가고 있다.

나. 교육 관리체계

북한의 교육정책 수립과 총괄적 지도 · 통제는 로동당 중앙위원회의 과학교육부에서하고 정책집행과 교육행정의 총괄은 내각 산하의 교육성에서 하도록 분담하고 있다.

교육성 밑에는 고등교육부와 보통 교육부를 두고 있으며 각 급 학교에 대한 총괄지도는 시 · 도(직할시) 인민위원회 교육국이 분장하고 있다.

학제는 4-6-4(7)제로서 소학교 4년, 중학교 6년, 대학은 4~7년으로 되어 있으며, 11년제 의무교육은 유치원 높은 반 1년부터 소학교 4년, 중학교 6년까지로 되어 있다.

(1) 의무교육

북한에서의 의무교육은 "사회의 모든 성원들을 공산주의적 인간으로 키우

북한의 소학교

기 위한 전민교육"이라고 규정하고 있다. 북한에서 말하는 의무교육의 취지는 '주체형의 공산주의적 인간'을 양성하기 위하여 조기에 사회주의 정치사상교육을 강화한다는 측면과 함께 학생들의 노동력을 최대한으로 활용하는 데 두고 있다.

북한의 의무교육은 최고인민회의 제1기 4차 회의(1949. 9. 8)에서 1950년 7월 1일부터 전반적 초등의무교육제를 실시키로 하였으나 6·25전쟁으로 인해 실시되지 못하고 1956년부터 단계적으로 실시되었다. 즉 1956년부터 초등의무교육제(4년제 인민학교)가 실시되고 1958년부터 3년제 중등교육까지 의무교육이 확대되었다.

1967년에는 9년제 기술의무교육이 전반적으로 실시되었는데 이는 4년제 인민학교와 5년제 중학교를 의무제로 한 것으로, 중학교의 5년 과정은 처음 3년간은 일반적인 중학교육을, 그 후의 2년간은 한 가지 이상의 기술을 습득시키는 기술교육으로 되어 있다.

1970년 11월 제5차 당대회에서는 의무교육 년한을 1년간 연장하여 10년제 의무교육으로 할 것을 결정하였으며 이 결정에 따라 1972년 당 제5기 4차 전원회의에서 '10년제 의무교육과 1년간 학교 전 의무교육'을 동년 9월부터 단계적으로 실시할 것을 결의하였다. 1975년 9월부터는 이를 '전반적 11년제 의무교육'이라 하여 의무교육을 시작하는 연령을 유치원 높은 반, 즉 취학 전 나이인 만5세로 1년을 낮추었다.

(2) 고등교육

북한에서 고등교육기관은 1946년 조직된 북조선 임시인민위원회가 동년 9월 1일 '김일성종합대학'을 평양에 건립할 것을 결정함으로써 시작되었으며 1946년 9월 1일이다. 1948년 7월 7일에는 북조선인민위원회 제157호 결정

북한의 중학교

에 의해 고등교육 확장 시책이 발표되었다.

휴전 후 '3개년 복구건설기'(1954~56)에는 정치 · 경제 분야 대학들이 신설되었으며 1957년부터 시작된 '5개년 계획' 기간에는 전반적 중등의무교육의 실시와 관련하여 중등교원의 대량 양성을 위한 교원대학과 사범대학 확장에 주력하였다.

1960년 8월에는 로동당 확대전원회의를 개최, 6개년 계획 수행에 필요한 기술자 확보를 위해 '일하면서 배우는' 공장대학 · 야간대학 설립을 결정하였으며 7개년 인민경제계획(1961~70) 기간 동안 공장대학이 증설되었다.

이어 2차 7개년 경제계획(1987~84)기간에는 부족 되는 각급 학교건설을 당면과업으로 설정하고 소규모의 공장대학 · 통신대학 · 전문학교 등의 증설에 주력하였다.

현재 북한의 고등교육기관으로는 '김일성 종합대학', '김책공업종합대학', '고려성균관' 등 3개의 종합대학을 위시하여 280여 개의 대학이 있는데 각 도에 공업대학, 농업대학, 의학대학, 사범대학, 교원대학, 공산대학 등이 있으며 주요 공장과 기업소 및 산업지구에는 공장대학이, 대규모의 협동농장과 수산사업소에는 농장대학, 수산대학 등이 부설되어 있다. 이외에 체육 및 예술전문학교와 기술계 전문학교가 있다.

다. 교육내용

북한의 모든 교과과정은 정치사상교육과 기술교육의 양대 과목을 위주로 편성되어 있다. 인민학교는 4년 동안 '위대한 수령 김일성 대원수님 어린 시절', '경애하는 령도자 김정일 장군님 어린 시절'을 위시하여 '공산주의 도덕', '국어', '수학' 등 총 12개 과목에 대해 교육을 실시하고 있다.

[소학교 교육과정]

번 호	구 분 과목명	학년 학기별 수업주 수 및 주당 수업시간 수			
		1학년	2학년	3학년	4학년
1	위대한 수령 김일성 대원수님 어린 시절	1	1	1	1
2	경애하는 령도자 김정일 장군님 어린시절	1	1	1	1
3	공산주의 투사 김정숙 어머니 어린시절	1	1	1	1
4	공산주의 도덕	1	1	1	1
5	수 학	5	5	6	6
6	국 어	8	8	7	7
7	자 연	2	2	2	2
8	위 생	1	1	1	1
9	음 악	2	2	2	2
10	체 육	2	2	2	2
11	도 화	1	1	1	1
12	공 작	1	1	1	1

* 북학교육성의 1996년 교육과정안을 바탕으로 하여 이후 변화내용 반영
* 1학기 16주, 2학기 18주
* 여름(8. 1~31), 겨울방학(1. 1~2. 16)

김일성 종합대학

중학교는 6년 동안 '위대한 수령 김일성 대원수님 혁명활동', '경애하는 령도자 김정일 장군님 혁명 활동', '현행 당정책', '수학' 등 총 23개 과목에 대해 교육을 실시한다.

이밖에 일과 후에는 하루 1~2시간씩 체육 등 특기교육을 실시하고 있다. 또한 고등중학생들은 견학 명목으로 공장, 기업소, 협동농장 등에 파견되어 1주일간 노동을 하여야 하며 방학기간에는 김일성 · 김정일 혁명전적지 · 사적지 등을 답사하고 있다.

대학은 전공분야와 상관없이 공통과목으로 '주체철학', '혁명력사', '주체정치경제학' 등을 이수해야 하고 전공에 따라 20~30개 과목을 이수하도록 되어 있으며 특히 영어, 노어를 비롯한 외국어를 1개 이상 수료토록 하는 등 외국어교육에 치중하고 있다.

라. 교원양성

교원양성제도는 정규과정과 비정규과정으로 나눌 수 있다. 정규과정은 교원대학이나 사범대학을 나와 교원이 되는 과정이며, 비정규과정은 통신대학, 교원 · 사범대학의 야간학부 등을 졸업 후 '교원자격검정시험'을 통해 교원이 되는 과정으로 되어있다. 그리고 1990년대부터는 사회경력자중 6월~1년의 단기과정의 교원양성소를 거쳐 교원이 될 수도 있다.

교원대학과 사범대학의 실태를 보면 교원대학은 3년제로 유치원 교양원과 소학교교원(교사)을 양성하며, 각 도 · 직할시에 1개씩 총 13개가 있다. 사범대학은 4년제로 고등중학교 교원(교사)을 양성하며, 각 지역에 19개가 분포되어 있다. 교원대학과 사범대학의 교원(교수)은 6년제인 김형직 사범대학에서만 양성해 왔으나 1994년부터는 각 사범대학 교육기간 3년인 박사원을 설치하고 있다. 또한 탁아소에 종사하는 보육원을 양성하는 기관인 '보육원 양성소'는 고등중학교 졸업자로서 주로 사회경력이 있는 부녀자들을 대상으로 선발하며, 교육기간은 1년으로 북한 내 총 20개가 있다.

한편 북한은 교원들의 자질을 높이기 위하여 모든 교원들을 대상으로 재교육을 실시하고 있다. 재교육은 각 도·시·군 단위에 설치되어 있는 '재교육강습소'에서 실시하며, 재교육기간은 1개월, 3개월, 6개월 단위로 나뉘어져 있다. 그리고 매년 여름방학이나 겨울방학에 '재교육 강습소'에서 '자질향상시험'을 통해 교원들의 정치사상의 수준을 평가하고 있으며 이를 활용하여 스스로 자질향상의 계기가 되도록 하고 있다.

마. 특수교육

북한의 특수교육기관으로는 과학영재교육을 위한 '제1중학교', 혁명유가족 및 특권층 자제교육을 위한 '만경대 혁명학원', '강반석 혁명학원', '해주혁명학원', 무용·음악·조형예술·교예 등의 각급 예·체능 전문학교, 외국어의 중점교육을 위한 '평양외국어학원' 등이 있다. '제1중학교'는 정규 고등중학교 과정으로서 1984년 9월 평양 제1고등중학교 설립을 시발로 하여 전국에 20개가 설립되었으나 1999년에 시·군에 까지 확대 신설하여 현재 200여개가 있는데 주로 과학·수학·물리 분야의 과학영재 양성을 위한 교육이 중점 실시되고 있다.

'만경대 혁명학원'은 11년제(유치원 높은 반~중학교 과정)로서 1947년 10월 12일 인민무력부 산하 교육기관으로 설립되었으며, 입학자격은 혁명유가족 및 당·정 고위간부 자녀들로서 입학과 동시에 기숙사에 집단 수용되어 군사적 체계 하에서 교육을 받는다.

'평양 외국어학원'은 6년제 고등중학교 과정으로서 노어, 중국어, 일어, 영어 등 8개 외국어를 중점 교육시키고 있다. 기타 각 시 · 도에도 각각 1개교씩 외국어학원이 설치되어 있다. 북한은 영국 · 독일 등 EU 13개국과 외교관계 수립 이후 대외개방과 시대적 상황변화를 반영하여 영문판 인터넷 홈페이지를 개설, 영 · 중국어 등의 국제 공용어 사용을 확대하고 있다. 중등과정에서 1990년대 초반까지는 영어와 러시아어의 비율이 50 : 50이었으나 소련붕괴 후에는 영어비중이 증가되는 대신 러시아어는 점차 감소되고 있는 추세에 있다.

2 문학 · 예술

가. 문예정책 및 이론

(1) 문예정책의 기조

북한에서 '문학예술'이라는 용어는 문학만을 가리키는 용어가 아니라 문학을 비롯하여 음악 · 미술 · 공연예술 등 모든 예술 장르를 포괄하는 용어이다. 북한은 문학예술을 '근로대중을 정치 · 사상적으로 교화하는 수단'이자 '온 사회를 혁명화, 노동 계급화 하는 데 복무하는 수단'으로 규정함으로써 기본적으로 목적주의 예술관을 가지고 있음을 보여준다. 이러한 예술관 아래 북한에서는 예술의 본질적 특성과 이념을 당성 · 노동계급성 · 인민성으로 보고 있다. 원래 당성 · 노동계급성 · 인민성은 마르크스-레닌의 문예관으로부터 비롯된 예술의 기본 이념이지만 북한에서는 주체사상이 대두된 이후 사회주의적 사실주의를 주체문예이론으로 대체하고 그 내용을 변형하여 문예 정책의 기본으로 삼고 있다.

북한 예술에서 '당성'이란 "당에 대한 끝없는 충실성"[45]을 의미하는 것으로 당성의 이념에 따라 예술은 "당의 노선과 결정을 관철하기 위하여 모든

북한의 문화활동

것을 다 바쳐 투쟁"하는 모습을 보여준다. 또한 북한에서는 노동계급을 "어느 계급보다도 혁명성이 강한 가장 선진적인 계급"으로 규정하고 예술은 그 본질적 특성인 '노동계급성'에 따라 "사회주의 · 공산주의사회를 건설하기 위한 혁명투쟁과 건설 사업에 복무하며 인민대중을 공산주의 세계관으로 무장시키며 온 사회를 혁명화 · 로동계급화 하는 것"이라 주장한다. '인민성'이란 "인민들의 생활을 진실하게 반영하고 인민들의 사상 감정에 맞는 예술로 만드는 것"[46]을 의미한다. 이에 따라 인민대중에게 맞도록 예술을 대중화함으로써 "인민들을 혁명사상을 철저히 무장시켜 그들의 역할을 높이며 혁명과 건설을 힘차게 떠밀고 나가도록" 하는 수단으로 예술을 이용하고자하는 이념이 '인민성'이라 할 수 있다.

그러나 북한에서는 예술의 세 가지 본질 중에서 '당성'을 '로동계급성의 가장 철저한 표현이며 인민성의 가장 높은 형태'로 규정하여 당성을 노동계급성이나 인민성보다 우위에 놓고 당성을 '당과 수령에 대한 충실성', '당과 수령의 혁명위업에 대한 철저한 복무성'으로 규정함으로써 종국적으로는 김일성 유일사상 체계로 모든 예술을 수렴하는 것을 볼 수 있다. "우리의 작가, 예술인들에게 현실을 정치적으로 예리하게 분석 판단하며 그에 대한 올바른

45) "김일성저작집" 35권, p. 378.
46) "김일성저작집" 13권, p. 345.

평가를 내릴 수 있는 유일하게 옳은 자를 주는 것은 경애하는 수령 김일성 동지의 위대한 혁명사상, 주체사상과 그 구현인 당의 로선과 정책"이라는 글에서 보는 바와 같이 이제 북한의 예술은 오직 김일성의 주체사상만을 '유일하게 옳은 자'로 인정함으로써 다른 어떠한 선택도 있을 수 없는, 오직 김일성 유일사상과 당의 정책과 지도에 의해서 창작되는 철저한 체제 종속의 예술이 되었다.

나. 주체 문예이론

북한에서는 1970년대까지 사회주의적 사실주의를 예술의 기본원리로 삼아왔다. 그러나 1980년 10월에 개최된 조선로동당 제6차당대회를 통해 김정일을 후계자로 공식화하고 "마르크스-레닌주의와 마르크스-레닌주의를 우리나라 현실에 창조적으로 적용한 김일성동지의 위대한 주체사상"이라는 당규약을 "오직 위대한 수령 김일성동지의 주체사상"으로 바꿈으로써 김일성 권력과 주체사상을 절대화하게 된 이후부터 사회주의적 사실주의는 주체문예이론으로 대체되었다. 주체문예이론이 공식화하게 된 것은 1980년 12월 김정일이 '전국선전일군 대회에 보낸 서한'에서 '문학예술 사업에 대한 수령의 유일적 령도를 철저히 실현하고 창작가, 예술인들을 당의 유일사상으로 철저히 무장시키며 그에 기초한 혁명적 문화예술의 창작'을 제창하면서부터라고 할 수 있다. 이때부터 북한에서는 1972년부터 문학예술 부문에 하달된 김정일의 지시를 종합하여 '주체의 문예이론'이라고 일컫고 '말씀 시리즈'로 발간하여 예술분야의 종합적인 지침으로 삼고 있다. 북한은 이러한 주체문예이론의 등장에 대하여 '세계 문예 이론사에서 유례를 찾아볼 수 없는 역사적 사변'이라고 주장하고 있다.

주체사상의 형성 과정을 김정일이 주도했듯이 주체문예이론 역시 김정일에 의해 형성된 문예이론이다. 주체문예이론은 기본적으로 사회주의적 사실주의의 문예관, 기본이념, 창작 방법 등을 바탕으로 하고 있으면서 종국적으로는 모든 문학예술의 기본 원리를 '김일성 유일사상'으로 종속시키고자 하는 이론이라 할 수 있다. 따라서 주체문예이론은 '문학예술사업에 대한 수령의 유일적 령도를 철저히 실현'하고 '당의 문예정책 관철과 당의 유일사상이 정확히 구현된 문학예술작품을 만들어낼 것'[47]을 기본적인 목표로 삼고 있다. 주체문예이론은 주체사상의 기본 원리인 '공산주의적 인간학'을 기초로 하고 사회주의적 사실주의의 기본 이념인 '당성·노동계급성·인민성'을 김일성 유일사상으로 종속시키고 있으며 이를 바탕으로 전형화론, 종자론, 속도전 등을 기본 이론으로 내세우고 있다.

전형화론이란 공산주의적 인간을 기본 주인공으로 중심에 내세우고 그의 사상성과생활을 형상화하는 것을 말하는데 공산주의적 인간이란 '당과 수령에 대한 끝없는 충성심'을 지니고 '주체의 혁명 위업의 승리를 위하여 모든 것을 다 바쳐 투쟁하는 주체형의 인물'을 말한다. 이러한 전형화 이론에 따라 북한의 문학예술은 '비타협적 투쟁으로 긍정인물이 승리'하고 '부정적 인물은 결국 교양·개조'되며 사회주의 우월성과 김일성을 찬양하는 작품에서는 갈등을 설정하지 않는[48] 획일적인 예술의 모습을 보여주게 되었다. 종자론은 1970년대부터 도입된 이론으로서, 종자란 "소재와 주제, 사상을 유기적인 관련 속에서 하나로 통일시키는 작품의 기초이며 핵"[49]으로 규정하고 있다. 그런데 "종자에 있어 기본은 사상에 두어야 하고 소재와 주제의 요소들은 사상적 알맹이에 의하여 제약되며 거기에 복종된다. 종자의 선택에 있어 가장 중요한 것은 수령님의 교시와 그 구현인 당 정책의 요구에 맞는 것"[50]이라고 규정함으로써 결국은 종자론은 예술을 통해 김일성 유일사상과 당

47) "주체사상에 기초한 문예리론", p. 20.
48) 한중모 외, "주체의 문예리론 연구"(평양: 사회과학출판사, 1983) pp. 195-208 참조.
49) 김정일, "영화예술론"(평양: 조선로동당출판사, 1973) p. 17.
50) "문학예술사전"(평양: 사회과학출판사, 1972).

정책을 구현해야한다는 이론으로 귀착된다.

속도전이란 예술창작에서 "모든 력량을 총동원하여 창작사업을 최대한으로 빨리 밀고 나가면서 작품의 사상 예술적 질을 가장 높은 수준에서 보장하는 것"이다. 북한에서는 사회주의 사회에서 예술에 대한 수요가 양적 · 질적으로 높아가고 있기 때문에 더 우수하고 많은 작품을 창작해야 하기 때문에 속도전이 필요하다고 주장한다. 이러한 속도전을 벌이기 위해서는 문학예술의 사상의 핵인 '종자'를 바로 쥐어야 한다고 말하는데 이는 결국 김일성과 당이 제시하는 노선과 정책을 빠른 속도로 예술창작에 반영함으로써 예술을 인민대중의 사상의식 강화의 수단으로 삼기 위한 이론이라 할 수 있다. 주체문예이론에서 내세우고 있는 이러한 이론들은 문학예술을 통해 김일성의 교시와 당 정책을 관철하고 이를 통해 인민대중을 사상적으로 무장시킴으로써 김일성 유일사상을 확립하는 데 기여하고자 하는 '수단으로서의 문예관'을 잘 드러내주는 이론들이라 할 수 있다. 북한에서는 이러한 기본 이론들을 바탕으로 하여 '조선민족제일주의정신', '붉은기 사상', '고난의 행군' 등 매 시기마다 필요한 새로운 정책을 내세우고 이를 예술작품에 반영하도록 작가 · 예술인들을 추동하고 있다.

2002년 10월 북핵문제 발생 이후에는 국제적 고립 심화에 따른 체제위기감속에서 문학 예술인들에게 김정일의 선군정치 찬양, 주민들의 반미투쟁제고 등을 주제로 한 선군문학 예술작품 창작을 적극적으로 독려하였다.

특히 2003년 4월 7일에는 '제2차 전국예술교육일군열성자 회의'를 개최하여 선군시대가 요구하는 혁명적 인재들을 양성할 것을 촉구한바 있다.

(2) 문예단체

직업예술인의 조직체이자 문학 · 예술을 총괄하는 단체로 '조선문학예술총동맹'(문예총)이 있다. 이에 망라된 예술단체로는 조선작가동맹, 조선미술가 동맹, 조선무용가동맹, 조선음악가동맹, 조선영화인동맹, 조선연극인동맹,

조선사진가동맹 등 7개 동맹이 있다.

문예총은 김일성에 의하여 이룩되었다는 혁명문학예술의 전통을 계승하고 로동당의 문예정책 관철을 위해 투쟁 할 것을 설립목적으로 하고 있다. 문예총은 1946년 3월 25일 북조선문학예술총연맹으로 발족되었다가 1951년 3월 10일 월북한 남한예술인들을 흡수하여 개편된 조선문학예술동맹의 후신이다. 이 조선문학예술동맹은 1953년 9월 주도적 역할을 담당해 온 림화, 이원조, 김남천, 설정식 등 남로당계 문예인들의 숙청으로 해산되고 개별단체로 작가동맹, 작곡가동맹, 미술가동맹만이 남게 되었다. 그러다가 1961년 2월 무용가동맹, 사진가동맹 등 몇 개의 예술동맹을 다시 망라하여 현재의 조선문학예술총동맹으로 재조직 된 것이다.

개성영화관

북한의 모든 작가 · 예술인들은 의무적으로 문예총과 그 산하동맹에 가입하고 있으며 그렇지 않으면 예술인으로의 자격을 인정받지 못하게 되어 있다. 따라서 북한의 작가 · 예술인들은 문예총과 그 산하동맹에 소속된 철저한 조직인으로서 주제의 구성과 선정, 작업기간이나 분량 및 작품평가에 이르기까지 동맹을 통해 하달되는 로동당의 지시에 따라야 한다.[51] 문예총의 각 하위 동맹들은 각각 지관지를 발간하고 있는데 월간지로서 『조선문학』, 『청년문학』, 『아동문학』, 『조선예술』 등이 계간지로서 2001년부터 『예술교육』이 발행되고 있다. 주체문예이론의 대두와 주체사상체계의 확립 이후엔 김일성 · 김정일 부자의 '위대성과 령도의 현명성'을 그려내기 위한 집체창작이 각 예술분야의 창작단을 통해 시행되고 있다. 문학 분야의 4·15 문학창작

51) 김정일은 북한의 문학예술단체에 대해 1,900여 차례 현지지도를 하였다 『조선중앙통신』(1999. 6. 29).

단, 공연예술분야의 피바다 가극단, 만수대 예술단, 미술 분야의 만수대 창작사 등이 대표적인 창작 및 예술단이라 할 수 있다.

한편, 북한에는 작가 · 예술인 전문조직인 문예총과는 별도로 아마추어 작가와 예술인의 모임인 문예소조가 전 지역에 걸쳐 조직되어 있다. 문예소조는 공장, 기업소, 협동농장, 각 급 학교, 인민군대에 폭넓게 조직되어 있는데 문학소조, 연극소조, 음악소조, 미술소조 등 장르별로 구성되어 있다. 문예소조는 사상 · 기술 · 문화의 3대 혁명 운동의 일환으로서의 문화혁명의 한 조직체가 된다. 문예소조원들의 창작품은 각 동맹의 기관지를 통해 발표되기도 하고 이들 중 일부는 후보맹원으로 발탁되어 일정 기간 정맹원의 지도를 받은 후 문예총의 정맹원으로 가입하여 전문 작가나 예술가가 되기도 한다.

3 언론 · 출판

가. 언 론

(1) 언론정책

북한 사회주의 헌법 제67조는 "공민은 언론 · 출판 · 집회 · 시위와 결사의 자유를 가진다"라고 명시함으로써 표면적으로는 언론의 자유를 보장하고 있다. 그러나 북한에서 언론의 역할은 "김일성의 교시와 김정일의 방침을 해설 선전하고 옹호 관철하는 한편 인민들의 정치사상적 통일과 단결을 강화하는 데 복무"[52]한다고 함으로써 언론이 김일성 · 김정일 유일체제 수호의 수단으로 전락하고 있음을 보여주고 있다.

북한에 있어 언론은 이러한 김일성 · 김정일의 교시 관철과 인민의 정치사

52) 『백과전서』 6권, p. 292.

상적 통일에 복무한다는 역할과 함께 "인민대중을 사회주의건설에 더욱 힘차게 다그치는데 이바지"해야 한다는 기본조건하에서 그 존재가치가 인정된다.

특히, 김정일은 1995년 11월 언론매체에 보낸 친필서한을 통해 언론매체가 사상교양 및 통제기능을 강화해 체제결속에 앞장서 줄 것을 촉구함으로써 다시 한 번 이러한 언론의 역할을 분명히 하고 있다.

이와 같이 북한의 모든 언론매체에 부과된 으뜸가는 임무는 김일성·김정일의 교시관철과 당 정책 및 혁명 사업을 선전·옹호하는 것이다.

(2) 언론현황

1 신 문

북한에는 우리와 같은 개념에 해당하는 신문은 없다. 다만 로동당·내각·사회단체들이 발행하는 기관지가 있을 뿐이다. 즉 로동당 기관지인 '로동신문', 내각 기관지인 '민주조선', 김일성사회주의 청년동맹의 기관지인 '청년전위' 등 3개 중앙지와 각 도당위원회에서 발행하는 12개 지방지가 있다.

이상의 15개 일간지 외에 해외홍보용 주간지인 '더 평양 타임즈'와 내각의 각 성에서 발간하는 '교통신문', '건설신문', '교원신문' 기관지들이 있으며 공장·기업소 발행의 공공신문과 각 대학발행의 '대학신문' 등이 있다.

이와 같은 북한 신문들은 우리와는 달리 정보전달 기능이나 비판기능보다는 당이나 정권의 선전선동 수단으로서 역할하고 있으며, 내용면에서도 김일성·김정일 찬양을 비롯하여 각종 정치관련 행사와 선동기사들이 집중 게재되는 반면, 범죄·도난사건, 체제비판 기사나 광고 등은 전혀 취급되지 않는다.

㉠ 로동신문

로동당 중앙위원회 기관지로 로동신문사에서 발행하고 있는 로동신문은

1945년 11월 1일 '정로'라는 제호로 창간되었으며, 1946년 9월 1일 현재 이름으로 개칭되었다.

북한 언론의 '총참모부'라 지칭되고 있는 이 신문은 "위대한 수령의 혁명사상, 주체사상의 요구대로 사회와 인간을 혁명적으로 개조하며 당 건설의 기본노선을 확고히 틀어쥐고 전당에 유일사상 체계를 튼튼히 세우며 당의 조직사상적 기초를 강화하고 당 대열의 정치사상적 통일을 보장하기 위하여 투쟁하는 것"을 기본 임무로 하고 있다.

또한 로동신문은 대내외 주요현안 및 계기발생시 정론이나 사설 등을 통해 북한의 입장을 대변하고 있다. 로동신문은 현재 조간으로 연중무휴 발행되고 있으며 하루간지 2면 포함 총 6면을 발행하고 있다.

로동신문사의 기구와 편제는 조선기자동맹 위원장직을 자동 겸직하는 책임주필이 최고책임자로 책임주필 밑에 3~5명의 부주필이 있고 그 아래 편집국, 당 역사교양부, 당 생활부, 혁명교양부, 남조선부, 국제부 등 1국 12개 부서가 있다. 또 책임주필 밑에는 편집위원회가 있으며 이 위원회는 주필, 부주필, 편집국장, 부국장, 부장 등 12~15명의 간부들로 구성되어 신문사 운영과 신문제작에 따르는 제반문제를 논의하고 논평 · 사설 기사의 방향을 결정하며 책임주필 이하 신문사의 간부를 형식상이나마 선출하는 임무를 수행한다.

로동신문사는 신문발행 뿐만 아니라 주요 사설논집, 국내 국제주요일지, 로동통신원 등의 출판물을 발간하는 사업을 전개하기도 한다. 2001년 11월 30일에는 노동신문 2만화 발간을 기념하여 중앙보고회를 개최하고 '당의 붓대중시사상과 선군시대에 나아갈 방향과 방도, 언론인들의 과업'등을 제시한 바 있다.

ㄴ 민주조선

민주조선은 1945년 10월 평안남도 인민위원회 직속기관지인 '평양일보'로 출발하여 1946년 6월 북조선임시인민위원회 기관지인 민주조선으로 창간되었다. 그 후 1948년 9월부터 북한의 최고주권기관인 최고인민회의와 행정적 집행기관인 내각의 기관지로 발행되고 있다.

민주조선은 "인민정권 일군들과 국가 경제기관 일군들을 위대한 수령님의 혁명사상, 주체사상으로 튼튼히 무장시키며 그들을 당과 수령의 두리에 굳게 묶어 세워 당정책 관철에로 힘 있게 조직 동원함으로써 온 사회의 주체사상화 위업수행에 적극 이바지하는 것"을 기본 임무로 하고 있다.

민주조선사에는 책임주필, 부주필 2~3명과 편집국, 인민행정부, 공업부, 사회문화부, 지방서한부, 사진부, 재정경리부 등으로 구성되어 있다.

민주조선에 실리는 기사들은 행정부 기관지의 특징상 당 관계기사 보다는 행정면의 기사가 비교적 많이 실리고 있다. 또 민주조선은 조선중앙통신사와 로동신문 보도부, 국제부를 비롯한 각 부서에서 제공하는 자료에 주로 의존하고 있으며 통상 4면으로 제작되고 화요일 및 금요일과 특별한 날 등은 6면으로 증면 발행된다.

㉢ 청년전위

청년전위는 김일성사회주의 청년동맹 중앙위원회의 기관지로서 1946년 4월 20일 '청년'이라는 제호로 창간되었으며, 1946년 11월 7일 '민주청년'으로 개칭되었다. 1964년 5월 17일 조선민주청년동맹 제5차대회에서 동 연맹의 명칭이 조선사회주의 로동청년동맹으로 바뀌자 그 이름도 '로동청년'으로 개칭되었으며, 1996년 1월 조선사회주의 로동청년동맹이 김일성 사회주의 청년동맹으로 바뀜에 따라 1월 19일 '청년전위'로 명칭이 바뀌었다.

"청년들 속에 불멸의 주체사상을 해설 선전하며 그들을 당과 수령에게 끝없이 충실한 주체혁명위업의 믿음직한 계승자로 키우며 청년 대중을 당의 로선과 정책관철에로 힘 있게 조직 동원하는 것"에 그 임무를 두고 있다.[53)]

53) 『조선대백과사전 21』(평양: 백과사전출판사, 1999), p. 31.

따라서 청년전위는 청소년들이 당의 방침대로 행동하도록 하기 위한 조직사업과 선전・선동사업의 일부를 담당하고 있는 당의 선전도구라고 할 수 있다.

㉣ 지방신문

지방신문은 각 시・도당위원회 기관지로 시・도 내의 근로자들을 대상으로 발간된다. 지방신문은 "시・도 안의 당원들과 근로자들을 김일성의 혁명사상・주체사상으로 무장시키며, 김일성・김정일의 지시 관철에로 조직 동원함으로써 혁명과 건설을 다그치고 온 사회의 주체사상화를 실현하는 데 이바지하는 것"을 주된 임무로 하고 있다.

지방신문의 기사는 정책적인 면에서는 당의 지도와 통제를 받고 사무적・기술적인 면에서는 내각 출판총국의 지시를 받는다.

일간지로서 4면으로 발행되는 지방신문은 대부분 해방직후부터 1950년대에 창간되었다. 현재는 평양신문(57. 6. 1), 평남일보(1950. 12. 12), 평북일보(1945. 11. 27), 함남일보(1945. 11. 15), 함북일보(1945. 11. 20), 자강일보(1949. 3. 11), 양강일보(1955. 1. 1), 강원일보(1945. 12. 28), 황남일보(1945. 9. 9), 황북일보(1945. 9. 6), 개성신문(1952. 2. 19), 남포신문(1982. 8. 17) 등 12개가 있다.

② 방 송

㉠ 라디오 방송

북한의 방송 사업은 일제하에 있던 평양방송국을 조선중앙방송국이라 개칭하고 1945년 10월 14일 김일성의 귀환을 환영하기 위해 개최한 '조국개선 환영 평양시군중대회'를 중계방송 함으로써 시작되었다.

1955년 4월 9일에는 소련으로부터 원조를 받아 평양중앙방송의 출력을 150kw로 대폭 강화한 것을 시작으로 다시 300kw로 증강하는 등 방송시설을 확장하고 평양시의 주요 가로들과 직장구락부, 각도 시・군 소재지와 노동자구 등지에 유선방송을 설치했다.

또한 조선중앙방송위원회 산하에 평양을 비롯하여 청진, 함흥, 원산, 사리원, 신의주, 개성 등지에 지방방송위원회를 두고 중앙방송의 중계방송과 지역방송을 실시했다.

1957년에는 각 방송국들의 시설정비와 기술을 개선하는 사업이 본격적으로 진행되었으며 사리원, 강계, 혜산 방송국의 무선방송출력이 증대도미에 따라 방송의 청취지역이 확장되었다.

또한 유선방송시설도 확장되어 234개의 농촌과 리가 새로 유선망에 망라되었고 2만대의 스피커가 증설되었다.

1967년 12월에는 조선중앙방송을 제1중앙방송(300kw)과 제2중앙방송(500kw)으로 분리하여 '제1중앙방송'은 대내방송을, '제2중앙방송'은 대외와 대남방송을 담당하도록 하였으며 1970년에는 조선중앙방송위원회 제1방송, 제2방송, TV방송, 대외방송을 조직하여 각 도(직할시)와 시 · 군에 지방방송위원회를 설치했고 다시 1972년 11월 10일 새벽 5시를 기해 제1방송을 조선중앙방송으로 제2방송을 평양방송으로 개칭하여 오늘에 이르고 있다.

1989년 1월 1일부터 방송이 시작된 '평양 FM방송'은 음악을 통한 대남선전용 방송으로 새롭게 등장했다.

한편 북한은 정규방송인 중앙방송이나 평양방송과는 별도로 로동당 중앙위 통일전선부에서 관장 운영하는 대남 흑색방송을 목적으로 하는 방송체계를 가지고 있는데, 1967년 3월 평양 순안에 개설된 '남조선해방민주민족연맹방송'이 그것이다. 1970년 6월에 남한에 '통일혁명당'이 1969년 결성되었다고 주장하면서 이를 '통일혁명당 목소리방송'으로 개칭했으며 1985년 8월부터 '구국의 소리방송'이란 명칭으로 운영하다가 2003년 8월 1일부터 동 방송을 중단하고 8월 15일부터는 '조선중앙방송'을 중계하고 있다.

현재 북한은 3종류의 라디오방송 이외에 11개의 지방방송국[54]과 11개의

54) 10개의 지방방송국은 해주, 사리원, 개성, 원산, 강계, 혜산, 남포, 신의주, 함흥, 청진 등이다.

유선방송국, 200개의 군・구역방송국, 4,300여개의 방송실이 있다.

유선방송은 평양으로부터 각 도・시・군까지 연결되어 공장・기업소와 협동농장의 유선방송실을 통해 각 가정의 스피커로 중앙방송을 중계하고 있다.

㉡ TV 방송

북한은 1961년 9월 11일 제4차 당 대회 이후 TV방송국 건설계획을 수립하여 1963년 3월 '평양텔레비전방송국'으로 개국한 후 1970년 4월 김일성의 생일을 기해 '조선중앙TV'로 개명하였다. 1971년 4월 15일에는 대남선전용으로 '개성 TV 방송국'을 개국했다. TV방송국을 개국한 북한은 TV수상기 1만여대를 생산할 수 있는 자체능력을 갖추게 되었다. 1970년 11월 제5차 당 대회에서 김일성은 방송선전사업을 개선・강화하며 특히 TV방송망을 더욱 강화하여 전국의 텔레비전 보급을 실현하도록 할 것을 주요과제로 제시하였다. 1971년 텔레비전의 전국적 보급을 위해 마식령, 황해, 원산, 자강도 일대에 중계탑을 건설하는 등 중계시설을 확장하였다. 1973년 12월 4일 평양시민과 외국인들을 대상으로 토・일요일에 한해 영화, 스포츠 등을 주로 방영하는 '만수대 TV방송국'을 개국하였다. 1974년 4월 15일에는 김일성의 62회 생일을 계기로 북한유일의 대내용 TV방송인 조선중앙 TV의 컬러 방송을 실시하였다.

1997년 2월 16일 김정일 생일을 기해 대남선전용인 개성 TV방송을 개편하여 대남 TV방송은 조선중앙 TV방송을 그대로 받아서 방송하고 있으며, 대내 방송은 교육문화 TV를 신설하여 방송하고 있다. 또한, 북한은 1999년 10월 10일 당창건 54돌을 맞아 위성 중계방송[55)]을 시작하였다. 최근 들어 방송의 내용에 있어서 많은 변화가 일고 있어 주목 된다. TV방송내용은 드라마 소재가 다양화되는 추세를 보이고 있다. 특히 주민들의 시청률 제고를 위

55) 1999. 10. 22 통일부는 북한 위성방송 시청을 허용하는 발표를 하였다.

해 흥미와 관심을 유발하는 드라마를 황금시간대(20 : 30~21 : 30)에 편성하고 있다. 작품주제도 당·수령·체제우월성 외에 '신사고', '대외관계' 등을 새로이 추가하고 드라마 내용도 선동·체제보위 중심에서 남녀문제, 주민생활, 사회적 갈등 해결 등 점차 다양화되고 있다.[56] 조선중앙TV는 남한에서 개최된 '한일 월드컵축구 경기대회' 및 '부산아시안게임' 등 주요 경기내용까지도 보도와 함께 녹화 방송하였다. 또한 2002년 9월 평양 '봉화예술극장'에서 개최된 남북교향악단 합동연주회를 최초로 남북동시 생중계하기도 하였다.

㉢ 방송체계 및 조직

북한의 방송체계는 당과 내각의 이원체제로 되어 있으며, 표면상으로는 내각 직속의 '조선중앙방송위원회'에 의해 운영되고 있다.

조선중앙방송위원회는 조직과 편제상으로는 내각에 소속되어 내각의 체신성이 각 방송국의 시설, 기재의 관리 및 일반사무를 담당하고 있으나 방송의 내용이나 방송국의 책임자에 대한 인사는 당과 내각의 지도·감독에 따라 이루어진다. 조직편제상으로는 내각에 속해 있지만 동 위원회의 위원장은 당에서 임명하고 방송의 내용에 대해서는 당 선전선동부와 통일선전부의 지시와 통제를 받고 있다.

북한 방송체계는 조선중앙방송위원회 산하에 각 도(직할시)방송위원회가 있고 그 아래에 군 방송위원회가 있으며 그 하부기관으로서 유선방송 중계소가 있다.

방송국의 시설이나 기재의 보급 관리나 사무적인 일을 담당하고 있는 체신성의 하급조직으로는 시·도 체신국이 있고 그 아래에는 군체신소, 체신

56) 예컨대 주민들에게 인기를 끌고 있는 TV 드라마는 수중발레 선수를 소개하는 '갈매기'(2001. 7), 월남자가족의 생활상을 그린 '수평선'(2001. 8), 이혼문제를 다룬 '가정'(2001. 9), 평양냉면을 자랑하는 '옥류풍경'(2001. 11), 및벌이 부부를 소개하는 '임마를 깨우지 마라'(2002. 3) 등이었다.

분소가 있다.

따라서 모든 방송내용은 당의 지도 · 감독에 따라 조선중앙방송위원회의 검열을 거친 것이며 방송국은 검열된 내용만을 기술적으로 방송한다.

③ 통신사

북한 유일의 국영 통신사인 '조선중앙통신사'는 1946년 12월 5일 북조선임시인민위원회 직속 '북조선통신사'로 발족했다. 그 후 1948년 10월 12일 내각 직속기관으로 조직체계를 바꾸고 현재의 명칭으로 개칭, 로동당 및 내각의 공식 대변기관으로 존속해오고 있다.

조선중앙통신의 임무는 여타 언론매체와 같이 "모든 사회성원들의 수령님과 김정일에게 끝없이 충직한 주체형의 공산주의 혁명가로 만들며 사회를 주체사상의 요구대로 개조하여 온 사회의 주체사상화와 자주화된 새 세계를 건설하는데 적극 이바지하는 것"이다. 또한 부수적인 임무로서는 "김일성과 김정일의 위대성을 내외에 널리 선전하며 주체사상의 순결성을 철저히 옹호고수하는데 있다"[57]고 명시하고 있다.

조선중앙통신사의 책임자는 사장이나 통신사내에는 당 관계 업무를 전담하는 정치국이 있어서 사실상 정치국이 통신사내의 전반적 업무를 관장 · 통제하고 당의 정책과 지시에 합치되도록 지도 · 감독한다. 부사장은 해외 및 각 도의 지부관계 업무와 사무적인 분야만을 책임지고 있고 통신내용은 주필이 담당하고 있다.

주필은 2명의 부주필의 도움을 받아 대내외 보도기사의 취재, 편집, 제작을 지도 · 감독하고 그 밖의 통신사가 발행하는 출판물의 내용작성에 책임진다. 통신사의 편제상 특이한 점은 노동신문이나 민주조선처럼 '남조선 보도편집국'이 있다는 점이다.

57) 『조선백과사전19』(평양: 백과사전출판사, 2000), p. 70.

현재 중앙통신사는 러시아의 이타르타스, 중국의 신화사 등 40여개 통신사와 보도 분야 협조협정을 체결하고 중국・러시아・유고 등 9개국에 기자를 파견하고 있는 가운데 영・불・노・서반아어로 된 보도 자료를 각국 언론기관에 배포하고 있다. 또한 '조선중앙년감'을 비롯한 대내외 선전출판물을 발행하고 있다.

(3) 출 판

북한의 출판물은 로동당의 강력한 선전선동수단의 무기이다. 김일성은 출판물의 성격에 대해 "출판물은 당과 대중을 연결시키는 중요한 수단이며 당이 내세운 정치, 경제, 문화건설의 과업실천에로 근로대중을 조직 동원하는 힘 있는 무기"[58]라고 규정하고 있다.

북한은 김일성의 이러한 '교시'에 따라 출판활동에 있어 다음 3가지 원칙을 견지하고 있다. 첫째, 주체의 원칙을 근본초석으로 삼는 것이며 둘째, 당의 지도 밑에 출판보도활동을 진행하는 것이며 셋째, 종자를 바로 쥐고 속도전을 힘 있게 벌이는 것이다. 여기에서 말하는 종자라는 용어는 작품의 핵으로서 '사상적 알맹이'를 말하는 것이다.

북한은 이상의 원칙을 철저히 관철할 때만이 출판물의 당성, 노동계급성, 인민성을 높이 발양할 수 있고 보도성과 정론성, 과학성과 진실성을 확고히 보장할 수 있다고 강조하고 있다. 북한의 주요 출판사로서는 사상혁명과 관련된 도서출판을 주로 하는 조선로동당출판사, 금성청년출판사 등과 과학기술도서를 출판하는 사회과학 출판사, 문예작품의 도서만을 취급하는 문예출판사, 사전을 출판하는 과학백과사전출판사 등이 있다. 또한 교육도서를 출판하는 교육성 산하의 김일성종합대학 출판사, 고등교육도서출판사, 교육도서출판사와 해외선전책자를 출판하고 있는 외국문출판사가 있다.

---

58) 『김일성저작집』 10권, p. 296.

북한에서 출판되는 잡지로는 로동당의 이론지인 '근로자'를 비롯하여 '조선문학', '경제연구', '과학원통보', '조선예술' 등 각 분야별로 70여종이 있다. 이중에서 '금일의 조선', '조선무역' 등 4종은 외국어판으로서 해외에 배포되고 있다. 최근에는 국제문제 시사전문 계간지인 '민족문화유산', 단행본으로는 '김일성전집' 및 회고록과 '김일성선집' 등이 발행되고 있다.

4 체 육

가. 체육정책

북한은 체육을 집단주의 정신함양과 신체발전을 통한 노동력과 국방력 강화의 수단적 가치로서 파악하고 있다.[59] 말하자면 북한은 "체육의 대중화·생활화를 통한 로동과 국방에의 기여"[60]라는 정책 기초하에 학교체육 강화 등을 통한 1인 1기 권장과 전문체육인 양성에 노력을 기울이고 있다. 특히, 김정일은 프로체육선수로서 갖추어야 할 기본자세로서 체육에서의 '사상·투지·속도·기술전' 방침 관철을 지시한 바 있다.

따라서 북한체육의 기본목표는 체육을 통하여 인민대중을 "혁명과 건설, 그리고 국방에 이바지할 수 있는 공산주의적 인간"으로 육성하는데 있다고 할 수 있다.

59) "신체를 다방면적으로 발전시키며 집단주의 정신과 혁명적 동지애, 굳센 의지, 규율준수에 대한 자각성과 책임성 등 고상한 사상과 도덕적 품성을 배양함으로써 국방력을 강화하고 사회주의, 공산주의 건설을 성과적으로 수행하는데 이바지하기 위한 것", 『정치용어사전』(1970), p. 604.

60) 1969년 11월 4일 전국체육인대회 김일성연설 '체육을 대중화하여 로동과 국방에 튼튼히 준비하자', 사회주의 헌법 제55조 "국가는 체육을 대중화, 생활화하여 전체 인민을 로동과 국방에 튼튼히 준비시키며 우리나라 실정과 현대 체육기술발전 추세에 맞게 체육기술을 발전시킨다."

북한은 김정일의 지시에 의거 매월 둘째 일요일을 '체육의 날'로 지정하고 각 지역 및 각급 단체별로 각종 체육경기를 가질 것을 결정[61]함으로써 체육의 대중화 · 생활화를 독려하고 있다.

(1) 지도 · 양성기관

북한의 체육정책은 체육지도위원회에서 전반적으로 지도 · 통제 관장하고 있다. 체육지도위원회는 1945년 10월 교육성 산하 '조선체육동맹'으로 발족하여, 1954년 11월 내각 직속 '조선체육지도위원회'로 독립한데 이어 1989년 6월에는 '국가체육위원회'로 개칭되었다. 그 후 1998년 9월 헌법 개정으로 체육성, 1999년 11월에는 현재의 체육지도위원회로 개칭되었다.

체육지도위원회는 당의 지도하에 국내외 체육경기 조직 및 각종 스포츠행사 조정통제, 인민체력검정 실시, 우수선수 발굴 및 양성 등을 그 주요 업무로 하고 있다. 체육지도위원회 밑에는 각 도별로 체육위원회를 두고 다시 시 · 군 체육지도위원회가 있으며 군중체육사업과 직장별 · 종목별 체육경기대회, 인민체력검정 등을 조직 집행한다.

북한의 전문체육인 양성기관으로는 조선체육대학과 중앙체육학원, 각도의 체육전문학교, 그리고 사범대학과 교육대학의 체육학부 등이 있으며, 기타 체육과학 연구기관 등을 설치 · 운영하고 있다.

중앙체육학원은 9년제로서 소학교 졸업생 중 체육특기자 선발, 전문교육을 실시하는 학교로서 국가대표 후보 선수를 양성하는데 주력하고 있다.

기타 각급 체육학교는 선수양성과 함께 졸업 후 인민학교와 고등중학교에서 체육을 지도할 능력을 갖도록 하고 있다.

한편, 북한의 각 도 · 시 · 군 · 구역에는 체육구락부가 조직되어 기본적인 체육 종목별로 선수들을 양성하고 있으며 소학교 및 중학교 선수들을 관리하고 있다.

---

61) 『중앙방송』(1992. 3. 8).

한편, 직업적인 체육인들은 국가 대표팀으로 구성되어 있는 국가 종합팀을 비롯하여 26개 일반체육단, 해양체육단 등에 소속되어 활동하고 있다.

5 종 교

북한에서는 이미 해방 전에 기독교, 천주교 등이 남한보다 먼저 전파되어 전통 종교인 불교, 천도교 등과 함께 주민들의 의식과 생활 속에 깊숙이 영향을 미치고 있었다. 그러나 해방 이후부터 김일성 유일사상체계를 유지하는데 종교가 걸림돌이 된다고 판단, 내면적으로는 반종교정책을 강력히 추진하였다. 즉 북한에서의 종교는 종교 본연의 의미를 갖지 못한 채 유일사상체계라는 테두리 속에서 한정적・상대적 가치만 인정되었다. 이에 따라 종교가 아편, 미신으로 간주되어 투쟁과 척결의 대상이 되었다.

이러한 북한의 종교관은 김일성이 "종교는 일종의 미신입니다. 예수를 믿든지 불교를 믿든지 그것은 본질상 다 미신을 믿는 것입니다."[62], "종교는 반동적이며 비과학적인 세계관입니다. 종교는 아편과 같은 것이라고 할 수 있습니다"[63]라고 발언한데서도 잘 나타나 있다. 그 결과 1955년경에는 북한에서 모든 종교단체와 종교의식이 사라졌거나 지하화 되었으며 1960년대에 이르러 종교 자체가 보습을 감추게 되었다.

그러나 북한은 1972년 남북대화가 시작되면서부터 북한 내에도 종교 활동의 자유가 있는 것처럼 보이기 위하여 그간 유명무실한 단체에 불과하던 이른바 '조선기독교도연맹', '조선불교도연맹', '조선천도교회 중앙지도위원회' 등의 활동을 재개시키면서 종교정책이 변화하기 시작하였다. 그러나 이러한

62) 『김일성저작선집』 1권, p. 173.
63) 『김일성저작선집』 5권, p. 154.

종교정책의 변화는 남한 종교인과의 통일전선을 형성하기 위한 정치적 목적의 종교단체의 결성 및 활동에 관한 것이었지 순수한 종교 활동에 관한 것은 아니었다.

북한의 장충성당

북한은 1980년대 들어 교포 종교인을 적극 초청, 이들과 종교인회담 및 해외에서 반한 종교인집회를 갖는 등 통일전선 전략에 치중하는 한편 '조선천주교인협회', '조선종교인협의회' 등 종교단체 신설과 사찰복원 · 법회 개최, 성당 · 교회의 건립과 종교행사를 개최하였다.

그리고 1988년에는 장충성당과 봉수교회를 건립하였고 1989년에는 칠골교회를 완공하였으며 2003년에는 러시아 정교회 사원인 정백사원을 착공하였다. 1990년대 이후 미국의 선교단체들을 평양에 초청하는 등 서방국가의 종교단체들과 접촉을 적극적으로 시도하였다. 식량난에 따른 구호물자 지원 등을 계기로 남한의 종교단체와 접촉이 빈번해지면서 종교단체들을 평양에 초청하고 남북한 동시 미사, 공동예배, 동시법회들을 개최하는 등 대외활동을 활발히 전개하고 있다.

그러나 이러한 조치는 대내외 정세변화에 따라 종교단체를 활용하여 서구권에 접근하는 등 외형상의 변화를 가져왔지만 주민생활에서의 종교 활동의 자유는 이루어지지 않고 있다. 한편 북한은 1990년대 이후 이러한 정책변화에 따라 종래의 종교에 대한 부정적 해석 및 개념을 순화해서 표현하거나 삭제하는 등 과거와 다른 태도를 보이고 있다. 교회를 종전에는 '반동적 사상과 독소를 퍼뜨리는 거점'이라고 했는데 최근에는 '신자들이 종교의식을 진행하는 장소'라고 긍정적으로 변화하고 있다.

또한 사회주의 헌법 제68조에서 1992년 헌법에 명시되어 있던 "누구든지

묘향산 보현사

북한의 봉수교회

종교를 외세를 끌어들이거나 국가사회질서를 해치는데 리용할 수 없다"에서 "누구든지"라는 단어만 삭제하였을 뿐 근본적인 변화는 보이지 않고 있다. 이러한 헌법상의 종교관련 규정은 종래의 "종교적 신앙의 자유는 소위 종교의 간판 밑에 숨어서 우리 당과 인민정권을 반대하는 반동적 음모와 책동을 허용하는 것은 결코 아니다"64)와 맥을 같이하고 있어 여전히 종교 활동의 자유를 제한하고 있다.65)

북한은 1995년에 중단되었던 '평양신학원'을 2000년 9월 개원하고 종교단체 등에서 활동할 목회자 양성을 위해 학생 12명을 교육하고 있다. 또한 2003년 3월에는 평양에 건립할 예정인 러시아 정교회 종사자 양성을 위해 모스크바 신학교에 유학생을 보내고 있다.

최근 북한에서 불교는 여타 종교보다 비교적 활발한 움직임을 보이고 있다. 1999년 11월 개성 '영통사'(27동) 복원에 착수하고 2002년 12월에는 각지 사찰(59개)에 대한 전면적 단청사업을 추진하는 등 사찰보수에 주력하고 있다. 김정일의 사찰방문도 2002년 6월 '양천사'(함남 고원)방문 등 매년 증가하고 있다.

특히 북한은 종교단체를 이용한 남한과의 교류에도 적극 나서고 있으며,

64) 『우리는 왜 종교를 반대하는가』(평양: 로동당출판사, 1959).

65) 미 국무부가 1999. 9. 9 발표한 『'99 연례국제종교자유보고서』에서도 북한에는 진정한 종교자유가 존재하지 않는다고 평가하였다.

2003년 3월 1일에는 북측 종교인 105명이 서울을 방문하여 남·북종교인들과 '3·1민족대회'를 가지기도 하였다.

[종교단체 현황]

<table>
<tr><th>단체명</th><th>시 기</th><th>현 황</th></tr>
<tr><td>조선종교인협의회</td><td>1989. 5</td><td>· 종교단체들의 협의체로 결성
· 회장 : 장재언(장재철)</td></tr>
<tr><td rowspan="2">조선불교도연맹</td><td>1945. 12</td><td>· 북조선 불교도연맹으로 발족('65년~'71년 : 잠적)</td></tr>
<tr><td>1972년</td><td>· 현 명칭으로 출현
· 위원장 : 박태화(박태호)
· 사찰 60여개, 승려(대처승) 300여명, 신도 1만여명
· 교육기관 : ('89년 양강도 중흥사→'91년 평양 광법사)</td></tr>
<tr><td rowspan="3">조선그리스도교연맹</td><td>1946. 11</td><td>· 북조선 기독교도연맹으로 발족('64년~'73년 : 잠적)</td></tr>
<tr><td>1974년</td><td>· 조선기독교도연맹으로 출현</td></tr>
<tr><td>1999. 2</td><td>· 현 명칭으로 개명
· 위원장 : 강영섭
· 교회 2개(봉수교회 : '88년, 칠골교회 : '89년), 가정교회 520여개, 신·구약성서 및 찬송가 출판('83년~'84년), 성경전서 및 찬송가 출판('90년), 목사 30여명, 전도사 300여명, 신도 1만 2천여명
· 교육기관 : 평양신학원('72년~'95년, 2000)</td></tr>
<tr><td rowspan="2">조선카톨릭교협회</td><td>1988. 6</td><td>· 조선천주교인협의회로 출현</td></tr>
<tr><td>1999. 6</td><td>· 현 명칭으로 개명
· 회장 : 장재언(장재철)
· 성당 1개(장충성당 : '88년), 신도 3,000여명, 신부·수녀 없음.</td></tr>
<tr><td rowspan="2">조선천도교회</td><td>1946. 2</td><td>· 천도교 북조선종무원으로 발족('49년~'73년 : 잠적)</td></tr>
<tr><td>1974. 2</td><td>· 현 명칭으로 출현
· 위원장 : 유미영 중앙지도위원회
· 천도교당 52개, 교직자 250명, 신도 1만 5,000여명</td></tr>
<tr><td>조선정교위원회</td><td>2003. 6. 23</td><td>· 위원장 : 허일진
· 러시아정교회 : '정백사원' 착공(2003. 6. 24)</td></tr>
</table>

* 출처 : 1999년까지 북한이 주장한 자료 종합

6 역 사

북한에서 역사학은 순수 학문으로서가 아니라 체제의 정통성 확보를 위한 정치사상적 역할수행의 도구로 전락되어 왔기 때문에 역사연구는 당 주도하에 당 사상사업의 일환으로서 이루어져 왔다.

따라서 북한에서의 역사에 대한 인식도 당의 정치사상적 관점에서 결정되어 북한의 정치상황 변화, 즉 지배계급의 이해관계와 정략적 목적에 따라 왜곡・변질되어 왔다.

다시 말해서 북한에서의 역사인식은 마르크스-레닌의 유물사관의 해석을 반 김일성 세력 숙청의 도구로 사용해 왔고 한편으로는 역사적 사실을 날조하여 김일성 가계우상화에 적극적으로 활용하여 왔다.

가. 시대 구분

북한의 역사인식의 관점에 따르면 역사의 시대구분 또한 남한의 시대구분과 상당한 차이를 보이고 있다.

즉 원시시대를 선사시대부터 고조선의 성립이전까지로, 고대를 고조선의 건국에서부터 진국의 멸망까지로, 중세는 고구려의 성립에서 1850년대 말까지로서 고구려사, 백제사, 전기 신라사, 후기 신라사, 고려사, 조선사로 구성된다.

고구려의 건국을 BC 277년으로 주장하고 있으며[66] 최근 들어 평양지역의 신성동석곽묘, 왁새봉 고인돌군, 낙랑시대 무덤군, 고구려 고분벽화 등을 집중 발굴하고 있다. 또한 1990년대 들어와서는 단군릉, 동명왕릉, 왕건릉을 개

66) 북한의 주장에 따르면, 기원전 177년부터 688년까지 존속한 우리나라의 첫 봉건국가의 명칭이 '고려' 또는 '구려'로 불렀다고 한다. 『조선대백과사전 2』(평양: 백과사전출판사), p. 134.

건, 복원하고 고대시대부터 현대사에 이르기까지 한반도의 문화는 평양중심의 '대동강 문화'로 명명한 바 있으며,[67] 우리 역사상 최초의 통일국가를 남쪽에 기반을 둔 통일신라가 아닌 개서에 근거를 둔 고려로 인식하고 있다.

근대사는 1860년대부터 1925년까지의 역사를 다루고 있으며 현대사는 김일성이 인민대중을 지도하여 소위 '타도제국주의동맹'을 결성하고 혁명 활동을 개시했다는 1926년을 그 출발점으로 보고 있다.

현대사는 일제하에 김일성이 벌였다고 선전하는 '항일무장투쟁사', 해방 후부터 한국전쟁 직전까지 북한사회의 변화과정을 서술한 '민주건설사', 한국전쟁을 다룬 '조국해방전쟁사' 그리고 한국전쟁 이후의 북한사회를 다루는 '사회주의건설사'로 구성하여 정치사상적 관점에서 왜곡 · 변질시키고 있다.

나. 주체사관

북한의 역사사관은 마르크스-레닌의 유물사관에 기초하고 로동당의 유일사상인 주체사상으로부터 파생된 역사인식의 틀인 '주체사관'이다.

즉 역사는 합법칙적으로 발전하며 그 발전을 주체적으로 이끌어가는 것은 '사람'으로 보면서, 여기에서 인민대중이 사회역사의 주체로서 "인류역사는 인민대중의 자주성을 위한 투쟁의 역사", "사회 역사적 운동은 인민대중의 창조적 운동", "혁명과정에서 결정적 역할을 하는 것은 인민대중의 자주적인 사상의식"이라는 주체사관을 도출하고 있다. 주체사관의 입장에서는 역사를 인민대중의 투쟁의 역사로 보아외세의 침략에 대한 투쟁인 반제투쟁과 내적 모순에 대한 투쟁인 반봉건투쟁으로 구분하고 있다. 또한 주체사관은 투쟁에서의 최고핵심으로 '지도의 중요성'을 강조하며 무지한 인민대중이 투쟁

67) 조선역사학학회에서는 평양을 중심으로 한 대동강 일대의 고대문화 유적 · 유물들에 대한 발굴과 연구과정에서 이룩한 성과에 기초해 이 지역의 옛 문화를 '대동강 문화'로 명명하였다. 『중앙방송』(1998. 3. 11).

에서 성공하기 위해서는 김일성과 같은 영명한 지도자의 존재가 절실하다고 선전하여 유일사상체계, 즉 김일성·김정일 체계의 정통성 마련을 위한 역사적 근거를 제공하고 있다.

7 언 어

북한은 언어를 "사회성원들 사이에 사상을 교환하며 한 세대로부터 다음 세대에로 역사 문화적 전통과 유산을 전달 보존하는데 쓰이는 중요한 수단이다. 언어가 없이는 사람들 사이에 교제가 이루어질 수 없으며, 그 어떤 사상의 표현과 전달, 인식도 이루어 질 수 없다. 인간의 활동은 언어를 떠나서 생각할 수 없으며 사회적 존재로서의 인간의 상호관계도 언어의 역할을 떠나서 생각할 수 없다. 이런 의미에서 언어는 인간생활의 힘 있는 수단이라고 말할 수 있다"고 규정하고 있다.

이와 같이 언어를 사상교환의 수단, 혁명·건설의 중요한 무기로 보는 유물론적 언어관, 언어도구관의 관점에 서있다. 따라서 1966년부터 사상적 통일의 수단으로 언어의 중요성을 인식하여 언어에서 나타나는 '비형식적·비문화적' 요소를 정리하고 시대의 요구에 맞게 발전시키기 위하여 '문화어'라 부르는 표준어정책을 전개하였다. 즉 서울말 중심의 표준말 대신 평양 말과 김일성이 사용하던 방언들을 중심으로 문화어를 제정한 것이다.

그 이유는 "서울 표준어가 부르조아적 요소와 복고주의적 요소가 있기 때문에 이를 사용하면 인민들의 의식 속에 반동적 부르조아 사상과 봉건·유교사상을 비롯한 온갖 낡은 사상이 머리를 쳐들게 될 것"[68]이며, '문화어'에 대해서는 "김일성 동지가 항일혁명투쟁시기 힘 있는 무기로 쓰였던 혁명적

68) 『문화어학습』(평양: 사회과학출판사, 1971. 3).

인 조선말에 깊은 력사적 뿌리를 둔 언어이다"[69]라고 하면서 사회주의적 생활양식에 맞고 김일성이 몸소 쓰는 말을 써야 한다고 주장한다. 이렇게 제정된 문화어는 비문화적 · 비 혁명적 요소를 제거한다는 명목 아래 다소 공격적이고, 피아를 명확히 구분 짓는 적대적 용어와 어법으로서 혁명성을 고취시키고 있다. 북한은 1966년 6월 이래 내각직속 '국어사정위원회'와 '사회과학원 언어학연구소'에서 어휘선정, 사전편찬 작업을 하고 있다.

맞춤법은 1948년 '조선어 신철자법', 1954년 '조선어 철자법', 1966년 '조선말 규범집', 1988년 '조선말 규범집'으로 이어져 왔다.

북한 철자의 특징은 된소리 5자와 이중모음 11자를 포함하여 자 · 모음의 수를 40자로 하고 있다는 것이다. 자음음소 19자 중 우리는 자음문자 14개를 쓰고 있고, 북한은 된소리 5자(ㄲ · ㄸ · ㅃ · ㅆ · ㅉ)를 자음문자로 표기하여 19자를 사용하고 있다. 단모임(10)과 이중모음(11) 중 우리는 단모음을 문자로 쓰고 있으나, 북한은 말소리의 성격을 반영하여 이중모음 11자(ㅐ · ㅒ · ㅔ · ㅖ · ㅚ · ㅟ · ㅢ · ㅘ · ㅝ · ㅙ · ㅞ)를 포함한 21자를 문자화하고 있다.

문법에서는 음운에 있어서 두음법칙을 무시하여 'ㄹ', 'ㄴ'을 모음 앞에서도 그대로 표기 · 발음하고 있다. 품사의 경우 남한의 명사 · 대명사 · 수사 · 조사 · 동사 · 형용사 · 관형사 · 부사 · 감탄사 등 9개의 품사와는 달리 '조사'를 뺀 8개의 품사를 두고 있다.

특히, 북한의 어휘는 남한의 어휘와 형태의 차이가 없으나 의미내용이 다르게 사용되는 것이 많으며 또한 사회주의적 이념이나 북한 특유의 사상 · 제도를 가르치는 어휘가 많이 사용되고 있다. 즉 수령, 교시, 로동영웅 운동, 공훈배우, 인민배우 등 정치성이 강한 어휘를 사용하고 있으며, '동무'의 경우 우리사전에는 '늘 친하게 어울려 노는 사람', 북한사전에는 '로동계급의 혁명위업을 이룩하기 위하여 혁명대오에서 싸우는 사람' 등 의미내용이 상

69) 『백과전서』, p. 80.

이하다.

또한 어휘의 차이에는 북한방언이 '문화어'에 포함되어 우리의 표준어와 달라진 경우와 한자말 어휘가 토박이로 다듬어져서 달라진 경우가 상당한 실정이다.

한자사용에 대해서는 해방 후 한글과 한자를 혼용해 오다가 1949년부터는 한글을 전용하고 있다. 신문 · 잡지 · 교과서 등 모든 출판물이 한글로 제작되어 일반주민은 자신의 이름도 한글로만 쓰고 있다. 1958년 이후 중학교에서는 초보적 필수한자를 교육하고 있었으나 최근 교원부족 등으로 지방에서는 이마저도 교육하지 못하는 실정이다. 문장부호의 표기는 남북한이 많이 다르다. 마침표, 물음표, 쉼표 등 기본부호 외에는 통상 사용되는 부호가 상이하다고 할 것이다. 특히 북한에서 서명에 사용하는《 》부호는 남한에서 사용하지 않고 남한에서 사용하는 큰 따옴표 " ", 겹낫표『 』등은 북한에서 사용하지 않고 있다.

제5장

조선로동당 규약과 북한 사회주의 헌법

북한은 정권수립 이래 김일성 정권에서 김정일 정권으로 이어져 왔다. 두 정권의 차이점에 대해서는 많은 연구와 논의가 있어 왔다.

그러나 북한의 정체성과 대외정책방향 등을 가늠해 볼 수 있는 하나의 기준이 되는 것은 큰 틀의 변함없이 지속되고 있는 북한 '사회주의 헌법'과 '노동당 규약'[70]이라 할 수 있을 것이다.

따라서 국내외적 여건변화에 따라 헌법과 노동당 규약이 어떻게 개정되었으며 그 상관관계는 어떻게 진화하였는가를 살펴보고, 아울러 사회주의 헌법과 로동당 규약의 공통점과 상이점을 분석해 봄으로써 북한의 실체를 들여다 볼 수 있을 것이다.

1 로동당 규약과 사회주의 헌법의 특징

가. 로동당 규약

북한의 '조선로동당'은 국가기관을 공식적으로 지배하고, 체제를 유지하는 근간이다. 로동당은 국가기구나 각종 사회조직을 지도하고 감독하는 최고의 권력으로 당이 정책결정 기능을 수행한다면 국가기관은 정책집행의 기능을 수행한다고 할 수 있다. 따라서 당을 움직이는 당규약과 국가기관을 움직이는 헌법사이의 상호연관성이 여타 국가에 비해 독특하다고 할 수 있다.

조선로동당은 1946년 제1차 당 대회에서 처음 당 강령과 규약을 제정한 이후 당 대회 때마다 당 규약을 개정해 왔으며 1980년 제6차 당 대회에서 6차로 당 규약을 개정한 이래 2008년에 이르고 있다.

당 규약의 성격이 이상적 · 혁명적 · 강령적이라고 하지만 당 규약 역시 현

70) '조선로동당 규약'을 편의상 '로동당 규약' 또는 '노동당 규약'으로 혼용 표기하기로 한다.

실적 상황을 일정부분 반영한다고 볼 수 있는데 제1차 당 대회에서는 당 강령과 당 규약을 별도로 작성하였으나 제2차 당 대회부터는 강령이 규약의 일부로 편입되었다.

당 규약은 제1차 당 대회에서 4장 40조로 작성되어 제3차 당 대회에서 10장 62조로 개정되었고, 제4차 당 대회에서부터 전문을 사용하여 1980년 마지막으로 수정 채택된 제6차 당 규약에서는 전문과 10장 62조의 형식은 유지하고 있으나 내용면에서는 많은 수정이 이루어 졌다.[71)]

주요 변화내용으로는 당의 정책목표가 김정일 수령체계 계승, 실용주의 경제정책, 통일문제의 해결 등을 강조하는 방향으로 변화되었고, 당의 재정과 당원의 의무 및 권리에 관한 사항이 일부 개정되었으며 당대회 소집과 기능, 중앙위원회 및 각 위원회의 구성과 기능, 당의 외곽단체와 당·군 관계 및 정치기관 등에 대한 수정이 있었다.

나. 사회주의 헌법

북한의 사회주의 헌법은 주체사상을 실천해나가는 제도적 장치가 법으로 정착된 구조로 1980년 이후 1992년, 1998년에 걸쳐 두 번의 헌법 개정을 단행하였다. 이 두 번의 헌법 개정을 통해 모든 권력이 김일성으로부터 김정일에게로 이양되었음은 물론 여행의 자유, 상속 및 사유재산의 부분적 인정 등 북한의 사회·경제적 변화가 이루어졌음을 엿볼 수 있다.

북한은 1940년대에 정치체제의 원형이 등장하여 체제의 기본적인 골격이 형성되었고, 1950년대에 국내외의 변화상황을 극복하면서 공고화되었으며, 1960년대에 체제유지의 기제를 정착하기 위해 '주체사상'과 '수령제'라는 개념을 가미하여 북한식 정치체제를 제도화시키고 1972년 사회주의 헌법의 제정으로 완성되었다고 할 수 있다.

---

71) 세부적인 내용은 송우근 저, 『북한학 특강』 부록 참조.

이후 1990년대 사회주의권의 붕괴와 급변하는 국제환경에 대응하기 위해 대외정책의 이념과 원칙을 수정하여 대외경제개방정책의 추진을 위한 법적 토대를 마련하고 김정일에로의 후계권력체계의 기반구축과 권력의 승계를 효율적으로 달성하기 위하여 1992년 헌법을 개정 하였다. 이후 1998년에 이른바 '김일성 헌법'으로 불리는 헌법으로 개정을 단행하였다.

이 헌법에서는 김일성을 '영원한 주석'으로 추대하고 주석직을 폐지하는 등 북한사회의 많은 변화를 담고 있다.

1998년 9월 5일 최고인민회의 제10기 제1차 회의에서 개정된 사회주의 헌법은 최고인민회의 상설회의를 최고인민회의 상임위원회로 개편하되 종전의 국가주석과 중앙인민회의 기능의 대부분을 상임위원회로 이관하고 상임위원장이 국가대표로서 외교권을 행사하도록 하였다. 또한 국가주석제를 폐지하면서 국방위원회의 지위 및 권한을 강화하여 '최고군사지도기관' 기능에 '전반적 국방관리기관' 기능을 추가하고 국방부문 중앙기관 설치 및 폐지 권한을 추가하였으며 중앙인민위원회를 폐지하였다. 개정된 헌법에서 변화하지 않은 것은 주체사상을 헌법의 지도적 지침으로(제3조)삼고, 민주주의 중앙집권제 원칙(제5조)을 고수하며, 로동당의 영도(제11조)를 받고, 인민민주주의 독재를 강화하며 계급노선을 견지(제12조)하는 것 등이다.

1998년에 최종 개정된 북한 사회주의 헌법의 구성은 서문과 7개장으로 구성되어 있으며 제1장 정치는 제1조에서 제18조까지, 제2장 경제는 제19조에서 제38조까지, 제3장 문화는 제39조에서 제57조까지 구성되어 있고 제4장은 국방 분야로 제58조에서 제61조까지이며, 제5장은 공민의 기본 권리와 의무를 제62조부터 제86조까지 전개하고 있으며 제6장에서 국가기구를 제87조부터 제162조까지, 마지막 제7장에서 제163조부터 제166조까지 국장, 국기, 국가, 수도를 언급하고 있다.[72)]

72) 1998년 개정된 사회주의 헌법 전문은 송우근 저, 『북한학 특강』 부록 참조.

2 로동당 규약과 사회주의 헌법의 상관관계

북한의 사회주의헌법과 조선노동당의 규약은 서로에게 상당한 영향을 미치는 관계에 있다. 때론 당규약이 헌법의 개정에 영향을 미치기도 하고, 일부의 경우엔 개정된 헌법의 조항들이 당 규약의 변화에 반영되기도 하였다.

1972년의 사회주의헌법은 1980년 제6차 당 대회 규약에 상당부분 반영되었다. 그러나 1980년 제6차 당 대회 규약은 1992년 개정된 사회주의헌법에 일부 반영되기 하였지만 많은 부분을 시대의 변화에 맞게 신설·수정하였다. 이는 1990년대에 들면서 북한 내부의 김일성·김정일 두 개의 태양을 인정할 수밖에 없는 현실과 사회주의 국가관의 붕괴 등의 시대 상황을 반영할 수밖에 없었을 것으로 해석할 수 있다.

앞서 설명한 것처럼 1972년 개정된 조선민주주의인민공화국 사회주의헌법부터 '김일성헌법'으로도 불리는 98년 개정된 헌법까지는 새로운 변화가 있었다. 1972년 '사회주의헌법'은 명칭의 변화만이 아니라 그 내용상으로도 그 기본이념과 권력구조(국가성격·혁명목표·경제체제·주석제 신설 등) 등에서 본질적인 변화를 보였다. 1948년의 북한헌법의 半봉건적·半자본주의적·半사회주의적 요소가 더 이상 유효하지 않게 된 것에 그 원인이 있다.

다음은 1972년 사회주의헌법, 1980년 제6차 당 대회 규약, 1992년 헌법, 1998년 헌법을 비교·분석한 것이다. 1980 제6차 당 대회 규약을 분석의 대상으로 삼은 것은 가장 마지막으로 개정되었을 뿐만 아니라, 현재까지도 그 기능면에서 유효하기 때문이다.

1980년의 제6차 당 규약은 거의 모든 부분에서 1972년 사회주의헌법을 정확히 반영하고 있다. 다만 몇몇 부분에서 변화가 있었다. 예를 들어 1972년 헌법에서 맑스-레닌주의를 창조적으로 적용한 주체사상이(제4조) '오직 김일성의 주체사상에 의해 지도된다'로 변하였고, 혁명투쟁의 전통(제3조)은 항일혁명투쟁을 통해 당이 창건된 것으로 변화되었을 뿐이다.

그러나 1980년 제6차 당규약과 1998년 헌법과 비교하여 볼 때 많은 부분의 차이가 있음을 알 수 있다. 이를 부문별로 다음과 같다.

구 분	사회주의 헌법(1972)	당 규약(1980)	사회주의 헌법(1998)
정체성	전체 조선인민의 리익을 대표하는 사회주의 국가(제1조)	조선민족과 조선이민의 리익을 대표(전문)	김일성 동지의 사상과 영도를 구현한 주체의 사회주의 조국(서문)
정통성	혁명투쟁의 전통(제3조)	오랜 항일혁명 투쟁을 통해 당 창건을 위한 조직적, 사상적 기반을 마련(전문)	김일성이 주체사상의 기치밑에 항일혁명투쟁을 조직영도하여 혁명전통 마련(서문) 혁명투쟁에서 이룩한 빛나는 전통을 이어받은 혁명적인 국가(제2조)
지도 이념	맑스-레닌주의를 창조적으로 적용한 조선로동당의 주체사상을 지도적 지침으로 함(제4조)	김일성의 주체사상, 혁명사상에 의해 지도(전문)	주체사상을 자기활동의 지도적 지침으로 삼음(제3조)
당면 목적	북반부에서 사회주의의 완전한 승리, 전국적 범위에서의 외세를 물리침(제5조)	북반부에서 사회주의의 완전한 승리, 전국적 범위에서의 민족해방과 인민민주주의 혁명과업 와수 최종 모격은 온 사회의 주체 사상화와 공산주의 사회건설(전문)	북반부에서 인민정권을 강화하고 사회주의의 완전한 승리를 이룩하며 자주, 평화통일, 민족대단결의 원칙에서 조국통일 실현(제9조)
제도	민주주의 중앙집권제의 원칙(제9조)	당은 민주주의 중앙집권제 원칙에 의해 조직(제11조)	민주주의 중앙집권제의 원칙(제5조)
이념	계급독재, 군중노선(제10조)	프로레타리아 독재를 실시하며 사회주의, 공산주의 건설(전문)	계급노선을 견지, 인민민주주의 독재강화(제12조), 국가는 군중 로선 구현(제13조)
이념 구현 방법		항일유격대식 사업방법, 청산리 정신 및 청산리 방법 관철(전문)	청산리 정신, 청산리 방법 관철(제13조)

	천리마 운동은 사회주의 건설의 총로선(제13조)	사회주의, 공산주의 건설의 총 로선으로서 천리마 운동과 사상, 기술, 문화 혁명을 추진(전문)	청산리정신, 청산리 방법 관철(제13조)
		모든 당 조직은 당의 노선과 정책을 무조건 관철(제11조)	조선로동당의 영도 밑에 모든 활동 진행(제11조)
외교 원칙	사회주의 나라들과 단결하고, 제국주의를 반대하는 모든 나라 인민들과 단결(제16조)	사회주의 나라들과의 단결과 국제공산주의 운동과의 연대성을 강화, 세계의 모든 신흥세력나라들과의 친선, 협조관계 발전, 미국을 우두머리로 하는 제국주의와 지배주의 반대(전문)	자주, 평화, 친선은 대외정책의 기본이념이며 대외활동의 원칙, 자주성을 옹호하는 세계인민들과 단겨9제17조)
통일 원칙		조국을 자주적, 평화적으로 민족대단결의 원칙에 기초하여 통일을 이룩(전문)	자주, 평화통일, 민족대단결 원칙의 조국통일 실현 투쟁(제9조)
경제	인민들의 물질 문화생활을 끊임없이 높임(제23조)	인민들의 물질적 문화적 수준을 끊임없이 높이는 것이 최고의 활동 원칙(전문)	사회주의적 생산관계(제19조), 생산수단은 국가와 사회협동 단체가 소유(제20조), 개인소유는 공민의 개인적이며 소비적인 목적을 위한 소유(제24조)
국방 군사		조선인민군은 항일무장투쟁의 영광스러운 혁명전통을 계승한 조선로동당의 혁명적 무장력(제46조)	무장력의 사명은 근로인민의 리익을 옹호하며 오래 침략으로부터 사회주의 제도와 혁명의 전취물 보위(제59조)
선거권	만17세 이상의 모든 공민에게 선거권(제52조)	만18세부터 입당(제3조)	만17세 이상의 모든 공민에게 선거권(제66조)
공민의 권리		조선로동당 당원은 당의 유일사상체계로 확고히 무장된 조선공민으로서 당의 로선과 정책을 옹호, 관철하기 위해 간결히 투쟁하며 당 규약을 준수하는 근로자들이 될 수 있음(제2조)	국가는 모든 공민에게 참다운 민주주의적 권리와 자유, 행복한 물질문화 생활을 실질적으로 보장(제64조)

가. 정치조항

'72년 사회주의헌법에서 밝힌 '맑스-레닌주의를 창조적으로 적용한 조선노동당의 주체사상을 지도적 지침으로 함'을 '80년 당 규약에서 '오직 김일성이 주체사상에 의해 지도됨'으로 수정하고 이후 '92년 헌법부터는 주제사상만을 활동의 지도적 지침으로 하였다. 이것은 맑스-레닌주의의 전통 공산주의 지도이념을 포기한 것으로 해석할 수 있으며, 김일성의 체제공고화가 이루어진 것으로 평가할 수 있다.

'72년 사회주의 헌법과 '80년 당 규약에서 밝힌 '북반부에서 사회주의의 완전한 승리를 이룩하며 전국적 범위에서 민족해방 완수'를 '92년 헌법부터 '북반부에서 인민정권 강화'로 수정하고 '전국적 범위에서 민족해방 완수'를 삭제하였다.

'80년 당규약 제11조 '모든 당조직은 당의 노선과 정책을 무조건 관철 시킨다'는 조항의 확대 개념으로 볼 수 있는 '98년 헌법 제11조 '조선민주주의 인민공화국은 조선노동당의 영도 밑에 모든 활동을 진행한다'를 명시함으로써 당이 국가를 지배한다는 원칙을 확인했다.

공산당의 기본노선인 계급독재와 프로레타리아 독재를 '92년 헌법부터 계급 노선은 유지하면서도 '인민민주의의독재'의 개념을 수정 도입하였다. '98년의 새로운 헌법에서는 당규약에 없는 '공민'이라는 표현을 사용하였으며, 강성대국을 위한 기술혁명을 강조하고, 군대와 인민을 정치・사상적으로 무장시키며, 관병일치, 군민일치를 강조하고 있다. 이제 제한된 노동자들에 의한 독재가 아니라 '공민'들에 의한 계급독재를 위한 조항으로 해석할 수 있다. '72년 사회주의헌법에서 김일성의 지도력을 대표하는 '천리마운동'만이 '80년 당규약에서 김일성의 '천리마운동'과 김정일의 지도력을 대표하는 '3대혁명'을 동시에 사용되었으며, '98년 헌법에서는 김일성의 '천리마운동'은 삭제되고 '3대혁명'만을 강조하였다. 이는 북한의 권력이동을 반영했다고 할 것이다. 그리고 이와 함께 법에 대한 존중과 엄격한 준수를 강조하는 법무생활 강화를 헌법에 새로이 포함시켰다. '92년 헌법부터 강조되기 시작한 '제국주의의 문화적 침투와 복고주의적 경향에 반대, 민족문화유산보호'조항이나, '군대와 인민을 정치 · 사상적으로 무장', '관병일치, 군민일치'의 조항들은 사회주의권의 붕괴 이후 체제의 안정을 위하여 신설된 조항들로 보인다.

나. 경제조항

북한의 헌법이나 당 규약은 한결같이 인민들의 물질문화 생활을 끊임없이 높여야 한다고 명시하고 있다. 경제조항의 경우는 더욱더 많은 변화를 보이고 있는데 이것은 1980년대 이후 북한의 경제는 여러 가지 요인으로 인해 쇠퇴하였기 때문으로 분석된다. 특히. 1990년대 여러 번의 자연재해와 사회주의 국가들의 몰락 및 미국의 경제 봉쇄 정책 등에 의해 경제적 성장이 멈춰버렸다. 1986년 북한은 합영법 등 경제관련 법을 정비하였지만 실질적 효과를 거두지 못하였다.

1990년대 이후 기술혁명을 강조하고 약간의 사유재산과 상속권을 인정하는 변화를 보였다. 대표적으로 98년 헌법 제27조 '기술 혁명은 사회주의 경제를 발전시키기 위한 기본고리다'라고 한 조항을 볼 수 있다. 그러나 자본주의 경제의 경계심도 있어 제23조 '농민들의 사상의식과 기술 문화 수준을 높인다'와 같은 조항을 신설하기도 하였다.

그동안 모든 경제계획 및 대외무역을 국가가 담당하던 것을 98년 헌법에서 대외 무역을 국가 또는 사회협동단체가 할 수 있도록 개정하였으며, 국가기관 · 단체와 다른 나라, 법인 · 개인 · 특수경제지대에서의 기업 합영과 합작이 가능하도록 헌법을 개정하였다. 이러한 변화는 현재 북한이 처한 경제현실을 반영함과 동시에 외국에 경제문호개방의 의지를 보인 것으로 볼 수 있다.

다. 대외 관계조항

90년대 동구 사회주의권의 변혁과 소련의 해체 및 중국의 개혁노선 등으로 인하여 북한은 내부적으로 불안하고 외부적으로는 고립되는 어려운 상황에 처하게 되어 생존 및 발전을 위해 환경변화에 적응하는 변화를 볼 수 있다.

'72년 헌법 제16조는 '사회주의 나라들과 단결하고, 제국주의를 반대하는 모든 나라 인민들과 단결'한다고 하였으나, '92년 헌법은 '자주, 평화, 친선의 대외정책 기본이념과 북한의 자주성을 옹호하는 세계 인민들과의 단결로 사회주의 나라들과의 단결과 국제공산주의 운동과의 연대성을 강화'를 표방했다. 이는 80년 당 규약 '사회주의 나라들과의 단결과 국제공산주의 운동과의 연대성을 강화'한다는 조항의 변화를 예측 가능케 한다.

3 로동당 규약과 사회주의 헌법의 공통점과 상이점

'노동당규약'과 '사회주의 헌법'의 공통점과 차이점을 분야별로 구분하여 살펴보면 다음과 같다.

가. 정치적 측면

공통점으로는 첫째, 조선인민을 대표한다는 점을 들 수 있을 것이다. '사회주의헌법' 제1조에 '조선인민의 리익을 대표하는 사회주의 국가'라고 명시되어 있고, '노동당규약'에서는 '조선민족과 조선인민의 이익을 대표'한다고 명시되어 있다.

둘째, 혁명전통성의 강조이다. '사회주의 헌법' 제2조에서 '영광스러운 혁명투쟁에서 이룩한 빛나는 전통을 이어받은 혁명적 국가'임을 강조하고 있고, '노동당 규약'에서는 '영광스런 혁명전통을 계승'하였다고 하였다.

셋째, 주체사상이다. '사회주의 헌법' 제3조에서는 '혁명사상인 주체사상을 자기활동의 지침으로 삼는다'고 하였고, '노동당 규약'에서는 '주체사상에 의해 지도되고 최종 목적은 온 사회의 주체 사상화'라고 명시하고 있다.

넷째, 반제국주의이다. '사회주의헌법' 제2조에서는 '제국주의 침략자들을 반대'한다고 명시하였고, '노동당규약'에서는 '미국을 우두머리로 하는 제국주의와 지배주의를 반대'한다고 적고 있다.

차이점으로는 첫째, '노동당규약'에서의 '유일사상'도입이다. '사회주의헌법'이 주체사상에 의한 정치면에서 자주, 경제면에서의 자립, 국방면에서 자위를 중심으로 한 김일성 지배체제의 강화를 강조하였다면 '노동당 규약'에서는 더 나아가 '유일사상'을 도입, 김일성을 우상화 하여 그 외에 신이나 인물에 대한 숭배를 용납하지 않는 범위까지 김일성 지배체제를 강화하였다.

둘째, '사회주의 헌법' 제6조의 '각급 주권기관은 일반적, 평등적, 직접적 원칙에 의하여 조직되고 운영'된다고 하였으나 '노동당 규약'에서는 이러한 일반적, 평등적, 직접적 원칙이 아닌 개별적 심사를 도입함으로써 당적인 자의성을 보여주고 있다.

셋째, 로동당 규약의 서문에서 '북반부에서 사회주의의 완전한 승리를 이룩, 전국적 범위에서 민족 해방을 완수하는데 목적이 있다'라고 밝혔는데 사회주의 헌법 제9조에는 '북반부에서 인민정권 강화'로 수정했다. 시대가 지나면서 투쟁적 정치목표가 약해진 모습을 보이는 것이다.

넷째, 로동당 규약 서문에서 '천리마 운동과 사상, 기술, 문화 혁명을 추진한다'는 조항이 98년 사회주의 헌법에서 '사상, 기술, 문화의 3대 혁명을 추진한다'고 수정되었다.

3대 혁명이 김정일의 주도이고, 천리마 운동은 김일성의 주도였던 점을 감안하면 김일성에서 김정일로 넘어가는 정권 변화가 법안에 반영되었다고 볼 수 있다.

나. 경제적 측면

경제적 측면에서의 공통점은 첫째, 인민들의 물질적, 문화적 수준향상이다. '사회주의 헌법' 제25조에서는 '인민들의 물질 문화생활을 끊임없이 논이하는 것을 활동의 최고 원칙으로 삼고 늘어나는 물질적 부는 전적으로 근로자들의 복리 증진에 돌려진다'고 하였으며, '노동당 규약'에서도 '인민의 물질적 및 문화적 수준을 끊임없이 높이는 것을 최고의 활동 원칙으로 삼는다'고 하였다.

둘째, 계급 로선의 관철이다. 즉 혁명과 건설에 있어서 언제나 노동계급의 이익을 옹호한다. '사회주의 헌법'에서는 '근로자들을 어렵고 힘든 로동에서 해방하며 육체 로동과 정신 로동의 차이를 줄여나간다(제27조)' 하고 '협동농장의 생산시설과 농촌문화 주택을 국가부담으로 건설(제28조)' 한다고 하였으며, '노동당 규약'에서는 '모든 당사업의 기본원칙으로 계급 로선을 관철한다'고 하였다.

셋째, 군중 로선의 관철이다. 즉 대중을 교악 개조하여 대중의 창조적 지혜와 무궁무진함을 얻고 이를 대중을 위해 사용한다고 한다. '사회주의 헌법'에서는 농민들의 사상의식과 기술 문화 수준을 높여 이를 협동 경리제도로 공고 발전시켜 협동단체 소유를 전인민 소유로 전환한다 하였고(제23조), '노동당 규약'에서는 모든 당사업의 기본 원칙으로 군중로선을 관철한다고 하였다.

넷째, 계획경제 체제이다. '사회주의 헌법' 제34조에서는 '조선 민주주의 공화국의 인민경제는 계획 경제'라고 하였으며 '노동당 규약'에서는 '사회주의제도를 강화'한다고 하였다(전문).

차이점과 관련하여 경제 조항의 경우 비교적 많은 변화를 보인다. 시대가 변하면서 가장 큰 변화는 '98년 사회주의 헌법에 사유재산 조항이 생긴 것이다. 당의 계획적 경제 개발을 전제로 하는 로동당 규약과 달리 '98년 사회주의 헌법 제25조에는 '개인소유는 공민들의 개인적이며, 소비적인 목적을 위한 소유이다. 국가는 개인 소유를 보호하며 그에 대한 상속권을 법적으로 보장한다'라고 명시하여 약간의 소유재산과 상속권을 인정하였다. 소극적 입장이지만 사회주의 국가에서 개인소유를 인정한 것은 큰 변화라 볼 수 있다. 이후 2002년 7. 경제 관리개선 조치 시에는 사유재산의 범위를 대폭 확대[73] 한 만큼 당규약과의 괴리도 커졌다고 할 수 있다.

다. 문화적 측면

'노동당 규약'에는 '온 사회의 혁명화, 로동계급화, 인테리화를 촉진하고 나아가 사회주의를 강화한다'고 언급하고 있다. '사회주의 헌법'과의 공통점을 살펴보면

첫째, '인테리화'이다. '사회주의 헌법'에서는 문화혁명을 철저히 수행하여 모든 사람들을 자연과 사회에 대한 깊은 지식과 높은 문화예술 수준을 가진 건설자를 만들어 온 사회를 인테리화 한다고 하였다. 그리고 이러한 과정으로서 11년 의무교육제도가 시행중이다.

둘째, '사회주의의 강화'이다. '사회주의 헌법' 제41조에 의하면 국가는 제국주의 문화 침투와 복고주의 경향에 반대하며 민족문화유실을 보호 사회주의를 현실에 맞게 계승·발전시킨다고 하였다.

셋째, 혁명화이다. '사회주의 헌법' 제52조 '국가는 족적 형식의 사회주의적 내용을 담은 주체적이며 혁명적인 문화예술을 발전시킨다고 한다.

차이점을 보면 '사회주의 헌법'에서는 제56조에 의해 '전반적 무상치료제를 발전시켜 사람들의 생명을 보호하며 근로자의 건강을 증진시킨다'고 명시하고 있으나, '노동당 규약'에서는 이러한 기본적인 의료·환경·복지에 관한 규정이 없다.

73) 개인의 경작 면적을 30~50평에서 400평으로, 유통부문의 배급제를 구입제로 전환하였음.

라. 국방 군사적 측면

공통점을 보면 '사회주의 헌법' 제59조는 '무장력의 사명을 인민보호와 외래침략으로부터 사회주의제도·조국 보호에 있다'고 명시하여 '노동당 규약'과 같다.

그러나 국방적 측면에서만 본다면 '사회주의 헌법'이 자국의 보호적 측면에 중점을 두었다면 '노동당 규약'은 공격적이고 국제적인 반제국주의를 표명하고 있어 차이를 보이고 있으며 '80년 로동당 규약에 있었던 '남조선에서 미 제국주의 침략군대를 몰아내고 식민지 통치를 청산하며 그리고 일본 군국주의의 재침기도를 좌절시키기 위한 투쟁을 전개한다'라는 조항이 삭제되고, 98년 사회주의 헌법, 제59조에서 '조선민주주의 인민공화국 무장렬의 사명은 근로 인민의 리익을 옹호하며 외래침략으로부터 사회주의 제도와 혁명의 전취물을 보위하고 조국의 자유와 독립과 평화를 지키는데 있다'라고 명시 하였는데, 군사력의 목표가 타국 배척이 아닌 자국 수호로 바뀐 차이를 발견할 수 있다.

마. 외교적 측면

외교적 측면에서의 공통점을 살펴보면 '사회주의 헌법' 제17조 에는 '자주·평화를 대외 활동의 원칙'으로 하여 북한에 우호적으로 대하는 나라에 대하여 관계를 맺는다고 명시하고 있다. 그리고 자주성을 침해하는 침략과 내정간섭을 반대한다고 하였다.

'노동당 규약'에서도 '사회주의 나라들과의 단결, 신흥세력나라 인민들과의 친선협조를 하고 반제민족 해방 등 을 지지한다'고 하여 우호적 국가와의 교역과 단결, 반제국주의적 성격을 보이고 있다.

그러나 '노동당 규약'에서는 외교적 활동에 있어서 미국이라는 나라를 명시하고 특정지역의 국명을 명시하는 등 우호국과 비우호국에 대한 개념을 명확히 강화하는 차이를 보인다.

'로동당 규약' 서문에서 '사회주의 나라들과의 단결과 국제 공산주의 운동과의 련대성을 강화한다'는 조항이 '98년 '사회주의 헌법'에서(제17조) '자주, 평화, 친선의 대외정책 기본이념과 북한의 자주성을 옹호하는 모든 나라들과 국가적 또는 정치, 경제, 문화적 관계를 맺는다'로 수정되었다. 또한 '80년 '로동당 규약'에서는 '남조선에서 미 제국주의 침략군대를 몰아낸다'는 조항이 있는데 '98년 사회주의 헌법에서는 이를 삭제해 대미정책에도 변화와 차이가 있음을 알 수 있다.

4 소결론

'사회주의 헌법'과 '노동당 규약'의 공통점과 차이점에 대해 살펴보았다. 정리해보면 첫째, 정치적 측면에 있어 혁명적 전통성을 강조하고 주체사상을 통한 김일성 지배체제의 강화라는 체제적 성격과 조선인민을 대표한다는 대표의식, 반제국주의적 정치사상에서 공통점을 보인다. 그러나 '노동당 규약'에서는 '유일사상'을 도입함으로서 김일성의 '신격화'를 통한 독제체제를 강화한 점 그리고 '사회주의 헌법' 제6조에 명시한 일반원칙이 '노동당 규약'에서는 보이지 않는 점에서 차이를 보인다.

둘째, 경제적 측면에 있어서 인민들의 물질적, 문화적 수준향상과 계급 로선 · 군중 로선 · 계획경제체제에서 공통된 입장을 보이지만, '사회주의 헌법' 제36조, 제37조에 있는 대외무역이나 특수경제지대등의 언급은 '노동당 규약'에는 없어 당중심의 북한체제하에서 고립적 · 내적인 경제발전에 중심을 두고 있다고 생각된다.

셋째, 문화적 측면에서는 사회의 혁명화, 인테리화를 통한 사회주의의 강화라는 경향에 있어 공통점을 보이지만 '사회주의 헌법'에서 언급된(제56 ·

57조) 의료시설이나 환경 · 복지적 측면은 '노동당규약'에서 다루어지지 않아 인민을 위하고 대표하는 당이 실질적으로 중요한 의료 · 환경 · 복지 보다는 사회주의 사상의 강화에만 중심을 두었다고 생각된다.

넷째, 국방 외교적 측면에서는 자신들의 사회주의 체제보호를 위하고 이를 외부로 확장시키려는 의도나 사상에서는 공통되지만 국방적 측면에서는 '사회주의 헌법'이 자국 보호적이라면 '노동당 규약'은 공격적이고 국제적인 (반제국주의)적 성격을 보여준다.

다섯째 외교적 측면에서는 '사회주의 헌법'의 일반적인 내용을 구체화하여 규정함으로서 자신들에게 비우호국가의 개념과, 우호국의 개념을 명확히 하였다.

노동당 규약과 사회주의 헌법의 상관관계 분석을 통하여 북한의 헌법은 노동당규약을 그 모태로 하고 있다는 점을 확인하였다. 현재 북한의 노동당 규약은 김일성 사후의 체제변화를 수용하지 못하고 있다. 김일성 사망 직전 개정되었던 '92년 헌법조차도 '80년의 노동당 규약과 상당한 차이를 보이고 있다. 김일성 사후 김정일에게 모든 권력이 넘어온 이후 '98년 또 한 번의 헌법 개정을 단행하였다. 이러한 일련의 변화는 북한사회의 특성(당 · 국가 체제)상 당연히 당규에 의해 제도적으로 보장받아야 하므로 7차 당 대회를 통한 당 규약의 변화가 예상되고, 7차 당 대회가 열리면 그동안 미루었던 당 중앙위원회 정후보위원 교체, 당 중앙위 정치국 정후보위원 교체, 당 중앙위 비서국 비서 보임, 당 중앙군사위원회 교체 등 다양한 세대교체를 예상할 수 있다. 북한은 당 대회 없이 1984년부터 당 군사위원회를 당 중앙군사위원회로 개칭하고, 1997년 10월 8일 김정일이 총비서로 추대되는 등 파격적으로 당을 운영하고 있다.

7차 당 대회를 통해 당 규약을 수정할 경우 다음의 부분들이 변경되어야 북한의 변화를 제도적으로 담보 받을 수 있을 것이다. 1970년 제5차 당 대회부터의 당면목적 및 당의 최고 강령으로 명시된 '공화국 북반부에서 사회주의 완전한 승리 보장과 전국적 범위에서 민족해방과 인민민주주의 혁명수행' 부분의 수정과 이를 수행할 정책방향도 새롭게 수정되어야 할 것이다. 또한, 최종목표로 삼고 있는 '온 사회의 주체 사상화와 공산주의 사회건설' 부분도 수정 과제라 할 것이다. 아울러 외곽단체 규정과 당-군 관계 부분의 수정도 이루어져야 할 것이다. 이는 북한사회에 보다 다원화된 정치참여의 기회를 보장하는 것이기도 할 뿐 아니라, 군이 당에 예속되어 있는 비정상적 관계에서 정상적 국가권력으로 환원하는 조치가 될 수 있을 것이다. 정당이 국가를 지배하는 현재의 시스템에 변화가 필요한 것이다.

제6장

북한의 정치체제

1 북한의 정체성

북한의 정체성은 북한의 사회주의 헌법과 통치이데올로기 및 유엔에서의 지위와 역할에서 그 일단을 엿볼 수 있을 것이다.

가. 북한의 사회주의 헌법 제1장(정치)

사회주의 헌법 제1장 제1조에서 제5조까지에서 정체성을 엿 볼 수 있는바 그 내용은 다음과 같다.

> 제1조 조선민주주의인민공화국은 전체 조선인민의 리익을 대표하는 자주적인 사회주의국가이다.
>
> 제2조 조선민주주의인민공화국은 제국주의 침략자들을 반대하며 조국의 광복과 인민의 자유와 행복을 실현하기 위한 영광스러운 혁명투쟁에서 이룩한 빛나는 전통을 이어받은 혁명적인 국가이다.
>
> 제3조 조선민주주의인민공화국은 사람중심의 세계관이며 인민대중의 자주성을 실현하기 위한 혁명 사상인 주체사상을 자기 활동의 지도적 지침으로 삼는다.
>
> 제4조 조선민주주의인민공화국의 주권은 로동자, 농민, 근로 인테리와 모든 근로인민에게 있다. 근로인민은 자기의 대표기관인 최고인민회의와 지방 각급 인민회의를 통하여 주권을 행사한다.
>
> 제5조 조선민주주의인민공화국에서 모든 국가기관들은 민주주의중앙집권제원칙에 의하여 조직되고 운영된다.

그러나 북한의 정권을 실제로 장악하고 있는 것으로 평가되고 있는 로동당의 규약이 북한 정체성의 논란을 야기하고 있는바 로동당 규약의 전문 내용은 다음과 같다.

『조선로동당은 위대한 수령 김일성동지에 의해 창건된 주체형의 혁명적 맑스-레닌주의 당이다.

위대한 수령 김일성 동지는 1926년 우리나라에서 처음으로 되는 공산주의적 혁명조직 으로서 타도 제국주의동맹을 결성했으며 오랜 항일혁명투쟁을 통해 당 창건을 위한 조직적, 사상적 기반을 마련했으며 이에 기초하여 영광스러운 조선로동당을 창건하였다.

조선로동당은 우리나라에서 노동계급과 전체 근로대중의 선봉적, 조직적 부대이며 전체 노동대중 조직체 중에서 최고형태의 혁명조직이다.

조선로동당은 조선민족과 조선인민의 이익을 대표한다.

조선로동당은 노동자, 농민, 노동 "인테리"를 망라하는 노동인민들 가운데서 노동대중의 이익과 사회주의, 공산주의 운동의 승리를 위하여 헌신적으로 복무하는 선봉적 투사들로서 조직한다.

조선로동당은 오직 위대한 수령 김일성동지의 주체사상, 혁명사상에 의해 지도된다.

조선로동당은 항일혁명투쟁시기에 위대한 수령 김일성동지에 의해 이룩된 영광스러운 혁명전통을 계승 발전시킨다.

조선로동당은 자본주의사상과 마찬가지로 국제공산주의 운동과 노동계급 운동에서 나타난 수정주의, 교조주의를 비롯한 온갖 기회주의를 반대하고 맑스-레닌주의의 순결성을 고수하기 위하여 견결히 투쟁한다.

조선로동당의 당면목적은 공화국 북반부에서 사회주의의 완전한 승리를 이룩하며 전국적 범위에서 민족해방과 인민민주주의 혁명과업을 완수하는데 있으며 최종목적은 온 사회의 주체 사상화와 공산주의 사회를 건설하는데 있다.

조선로동당은 당의 유일사상체계를 세우는 것을 당건설과 당 활동의 기본원칙으로 삼는다.

조선로동당은 주체사상에 기초한 전당의 사상의지적 통일단결을 계속 강화한다.

조선로동당은 프로레타리아 독재를 실시하며 사회주의, 공산주의건설의 총 노선으로서 천리마운동과 사상. 기술. 문화혁명을 추진한다.

조선로동당은 노동계급의 영도적 역할을 높임으로써 노농동맹을 기초로 한 전조선의 각계각층 애국적 민주역량들과의 통일전선을 강화하기 위하여 투쟁한다.

조선로동당은 인민들의 물질적 및 문화적 수준을 끊임없이 높이는 것을 최고의 활동원칙으로 삼는다.

조선로동당은 사람과의 사업을 당사업의 기본으로 삼는다.

조선로동당은 모든 당사업의 기본원칙으로서 계급노선과 군중노선을 관철한다.

조선로동당은 항일유격대식 사업방법, 청산리정신 및 청산리방법을 철저히 관철한다.

조선로동당은 온 사회의 혁명화, 노동계급화, 인테리화를 촉진하고 사회주의의 물질, 기술적 토대를 공고히 하며 나아가서 사회주의제도를 강화하고 사회주의의 완전한 승리를 촉진시키기 위한 투쟁에서 사상, 기술, 문화혁명을 활발히 수행한다.

조선로동당은 남조선에서 미 제국주의 침략군대를 몰아내고 식민지통치를 청산하며 그리고 일본 군국주의의 재침기도를 좌절시키기 위한 투쟁을 전개하고 남조선인민들의 사회 민주화와 생존권투쟁을 적극지원하고 조국을 자주적 평화적으로 민족대단결의 원칙에 기초하여 통일을 이룩하고 나라와 민족의 통일적 발전을 이룩하기 위해 투쟁한다.

조선로동당은 자주성과 프로레타리아 국제주의원칙에 기초하여 사회주의 나라들과의 단결과 국제공산주의운동과의 연대성을 강화하고 세계의 모든 신흥세력나라 인민들과의 친선, 협동관계를 발전시키며 아시아, 아프리카, 라틴아메리카 인민들의 반제민족해방운동과 자본주의 나라들의 노동계급과 그 밖의 인민들의 혁명투쟁을 지지하고 광범한 연합전선을 실현하여 미국을 우두머리로 하는 제국주의와 지배주의를 반대하며 평화와 민주주의, 민족적 독립과 사회주의 공동위업의 승리를 쟁취하기 위하여 투쟁한다.』

나. 북한의 통치이데올로기[74)]

(1) 사회주의 국가 일반에서 통치이데올로기의 역할

현실 사회주의 체제는 일반적으로 다음의 네 가지 특성을 공유하고 있다. 첫째, 맑스-레닌주의에 기초한 공식 이데올로기의 채택, 둘째, 공산당 영도권의 전일적 관철에 따른 당-국가체제, 셋째, 생산수단의 사회적 소유에 기반한 계획경제 운용, 넷째, 양대진영론에 입각한 대외정책 추구 등이 사회주의 국가들이 공유하는 일반적 특징이라고 할 수 있다. 맑스의 예언과는 달리 현실 사회주의 국가들은 자본주의가 충분히 발전한 조건에서 사회주의 혁명에 이른 것이 아니라 거의 모두가 산업화 이전 후진적 농업국가에서 내전을 통해서, 혹은 외부의 압도적 영향을 받아 사회주의화되었다. 따라서 사회주의 단계로 진입하기 위해서는 강력한 국가의 기능 아래 사회주의 혁명과 건설을 추진해야만 했다. 이 과정에서 전 국민을 동원하기 위해서는 이데올로기를 전면에 내세워 국민들의 '자발적 복종'을 유도하지 않을 수 없었다. 물론 체제이념을 통한 지배질서의 유지는 과거 조선시대의 유교와 같이 근대적 현상만은 아니며, 사회주의 국가만의 성질도 아니다. 그러나 사회주의 국가 형성과정에서의 특수성은 공식 이데올로기의 역할을 특히나 강조하게 되는 요인이었다.

74) 본 내용은 북한정치의 이해에 수록된 내용을 요약 · 정리하였음.

이상을 정리하면 '정치적 이데올로기란 존재하든 미래에 계획된 것이든, 선호하는 정치적 질서를 설명하고 정당화하는 신념의 체계이며 이를 쟁취하기 위한 전략(제도, 과정, 프로그램)을 제공하는 것이다 - 과거에 대한 해석, 현재에 대한 설명, 미래에 대한 전망을 제공 - '라고 정의 내릴 수 있다. 북한의 주체사상 또한 이데올로기 일반이 가지고 있는 이러한 측면을 공유하고 있다. 즉 주체사상은 북한의 정치체제와 구조, 권력승계를 비롯한 권력관계의 변화뿐만 아니라 사회적 현실을 설명하고 정당화하는 신념의 체계이며, 모든 사회구조에 내면화되어 있는 행위의 규범이자 가치판단의 준거 틀로서 기능하고 있다. 또한 주체사상은 '현존'에 대한 해석과 미래에 대한 지향을 제공하기 위한 이념으로서 그 내에 철학의 기본 출발점인 인간관과 세계관을 포괄하고 있으며, 사상, 이론, 방법론을 모두 가지고 있는 전일적인 이념체계이다.

다음에서 한 번 더 언급하겠지만 중국의 경우 '맑스-레닌주의, 마오쩌둥 사상, 덩샤오핑 이론'이라는 언명에서 알 수 있듯, 주의(-ism)와 사상, 이론을 비교적 분명하게 구분하여 사용한다. 주의가 보편성을 획득한 이데올로기를 말한다면 사상은 보편적인 '주의'를 특수한 현실에 적용하기 위해 변용한 것을 의미한다. 물론 이론은 구체적인 실천방도이다. 그러나 북한은 '김일성사상'과 '김일성주의'라는 언표 모두를 사용함으로써 김일성의 주체사상을 '보편'의 반열에 올려두고 있다.

(2) 주체사상의 형성 및 전면화

주체사상은 사상(철학), 이론, 방법론을 모두 포괄하는 북한의 전일적 통치이념이며, 실천의 영역에서도 전 사회적으로 관철되는 지도적 지침으로서 기능하고 있다. 또한 주체사상은 북한의 독특한 통치체제인 유일지도체계를 합리화하고, 김정일로의 권력승계를 정당화하는 이데올로기 장치이며, 정치 · 경제 · 국방 등 모든 분야에서 각 분야의 정책방향을 제시하고, 정책집행의 정당성을 부여하는 주도적이고 핵심적인 기능을 담당하고 있다.

세부적인 내용은 다음절에서 살펴보기로 한다.

(3) 새로운 지배이념 : 선군정치사상

황장엽 전 로동당 비서는 최근 "북한이 주체사상을 완전히 선군사상으로 바꿨다"는 주장을 전개한 바 있으며,[75] 국내의 일부 북한 연구가 가운데에도 비슷한 주장을 전개하고 있다.[76] 북한은 90년대 중반 김정일 위원장의 권력 승계와 경제적 위기에 따른 체제 불안요인이 가중되는 상황에서 선군정치를 전면에 내세우기 시작했다. 1992년 국방위원회 위상강화를 주요내용으로 하는 헌법 개정으로 예고된 선군정치는 1995년 고난의 행군기를 거쳐 1998년 헌법 개정을 통해 김정일 체제의 확고한 운영방식으로서의 지위를 획득하게 된다. '위기관리형'에서 출발한 선군정치는 출발 당시와는 다소 다른 정치적 맥락 하에서도 여전히 맹위를 떨치고 있다. 그런 측면에서 선군정치가 주체사상을 대체하고 있다는 주장은, 북한의 주장과 무관하게, 면밀한 검토가 필요한 주제임에 틀림이 없다.

김정일은 "선군정치는 주체사상에 뿌리를 두고 있습니다"[77]라고 하여 선군정치가 주체사상에 기반하고 있음을 분명히 하고 있다. 즉 선군정치 혹은 선군사상은 주체사상을 구현하는 한 방편이라는 점을 강조하고 있는 것이다.

---

75) 강혁, "북한, '주체사상을 이제는 완전히 선군사상으로 바꿨다' - 황장엽 전 북로동당 비서"(2005. 9. 5), www.voanews.com(검색일 : 2006. 06. 07).

76) 대표적으로 박형중, 이교덕, 정창현, 이기동, 『김정일 시대 북한의 정치체제 : 통치이데올로기, 권력엘리트, 권력구조의 지속성과 변화』(통일연구원, 2004), pp. 11-47; 이대근도 2000년 박사학위 논문에서 조선로동당이 헤게모니를 잃어가고 있다고 진단하고 현재 북한 정치의 특징을 '당 헤게모니 약화, 군대의 정치적 역할 강화'로 표현한 바 있다. 이대근, "조선인민군의 정치적 역할과 한계 : 김정일 시대의 당 · 군 관례를 중심으로"(고려대학교 정치외교학과 대학원 박사학위 논문, 2000), p. 1.

77) 김룡진, "주체사상은 선군정치의 뿌리", 『철학연구』 2004년 제2호(평양: 과학백과사전 종합출판사, 2004), p. 10.

선군정치의 뿌리가 주체사상에 근거하고 있다고는 하지만 주체사상 자체를 형해화시키고 있다는 지적도 성립가능하다. 이미 북한은 주체사상이 맑스-레닌주의와는 다른 독창적인 철학으로 자리매김함으로서 실제적으로 보편사상을 대체한 경험을 가지고 있다. 이는 다음과 같은 김정일의 발언을 통해 확인할 수 있다.

주체사상은 1980년대 들어서면서 맑스-레닌주의를 밀어내고 순수이데올로기로서의 위상을 차지[78]하게 된 것이다.

> 최근에 일부 사회과학자들이 주체사상을 해설하여 쓴 글들을 보면 주체철학의 독창성과 우월성을 당의 정책적 요구에 맞게 바로 해설하지 못하고 있습니다. 이것은 그들 자체가 아직도 주체철학에 대하여 올바른 관점과 정확한 리해를 가지지 못하고 있다는 것을 말하여줍니다. 지난 시기 일부 사회과학자들 속에서 주체사상을 맑스주의 유물변증법의 틀에 맞추어 해석하려는 경향이 있기 때문에 주체사상의 독창성을 옳게 인식할데 대한 문제를 가지고 말해 준 일이 있는데 아직도 이 문제에 대한 정확한 인식이 부족한 것 같습니다.[79]

'선군'이라는 용어가 처음으로 신년 공동사설에 등장한 것은 1999년의 일이다. 익히 알려진 바와 같이 신년 공동사설은 그해 북한의 주요 관심사와 정책방향, 정이·경제·군사·문화 등 모든 영역에서의 '총적지향'을 담고 있는 지침서이다. 1999년 '선군혁명령도'라는 표현으로 2번의 인용에 그쳤던 '선군'이라는 용어는 해가 갈수록 높은 빈도로 사용되고 있다. 2000년도에는

78) 박형중 외, 앞의 책(2004), p. 14. 저자들은 1980년 로동당 규약에서 맑스-레닌주의의 삭제, 1982년 김정일의 '주체사상에 대하여' 발표, 1985년 주체사상 총서 발간 등을 그 이유로 제시하고 있다.

79) "주체철학에 대한 올바른 관점과 리해를 가질데 대하여 - 조선로동당 중앙위원회 책임일군들과 한 담화, 1990년 10월 25일", 『김정일 선집』 제10권(평양: 조선로동당출판사, 1997), p. 296.

처음으로 '선군정치'라는 용어가 사용되었으며, 2002년도에는 '선군시대'라는 용어가, 2003년도에는 "주체사상에 기초한 우리 당의 선군사상은 사회주의위업수행의 확고한 지도적 지침이며 공화국의 륭성 변영을 위한 백전백승의 기치"[80]라고 주장하는 가운데 처음으로 '선군사상'이라는 용어가 등장했다. 신년 공동사설만을 놓고 볼 때 북한이 '선군의 기치에 따라' 모든 영역을 재정의, 재조직화하기 시작한 것은 2003년이며, 이 해는 처음으로 '선군사상'이라는 표현이 쓰이기 시작한 해이기도 하다.

북한이 스스로 '사상'과 '정치'를 구분하여 나름의 다른 의미부여를 하는지 확실하지는 않다. 그러나 명문화된 공식 통치이데올로기를 보유하고 있는 사회주의 국가 일반의 성격을 통해 유추해 보았을 때, 용어의 사용은 설사 인식하지 못할지라도 매우 신중할 것이라는 점은 쉽게 짐작할 수 있다. 따라서 이미 선군사상은 언어적 수준에서는 주체사상과 버금가는 지위와 역할을 획득하고 있다는 분석이 가능하다. 나아가 2003년 신년사설에서 사용된 '지도적 지침'이라는 표현은 선군사상이 현실적 영향력의 측면에서 주체사상을 대체하고 있다는 주장이 설득력을 얻을 수 있을 것이다.

북한의 정치현실에 대한 경험적 연구가 지극히 제한되어 있는 상황에서 선군정치가 주체사상을 '대체'하고 있다고 단정적으로 평가하기는 어렵다. 또한 공식문건에서 나타나고 있는 '현상'과 실제 권력관계가 관철되는 양상은 다분히 다를 수 있다. 다만 몇 가지 측면에서 선군정치가 새로운 통치이데올로기로서의 기능과 역할을 부여받고 있으나, 아직까지 주체사상을 대체했다는 분석은 과도한 측면이 있다.

그럼에도 불구하고 선군사상이 주체사상의 변용을 넘어 대체하는 수준에 도달하고 있다는 평가가 가능한 몇 가지 측면이 발견되는 점 또한 부인할 수 없다. 첫째, 당-군 관계에 있어서 여전히 당은 군을 영도하는 위치에 있으

80) 『로동신문』, 『조선인민군』, 『청년전위』 공동사설, "위대한 선군기치 따라 공화국의 존엄과 위력을 높이 떨치자"(2003. 1. 1), 출처 : www.nkchosun.com.

며, '혁명적 군인정신'은 주체사상을 구현하기 위한 수단적 의미에 머물고 있지만 다른 한편 '혁명의 주력군'이 노동계급에서 군대로 바뀜으로서 '노동계급의 당' 또한 영도적 지위가 훼손된 것이라는 평가 또한 가능하다. 둘째, 용어의 사용에 있어 '선군사상'이 광범위하게 인용되고 있다는 점을 지적할 수 있다. 또한 2003년 공동사설은 '선군사상'을 '지도적 지침'이라고 못 음으로서 선군사상이 현실의 권력체계에 관철되고 있다는 점을 분명히 보여주었다. 선군정치에 대한 세부내용은 다음절에서 논하기로 한다.

다. 북한의 지도자

국가 단위에서의 정책결정이나 외교정책 결정과정에서 지도자 개인의 심리적 특성이나 성향, 가치정향, 인식 등은 대단히 중요한 역할을 한다. 특히 1인 지배가 보편적이었던 현실사회주의 일반에서 정책 결정권자의 개인적 특성은 정책결정에 절대적인 영향력을 행사한다. 물론 이러한 특징은 정도의 차이는 있을지언정 자본주의 국가라고 예외가 아니다.

북한의 경우는 어느 현실 사회주의 국가에도 뒤지지 않을 정도로 김일성이나 김정일 개인이 정책결정 과정에서 행사하는 영향력은 막대하다고 할 수 있다. "수령의 혁명사상을 유일한 지도적 지침으로 하여 혁명과 건설을 수행하며 수령의 명령, 지시에 따라 전당, 전국, 전군이 하나와 같이 움직이게 하는 영도체계"로 설명되는 수령의 유일적 영도체계가 공공연히 주장되는 북한의 정치구조의 특성상 김일성과 김정일이라는 개인을 배제하고는 북한의 정책결정과정을 이해하기 어렵다.

또한 북한에 있어 지도자 개인의 인식과 인식, 혹은 국가의 인식을 구분하기 어려울 뿐만 아니라 수령은 곧 인민이자 국가라는 공식이 광범위하게 주장되고 있다.

김일성 동지가 없으면 조국도 없고 우리도 없다는 것이 천만군민의 절대불변의 신념이며 장군님을 위해 바치는 삶을 가장 신성한 것으로, 가장 영예로운 것으로 여기는 것이 우리 군대와 인민의 혁명적 인생관이다... 자기 령도자의 사상과 로선을 가장 정당한 것으로, 절대적인 진리로 받아들이고 혁명과 건설을 철두철미 그에 기초하여 진행해나가는 확고한 립장과 자세, 그 어떤 조건과 환경 속에서도 령도자의 사상과 로선을 끝까지 관철해나가는 절대성, 무조건성의 정신, 이것이 우리 군대와 인민의 혁명적 풍모이다[81]

위 '논설'에서 보이는 바와 같이 영도자 김정일은 인민, 국가와 혼연일체로 간주되고 있으며 김정일의 사상과 노선은 곧 절대적인 진리로서 무조건적으로 관철시켜 나가야 하는 것으로 주장되고 있다.

이와 같이 북한의 지도자에 대한 분석은 북한 내부의 정치과정이나 외교정책 결정과정을 살펴보는 데 필수적인 요소이다.

(1) 김정일의 권력승계과정

대학을 졸업한 김정일의 첫 직장은 그의 숙부인 김영주가 부장으로 있던 로동당 중앙위원회 조직부 지도원이었다.[82] 이때가 1964년 6월 19일이다. 북한은 당우위의 당-국가체제로서 김정일 시대 이후 상당한 변화가 감지되고 있긴 하지만 당시까지만 해도 당이 모든 국가 기구에 앞서 국가 및 사회전체에 대한 주도적, 지배적 위치를 점하고 있던 때이다. 김정일이 로동당의 가

81) "수령결사옹위는 선군시대 혁명가의 제일생명", 『로동신문』, 2005년 11월 22일자.

82) 로동당 중앙당의 직제는 사무원-보조지도원-책임지도원-부과장-과장-부부장-부장-비서로 되어 있다. 정창현, 앞의 책(2000), p. 277, 각주 3. 로동당의 조직과 간부지도과, 검열지도과가 가장 중요한 부서이다. 중앙지도과는 내각과 내각 산하 각 중앙기관 부처, 국가보위부, 사회안전부, 등 전 국가적 통치(행정)기구를 직접 지도한다. 종합지도과는 인민무력부 총정치국, 사회안전국 총정치국, 철도성 총정치국 등 정치국이 있는 특수 국가기구를 종합적으로 지도한다. 결국 중앙지도과와 종합지도과가 핵심기구 중의 핵심이다. 같은 책, p. 98.

김일성 주석과 김정일 조직부 지도원

장 핵심부서에게서 자신의 첫 공식 업무를 시작했다는 것은 그의 능력과는 무관하게 상당부분 북한 지도부의 배려가 있었다고 할 수 있다. 과거 학생시절에 정치적 경험에 대한 배려 이론적 지도자 수업이었다면, 1964년부터는 실제적이고 구체적인 국가운영부문에서의 지도자 수업에 들어갔음을 의미한다. 또한 이는 단지 '수업'의 의미에 국한되는 것이 아니다. 이로부터 김정일은 역량을 시험하는 본격적인 시험대에 들어섰음을 의미하기도 했다.

당의 핵심부서에서 활동을 시작한 김정일이 실제적인 영향력을 발휘하기 시작한 것은 1967년 5월 비공개로 개최된 당 제4기 제15차 전원회의부터라고 할 수 있다. 여기에서 당시 당 중앙위원회 중앙위원장 박금철, 당 중앙위원회 부위원장이자 대남연락국장 이효순 등이 종파주의, 수정주의, 지방주의 등으로 비판되어 숙청되었다. 김정일은 이 회의에서 박금철, 이효순 등의 오류를 비판하면서 당내 사상투쟁을 주도한 것으로 알려져 있다. 그는 전원회의 뒤에도 '반당반종파해독'을 뿌리 뽑는다는 구실로 직접 숙청작업에 참여하였으며, 이때부터 유일사상체계 확립운동을 주도한 것으로 알려져 있다. 박금철, 이효순 등은 1936년 김일성과 함께 '조선민족해방동맹'을 결성한 바 있으며, 전후 심각한 권력투쟁과정에서 생존한 소위 '갑산파'로서 김일성의 항일투쟁 동지이자 장의 핵심권력에 있던 이들을 김정일이 주도하여 숙청시켰다는 것은 그가 당내에서 얼마만큼의 영향력을 행사하고 있었는지를 잘 보여준다고 하겠다.

'이효순 · 박금철사건'은 김일성의 사상을 당의 지도사상으로 확립하고 모든 당활동에서 이를 관철시켜 나간다는 '유일사상체계'가 시동을 거는 단초를 제공했다. 또한 이 사건을 전흥하여 김일성의 절대원력이 확고하게 자리잡은 '수령제' 탄생의 결정적 계기가 된다. 김정일은 이 후 유일사상체계를 확립한다는 명목으로 계속 당내 사상투쟁을 벌여나갔으며 김일성 개인숭배 캠페인을 주도하였다. 1960년대 말부터 북한에서 본격적으로 추진된 김일성 개인숭배와 주체사상의 유일상화 과정에서 김정일이 관련되지 않은 것이 거의 없을 정도로 그는 이 분야의 사업에 깊숙이 개입해왔다. 특히 1968년 선전선동부로 옮긴 김정일은 혁명가극 등을 직접 제작해 문화예술분야에서 김일성의 우상화를 주도했다. 이러한 정황은 1967년 6월에 있은 다음의 김정일 연설에 잘 나타나 있다.

박금철과 이효순이 숙청되던 때와 거의 동시에 김정일은 '조선로동당역사연구실'을 '김일성동지혁명역사연구실'로 개편하고, '김일성동지혁명역사도록'을 새로 편찬하도록 지시했다. 또한 1968년 7월 이듬해 8월 양강도 일대의 혁명전적지를 방문하고 앞으로 보천보, 삼지연, 포평 등 김일성과 항일투쟁지역을 혁명전통교양의 거점으로 삼도록 지시했다.[83] 이러한 조치는 위 김정일의 연설에서도 강조하고 있는 대목이다. 이는 김정일이 1960년대 말부터 김일성의 개인 숭배화와 유일사상체계의 전면화를 주도적으로 추진했음을 보여준다.

> 반당반혁명분자들은 제거되었지만 그들이 뿌려놓은 사상여독은 여전히 남아있습니다. 이 사상여독을 청산하지 않고서는 혁명대오의 사상의지적 통일과 단결을 보장할 수 없으며 혁명과 건설을 힘 있게 다그칠 수 없습니다. 반당반혁명분자들이 뿌려놓은 사상여독을 뿌리 빼고 당의 유일사상체계를 세우는데서 기본은 사상교양사업을 강화하여 당원들과 근로자들을 우리 당의 혁명사상으로 튼튼히 무장시키는 것입니다. 당의 유일사상체계는 곧 수령님의 사상체계이며 령도 체계입니다.

83) 재일본조선인총련합회 중앙상임위원회, 『김정일동지 략사』(조선신보사, 1994), pp. 25-26.

> 우리 당 안에는 오직 수령님의 혁명사상과 령도만이 있을 수 있으며 그것을 떠나서는 우리 당의 존재에 대하여 생각할 수 없습니다. 위대한 수령님의 혁명사상은 우리 당과 혁명의 영원한 지도사상입니다. 위대한 수령님의 고전적 로작들을 대대적으로 출판하고 혁명전통 교양자료를 비롯한 여러 가지 교양자료들을 더 많이 만들어내야 합니다. 이와 함께 혁명전적지와 혁명사적지들을 혁명전통교양의 거점으로 잘 꾸리고 그것을 통한 교양사업을 강화하여야 합니다.[84]

1974년 2월에 개최된 제5기 8차 전원회의에서 김정일은 당 중앙위원회 정치위원으로 추대되면서 후계자로서의 그의 위상이 공식화 되었다.[85] 그 이전해인 1973년 9월 제5기 7차 전원회의에서 김정일은 당 중앙위 비서국 조직비서와 선전담당 비서로 선임되어 이미 당의 핵심 권력인 조직과 사상 부문을 맡아 실권을 장악했다.[86]

김정일은 정치위원으로 선임되기 바로 직전에 있었던 중요한 두 가지 사건에 대해 언급할 필요가 있겠다. 먼저 1972년 12월 12일 개최된 최고이민회의 대의원 선거에서 김일성의 선거구는 제216호 희천 선거구였다. 김정일이 생일이 2월 16일이라는 점에서 이는 권력승계와 관련하여 김일성의 의지를

---

84) 김정일, "반당반혁명분자들의 사상여독을 빼고 당의 유일사상체계를 세울 데 대하여－조선로동당 중앙위원회 선전선동부 이군들과 한 담화, 1967년 6월 15일", 『김정일 선집』 제1권(평양: 조선로동당출판사, 1992), pp. 230-240.

85) 위 책에는 김정일의 후계자 결정전에 "온 나라의 당조직들과 정권기관, 행정경제기관, 근로단체, 인민군대, 사회안전기관, 과학, 교육, 문화, 출본보도 기관, 공장, 기업소, 협동농장들에서는 경애하는 김정일 동지를 위대한 수령님의 후계자로 높이 추대할 데 대한 청원서와 편지들을 당중앙위원회에 수많이 보내여 왔다"고 하고 있는데, 이에 대해 신경완은 "(1973년) 당 내부에서는 비밀리에 김정일을 비서로 선출한 제5기 7차 전원회의의 결정서와 그 의미를 설명하는 '붉은 편지'를 전당적으로 세포마다 회람시키고, 김정일을 유일한 후계자로 추대하고 받들 것을 맹서하는 결의서와 개개인의 맹세문을 작성해 올리도록 조치했다"라고 증언했다. 정창현, 앞의 책(2000), p. 118.

86) 황장엽에 따르면 김정일은 김영주를 대신하여 2인자 자리인 당 조직비서를 차지함으로써 사실상 후계자로 내정되었다고 한다. 황장엽, "김정일의 권력승계에서 무엇을 기대할 것인가", 『북한』 통권 제311호(북한연구소, 1997), p. 108.

보인 것으로 평가할 수 있는 대목이다. 또한 같은 해 당내 이색적 사상요소를 제거한다는 명목으로 전개된 '당증교부사업'도 주목할 만하다.

1956~1957년에 실시되었던 당증교환사업 이래 처음 실시된 이 사업은 사실상 1967~1970년의 당 간부들에 대한 대량숙청을 기층 당 조직으로 연장시키는 성격을 띠고 있었다. 당증교환사업을 통해 노당원(老黨員)들을 숙청한 대신 40여만 명에 이르는 청년들을 당에 흡수하였고, 이는 당내에서 김정일 체제를 뒷받침하기 위한 세대교체를 전면적으로 단행한 것으로서 의미가 있다.[87] 전자가 김정일을 후계자로 지목하기 위한 상징적인 제스처였다면, 후자는 김정일로의 권력승계를 물질적으로 뒷받침하기 위한 조치로 평가할 수 있다.

이때부터 북한 사회는 익명의 호칭인 '당 중앙'으로 그를 지칭하기 시작하였다. 즉 제5기 8차 전원회의 기간 중이던 2월 14일 '로동신문'에 "위대한 수령님의 부르심과 당 중앙의 호소를 받들어 전당, 전군, 전민이 사회주의 대건설 사업에 총동원되자"라는 제목의 논설에 '당 중앙'이라는 호칭이 처음으로 등장한 것이다. 많은 기사와 보고에서 '당 중앙'이란 말이 당 중앙조직이라는 생명 없는 대상을 가리키는 데 사용된 것이 아니라 '당 중앙의 사랑'이나 '당중앙의 호소' 등과 같이 사람을 지칭하는 삼인칭 단수로 쓰이고 있었던 것이다.

김정일의 권력승계는 중요한 조치가 이루어진 해당 시기에 곧바로 외부에 알려지지 않았던 내용들이 추후에 밝혀진 것들이다. 김정일의 권력승계가 처음으로 확인된 것은 1977년 2월 조총련이 간부들에 대한 특별강의의 교재로 발간한 책자에 의해서였다. 이 교재는 세부분으로 구성되어 있는데 첫째 부분은 김정일이 '위대한 수령'의 충실한 부하이자 그의 사상의 전파자이고 공연예술의 현명한 지도를 통한 혁명문화의 장려자이며 '위대한 수령'의 덕

87) 곽승지, "북한의 후계자론과 권력승계 과정", 『안보연구』(서울: 동국대 안보연구소, 1993), p. 37.

과 애정을 물려받은 인물이라는 것을 강조했다. 둘째 부분에서는 김정일을 새로운 지도자로 맞이하는 것을 '위대한 수령'의 뜻에 따라 대를 이어 이데올로기적 과업을 수행하는 것이라고 밝혔다 그리고 셋째 부분에서는 모든 조총련계 사람들에게 '새로운 친애하는 지도자'에게 충성을 맹세하여 그의 절대적 권위를 지지하고 위대하신 지도자의 후계자인 김정일의 지시를 무조건 따를 것을 명령하고 있다.

1974년 김정일은 후계자로 공식화되고 당권을 장악하자마자 대중운동을 직접 지휘하여 후계자로서의 대중적 기반을 확대했다. 이미 73년부터 진행되어 오던 사상, 기술, 문화의 3대혁명 소조운동을 김정일이 직접 개입하여 주도했으며, 1974년 10월 경제문제에 개입하여 속도전을 내세우며 이른바 '70일 전투'를 발기하였다. '70일 전투'는 김정일의 지도 아래 1974년 10월 하순부터 12월말까지 70일간 북한 경제 전 분야에서 전개되었다. 이밖에도 대중도원운동인 '속도전', '3대 혁명 붉은기 쟁취운동' 등을 주도함으로써 지방의 정권기관, 행정, 경제기관에 대한 영향력을 강화해 나갔다.[88]

김정일이 후계자로서 공개적으로 모습을 드러내고, 대중 앞에 나서기 시작한 계기는 1980년 조선로동당 6차대회였다. 김정일은 6차 당 대회에서 김일성과 함께 중앙위원회 정치위원회의 뒤를 이어 새롭게 설립된 정치국 위원, 비서국 비서, 군사위원회 위원으로 선출되어, 당내 3대 권력기구에 모두 선출되었다. 이는 김정일이 당중앙위원회 공식 서열로는 김일성, 김일, 오진우에 이어 4위였으나 실질적으로 2인자였음을 보여주는 동시에 2인자로서의 위상을 확고히 굳힌 것이라고 평가할 수 있다.[89] 김정일의 실권장악과 더불

88) 김연철, 앞의 논문(1994), p. 91. 70일 전투에 대해 조선로동당 약사는 다음과 같이 평가하고 있다. "당 중앙은 대중의 고조된 혁명적 열의에 기초하여 년 말을 앞두고 전당, 전국, 전민을 총동원하는 '70일 전투'를 조직 지도함으로써 새로운 천리마속도, '70일전투속도'를 창조하여 영광의 1974년을 더욱 빛내었다. 1974년 11월과 12월에는 공업총생산액이 각각 그 전해의 같은 달에 비하여 148%, 152%로 늘어났다." 조선로동당 중앙위원회 당력사연구소, 『조선로동당 략사』(평양: 조선로동당출판사, 1979), p. 705.

어 항일혁명 1세대가 물러나고, 항일혁명 2세대와 실무형 지도자들로의 세대교체가 빠르게 진행된 것은 물론이다.

김일성의 1980년대 중반 다음과 같은 언급은 김정일이 자신의 후계자로 확고히 자리 잡았음을 보여준다.

> 만일 우리 대에 조국을 통일하지 못하면 대를 이어가며 투쟁하여 김정일 시대에 가서라도 반드시 조국을 통일할 것입니다.[90)]
> 로동 계급의 당은 당 건설에서 계승성을 보장하여야 합니다. 당 선설에서 계승성을 보장한다는 것은 당의 혈통을 순결하게 이어나가는 것을 말합니다. 당의 위업을 계승해나가는데서 기본은 정치적 수령의 후계자문제를 바로 해결하는 것입니다. 대를 이어 계속되는 로동 계급의 당의 위업을 누가 어떻게 계승하는가 하는 것은 당의 운명, 혁명의 운명과 관련되는 대한 문제입니다. 로동 계급의 당은 당과 혁명에 끝없이 충실하며 온 사회에 대한 정치적 령도를 원만히 실현할 수 있는 품격과 자질을 갖춘 인민의 지도자를 후계자로 내세워야 합니다. 우리 당에서는 혁명위업의 계승문제가 만족스럽게 해결되었습니다.[91)]

공식이데올로기인 주체사상에 대한 해석권에 있어서도 권력의 변화를 가늠할 수 있다. 김정일은 1982년 주체사상의 원리와 지도적 원칙, 구현방법 등을 담은『주체사상에 대하여』를 발표하였다. 그 이전까지 북한의 공식 지배이데올로기인 주체사상에 대한 해석은 온전히 김일성만의 독점적 권한이었으나, 1982년 김정일의 주체사상에 대한 논문은 이때부터 공식 이데올로

89) 이종석, 앞의 책(2000), p. 511; 양성철, "북한권력지배층 연구, 1946~1990 - 조선로동당 중앙위원 성분분석을 중심으로",『한국정치학회보』(한국정치학회, 1990), p. 373.

90) 김일성, "일본 정치지리론잡지 <<세까이>> 편집국장이 제기한 질문에 대한 대답, 1985년 6월 9일",『김일성 저작집』 제39권(평양, 조선로동당출판사, 1993), p. 107.

91) 김일성, "조선로동당건설의 력사적 경험 - 김일성고급당학교창립 40돐에 즈음하여 집필한 강의록, 1986년 5월 31일",『김일성 저작집』 제40권(평양: 조선로동당출판사, 1994), p. 24, pp. 100-101.

기에 대한 해석권을 김일성과 김정일이 공동으로 행사하게 되었다는 것을 의미한다.[92] 현존 사회주의 국가들에서 공식이데올로기에 대한 해석권의 독점이 당이나 최고 지도부의 몫인 점을 감안할 때 이러한 변화는 김정일의 권력승계에서 매우 중요한 결절점이라고 할 것이다.

황장엽은 1970년대 초까지는 김일성 단독 정권이었으나 1974~1994년은 '김일성-김정일 공동정권'으로 규정했다. 공동정권 기간 중에도 1974~1985년경은 '김일성-김정일 공동정권'이라면 1985년경부터 1994년 까지는 '김정일-김일성 공동정권'이었다고 주장했다.[93] 지금까지의 분석에 견주어 볼 때 황장엽의 이러한 평가는 비교적 정확한 것으로 보인다.

후계자로 공식 인정된 이후 국가기관에서 특별한 직책을 맡지 않고 있던 김정일은 1991년 12월 24일 당중앙위원회 제6기 제19차 전원회의에서 조선인민군 최고사령관으로 추대되었고,[94] 이듬해 4월 20일에는 원수칭호를 부여 받았다. 또한 1990년 5월 최고인민회의 제9기 제1차 회의에서 국방위원회 제1부위원장으로, 1993년 4월 9일 최고인민회의 제9기 제5차 회의에서 국방위원회 위원장으로 각 각 취임했다. 김일성 사망 이후 3년간의 유훈통치를 거친 김정일은 1997년 10월 조선로동당 총비서에 추대되었고, 현재는 실질적인 북한의 최고 통수권자로서 국방위원회 위원장을 맡고 있다.

2009년 4월 9일 김정일은 제12기 최고인민회의 대의원 선거에서 당선된 687명의 대의원 명단을 발표하였는데 김정일 위원장이 333호 선거구에서 당선된 것을 비롯해 김영남 최고인민회의 상임위원장, 장성택 노동당 행정부

92) 물론 그 이전에도 주체사상에 대한 김정일의 연설이나 언급은 있었으나, 이는 주장에 부로 가할 뿐, 새로운 해석과 지침을 제공한 것은 아니었다.

93) 『emerge 새천년』, 1999년 10월호, p. 92. 이대근, 앞의 논문(2000), p. 8에서 재인용.

94) 1991년 김일성의 다음과 같은 발언은 적어도 1991년에는 국가사업 전반에 대한 관할권이 김정일에게 쥐어져 있었음을 분명히 보여준다. "지금 나는 나이가 많기 때문에 당과 국가의 전반 사업을 김정일 조직비서에게 맡기고 중요한 문제들만 조직비서와 토론하여 처리하면서 대외활동을 많이 하고 있습니다." 김일성, "재미교포 손원태와 한 담화 - 1991년 5월 15일, 31일, 6월 2일", 『김일성 저작집』 제43권, p. 134.

장 등 북한의 주요 간부들이 대의원 명단에 다시 포함돼 북한 권력구도에 큰 변화는 없는 것으로 파악되고 있다.[95]

(2) 김정일의 리더십

김정일의 권력승계가 장기간에 걸쳐 이루어졌고 그로 인해 김일성 사후 북한의 김정일 체제는 상당한 안정성을 유지하고 있다. 김정일은 김일성에 비해 항일무장투쟁이라는 역사적 정통성에서 자연스럽게 표출되는 개인적 카리스마가 부족하다는 것을 김정일 리더십의 객관적 조건이다. 그럼에도 불구하고 김정일은 '수령의 후계자'로서, '혁명의 수뇌부'로서 지도자의 자리를 공고히 지켜가고 있다. 그렇다면 김정일 권위의 원천은 무엇이고, 그 특성은 어떠하며, 그에 따른 리더십 스탈일은 어떠한가. 지도자 개인에 대한 착목은 민주주의 국가들의 정책결정과정에서도 전략선택의 미시적 기초(micro-foundation)로서 중요한 요소이지만, 특히 북한과 같이 전체주의적 통치가 사회의 모든 분야에 관철되는 독특한 형태의 국가에서는 모든 정책결정과정에서 지도자 개인의 특성이나 신념, 개성이 관건적인 요소가 아닐 수 없다. 따라서 '김정일 코드'[96]를 읽는 것은 북한의 정치와 사회, 나아가 대외정책 등을 분석하는 매우 유용한 도구라고 할 수 있다.

---

95) 북한의 김정일 위원장이 자신의 가장 마지막 부인(고영희)를 통해 낳은 셋째 아들 김정운(26)을 후계자로 내정한 것으로 알려지고 있다. 대한민국 국가정보원은 2009년 6월 1일 국회 정보위원들에게 전화로 "북한이 최근 해외공관에 김정운을 후계자로 지명했다고 통보했다. 김 위원장이 조기 후계 구축에 나선 배경은 지난 해 건강이상(뇌졸중)이 작용했다는 게 당국이나 대북 전문가들의 대체적인 시각이며, 최근의 핵실험 등의 대외 강경책이 후계를 염두에 둔 내부 단결용, 군부 지지 확보용이라는 해석도 나오고 있다. 김정운은 1984년 1월 생으로 알려지며 스위스 국제학교(International School of Bern)에서 잠깐 유학을 했고 김일성종합대학과 김일성 군사종합대학에서 각각 2년씩 있었으며, 현재 당과 국방위원회에서 실무수습을 하고 있는 정도가 전부다. 외모와 권력욕이 아버지 김정일을 닮은 것으로 평가되고 있다".

96) 이 말은 브루스 커밍스의 최근저작 North Korea : Another Country의 한국판 제목에서 차용했다. 브루스커밍스, 남성욱 옮김, 『김정일 코드』(서울: 따뜻한손, 2005).

김정일 권위의 첫 번째 원천은 김일성과 항일유격대의 유산이다. 항일 빨치산들은 위에서 언급한 것처럼 김정일이 후계자로 내정되고, 실제 후계자로 등장하는데 있어 지원을 아끼지 않았다. 김정일은 1967년 갑산파에 대한 숙청을 주도한 이후 김일성의 핵심측근이었던 인사들에 대해서는 물심양면으로 지원하고 있다. 지금은 혁명 1세대 가운데 현직에 있는 사람은 거의 없고, 대부분 은퇴했으나 1992년 당시 김일성의 발언은 김정일이 갖고 있는 항일혁명 1세대들에 대한 관심을 보여주기에 충분하다.

> 김정일 동지는 나와 함께 오래 동안 혁명투쟁을 하여온 로투사들과 오랜 간부들을 존경하고 그들의 사업과 생활을 잘 돌봐주고 있습니다. 김정일 동지는 항일혁명투쟁에 참가한 로투사들을 적극 내세우고 그들을 극진히 보살펴주고 있습니다. 김정일 동지가 로투사들과 오랜 일군들을 잘 이끌어주고 따뜻이 보살펴주며 그들이 제기하는 문제들을 다 풀어주기 때문에 그들은 김정일 동지를 진심으로 아끼고 사랑하며 잘 받들고 있습니다. 그래서 나는 김정일 동지는 누구나 다 본받아야할 충신과 효자의 귀감이라고 늘 말하곤 합니다.[97]

항일유격대 출신들은 김정일을 태어날 때부터 가까이서 보아왔던 인물들로서 해방 이후 국가수립을 주도했던 사람들이다. 또한 김정일로의 권력승계를 고안했던 사람들이기도 하다. 김정일의 혁명 1세대들에 대한 각별한 대우는 '대를 이어 혁명을 이어가야 한다'는 북한의 공식담론구조에서 김정일에게 혁명의 대를 잇는 역사적 정당성을 부여하는 하나의 방편이라고 할 수 있다. '혁명 노투사'들에 대한 예우는 "문무충효를 다 겸비한"[98] 지도자로서

97) 김일성, "총련사업에 대하여 - 김정일 동지의 탄생 50돐 경축 재일본조선인 축하단과 한 담화, 1992년 2월 24일", 『김일성 저작집』 제43권, pp. 299-300.

98) 김일성, "항일투사들은 우리 혁명의 자랑스러운 첫 세대들이다 - 강반석 어머님 탄생 100돐 기념 오찬회 참가자들과 한 담화, 1992년 4월 21일", p. 372. 항일세대들 아펭서 김일성은 "우리는 앞으로도 혁명의 먼 길을 가야합니다. 주체혁명위업을 대를 이어 계승하고 환

김정일의 권위를 강화시키는 역할을 하고 있는 것이다.

항일투쟁 시기의 역사는 현 김정일 체제에서 끊임없이 상징으로 재생산되면서 김정일의 지배를 공고화하는 역할을 하고 있다. 항일 유적지를 사상 교양의 거점지로 활용하거나 '고난의 행군', '붉은기 사상',[99] '오증흡',[100] '7연대 칭호 쟁취투쟁', '선군혁명사상' 등은 그 기원을 항일투쟁에 두고 있거나 항일투쟁과 직접연관이 있는 담론들이다.

김정일 권위의 가장 중요한 원천은 주체사상의 수령론이라고 할 수 있다. 1960년대 말 김일성의 유일지배체제 구축과정을 김정일 자신이 주도했을 뿐만 아니라 지도와 대중의 결합, 사회정치적 생명체론의 제시를 통한 수령론의 전일적 체계화와 전사회적 관철과정에서 김정일은 핵심역할을 자임했다. 혁명과 건설과정에서 '최고 뇌수'로서 수령의절대성과 무오류성은 '수령의 후계자'인 김정일에게로 이어지고 있는 것이다. 전 사회를 관통하는 공식이데올로기로 뒷받침되는 김정일의 개인적 권위는 곧바로 제도적 권위로 직결된다.

이러한 권위의 원천을 갖는 김정일의 리더십의 첫 번째 특징은 측근에 의한 통치방식을 보이고 있다는 점이다. 김정일과의 거리가 곧 해당인물의 정치적 위상을 말해준다고 할 수 있다. 신경완은 김일성이 한번 결정한 일에 대해서는 확고하게 추진하지만 독단적으로 결정하는 스타일은 아니라고 증언하고 있다. 즉 측근들이 그만큼 김정일의 정책결정과정에서 중요한 역할을 하고 있는 것으로 추측해 볼 수 있는 대목이다. 이러한 측면에서 김정일

성하려면 문무충효를 다 겸비하고 혁명과 건설을 승리에로 령도하고 있는 김정일 동지를 잘 받들어야 합니다"라고 발언하여, 김정일을 추켜세운 바 있다.

99) 북한에서 '붉다'는 말은 이른바 항일 유격대원들이 혁명적이라는 뜻으로 '붉은 동무', '붉은 마음', '붉은 바람', '붉은 탄알' 등으로 말을 만들어 쓴 데서 유래하였다. 배성인, "김정일 체제의 지배담론", 『북한연구학회보』(북한연구학회, 2001), p. 40 각주 24번.

100) 1930년대 말 백두산 밀영에서 김일성이 적에게 포위되었을 때 배후에서 김일성을 구했다고 선전되는 인물로, '수령결사옹위정신'을 실천한 혁명투사로 추앙받고 있다.

은 비록 제한된 범위이기는 하지만 측근들에 대한 민감성이 다소 높은 것으로 평가할 수 있다. 여기서 말하는 민감성이란 정책결정 단위로서 최고 결정권자가 다른 사람들의 관점과 상황에 어느 정도 관심을 둘 것인가에 대한 높고 낮음의 정도를 말한다. 가령 민감성이 낮은 리더의 경우는 다른 사람들의 충고나 의견보다는 자신의 의견을 설득하고 실행하는데 더 관심을 두고, 자신의 견해와 맞지 않은 정보보다는 확인해주는 정보를 제공해 줄 수 있는 사람을 자신의 주위에 두고자 할 것이다.[101]김정일 리더십의 맥락적 민감성을 정확하게 보여주는 지표는 없으나, 적어도 자신의 중심으로 동심원 내에 들어오는 측근에 대해서는 나름의 민감성을 가지고 있는 것으로 보인다.

김정일은 핵심측근일지라도 잘못이 발견되면 가차 없이 숙청한다고 알려져 있다.[102]과거 장성택, 현철해, 강석주 등도 한직으로 밀려나거나 활동을 중지당한 적이 있을 정도이다. 김정일의 측근 여부는 현지지도에서 얼마나 자주 수행하는가를 통해 가늠할 수 있다. 2006년 기준 김정일의 현지지도를 가장 많이 수행한 인물은 박재경 총정치국 선전부국장(2005년 44회), 현철해 총정치국 조직부국장(2005년 43회)과 이명수 총참모부 작전국장(2005년 43회) 등이다. 이들은 모두 인민군 소속 인사들로서 2006년 42차례 김정일 위원장의 현지지도를 수행했다.[103]위 그림에서 나타나듯이 당을 제외하고는 가장 많은 측근이사가 포진되어 있는 곳도 군의 인맥이다. 그만큼 군의 정치적 위상이 높다는 점을 웅변적으로 보여주는 현상이다.

김정일의 두 번째 리더십 스타일은 실용주의로 규정할 수 있다. 황장엽 전 로동당 비서는 김정일의 실용주의적 성향에 대해 "그(김정일)는 왜 자신이 국가주석에 오르는 것에 반대 했느냐 하면, 그런 것을 하기보다는 차라리 영

101) 민감성에 대한 정의는 조화성, "북한 최고통치자의 리더십과 외교전력 - 대미협상을 중심으로"(고려대학교 대학원 정치외교학과 박사학위논문, 2005), p. 38.

102) 이양수 외, "북한 파워그룹 대해부", 『중앙일보』 2007년 1월 5일자.

103) 하태원, "2007 북한 몇 시인가 - 김정일의 남자들", 『동아일보』 2007년 1월 5일자.

화 한 편이라도 더 보는 게 낫다는 생각이거든요. 형식적이고 의례적인 자리는 그에게 필요 없다는 것입니다"라고 표현하였다. 극단적인 표현이기는 하지만 황장엽의 진술은 김정일이 실속과 실리, 실용을 중시한다는 점을 강하게 암시한다.

실용주의적 성향에 따른 정책은 '과학기술 중시'와 내각의 기능강화로 요약된다. 북한은 2000년 신년 공동사설에서 "사상중시, 총대중시, 과학기술중시는 강성대국건설의 3대기둥"이라고 표현한 이래 경제건설이 강조된 2007년 공동사설에서도 "당의 과학기술 중시 로선을 철저히 관철"하는 것이 "경제강국 건설의 확고한 담보"라고 표현하며 과학 기술을 장려하는 정책을 펴고 있다.[104] 또한 내각은 경제정책에 있어서 상당한 권한을 이양받고, 그 책임 아래 경제정책을 수행하고 있다. 내각과 과학기술을 중시하는 실용주의적 정책은 젊은 인사들을 전면에 포진시킨 것으로도 확인할 수 있다. 권호웅 내각참사(1959년생)와 당 과학교육 부장 리광호(1958년생)가 대표적인 경우이다.

지금까지 서술한 바와 같이 초기 김정일의 리더십은 역사적 정통성의 부족에서 출발하였으나, 이후 항일혁명투쟁의 이미지와 상징을 끊임없이 재생산, 동원하면서 자신의 김일성과 동질화하는 과정 속에서 구축되었으며, 이 과정에서 수령제의 역할은 가장 중요한 기능을 하였다. 김정일 리더십의 특징은 측근에 대한 제한된 민감성 하에서 최고 통치자로서 이들을 적절히 활용하면서 리더십을 관철해나가는 형태와 실용주의적 사고와 행태 등으로 요약 할 수 있다.

---

104) 각 년도 공동사설은 www.nkchosun.com 참조.

2 유엔 가입과 역할

북한은 1948년 제3차 UN총회에서 대한민국이 한반도의 유일 합법정부로 승인되고 1950년 안전보장이사회에서 북한이 침략자로 규정되자 UN의 권위와 기능을 부인해 왔다. 1953년 휴전회담에서 북한은 UN군사령관과 휴전협정을 체결한 뒤 UN을 미국과 동일시하면서 남북한을 포함한 유관국회의를 제의하는 등 한국문제를 UN으로부터 분리시키려 하였다.

1960년대 이후 북한이 자주외교를 강조하면서부터 UN에 대한 자세는 경색되어 1960년대 중반 이후에는 UN을 부정하는 입장을 더욱 강화하였다. 그러나 1970년대 들어오면서 중국의 UN대표권 획득과 남북한 UN동시 초청안이 제기되는 등 분위기가 유리해되자 북한의 UN외교도 변화하기 시작하였다.

1973년 6월 23일 한국이 남북한 UN 동시 가입 불반대를 선언한 '평화통일외교정책 선언'을 발표하자, 북한도 같은 날 '조국통일 5대강령' 발표로 맞서 단일국호에 의한 유엔 가입을 내세우면서 UN외교를 강화하기 시작하였다. 이어 1973년 9월 5일 UN본부 상주대표부를 개설하였고 제네바에 있는 UN 사무국에도 상주 옵서버대표부를 설치하였다. 뿐만 아니라 이 시기부터 각종 UN산하기구 및 전문기구, 정부간 국제기구 등에도 가입하기 시작하였다.

UN회의 시 북한대표 발표

1980년대에 급속한 경제력 신장을 바탕으로 한 한국의 외교역량이 강화되고 동서화해 분위기와 소련 및 동유럽의 개혁·개방물결이 가속화되면서 북한은 국제외교 무대에서의 입지가 약화되기 시작하였고 이에 따라 대UN 전략도 크게 위축된 경향을 보였다.

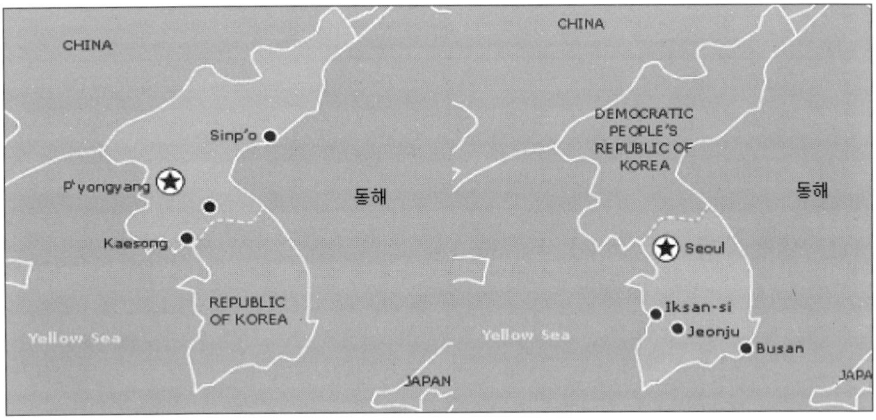

UN 홈페이지에 게재된 남·북한 지도

북한은 1990년대에 들어와서도 일시 단일의석하의 공동가입을 주장하는 등 본질적인 변화를 보이지 않았으나 결국은 날로 심화되는 국제적 고립으로부터 벗어나기 위해 남북한 동시가입을 선택하지 않을 수 없었다.

1991년 9월 17일 제46차 총회에서 남북한이 나란히 UN회원국이 됨으로써 국제무대에서의 남북한 관계는 새로운 단계에 진입하게 되었다.105)

2000년대 들어 전방위 외교활동을 강화한 북한은 대UN 외교에 있어서도 적극성을 띠어 왔다. 2002년도 9월에는 최수헌 외무성 부상이 UN 총회연설에서 8~9월에 개최된 북・러, 북・일 정상회담을 통해 한반도에 평화 분위기가 조성되고 있다며 미국도 대북 적대시 정책을 포기하고 실천적인 대화에 나서라고 촉구하였다. 박길연 UN주재 북한대사도 UN의 여러 주요 위원회 53)에서 10여 차례에 걸쳐 UN을 중심으로 한 반테러활동, 군축 및 핵무기의 완전파괴, 개도국들을 위한 공정한 국제경제・무역질서 구축 등을 촉구하였고 '인권개념의 상대성'을 이유로 내세워 서구의 북한인권 문제제기를 비난하기도 하였다.

105) 북한의 UN 공식명칭은 Democratic People's Republic of Korea, 한국은 Republic of Korea.

3 정치이념

가. 주체사상

(1) 형성과정

북한에서 '주체'라는 용어가 처음 공식적으로 제기된 것은 1955년 12월28일 개최된 당 선전선동원대회에서 한 '사상사업에서 교조주의와 형식주의를 퇴치하고 주체를 확립할 데 대하여'라는 김일성의 연설에서이다. 당시 김일성이 당 사업에서 주체 확립의 필요성을 제기한 데에는 북한전역에 소련의 영향력이 강력하게 미치고 있어 이로부터의 독자성을 어느 정도 확보해야 할 필요성이 있었기 때문이다.

동 연설에서 '주체'는 당면한 사상사업 방향을 제시하는데 그쳤다. 그러나 김일성이 당내의 여러 파벌에 대한 숙청을 계속하면서 경제에서의 자립, 국방에서의 자위 등 다른 분야로 확대 적용되었다. 그리고 중·소간 이념분쟁의 격화로 국제공산주의운동 대열에서 현대 수정주의에 관한 시비가 벌어지자 대외정치 명분으로까지 활용되기 시작하였다.

'주체'가 '주체사상'으로 된 것은 김일성의 1인 지배권력 강화와 밀접히 관련되어 있다. 김일성의 절대권력이 확고해지고 김일성에 대한 개인숭배화가 대대적으로 추진된 것은 1967년의 일이다. 이때부터 김일성 우상화의 이론적 근거가 되는 당의 '유일사상체계'라는 용어가 사용되었다. 당의 유일사상체계의 확립을 위해서는 주체사상에 기초한 정치 사상적 통일이 필요하다고 강조되었다. 따라서 '주체사상'의 등장은 김일성의1인 지배 강화, '유일사상체계' 확립과 관련이 깊다고 할 수 있다. '주체사상'은 1970년대에 들어서자 당의 유일한 이념으로서 혁명과 건설의 지도적 지침으로 표방되기 시작하였다.

김일성 동상

1970년 제5차 당대회에서 주체사상을 당 이념으로 공식화하여 당 규약에 명문화하였다. 1972년에 제정된 헌법은 주체사상을 공식 통치이데올로기로 규정하였다. 김정일은 당중앙위 제5기 제8차 전원회의(1974. 2. 12)에서 후계자로 결정된 후 '전국당선전일군 강습회'(1974. 2. 19)에서 주체사상을 '김일성주의'로 정식화하였다. 북한은 '김일성주의'를 "주체시대의 요구를 반영하고 나온 새롭고 독창적인 혁명사상"으로서 "주체의 사상, 리론 및 방법의 체계"라고 강조하면서 마르크스-레닌주의와 구별 지었다.

한편, 1974년 4월에는 '당의 유일사상 체계 확립 10대 원칙'을 발표하였다. 1980년 10월 제6차 당 대회에서 김정일이 후계자로 공식 등장한 이후에는 주체사상을'현시대 로동계급의 영생불멸의 지도리념'이라고 하여 마르크스-레닌주의보다 우월한 사상으로 그 지위를 격상시키려는 데 주력하였다. 1982년 이후 '사상에서의 주체, 정치에서의 자주, 경제에서의 자립, 국방에서의 자위'를 지도적 원칙의 한 부분으로 구성하는 등 주체사상을 이론적으로

체계화하였고, 1986년 이후 '사회정치적 생명체'를 내놓았다.

이와 같이 북한은 1950년대 중반에 '주체'라는 용어를 처음 공식적으로 사용하고 1970년대에 와서 주체사상을 확립하였다. 김정일은 김일성이 1930년 6월 말, 중국 만주의 장춘현 '카륜'에서 열린 '공청 및 반제 청년동맹 지도간부회의'에서 주체사상 창시를 선포했다고 주장한다. 그러나 김일성이 1930년대에는 중국공산당의 무장부대인 동북항일연군에서, 그리고 1940년대 초반에는 소련군의 정찰부대인 88특별여단에서 활동하였다는 점에서 볼 때 그가 1930년에 주체사상을 창시하였다는 김정일의 주장은 근거가 희박한 것이다.

(2) 기능과 내용

북한에서는 주체사상이 정치체제와 주민생활 그리고 대외관계 등 모든 분야에서 유일한 지도이념이 되고 있다. 김일성 사후에 발표된 김정일의 논문들도 '주체사상에 기초한 우리식 사회주의 건설'을 강조하고 있다. 주체사상은 로동당과 국가활동의 유일한 지도적 지침으로 기능하고 있다. 당규약 전문에는 "조선로동당은 오직 위대한 수령 김일성동지의 주체사상, 혁명사상에 의해 지도된다"고 되어 있으며, 1998년 9월 개정된 사회주의 헌법 제3조는 "주체사상을 자기 활동의 지도적 지침으로 삼는다"라고 규정하고 있다.

북한의 주민들도 교양과 학습과정을 통하여 주체사상을 삶의 기준으로 받아들이고 있다. 주체사상 교양에는 원리교양, 충실성 교양, 김일성・김정일의 혁명역사・전통 교양, 당정책 교양, 계급교양 등이 주종을 이룬다. 주체사상은 북한 주민들의 삶 자체를 규정짓는 하나의 준거틀이라 할 수 있다. 주체사상은 대외면에서 자주노선의 추구라는 명분하에 폐쇄체제를 합리화하는 준거로서 이용되고 있으며, 대남면에서는 자주, 평화, 민족대단결을 해석하는 기준으로, 남조선혁명 및 공산화통일을 정당화 하는 도구로서의 역할을 하고 있다.

주체사상은 대내외 정세변화에 부응하여 그 형성과 전개과정이 여러 측면에서 변화·발전을 보인 것과 같이 그 내용도 새로운 면들을 보충하면서 변화를 거듭하여 왔다. 북한은 주체사상이란 말을 처음 사용할 때 그 내용에 대해 "사람이 모든 것의 주인이며 모든 것을 결정한다"는 철학적 원리에 기초한 사상이라 했다. 여기서 사람이란 집체적 용어인 인민대중을 뜻하는 것이다. 김일성은 "주체사상이란 한마디로 말하여 혁명과 건설의 주인은 인민대중이며 혁명과 건설을 추동하는 힘도 인민대중에게 있다는 사상이다"라고 말했다고 한다.

주체사상은 사람이 자주성과 창조성, 의식성을 가지고 자기 운명을 자주적·창조적으로 개척해 나아가는 사회적 존재라는 사실을 밝혔다고 한다. 그러나 주체사상에서 말하는 사람의 자주성, 창조성, 의식성 개념에는 하나의 중요한 전제가 따라 붙는다. 그것은 '혁명적 수령관'이다. 인민대중이 역사의 주체이지만 아무런 조건 없이 자기 운명을 자주적, 창조적으로 개척해 나갈 수는 없다고 한다. 인민대중이 역사의 주체로서 역할을 다하자면 반드시 수령의 올바른 영도를 받아야 한다는 것이다.

따라서 수령의 지도가 주체 확립에서 핵이 되는 셈이다. 이 점에서 주체사상에서의 수령의 역할과 지위는 그 기원과 종말을 이루고 있는 것이다. 1986년에는 '수령·당·대중'이 수령을 뇌수(腦髓)로 하는 하나의 유기체적 통일체이며, 이들은 하나의 운명공동체라는 점을 강조한 '사회정치적 생명체'론을 그 내용에 추가하였다. 김정일은 "인민대중은 당의 령도 밑에 수령을 중심으로 조직 사상적으로 결속됨으로써 영생하는 하나의 사회정치적 생명체를 이룰 때 역사의 자주적인 주체가 된다"고 하여 '수령론'에서 더 나아가 '사회정치적 생명체'란 개념을 제시하였다. 사회정치적 생명체 이론이 등장함으로써 혁명적 수령관은 최상의 수준으로 강화되었다. "혁명의 주체는 다름 아닌 수령, 당, 대중의 통일체"이며 "수령, 당, 대중은 하나의 생명체로서 생사 운명을 같이하는 사회정치적 생명체로 결합"되어 있다고 한다.

사회정치적 생명체 이론은 곧 바로 '혈연론'으로 발전하고 있다. 그것은 인민대중이 혁명위업을 승리의 한 길로 이끌어 주는 '어버이 수령'으로부터 영생하는 생명을 받았다는 데에 근거하고 있다. 김정일은 "온 사회가 하나의 사회정치적 생명체를 이루고 개인과 집단의 자주성이 다 같이 실현되는 완전한 집단주의적 사회관계"로 되어간다고 강조한다. 북한은 이와 같은 주체사상의 혈연론으로 세습체제의 정당성을 설명하고 있다.

(3) 최근 위상 변화

주체사상은 김일성 사후 강조빈도가 점차 낮아지기 시작했다. 예를 들어 1995년의 『로동신문』, 『조선인민군』, 『로동청년』 등 3개 신문의 신년공동사설에서 주체사상이라는 용어를 3회 언급했던 것이 1996~1998년에는 1회로 줄어들었으며, 1999~2001년에는 그나마도 사라졌다. 그러나 그렇다고 주체사상이 지배이념으로서 자리를 내놓았다는 것은 아니며 김정일이 권력을 승계한 이후 정세에 따른 하위 실천이념들의 부각 필요에 의해 그 강조의 수위를 낮추었다고 이해되어야 할 것이다.

이렇게 전반적인 선전의 강도는 약화되고 있는 대신 주체사상에 뿌리를 두고 있는 '붉은기 사상', '강성대국론', '선군정치론' 등 새로운 실천적 하위 통치이념들이 나타나기 시작했다.

나. 각종 하위 통치이념

(1) 우리식 사회주의와 조선민족제일주의

동구사회주의가 몰락하고 소련이 해체되자 북한은 엄청난 충격을 받고 체제 유지에 총력을 집중하지 않을 수 없게 되었다. 북한 정권이 사회주의 몰락의 도미노 현상을 차단하고, 변화의 물결이 침투하지 않도록 주민들을 단속하기 위하여 내놓은 두 가지 하위 통치이념은 '우리식 사회주의'와 '조선민족제일주의'이다. 북한은 1980년대 말부터 '우리식대로 살자'는 구호를 대대적으로 내세우면서 이른바 주체사상에 기초한다는 '우리식 사회주의'를 집중 선전하기 시작하였다. 우선 동구사회주의의 몰락에 대해 "오늘날 일부 나라들에서 사회주의가 좌절한 것은 일시적 현상이며 인류가 사회주의에로 나아가는 것은 그 어떤 힘으로도 막을 수 없는 력사의 법칙"이고 사회주의의 일시적 좌절의 이유는 주체사상과 같은 위대한 사상이 없었고 김일성·김정일과 부자와 같은 위대한 지도자가 없었기 때문이라고 주장하였다.

다원주의를 지향하는 동구의 민주화와 개혁·개방에 대해서는 "제국주의자들이 사회주의를 파괴하기 위해 경제협력과 원조를 미끼로 침투해 들어온 반동적 책동의 결과"라고 입장을 정리한 다음, "사회주의 사회에서 사상의 자유화와 정치에서의 다당제를 허용하는 것은 결국 사회주의 사회의 기초를 허물고 인민의 정권을 전복하기 위한 반혁명적 책동의 길을 열어주는 것"이라고 주장하였다. 대신 "우리식 사회주의 체제는 인민대중에게 자주적이며 창조적인 생활을 보장해주는 가장 우월한 사회제도"라고 선전하면서 "수령, 당, 대중이 일심단결하여 사회주의 제도를 튼튼히 고수하고 사회주의 위업을 끝까지 완성시켜 나아가기 위해 몸 바쳐 투쟁하자"고 주민들을 학습시켰다.

즉, '우리식 사회주의'란 '영원불멸의 주체사상'에 기초한 가장 독창적이고 우월한 사회주의, 다시 말해 인류의 참된 복지생활이 보장되는 이상사회를 구현한 정치제도라고 주장하였다. 또한 주민들에게는 어떠한 시련이 닥쳐오더라도 한 걸음도 물러서거나 주저함이 없이 김정일 중심으로 굳게 뭉쳐 주체사상을 구현한 우리식 사회주의를 끝까지 지켜 나갈 것을 촉구하였다.

한편, 2002년 1월 신년 공동사설에서 "수령이 탁월하고 사상이 위대하며 군대가 위력하고 제도가 우월하기에 우리식 사회주의 위업은 반드시 승리한다"라며 '우리식 사회주의'를 실현하기 위한 수단으로 수령·사상·군대·제도의 '4대 제일수의'를 제시하고 있다. '조선민속제일수의'는 1986년 7월 김정일의 당중앙위원회 책임일꾼들과의 담화 '주체사상 교양에서 제기되는 몇 가지 문제에 대하여'에서 처음 등장하였다.

이후 1989년 12월 당중앙위원회 책임일꾼들에게 행한 김정일 연설 '조선민족제일주의정신을 높이 발양시키자'에서 본격 강조되었으며 1990년대 들어서는 북한 주민들에게 집중적으로 교육되었다. 북한은 조선민족제일주의의 원천이 첫째, 김일성과 김정일이라는 지도자 둘째, 주체사상 셋째, 혁명전통 넷째, '우리식 사회주의' 다섯째, 민족의 고유한 역사에서 나온다고 주장하고 있다.

결국 조선민족제일주의는 민족적 우월성을 내세워 붕괴된 여타 사회주의 국가와의 차별성을 부각시킴으로써 내부적으로 주민들의 사상적 동요를 막고 체제 결속을 도모하기 위해 제창된 하위 통치이념이라고 할 수 있다. 뿐만 아니라 대남 측면에서는 민족대단결 논리를 뒷받침하여 통일전선을 구축하려는 의도가 있는 것으로 보인다. 북한이 심각한 경제난에도 불구하고 많은 자재와 노력을 들여 1994년 10월 단군릉을 완공한 것도 이와 같은 맥락에서이다.

(2) 붉은기 사상

김일성 사망(1994. 7), 자연재해 등 체제위기 국면이 전개되던 1995년부터 김정일은 "적들이 바라는 것은 우리의 사상이 희어지는 것이나, 우리는 붉다"며 사회주의 붕괴의 소용돌이 속에서도 이를 지키는 보루로서 자신을 부각시키면서, 사회주의 순결성 · 체제보루를 상징하는 '붉은기 사상'을 내놓았다. '붉은기 사상'은 1995년 8월 28일자 노동신문에 '붉은기를 높이 들고 나가자'라는 논설이 실린 이후부터 북한의 각종 언론보도에 등장하였다.

이어 1996년 신년 공동사설에서 '붉은기를 높이 들고 새해의 진군을 힘차게 다그쳐 나가자'라는 제목을 내세우면서부터 '붉은기 사상'의 선전이 강화되기 시작했다. 그러나 '붉은기 사상'은 심각한 경제난으로 체제 위기를 느

북한의 인공기

남한의 태극기

낀 북한지도부가 체제 수호의 구호로서 내세운 것으로 그 선전의 강도를 높였을 뿐 주체사상을 대체할 정도는 아니었다. '붉은기 사상'의 기초인 '붉은기 철학'이 주체의 혁명철학에 기초해서 일심단결의 혁명철학과 신념의 철학을 담고 있는 것으로 설명되는데, 이는 '붉은기 사상'이 주체사상에 기초하되 새로운 상황에 직면해서 이를 돌파하기 위해서 나온 체제수호의 논리라는 점을 말해주는 것이다.

'붉은기 사상'은 "어떤 배신도 모르며 사소한 사상적 변질도 없는 일심단결의 상징이며 혁명적 지조와 절개로 죽어서도 붉은 기폭에 싸여 영도자의 품속에서 영생하려는 신념의 기치"로 표현된다. 즉 살아서도 죽어서도 김정일에게 충성하라는 취지인 것이다. 그러나 1997년 10월 김정일이 조선로동당 총비서로 취임하고 황장엽 망명(1997. 2) 등으로 인한 북한사회의 충격이 어느 정도 가시면서 '붉은기 사상'에 대한 강조도 줄어들었다.

(3) 강성대국론

강성대국론은 1998년에 본격 등장한 이념이다. 1998년 2월 김정일의 자강도 현지지도 및 '8 · 15'를 전후하여 '강성대국'이라는 용어가 제시되었다. 이어 8월 22일 노동신문 정론'강성대국'이 발표되고, 같은 해 8월 31일 '광명성 1호'를 발사하고서는 이를 강성대국으로 진입하는 신호탄인 것처럼 의미부여하는 등 내내적으로 선전하기 시작하였다.

북한이 주장하는 강성대국 건설론은 3가지 측면으로 제시된다. 첫째는 사상·정치의 강국 건설이고, 둘째는 군사의 강국 건설이며, 셋째는 경제의 강국 건설이다. 북한은 사상의 강국이란 "주체사상에 기초한 당과 혁명대오의 공고한 사상의지적 통일단결이 이룩된 나라"를 말하며, 군사의 강국은 "강력한 공격수단과 방어수단을 다 갖춘 무적필승의 강군, 전민 무장화, 전국 요새화가 빛나게 실현되어 그 어떤 원수도 범접할 수 없는 난공불락의 보루"를 뜻하고, 경제의 강국이란 "사회주의 건설을 다그쳐 경제를 활성화하고 자립경제의 위력을 높이 발양시키면 우리 조국은 모든 면에서 강대한 나라로 빛을 뿌리게 된다"는 의미라고 설명하고 있다.

한편 북한은 2001년 신년 공동사설에서 '신사고'에 기초하여 강성대국 건설을 위한 모든 부문, 모든 분야에 '종자론'을 관철할 것을 촉구하였다. '신사고론'은 강력한 국가경제력을 확보하기 위해 새 세기의 요구에 맞게 사고방식, 투쟁기풍 등에서 근본적인 혁신을 이루어야 한다는 것으로 과거 다른 나라의 낡은 틀과 관례를 전면적으로 재검토하고 '우리식'대로의 방법론을 강조하고 있다. 북한이 강성대국론을 내놓은 배경에는 대내적으로 김정일 시대의 출범에 즈음하여 주민들에게 희망을 줄 수 있는 새로운 정치이념이 필요하고, 대외적으로는 북한 정권이 건재함을 과시해야 할 필요성이 있다는 점 등이 작용했던 것으로 보인다.

(4) 선군정치론

이 외에 선군정치론 화두가 되고 있는 바 이에 대해서는 북한의 군사전략 부분에서 살펴보기로 한다.

다. 혁명관

(1) 혁명목표와 단계

북한의 혁명목표는 ① 북한 지역에서의 사회주의·공산주의 사회건설 ② 남한 지역에서의 인민민주주의 혁명완수 ③ 세계 공산화 혁명이라는 3가지 과업을 달성하는 것인데 이 3가지의 과업간의 연관성을 특히 강조하고 있다. 북한 내에서의 사회주의혁명과 건설은 '남조선혁명을 위한 기지'를 강화하는 것이며, 동시에 그것은 세계혁명의 일부분을 이루는 것으로 간주한다. 북한의 '사회주의혁명과 건설에 관한 리론'은 공산주의 사회에 도달할 때까지의 혁명단계 구분, 각 혁명단계마다의 목표와 전략적 과업 등을 주요내용으로 하고 있다. 사회주의 혁명론의 특징은 프롤레타리아 정권이 들어서서 사회주의적 개조를 통한 사회주의 제도를 수립한 이후부터 무계급 사회가 실현된 사회주의의 완전한 승리까지를 과도기 단계로 규정하고 있는 점이다.

(2) 대내혁명(3대혁명)

북한은 대내적으로 사회주의의 완전승리를 이룩하기까지 과도기 단계에서의 혁명 목표로 물질적 요새와 사상적 요새의 두 가지 고지 점령을 제시하고 있다. 전자는 사회주의의 물질적, 기술적 토대를 구축하는 것을 말하며, 후자는 온 사회를 혁명화, 노동계급화 하여 사람들의 사상을 공산주의적으로 개조하는 것을 의미한다.

이러한 과도기 단계에서의 2가지 혁명목표 달성을 위해 사상·기술·문화의 3대혁명 수행을 당면한 전략적 과업으로 제시하고 있다. 북한은 3대혁명 중에서 무엇보다 인간개조 및 정치사업을 위해 사상혁명을 중요시하고 이를 계급투쟁의 기본형식으로 인식하고 있다. 또한 북한은 사상, 기술, 문화의 3대혁명 촉진을 위해 1970년대 초부터 김정일 관장하에 '3대혁명소조운동'을 전개해 왔으며, 전당·전인민적 차원에서 '3대혁명 붉은기 쟁취운동',

'숨은 영웅 모범 따라 배우기 운동', '80년대 속도 창조운동' 등을 벌여 왔다.

그러나 1990년대 들어 동구 사회주의권이 붕괴되고 김일성 사망 후 1995년부터 경제난이 지속됨에 따라 대내적으로 정치·군사·경제의 3대진지강화론을 내세워 체제생존을 위해 노력하는 모습을 보이기도 하였다.

(3) 대남혁명

북한은 '남조선혁명'을 '전국적 범위에서의 혁명완수'를 위한 지역혁명으로 간주하고 있으며, 그 성격을 '인민민주주의혁명'으로 규정하고 있다. 북한이 말하는 조국통일은 '남조선혁명의 완수'를 전제로 하고 있다. 남조선혁명의 당면 목표는 현 대한민국 정부를 전복하고 공산계열이 주도하는 민주연합정부라는 이름의 인민정권을 수립하는 것이다.

북한은 대남혁명노선에서 남한 내에 인민정권을 수립하기 위해 평화적 방도만으로는 불가능하며, 폭력적 방도에 의거할 수 있다는 점도 배제하지 않고 있다. 북한은 남북대화와 교류협력에 임하면서도 대남혁명의 전략목표와 혁명투쟁을 포기하지 않고 있다. 그러나 2000년 6월 남북정상회담 개최를 계기로 남북관계가 진전함에 따라 강경 일변도의 혁명 전략의 성격이 다소 유연해지는 모습을 보이고 있다.

(4) 세계혁명

북한은 세계혁명을 궁극적인 목표로 하면서 다른 한편, 이를 전 한반도의 공산화를 위한 여건 조성의 수단으로 활용하고 있다. 세계혁명은 사회주의운동과 민족해방운동, 노동운동과 민주주의운동을 그 기본 동력으로 하고 있으며 대남혁명의 대외적 환경으로서 국제혁명역량 강화라는 측면에서 매우 중요시 된다. 세계혁명의 기본전략으로서 반미투쟁을 세계 모든 혁명역량의 선차적 과업으로 규정하고 있다.

이러한 투쟁 목표의 달성을 위해서는 모든 반제·반미 역량의 통일전선

형성, 국제공산주의 운동과 노동운동의 단결이 실현되어야 한다고 주장한다. 그러나 국제공산주의 운동의 퇴조, 비동맹운동의 변화 등으로 인해 세계혁명의 추진은 명목상으로 남아 있을 뿐, 실제로는 스스로의 체제생존에 모든 역량을 집중해야 할 상황에 놓여 있다.

4 정치체제

가. 체제 성격

북한 정치체제는 사회주의국가의 보편적 특성인 1당 지배체제라는 점과 북한 고유의 특수성에 기인한 유일 지배체제 · 세습체제라는 특징을 지닌다.

(1) 1당 지배체제

북한은 "조선로동당을 근로대중의 모든 조직들 가운데서 가장 높은 형태의 혁명 조직"이라고 규정하면서 정권기관이나 기타 정치조직으로서의 각종 사회단체들을 강화 발전시켜 나아가기 위해 당의 영도가 필연적이라고 하고 있는 등 이른바 '당국가적' 성격도 가지고 있다. 북한의 권력구조 하에서는 모든 국가권력이 당에 집중되어 있으며, 정권기관은 당에 의해 결정된 정책을 집행하는 집행기구에 불과하다.

이와 같은 북한 정치체제는 여타 사회주의국가의 권력구조의 일반적 특성과 맥락을 같이 하고 있다. 그러나 김정일 시대에 이르러서도 공식적으로 당대회가 열리지 않고 있으며 당의 활동사항이 외부에 드러나지 않고 있다. 이러한 것은 통치의 수단을 군대에 많이 의존할 수밖에 없는 김정일 정권의 대내외 여건과 김정일 개인의 통치스타일에서 비롯된 것으로 보인다. 다만 로동당의 조직과 집행기능은 여전히 위력을 발휘하고 있으며 이것이 군부와 함께 현 북한 통치조직의 근간을 이루고 있다.

(2) 유일 지배체제

북한은 조선로동당의 기본 노선이 당내 유일사상체계의 확립에 있다고 하면서, "유일사상체계 확립을 위해서는 무엇보다 수령의 유일적 령도를 철저히 실현하는 것이 중요하다"고 하여 유일 지배체제를 제도화하고 있다.

북한사회에서의 수령은 '전당의 조직적 의사의 체현자'이며, '당의 최고령도자'로 '사회정치적 생명체의 생명활동을 통일적으로 조직하고 지휘하는 령도의 유일 중심'이라고 하여 그 절대적 지위와 역할을 부여받고 있는 것이다. 또한, 수령이 혁명투쟁에서 차지하는 지위와 역할과 관련, '혁명적 수령관'을 제시하여 수령의 지위는 "인민대중의 최고 뇌수이며 통일단결의 중심이며 자주성을 위한 혁명투쟁의 최고 령도자"로 규정된다.

북한은 수령의 '령도의 유일성'이 보장되고 있다는 점에 북한식 사회주의 고유의 특성이 있으며, 이로 말미암아 소련 및 동구 등의 여타 사회주의국가가 좌절된 것과는 달리 북한식 사회주의제도의 공고성과 불패성이 담보된다고 주장하고 있다. 북한은 이러한 유일 지배체제를 뒷받침하기 위해 사회정치적 생명체론에 바탕을 둔 '일심단결'과 '수령결사옹위정신'이나 수령을 위한 '총폭탄정신', '자폭정신' 등으로 무장할 것을 주민들에게 촉구하고 있다.

(3) 세습체제

북한 정치체제의 또 하나의 특성은 '령도의 계승성'에 있다. 영도의 계승성이란 수령으로서 사상, 자질, 능력을 이어받은 것으로서 김정일을 김일성의 화신으로 미화하고 있는 것이다. 북한은 이미 1970년대부터 권력세습 문제를 정권차원의 중대한 문제로 인식하고 단계적으로 추진하여 왔다.

1990년대 들어서는 김일성 자신이 "김정일 동지가 모든 업무를 맡아서 처리한다"고 말할 정도로 이 문제가 사실상 매듭지어졌다. 이러한 세습체제는 김정일이 1997년 10월 당 총비서가 되고, 1998년 9월 김정일 국방위원장 체제가 공식 출범하면서 완성되었다.

권력세습은 근대화된 서구사회에서는 물론, 사회주의 국가들 가운데서도 유례가 없는 북한만의 독특한 현상으로서 북한 정치의 전근대성을 보여주는 단적인 예이다.

나. 조선로동당

(1) 형성과정

북한은 조선공산당이 1925년에 창건되었다고 주장하면서도 조선공산당 서북 5도 당책임자 및 열성자대회가 개최된 1945년 10월 10일을 조선로동당 창건일로 공식화하여 1949년부터 '사회주의 명절'로 기념하고 있다. 북한은

김정일 위원장 주변 핵심세력 분포도

동 대회에서 채택한 '정치로선과 조직강화에 관한 결정서'에 따라 10월 13일 '조선공산당 북조선분국'을 창설하였다.

조선공산당 북조선분국은 1946년 4월말에 북조선공산당으로 되었다가, 8월 29일에는 중국 연안으로부터 돌아온 조선독립동맹 계열이 중심이 된 조선신민당과 합당하여 북조선로동당으로 발족되었다. 또한 북조선로동당은 1948년 8월 정권 수립을 위하여 남조선로동당과 연합중앙위를 구성하고 이어 '조선민주주의인민공화국' 출범 후 1949년 6월 30일에 조선로동당으로 통합되었다.

(2) 이념과 목표

조선로동당의 이념과 목표는 역대 당대회를 거치면서 수정을 거듭해왔다. 북한정권 창립 이전에 개최된 1, 2차 당대회에서 채택한 당규약은 당의 이념을 명시하지 않은 채, 독립국가 건설과 인민대중의 정치 · 경제 · 문화생활 수준의 향상을 당의 목표로 제시하였다.

그러다가 1956년 4월에 열린 제3차 당대회에서 당규약 제1조를 개정하고 마르크스-레닌주의를 당 활동의 최고 지침으로 제시하였다. 또한 조선로동당을 '민족적 독립과 해방을 위하여 투쟁한 조선 인민의 혁명적 전통 계승자'로 규정하면서, '전국적 범위에서 반제 · 반봉건적 민주혁명의 과업 완수'를 당의 당면 목적으로, '공산주의 사회 건설'을 최종목적으로 내세웠다. 1961년 9월 제4차 당대회에서는 당의 이념 및 목표에서 큰 변화를 보이지 않았으나, 1970년 11월 제5차 당대회의 당규약 개정에서는 처음으로 김일성 주체사상을 당의 지도 이념으로 표방하는 변화를 보였다.

1980년 10월 제6차 당대회에서는 김일성 주체사상만을 당의 유일한 지도 이념으로 명문화하고 '온 사회의 주체사상화'와 '공산주의사회 건설'을 당의 최종목표로 내걸었다. 한편 북한은 내부사정으로 제6차 당대회 이후 현재까지 당대회를 개최하지 못하고 있다.

(3) 조직 및 운영체계

1 핵심 조직

조선로동당의 조직 · 운영은 당원의 합의보다는 수령을 정점으로 한 소수 집단의 하향식 지시에 따르는 운영체계로 점차 바뀌면서 김일성 1인 지배를 위한 제도적 보장 장치로 기능해 왔다. 조선로동당 발족 초기에는 당대회와 당중앙위원회가 주요 권한을 행사해왔으나, 1956년 제3차 당대회 이후부터는 당중앙위원회 '정치위원회'의 권한이 커졌으며, 1966년 10월 당중앙위원회에 '비서국'이 신설되면서부터는 당의 운영이 김일성의 지시를 받는 비서국 중심 체제로 전환되었다.

또한 1980년 제6차 당대회에서 개정된 당규약에 따라 당중앙위원회 '정치위원회'를 '정치국'으로 바꾸고 그 안에 '상무위원회'를 신설해 핵심적인 기능을 수행하도록 하였다. 조선로동당 발족 초기에 당대회는 매년 1회, 당중앙위원회 전원회의는 3개월에 1회씩 개최하는 것으로 규정하였다. 현재는 제6차 당대회에서 개정된 당규약에 따라 당대회는 5년에 1회, 당중앙위원회 전원회의는 6개월에 1회 이상 소집하며, 필요에 따라 규정된 기간보다 빨리 또는 늦게 소집할 수도 있게 규정되어 있다.

2 당세의 변화

'조선공산당 북조선분국'은 창설 초기에 4,530명의 당원을 가진 전위조직으로 출발하였다. 그 후 1946년 8월 북조선로동당 창립대회 개최 시 조선신민당과의 합당을 계기로 당원의 급속한 증가를 보인 이래 1952년 12월 당중앙위원회 제5차 전원회의 때에는 100만 당원을 확보하고, 약 5만개의 세포조직을 갖추게 되었다.

한국전쟁 중 출당과 전사 등으로 인한 당원 감소에도 불구하고 1950년 7월부터 1952년 11월까지 당원 수는 오히려 45만 명이나 증가하였으며, 당시 신입 당원이 전체 당원의 40%나 될 정도로 대규모의 당원 증가가 이루어졌다.

그러나 이 같은 당원의 대량 증가는 자연히 질적 저하현상을 가져 왔다. 당시 신입 당원의 반 이상이 문맹자로 당원들에 대한 정치사상 교양사업의 강화가 가장 큰 과제로 대두되었다. 북한은 1961년 9월에 개최된 제4차 당대회시 당원 수 1,311,563명, 당세포 수 65,000개로 공식 발표한 이후 지금까지 당세에 관한 공식통계를 발표하지 않고 있다. 그러나 1980년 10월 제6차 당대회에 참가한 당대표 중 결의권 대표수와 결의권 대표의 선출 비율을 감안하면 당시 당원수는 대략 320만 명 정도로 추정된다.

또한, 이를 기준으로 1개 세포당 평균 당원수를 15명으로 계산할 경우 당시 당세포 수는 21만개 정도 조직되었다고 볼 수 있다. 1994년 전국당세포비서대회(3. 31~4. 1) 및 로동당 창건 49주년 기념보고 대회(10. 10)에서 북한은 당세포 수를 막연히 '수십만 개에 이른다'고 한 것으로 보아, 1980년 이후 지금까지 상당한 당세의 확장이 이루어졌을 것으로 추정된다.

이와 같은 당원 수의 대폭 증가는 김정일의 권력 기반을 공고화하기 위한 '3대혁명 소조원' 등 전후세대의 대거 입당과 산업구조 및 업무의 다양화로 각급 기관과 공장·기업소에 대한 당의 지도 통제를 강화하기 위한 당원 증가의 필요성에서 비롯된 것으로 보인다.

[3] 운영체계

당 규약은 조선로동당은 '민주주의 중앙집권제 원칙'에 의하여 운영된다고 하여 외형상 민주주의를 표방하고 있다. 그러나 당원은 당조직에 복종하고 하급 당조직은 상급 당조직에 복종하며, 모든 당조직은 당중앙위원회에 절대 복종하도록 되어 있어 실제로는 1당 지배체제를 제도화하고 있다.

각급 당조직은 지역 또는 생산 및 노동단위별로 조직되어 있다. 각급 당위원회는 각 해당 단위의 최고지도기관이 되며 '정치적 총참모부'라고 한다. 그리고 모든 당위원회는 집단적 지도를 기본 활동지침으로 하고 있다.

당조직의 최고지도기관은 당대회이며, 당대회가 열리지 않을 때는 당대회가 선출한 당중앙위원회가 최고지도기관이 된다. 도(직할시)·시(구역)·군당의 경우는 해당 당대표회가, 당대표회가 열리지 않을 때는 당대표회가 선출한 해당 당위원회가 최고지도기관이 된다. 초급 당조직의 최고지도기관은 당총회(당대표회)이며, 당총회가 열리지 않을 때에는 당총회가 선거한 해당 당위원회가 최고지도기관이 된다. 군대내에도 각급 단위 부대에 당조직을 가지며, 군대내 전체 당조직을 망라하는 인민군 당위원회가 중앙위원회 직속으로 조직된다.

군대내의 당위원회는 중앙위원회의 비준을 받아 주둔 지역에 있는 각급 당위원회에 정치 및 군사 간부를 위원으로 추천할 수 있다. 당중앙위원회는 필요에 따라 주요 정치, 경제, 군사분야에 정치기관인 정치국(정치부)을 두고 있다.

정치국은 해당 기관에 조직된 당위원회의 집행부서로서의 기능을 수행한다. 당의 기층 조직은 당의 전투단위로 일컬어지는 당세포이다. 당세포는 당원 5~30명 단위에 조직되며, 특수한 경우에는 예외를 두고 있다. 당세포의 상급조직으로 초급당 조직이 있으며, 이 위원회는 당원 31명 이상의 단위에서 조직된다. 각급 당위원회 전원회의는 해당 당위원회의 위원과 후보위원 3분의 2 이상의 참가로 회의가 성립되며, 회의의 결정은 참석자 과반수이상의 찬성으로 채택된다.

당 회의에서 채택된 제반 정책은 비서국(지방은 비서처)에서 집행되고 있다. 중앙위원회의 비서국에는 사상 담당 등 분야별로 통상 10명 내외의 비서를 두고 있다. 당의 기층 조직인 초급당위원회와 당세포에는 비서와 부비서가 있다. 당간부의 자질 향상과 효율적인 인력관리를 위해 각급 당위원회는 간부 양성 및 재교육 체계를 갖추고 있다. 이러한 당의 교육기관으로는 시(구역)·군당의 부장급 이상을 입교 대상으로 하는 김일성고급당학교가 중앙에 있으며, 각 도에는 공산대학, 각 군에는 군당학교가 설치되어 있다.

김일성고급당학교에는 1개월부터 5년까지의 다양한 교육과정이 있다. 모든 당간부들은 해마다 정기적으로 각급 재교육기관에서 적어도 한달씩 교육받는 것을 의무화하고 있다. 당의 노선과 정책을 선전하기 위한 보도 · 출판매체로 '로동신문사'와 '조선로동당출판사'가 있다. 이들은 당원들과 일반주민에 대한 사상교육과 함께 당의 정책관철을 위해 주민들을 조직, 동원하는 기능도 수행하고 있다.

④ 외곽단체

북한의 사회주의헌법 제67조에는 "국가는 민주주의적 정당, 사회단체의 자유로운 활동 조건을 보장한다"고 규정하고 있으나, 실제로 모든 정치단체나 조직들은 조선로동당의 지도와 통제를 받고 있다. 정당으로는 이른바 조선로동당의 우당으로 1945년 11월 3일 창립된 '조선사회민주당'과 1946년 2월 8일에 창립된 '천도교청우당'이 있다.

그러나 이들은 실제적인 정당조직을 갖추지 못하고 대남 비난성명 발표시나 통일문제 등과 관련한 정당 · 사회단체 연석회의 개최 제의시 나타나는 이름뿐인 정당이다. 북한이 발표하는 각종 성명에는 이러한 명의만 있는 정당 외에도 많은 사회단체가 있다. 그 중에는 근로단체로 불리는 대규모 조직을 가진 단체들도 있다.

이러한 근로대중의 조직으로는 조선직업총동맹, 조선농업근로자동맹, 김일성사회주의청년동맹, 조선민주녀성동맹 등이 있다.

이들 단체들은 로동당 규약에 따르면, 당의 외곽단체로서 당과 대중의 인전대(引傳帶)로, 대중의 사상교양조직으로, 당의 충실한 보조자로서의 역할을 수행하고 있다. 이밖에도 조국통일민주주의전선, 재북평화통일촉진협의회, 조국평화통일위원회 등과 같은 통일 단체를 비롯하여 민족화해협의회, 세계인민들과의 연대성 조선위원회 등이 있다.

종교단체로는 조선그리스도교연맹, 조선불교도연맹, 조선천도교회 중앙지도위원회, 조선카톨릭교협회 등이 존재하는데 이 종교단체는 조국통일민주주의전선의 산하에 있다. 북한에 존재하는 모든 정당·사회단체들은 대부분 북한의 통일노선 선전과 대남·대미 선전·선동활동을 수행하는 로동당의 전위조직들이다.

다. 정권기관

(1) 정권의 성립

오늘날 북한에서는 1948년 9월 9일을 정권수립일로 기념하고 있다. 그러나 실제로 해방 직후부터 북한지역에서는 소련군의 점령하에 이른바 프롤레타리아 독재정권을 수립하기 위한 계획이 서둘러 진행되고 있었다.

그 첫 작업은 1945년 8월 27일 조직된 '평안남도 인민정치위원회'를 비롯한 각 지방 인민위원회를 조직하는 일이었다. 같은 해 10월 8일에는 북한 주둔 소련군 사령부의 주재로 평양에서 북조선 5도 인민위원회 연합회의가 소집되고, 이어 10월 28일에는 '북조선 5도 행정국'이 정식 발족되었다.

이듬해인 1946년 2월 8일 평양에서 개최된 '북조선 민주주의 각 정당·사회단체, 각 행정국 인민위원회 대표 확대협의회'에서는 북한 주둔소련군의 비호 아래 북조선임시인민위원회의 창설을 결정하였다.

북조선 임시인민위원회는 북한지역의 최고집행기관이었으나 소련군 사령부에 법령과 결정의 초안을 사전에 제출하여 소련군 사령부의 포고나 법령에 배치되지 않는 범위 내에서만 권한을 갖도록 되어 있었다는 점에서 사실상 독자성이 없었다. 1946년 11월 3일에는 북한 전역에서 도·시·군 인민위원회 선거를 실시하여 3,459명의 인민위원을 선출하였는데 북한은 당시 총유권자 4,516,120명의 99.6%가 투표에 참가하였다고 발표하였다.

1947년 2월 17~19일까지 3일간 각 도·시·군 인민위원회 위원 및 각 정당·단체 대표 1,157명이 참석한 가운데 '북조선 도·시·군 인민위원회 대회'가 개최되어 여기에서 선출된 대의원 237명으로 '북조선인민회의'를 구성하였다. 북조선인민회의는 2월 21~22일 이틀간 제1차 회의를 열고 '북조선인민위원회'를 결성하였다.

북조선인민위원회는 김일성을 위원장으로 하여 모두 22명으로 구성되었다. 정당별 구성은 북조선로동당 16명, 조선민주당 2명, 천도교청우당 2명, 무소속 2명이었다. 오늘날 북한에서는 당시의 북조선인민위원회를 최초의 프롤레타리아 독재정권 탄생으로 규정하고 있다. 북조선인민위원회는 미·소공동위원회가 결렬되고 유엔 총회가 남북한 총선거 실시를 위해 유엔한국임시위원단 설치를 결의하자 인민공화국으로의 전환을 서두르게 되었다. 1947년 11월 18~19일에는 북조선인민회의 제3차 회의가 개최되어 '조선림시헌법제정위원회'를 조직하고 12월 20일에는 헌법 초안을 마련하였다.

이듬해 1948년 2월 6일부터 개최된 북조선인민회의 제4차 회의에서는 헌법 초안을 인민토의에 회부하고 또한 이를 심의하기 위한 북조선인민회의 특별회의를 소집키로 결정하였다. 이에 따라 같은 해 4월 28일에는 북조선인민회의 특별회의가 소집되었고, 이 회의에서는 헌법 초안을 축조 심의하여 '인민공화국 헌법'초안으로 정식 확정하였다. 이어 7월 9~10일에는 북조선인민회의 제5차 회의가 소집되어 인민공화국 헌법에 따라 최고인민회의 대의원 선거 실시 문제를 북조선인민회의 상임위원회에 위임하였다.

1948년 8월 25일 북한에서 최초의 최고인민회의 대의원 선거가 실시되어 총 212명의 대의원이 선출되었다. 당시 북한은 등록된 유권자의 99.97%가 투표에 참가하여 이중 98.49%의 찬성율을 보였다고 발표하였다. 또한 소위 '남조선인민대표자대회'에서 360명을 최고인민회의 대의원으로 선출하여 보냈다고 발표하였다. 9월 2~10일까지 평양에서는 572명이 참가한 가운데 최고인민회의 제1차 회의를 개최하였다. 여기에서 인민공화국헌법을 정식 채택하였으며, 9월 9일 김일성을 수상으로 하는 '조선민주주의인민공화국' 정부를 출범시켰다.

(2) 사회주의 헌법 제정

북한은 1948년 '인민공화국 헌법'을 처음 제정한 이래 1972년 12월 최고인민회의 제5기 제1차 회의에서 '사회주의 헌법'을 채택하고, 1992년 4월 최고인민회의 제9기 제3차 회의에서 이를 개정하였다(이하 '구 사회주의 헌법').

그리고 김일성 사망 4년 후인 1998년 9월 5일 최고인민회의 제10기 제1차 회의에서 이를 다시 대폭적으로 개정, 새로운 사회주의 헌법을 내놓았다. 이는 최초 헌법 제정 이후 통산 8차 개정에 해당한다. 1972년 헌법이 김일성 독재권력 구축 이후 이를 헌법적으로 정당화하기 위하여 국가기관체계를 국가주석 중심으로 제도화하였다면, 1992년 구 사회주의 헌법은 김정일에게로 권력을 승계하기 위한 일종의 과도적 헌법이라는 성격이 짙었다.

우선 권력구조면에서는 국방위원회를 중앙인민위원회로부터 분리하여 국가주석과 중앙인민위원회가 가지고 있던 군사관련 제반 기능과 권한을 국방위원회로 이관함으로써 군정을 국방위원장 산하로 일원화하며 권한을 대폭 강화하였다. 그리고 국방위원장에 김정일을 선출함으로써 김정일의 위상을 강화하고 군부 장악을 법적으로 뒷받침하였다. 또한 구 사회주의헌법은 국가 지도이념 면에서 마르크스-레닌주의를 삭제하고 대신 주체사상의 독자성을 강조하였으며, 주석, 최고인민회의, 중앙인민위원회 등 주요 국가기관의 임기를 5년으로 단일화 하였다. 대외정책 추진원칙에 있어 종전의 '맑스-레닌주의와 프롤레타리아 국제주의 원칙'을'자주성을 옹호하는 세계 인민들과의 단결', '자주 · 평화 · 친선' 등으로 바꾸어 명시함으로써 이념적 색채를 약화시켰다. 통일과 대남분야에서 그동안 대남적화전략 조항이라고 문제시되던 '전국적 범위에서 외세를 물리치고 통일'이라는 부분을 삭제하였다.

이에 반해 1998년의 개정헌법은 '김일성 헌법'이라는 헌법 서문에도 불구하고 김정일 정권이 이미 출범한 상황에서 김정일의 통치 스타일을 헌법적으로 구현하기 위해 개정된 '김정일식 헌법'이라는 기본적 성격을 지니고 있다. 구 사회주의헌법과 비교한 개정헌법의 특징은 다음과 같다.

첫째, 권력구조의 대폭 개편이다. 주석직과 중앙인민위원회를 폐지하는 대신 내각제를 채택하고, 국방위원장, 최고인민회의 상임위원장, 내각총리 3인에게 권력이 분립되는 듯한 형식을 취하였다. 최고인민회의 상임위원회는 종전의 주석과 중앙인민위원회의 기능을 통합 수행하게 되어 권한이 강화되었고, 위원장은 '국가대표'권한을 가진다. '전반적 국가관리기관'으로 종전에 비해 권한이 강화된 내각 총리는 북한 '정부 대표'권한을 갖는다. 그러나 실제로는 국방위원장이 "나라의 정치, 군사, 경제 역량의 총체를 통솔지휘하는 국가 최고의 직책"으로 격상되었고 여기에 김정일을 다시 추대함으로써 국방위원장으로서의 김정일이 '국가의 최고수위'가 되도록 하였다.

이로써 김정일은 그 위상이 한층 강화된 국방위원회를 통해 군대뿐만 아니라 국정 전반을 실질적으로 장악하게 되었다. 한편 행정 · 경제분야 사업의 책임을 내각에 위임하는 등 내각의 자율성이 법적으로 강화되어 그 위상이 예전에 비해 상대적으로 높아졌다고 볼 수 있다. 지방정권기관의 경우, 지방인민위원회가 지방행정경제위원회의 임무와 기능을 흡수하여 내각의 결정사항을 집행하게 함으로써 지방행정체계가 일원화되었다.

둘째, 헌법 서문의 신설이다. 헌법 서문은 김일성을 '공화국의 창건자', '사회주의 조국의 시조'로 규정하며 개정헌법을 '김일성 헌법'으로 명명하였고 김일성을 '공화국의 영원한 주석'으로 하였다.

셋째, 경제분야의 변화이다. 개정헌법은 경제분야에서 사경제범위의 확대 등 현실을 인정하면서 제한적이나마 실용주의적 정책방향으로 나갈 것임을 시사하였다. 즉, 개인소유의 범위를 확대하였고, 대외무역에 대한 통제를 완화하였으며 가격 · 원가 · 수익성 등 시장경제 개념의 일부를 도입하였다.

(3) 정권기관의 조직 · 기능

1 최고인민회의

최고인민회의는 우리의 국회에 해당하는 국가기관이다. 그러나 권한은 이에 훨씬 못 미쳐, 국정 전반사항은 로동당에서 결정하고 단지 이를 추인하는 역할만을 하고 있다. 최고인민회의는 1년에 1~2 차례 열린다. 통상정기회의는 지난해 예산을 결산하고 당해 연도 예산을 심의 · 확정하며 이외에도 주요기관 선출, 법안 및 당면의제 등을 심의 · 확정한다.

최고인민회의는 헌법상 최고주권기관으로 규정되어 있으며 입법권을 행사한다. 최고인민회의 휴회중에는 최고인민회의 상임위원회도 입법권을 행사할 수 있다.

최고인민회의는 일반적, 평등적, 직접적 선거원칙에 의하여 비밀투표로 선출되는 임기 5년의 대의원으로 구성된다. 2003년 8월의 선거로 선출된 최고인민회의 제11기 대의원의 수는 제9기, 제10기의 경우와 같이 687명이다. 최고인민회의는 법제위원회, 예산위원회 같은 부문위원회를 두고 있다.

최고인민회의는 1년에 1~2회 개최되는 정기회의와 대의원 3분의 1 이상의 요청이나 최고인민회의 상임위원회가 필요하다고 인정할 때 소집되는 임시회의가 있다. 회의는 대의원 3분의 2 이상이 참석하여야 성립된다.

최고인민회의의 주요 권한은 다음과 같다.

1. 헌법의 수정 보충
2. 부문법의 제정 또는 수정 · 보충
3. 휴회중 최고인민회의 상임위원회가 채택한 법률 승인
4. 국가의 대내외 정책의 기본원칙 수립
5. 국방위원회 위원장의 선거 및 소환
6. 최고인민회의 상임위원회 위원장의 선거 및 소환
7. 국방위원장의 제의에 의하여 국방위원회 제1부위원장, 부위원장, 위원들의 선거 및 소환
8. 최고인민회의 상임위원회 부위원장, 명예부위원장, 서기장, 위원들의 선거 및 소환

9. 내각 총리의 선거 및 소환
10. 내각 총리의 제의에 의하여 내각 부총리, 위원장, 상 그 밖의 내각 성원들의 임명
11. 중앙검찰소 소장의 임명 · 해임
12. 중앙재판소 소장의 선거 및 소환
13. 최고인민회의 부문위원회 위원장, 부위원장, 위원들의 선거 및 소환
14. 인민경제발전계획과 그 실행정형에 관한 보고의 심의 및 승인
15. 국가예산과 그 집행정형에 관한 보고의 심의 및 승인
16. 필요에 따라 내각과 중앙기관들의 사업정형을 보고받고 대책수립
17. 최고인민회의에 제기되는 조약의 비준 및 폐기 결정 최고인민회의의 법령과 결정은 거수가결의 방법으로 참석 대의원의 과반수 찬성으로 채택되나, 헌법의 수정 · 보충은 최고인민회의 대의원 전원의 3분의 2 이상의 찬성이 있어야 한다.

최고인민회의는 의장과 부의장을 두고 있으며 의장은 최태복, 부의장은 려원구, 강능수가 맡고 있다. 휴회중에는 최고인민회의 상임위원회가 최고인민회의를 대신해 모든 일을 담당한다. 최고인민회의 산하에는 지방 주권기관으로 도 · 시(구역) · 군 인민회의가 있다.

② 국방위원회

1998년의 헌법 개정을 통하여 국방위원회는 국가주권의 최고군사지도기관일 뿐만 아니라 전반적 국방관리기관으로 되었다. 이는 국방위원회가 국방분야에서의 주권 뿐만 아니라 행정권도 가지게 되었다는 것을 의미한다.

1998년 9월 5일 최고인민회의 제10기 제1차 회의에서 김영남 대의원(최고인민회의 상임위원회 위원장)이 추대연설을 통해 지적한 바와 같이 "국방위원회 위원장은 나라의 정치, 군사, 경제 력량의 총체를 통솔지휘하여 사회주

의 조국의 국가체제와 인민의 운명을 수호하며 나라의 방위력과 전반적 국력을 강화발전시키는 사업을 조직령도하는 국가의 최고직책이며 우리 조국의 영예와 민족의 존엄을 상징하고 대표하는 성스러운 중책"인 것이다.

국방위원회는 국방부분에서의 상설적인 최고 주권 및 행정기관으로서 북한의 중추적 기관이다. 국방위원회는 국가주권의 최고 군사지도기관으로 위원장, 제1부위원장, 부위원장, 위원들로 구성되며, 임기는 5년이다.

국방위원회 위원장은 일체의 무력을 지휘 통솔하며 국방위원회는 다음과 같은 임무와 권한을 가지고 있다. 1. 전반적 무력과 국방건설사업의 지도 2. 국방부문의 중앙기관 신설 및 폐지 3. 중요 군사 간부의 임명 및 해임 4. 군사칭호 제정 및 장령 이상의 군사 칭호 수여 5. 나라의 전시상태와 동원령의 선포 국방위원회는 결정과 명령을 내며, 자기사업에 대하여 최고인민회의 앞에 책임을 진다.

3 최고인민회의 상임위원회

1998년 헌법 개정에서는 최고인민회의 상임위원회 위원장이 국가를 대표한다는 내용이 새롭게 보충되었다. 헌법상으로 볼 때 최고인민회의상임위원회 위원장은 결국 국방 이외의 국가적인 사업을 다 맡고 국가를 대표하여 활동하게 되는 셈이 된다.

이처럼 헌법 개정을 통하여 상임위원회의 지위가 높아졌으며 종래 최고인민회의 상설회의, 중앙인민위원회, 국가주석이 갖고 있던 권한의 대부분을 물려받게 되었다. 최고인민회의 상임위원회는 최고인민회의 휴회중에 최고주권기관으로 위원장, 부위원장, 서기장, 위원들로 구성된다. 최고인민회의 상임위원회 임기는 5년이며, 최고인민회의 대의원 가운데서 오랜기간 국가건설사업에 참가하여 특출한 기여를 한 약간 명을 명예부위원장으로 둘 수 있다.

최고인민회의 상임위원회는 다음과 같은 임무와 권한을 가진다.

1. 최고인민회의 소집
2. 최고인민회의 휴회중 법안과 수정안, 현행 부문법과 규정의 수정 보충안의 심의 채택, 채택 실시하는 중요 부문법을 다음번 최고인민회의 승인을 받음
3. 불가피한 사정으로 최고인민회의 휴회기간에 제기된 인민경제발전계획, 국가예산과 그 조절안 심의 및 승인
4. 헌법과 현행부문법 규정 해석
5. 국가기관들의 법준수 집행에 대한 감독과 대책 마련
6. 헌법, 최고인민회의 법령・결정, 국방위원회 결정・명령, 최고인민회의 상임위원회 정령・결정・지시에 어긋나는 국가기관의 결정・지시를 폐지하며 지방인민회의의 그릇된 결정・집행의 정지
7. 최고인민회의 대의원 선거를 위한 사업 및 지방인민회의 대의원 선거사업의 조직
8. 최고인민회의 대의원들과의 사업
9. 최고인민회의 부문위원회와의 사업
10. 내각 위원회・성의 조직 및 폐지
11. 최고인민회의 휴회중에 내각총리의 제의에 의하여 부총리, 위원장, 상, 그 밖의 내각성원들의 임명 및 해임
12. 최고인민회의 상임위원회 부문위원회 성원들의 임명 및 해임
13. 중앙재판소 판사, 인민참심원 선거・소환
14. 조약의 비준 및 폐기
15. 외교대표 임명 및 소환
16. 훈장과 메달, 명예칭호, 외교직급의 제정 및 훈장과 메달, 명예칭호의 수여
17. 대사권과 특사권 행사
18. 행정단위와 행정구역을 내오거나 고침 최고인민회의 상임위원회 위원

장은 상임위원회 사업을 조직 지도하고, 국가를 대표하며 다른 나라 사신의 신임장·소환장을 접수한다.

최고인민회의 상임위원회는 위원 전원으로 구성되는 전원회의와 위원장, 부위원장, 서기장 등으로 구성되는 상무회의를 가지는데 전원회의는 상임위원회의 임무와 권한을 실현하는데서 나서는 중요한 문제들을 토의 결정하며, 상무회의는 전원회의에서 위임한 문제들을 토의·결정한다. 최고인민회의 상임위원회는 정령과 결정, 지시를 내며, 자기사업을 돕는 부문위원회를 둘 수 있고, 자기사업에 대하여 최고인민회의 앞에 책임을 진다.

④ 내 각

내각은 최고주권의 행정적 집행기관이며 전반적 국가관리기관으로 총리, 부총리, 위원장, 상과 그 밖의 필요한 성원들로 구성되며 임기는 5년이다.
내각은 총 33개 부서(2위원회, 27성, 1원, 1은행, 2국)로 구성되어 있는데 그 임무와 권한은 다음과 같다.

1. 국가의 정책 집행을 위한 대책 마련
2. 헌법과 부문법에 기초하여 국가관리와 관련한 규정의 제정 또는 수정·보충
3. 내각의 위원회, 성, 내각 직속기관, 지방인민위원회의 사업지도
4. 내각 직속기관, 중요행정경제기관, 기업소를 내오거나 없애며 국가관리기구를 개선하기 위한 대책 마련
5. 국가의 인민경제발전계획 작성 및 실행대책 수립
6. 국가예산 편성 및 집행대책 수립
7. 공업, 농업, 건설, 운수, 체신, 상업, 무역, 국토관리, 도시경영, 교육, 과학, 문화, 보건, 체육, 노동행정, 환경보호, 관광 그 밖의 여러 부문의 사

업에 대한 조직과 집행
8. 화폐와 은행제도를 공고히 하기 위한 대책 마련
9. 국가관리 질서를 세우기 위한 검열과 통제사업
10. 사회질서 유지, 국가 및 사회협동단체의 소유와 이익의 보호, 공민의 권리보장을 위한 대책 마련
11. 조약의 체결 및 대외사업
12. 내각 결정, 지시에 어긋나는 행정경제기관의 결정·지시의 폐지 각총리는 내각사업을 조직 지도하며 정부를 대표한다.

내각 성원 전원으로 구성되는 전원회의는 행정경제사업에서 나서는 새롭고 중요한 문제들을 토의 결정하며, 총리, 부총리와 내각 성원들로 구성된 상무회의는 내각 전원회의에서 위임한 문제들을 토의 결정한다.

내각은 결정과 지시를 내며, 자기사업을 돕는 비상설 부문위원회를 둘 수 있고, 자기사업에 대하여 최고인민회의와 그 휴회 중에 최고인민회의 상임위원회 앞에 책임진다. 내각 위원회와 성은 내각의 부문별 집행기관이며 중앙의 부문별 관리기관으로 내각의 지도 밑에 해당부문의 사업을 통일적으로 장악하고 지도관리한다.

내각 위원회·성은 지시를 내며, 위원회 회의와 간부회의를 운영하는데 여기서는 내각결정, 지시집행 대책과 그 밖의 중요한 문제들에 대해서 토의 결정한다.

⑤ 지방인민회의

지방인민회의는 우리의 지방의회에 해당한다. 도(직할시)·시(구역)·군 인민회의는 지방주권기관으로 임기 4년의 일반적, 평등적, 직접적 선거원칙에 의해 비밀투표로 선출된 대의원으로 구성되며, 그 임무와 권한은 다음과 같다.

1. 지방의 인민경제발전계획과 그 실행정형에 대한 보고의 심의 및 승인
2. 지방예산과 그 집행에 대한 보고의 심의 및 승인
3. 해당지역에서 국가의 법을 집행하기 위한 대책 마련
4. 해당 인민위원회 위원장, 부위원장, 사무장, 위원의 선거 또는 소환
5. 해당 재판소 판사, 인민 참심원의 선거 · 소환
6. 해당 인민위원회와 하급인민회의, 인민위원회의 그릇된 결정 · 지시를 폐지 지방인민회의는 위와 같은 임무와 권한을 수행하기 위해 매년 1~2회 정기회의와 대의원 3분의 1 이상의 요청이나 해당 인민위원회가 필요하다고 인정할 때 소집되는 임시회의를 개최하도록 되어 있다. 각급 인민회의의 회의는 대의원 전원의 3분의 2 이상의 참석으로 성립되며, 지방인민회의는 결정을 내며, 의장을 선거하고 선출된 의장은 회의를 사회한다.

6 지방인민위원회

지방인민위원회는 우리의 지방자치단체에 해당하며, 도 · 시 · 군 단위의 행정집행기구로 되었으며 개정헌법에서 중앙인민위원회가 폐지됨으로써 그 지도도 받지 않게 되었다. 도(직할시) · 시(구역) · 군 인민위원회는 해당인민회의 휴회 중에 지방주권기관이며, 해당 지방주권의 행정적 집행기관이다.

지방인민위원회는 위원장, 부위원장, 사무장, 위원들로 구성되며 그 임기는 해당 인민회의 임기와 같으며 그 임무와 권한은 다음과 같다.

1. 인민회의의 소집
2. 인민회의 대의원선거를 위한 사업
3. 인민회의 대의원들과의 사업
4. 해당 인민회의와 상급 인민회의, 인민위원회, 내각과 내각위원회, 성의 법령, 정령, 결정 · 지시의 집행

5. 해당 지방의 모든 행정사업을 조직집행
6. 지방의 인민경제발전계획을 작성하며, 그 실행대책 수립
7. 지방예산의 편성과 그 집행대책 수립
8. 해당지방의 사회질서 유지, 국가 및 사회협동단체의 소유와 이익의 보호, 공민의 권리보장을 위한 대책 수립
9. 국가관리 질서를 세우기 위한 검열통제사업
10. 하급 인민위원회 사업의 지도
11. 하급 인민위원회의 그릇된 결정·지시를 폐지하며, 하급 인민회의의 그릇된 결정의 집행을 정지 지방인민위원회 위원 전원으로 구성되는 전원회의는 자기의 임무와 권한을 실현하는데서 나서는 중요한 문제들을 토의·결정하며, 위원장, 부위원장, 사무장들로 구성되는 상무회의는 전원회의가 위임한 문제들을 토의·결정한다.

지방인민위원회는 결정과 지시를 내며, 자기 사업을 돕는 비상설 부문위원회를 둘 수 있고, 자기 사업에 대하여 해당 인민회의 앞에 책임을 지며 상급 인민위원회와 내각에 복종한다.

7 검찰소와 재판소

개정 헌법에서는 종래 '재판소와 검찰소'라고 되어 있었던 것을 순서를 바꾸어 검찰소를 앞에 내세웠다. 이는 법질서를 세우는 검찰기관의 임무를 중시하고 일선에서의 역할을 더욱 높이도록 하기 위한 조치로 보인다. 검찰사업은 중앙검찰소 도(직할시)·시(구역)·군 검찰소와 특별검찰소가 하며 중앙검찰소 소장의 임기는 최고인민회의 임기와 같은 5년이다.

검사는 중앙검찰소가 임면한다. 검찰사업은 중앙검찰소의 통일적 지도하에 이루어지며, 모든 검찰소는 상급검찰소와 중앙검찰소에 복종해야 하며 중앙검찰소는 자기 사업에 대하여 최고인민회의와 그 휴회 중에 최고인민회

의 상임위원회 앞에 책임진다. 재판은 중앙재판소, 도(직할시)재판소, 인민재판소와 특별재판소에서 하며 중앙재판소 소장의 임기는 최고인민회의 임기와 같은 5년이고 중앙재판소를 비롯한 각급 재판소의 판사 및 인민참심원의 임기는 해당 인민회의의 임기와 같다.

특별재판소의 소장과 판사는 중앙재판소에서 임명 또는 해임하며, 특별재판소의 인민참심원은 해당 군무자회의 또는 종업원회의 등에서 선출한다. 재판은 판사 1명(특별한 경우 3명)과 인민참심원 2명이 수행한다. 재판은 공개(법이 정한데 따라 공개하지 않을 수도 있음)하며 피소자의 변호권을 보장한다. 재판소는 재판에서 독자적이며 재판활동을 법에 의거하여 수행한다고 하여 재판의 형식적 독립성을 보장하고 있다. 최고재판기관이며 모든 재판소의 재판사업을 감독하는 중앙재판소가 자기사업에 대하여 최고인민회의와 그 휴회중에 최고인민회의 상임위원회 앞에 책임진다고 규정하고 있다. 즉, 정권기관이 재판과정에 개입할 수 있는 여지를 마련한 것이다.

(4) 특수기능 조직

북한에는 당규약이나 헌법에는 명시되어 있지 않지만 특수한 기능을 수행하는 조직들이 있다. 이러한 특수조직들은 1970년대 초반 김일성 · 김정일을 중심으로 하는 새로운 권력체계의 확립을 위해 설치되었으며 오늘날에도 주요한 주민통제장치로 그 역할을 수행하고 있다.

1 국가안전보위부

북한은 1973년 당시 정무원 부서인 사회안전부의 기능 중 정치보위 부문만을 독립시켜 국가정치보위부를 신설한 바 있다. 이 기구는 1982년 4월 5일 개최된 최고인민회의 제7기 제1차회의에서 인민무력부 및 사회안전부와 함께 정무원에서 분리되면서 그 명칭도 국가정치보위부에서 국가보위부로 개칭되었나.

또한 1993년부터 국가보위부는 국가안전보위부로 그 명칭이 바뀌었다. 이 기관은 인민보안성과 더불어 김정일 1인 지배를 뒷받침하는 직접적인 감시기관으로서 정치사찰을 주 임무로 하고 있으며, 조직체계는 중앙으로부터 인민군과 도(직할시)·시(구역)·군은 물론 기타 특수기관에까지 설치되어 있다.

[2] 3대혁명소조

북한은 1972년 사회주의헌법에 3대혁명을 규정한 이후, 이를 추진하기 위한 조직으로 3대혁명소조를 발기하여 각급 생산단위로 파견하기 시작하였다. 소조는 당원, 대학생, 과학자 등 20~50명으로 구성되었다.

이들은 김정일의 직접 지도 밑에 경제기관 뿐만 아니라 행정기관, 문화기관, 각급 학교 등에까지 파견되어 기존의 당조직과 더불어 3대혁명을 지도하였다. 소조운동은 실질적으로는 김일성·김정일의 세습체제를 공고히 하는데 그 목적이 있었으며, 1980년 10월 제6차 당대회를 계기로 3대혁명소조원 중심의 전후 세대가 대거 입당한 것이 이를 뒷받침하고 있다. 이러한 3대혁명소조 활동은 1990년대 들어 활동이 미미한 것으로 알려지고 있다.

5 정치와 핵문제

가. 김일성 정권과 핵카드[106)]

(1) 핵무기 개발 전략

냉전체제의 와해와 함께 김일성이 직면하게 된 보다 중대한 문제는 북한

106) 본 내용은 홍익대 이성구 박사의 논문(2006, 숭실대, 정치학 박사)을 요약 정리한 내용임.

안보에 대한 외부로부터의 위협이었다. 우선 국제적 차원에서 동구 사회주의체제 및 소련이 붕괴되면서 북한이 지난 50년간 적대국으로 간주해 왔던 미국 주도하의 신국제질서가 형성되었다.[107] 대남관계에 있어서는 남한이 정치·경제 등 모든 면에서 북한을 앞질렀으며, 특히 남한이 러시아, 중국 및 구동구 사회주의 국가들과 국교정상화를 이룩함으로써 북한은 외교적으로 고립되었다. 따라서 북한은 고도의 안보위기 의식을 느끼게 되었을 것이다.[108]

김일성은 불리한 한반도 주변 역학관계를 회복하고 안보위기를 해소하기 위한 주요 수단으로써 핵문제를 활용하였다. 즉 자체 핵무기 개발에 박차를 가하는 한편, '한반도 비핵지대화' 및 북한에 대한 '핵 불사용보장' 요구를 통하여 남한 및 미국으로부터의 위협을 감소시키려고 하였다. 북한은 이미 1956년경부터 원자력 개발에 관심을 갖기 시작하였으며, 1980년대에 들어와서는 핵무기 개발을 본격적으로 추진하기 시작하였다.

우선 북한은 1980년대 중반 이후 남한에 대한 재래식 군사력의 우위를 상실해 갔으며, 소련 및 중국이 더 이상 군사동맹국으로서 기능할 수 없게 되었다. 따라서 북한은 핵무기 개발을 통해 독자적으로 대남 군사력 우위를 유지할 필요성을 절실히 느끼게 된다. 또한 북한 정권은 핵개발을 군부의 환심 확보, 주민들의 내부동요 방지, 김일성 역량의 대내외적 과시 등 국내정치적 목적으로도 활용한 것으로 평가되고 있다.

우선 북한은 1990년 4월부터 일련의 남북고위급회담을 시작하는 등 남북관계 개선을 모색하는 한편 한반도 비핵지대화를 추진하였다. 북한은 「조선반도의 평화를 위한 군축제안」(1990. 5), 「한반도 비핵화를 위한 제안」(1991.

107) Zbigniew Bresinski, "The Consequences of the End of the Cold War for International Security", Adelphi Papers 256(Winter 1991 / 92), Joseph S. Nye, Jr., "What New World Order?" Foreign Affairs, Vol. 71, No. 2(Spring 1992).

108) Andrew Mack, "The Nuclear Crisis on the Korean Peninsula", Asian Survey, Vol. 33, No. 4 (April 1993), p. 344.

7) 등을 통하여 남한 배치 핵무기의 즉각적인 철수, 핵무기의 생산·구입 금지, 핵무기를 적재한 외국 항공기 및 함선의 한반도에로의 출입·통과 금지, 한반도의 비핵지대화에 대한 미·중·소 등 주변 핵보유국의 법적 보장 등을 제안하였다.[109] 북한의 비핵지대화 주장은 한반도 내에서의 핵의 제조·보유·반입 금지 외에 제3국 핵의 영해·영공 출입까지도 금지시키는 것으로서, 미 해·공군에 의한 핵출입마저 봉쇄하여 남한에 대한 미국의 핵우산 효력을 완전히 소멸시키려는 의도를 담고 있는 것이었다.

「비핵화 공동선언」은 12월 13일 남북한 간에 서명된 「남북사이의 화해와 불가침 및 교류·협력에 관한 합의서(남북기본합의서)」와 함께 1992년 2월 9일 발효되었다.[110]

또한 국가안보 문제와 관련하여서도 김일성 정권은 실제 핵무기 보유자인 미국으로부터 직접 북한에 핵안전보장을[111] 확약 받고자 하였으며, 이를 위하여 남북대화보다는 북·미협상에 비중을 두기 시작하였다. 즉 핵을 매개로 하여 미국과 통하고 한국을 봉쇄하는 통미봉남 전략의 구현이다.

1993년 3월 IAEA가 북한 핵시설에 대한 특별사찰을 요구하자 북한은 이를 미국의 사주에 의한 북한에 대한 "핵위협과 내정간섭"이라고 비난하며 NPT 탈퇴를 선언하였다. 이후 북한은 NPT 탈퇴 번복의 조건으로 핵불사용 담보 공약 등을 제시하며 미국과의 직접협상을 촉구하였다. 북한은 미국에게 NPT 복귀를 위한 보다 구체적인 조건으로 ① 한·미합동군사훈련의 중지 ② 한국내 핵기지에 대한 사찰 ③ 핵공격 불사용의 약속 ④ 한국에 대한 핵우산 정책포기 ⑤ 북한 사회주의에 대한 존중 등을 제시했다.[112] 이를 위하여 NPT 탈퇴라는 '협박외교'를 구사한 것이다.

---

109) 『로동신문』, 1990. 6. 2, 1991. 7. 30.

110) 『남북기본합의서 해설』(서울: 통일원, 1992).

111) 『1995년 NPT 연장회의와 한국의 대책』(서울: 민족통일연구원, 1994), pp. 184-189 참조.

112) 『중앙방송』, 1993. 3 29; 『세계일보』, 1993. 4. 22.

핵확산 저지를 탈냉전기 신국제질서 유지를 위한 중요 정책 목표로 설정한 미국으로서는 북한의 NPT 탈퇴 위협을 무시할 수 없었으며, 결국 1993년 6월 북한과의 제1차 고위급회담을 뉴욕에서 개최하였다. 이 회담에서 북한은 단지 NPT 탈퇴 유보를 선언하는 대가로 미국으로부터 핵무기를 포함한 무력의 불사용 및 불위협 보장, 상호 주권 존중 및 내정 불간섭 등의 수확을 얻을 수 있었다. 또한 북한은 미국과의 대화지속을 합의함으로써 대미 채널 개설이라는 외교적 성과를 이끌어 내었다.[113] 한 달 후 제네바에서 개최된 제2단계 북·미회담에서 양측은 핵안전보장에 대한 합의를 재확인하였을 뿐만 아니라 북한 핵문제의 궁극적 해결의 일환으로 경수로 도입을 모색할 것임을 합의하였다.

이후 북미회담은 북한의 '벼랑끝 전술'로 말미암아 위기에 봉착하기도 하였으나 북한 정책의 기본방향은 대미관계개선 방향으로 나아갔다. 김일성은 1994년 신년사를 통하여 "자주권을 옹호하는 자본주의 나라들과도 선린 우호관계를 발전시켜 나갈 것"이라고 천명함으로써 대미관계개선 의사를 분명히 하였으며, 4월에는 정전협정을 평화협정으로 대체할 것과 현 군사정전기구를 대신하는 "새로운 평화보장체계"의 수립을 제의하였다.[114]

김일성이 7월 8일 갑자기 사망하였으나 북한은 북·미회담의 조기속개의사를 밝히는 등 대미관계개선을 적극적으로 추진하였다.

북·미 양국은 마침내 1994년 10월 21일 제네바에서 「북·미 기본합의문」을 체결하였다. 김정일은 「제네바 합의문」 채택을 통해 김일성이 생존 시 안보위기 탈피를 위해 가장 역점을 두었던 미국으로부터의 핵안전보장을 공식적으로 확보할 수 있었다. 즉, 미국은 북한에 대해 "핵무기 불위협 또는 불사용에 관한 공식보장을 제공"한 것이다. 김정일은 또한 경수로 지원 및 중유공급, 그리고 무역 및 투자제한 완화라는 경제적 실리, 연락사무소 개설합의

113) 『중앙방송』, 1993. 6. 19.

114) 『로동신문』, 1994. 1. 1; 『중앙방송』, 1994. 4. 28.

라는 외교적 성과를 거둘 수 있었다.115)그 후 북한은 1996년 2월에 평화협정의 과도적 조치로서 잠정협정 체결을 주장하였다. 또한 북한은 1996년 4월 한반도 문제의 평화적 해결을 위해 남북한, 미국, 중국이 참가하는 4자회담 제의를 수용하기도 하였다.

1998년 8월부터 다시 제기되기 시작한 핵 문제와 관련하여 북한은 미국과 4차례의 협상 끝에 평안북도 금창리의 지하 핵 의혹시설에 대한 국제적 현장 조사를 허용하였다. 이어 11월 미국은 북한이 핵 및 미사일 등 대량살상무기 생산을 포기할 경우 외교적, 경제적 이익을 제공할 수 있는 틀을 마련함으로써 협상 분위기를 더욱 좋게 하였다.

1999년 9월 미사일 문제와 관련한 북 · 미 베를린 합의에 따라 미국은 북한에 대한 경제제재 조치의 일부를 해제하였고 북한도 미사일 재 발사를 유보함으로써 북 · 미 관계는 보다 긴장이 완화되었다. 그리고 2000년 10월 조명록 북한 특사의 미국 방문과 매들린 올브라이트 미 국무장관의 북한방문으로 외교대표부 설치, 실종미군 신원 확인, 한반도 긴장완화를 위한 구체적인 조치 등이 심도 있게 논의되었다. 적어도 미국 민주당 클린턴 정부 시절에는 북미관계가 순조로와 북한의 통미봉남정책이 적절히 구사되었고, 북한이 가장 어려웠던 시기인 1994년에서 2000년까지의 기간을 무사히 넘길 수 있었다.

그 후 2005년 9월 19일 남북한과 미국, 일본, 중국, 러시아 등 6개국은 북한의 모든 핵 포기와 그에 따른 북-미 관계 정상화 추진, 한반도의 비핵화 등을 주요 내용으로 하는 공동성명을 채택했다. 합의된 공동성명은 다음과 같다.

① 한반도 비핵화 원칙 확인
② 북-미, 북-일 정상화 노력

115) 허문영, “북한의 대외관계 현황과 전망”, 민족통일연구원, 『북한의 대외관계 변화와 남북관계 전망』(서울: 민족통일연구원, 1996), p. 17.

③ 5개국, 북에 에너지 제공
④ 한반도 평화체제 논의
⑤ 합의 실현할 조치 강구
⑥ 5차 회담 11월 베이징서 재개

이로써 한반도 안정의 최대 위협 요소였던 북한의 핵문제 해결의 실마리를 찾게 되었다.

1 경수로 문제는 적절한 시기 논의

6개국은 적당한 시점에 북한에 경수로를 제공하는 문제를 논의하기로 했다. 북한과 미국은 서로 주권을 존중하기로 약속하고 평화 공존과 양국 관계 정상화 조치를 취해 나가기로 합의했다. 한편 북한과 일본은 (2002년 9월 17일의) 평양선언에 따라 불행했던 과거를 청산하고 남은 현안들을 해결한다는 기초에서 양국관계 정상화 조치를 취하기로 했다.

미국을 포함한 5개국은 에너지, 교역, 투자 분야에서 양자 그리고 다자 사이에서 북한과의 경제적 협력을 증진시키기로 했다. 이들 국가는 또 대북 에너지 제공 의사를 밝혔다. 한국이 북한에 200만 kW의 전력을 제공한다는 중대제안도 공동성명에 포함됐다.

한편 모하메드 엘바라데이 IAEA 사무총장은 오스트리아 빈에서 발표한 성명에서 "북한의 우려와 북한 핵위협에 대한 국제사회의 두려움을 모두 감안한 균형 잡힌 일괄타결"이라며 "(사찰단의 복귀시점은) 빠르면 빠를수록 좋다"고 밝혔다.

(2) 北의 모든 핵무기-핵프로그램 포기 문제

이 부분은 미국의 주장을 북한이 수용한 것이다. 당초 북한은 '핵무기 및 핵무기 관련 프로그램'만 포기하겠다고 맞섰다. 평화적 핵 이용을 위한 민수용 핵 시설 및 관련 프로그램은 남겨놓겠다는 것이었다. 그러나 '모든 핵 포기'는 1단계 회담 초반부터 북한을 제외한 5개국이 의견접근을 한 문제여서 북한으로서도 이를 거부하기가 어려웠다.

미국은 북한이 핵동결 약속을 위반한 전례가 있기 때문에 '현존하는 모든 핵무기 및 핵 프로그램'을 폐기대상에 명시해야 한다는 입장에서 한 발짝도 물러서지 않았다. 대신 평화적 핵 이용 및 경수로 부분에서 북한의 주장을 일부 수용했다.

북핵 문제의 해결을 위해 북한이 핵확산금지조약(NPT)에 조속히 복귀하고 국제원자력기구(IAEA)의 안전의무를 준수해야 한다는 데 대해서는 일찌감치 6개국의 공감대가 형성되어 있었다. 김정일(金正日) 북한 국방위원장도 핵문제가 해결되면 NPT에 복귀하겠다고 공언한 바 있다. IAEA 측도 핵 사찰 문제를 협의하기 위해 어떤 식으로든 앞으로의 협상과정에 참여하게 될 것으로 보인다. 그러나 핵 폐기를 확인하기 위한 검증 절차, NPT 복귀 시기, 보상과의 선후(先後) 문제 등을 놓고 적지 않은 갈등이 재연될 가능성이 크다.

(3) 美의 對北 안전보장-관계 정상화 문제

공동성명은 미국의 불가침 약속 외에도 한반도 평화체제를 논의하는 별도 포럼과 동북아 안보협력 증진을 위한 방안 모색을 명시함으로써 북한의 생존위협을 이중 삼중으로 의식한 흔적이 역력했다. 북-미 양자 간 안전보장뿐만 아니라 일종의 다자간 안전보장도 함께 언급된 셈이다.

미국과 한국이 '한반도에 핵무기를 갖고 있지 않다'고 확인한 대목은 북한의 '남한 핵무기 존재 의혹' 제기에 대한 문서상 답변인 셈이다. 이로써 공동성명은 한반도 비핵화 대신 한반도 비핵지대화를 강조한 북한의 주장도 우회적으로 반영한 셈이 됐다.

대북 안전보장의 구체적인 방식은 앞으로 북한과 미국이 관계정상화를 논의하는 과정에서 주요 문제로 다뤄질 것으로 보인다.

(4) 다자간 對北 경제협력 증진 약속의 문제

에너지, 교역 및 투자 분야에서 북한과의 경제 협력을 증진하는 데에는 한국과 일본이 중심 역할을 할 것으로 관측된다. 이번의 2단계 회담과 동시에 평양에서 열린 남북장관급회담에서 경협 확대에 합의한 것은 이와 밀접히 연관돼 있다. 한국은 이미 남북관계 차원에서 경협을 착착 진행시키고 있기 때문에 앞으로 주목되는 것은 일본과 북한과의 경제협력 관계다. 이와 관련해 눈에 띄는 대목은 '북한과 일본이 관계정상화를 위한 조치를 취할 것'을 공동선언에 명시한 점이다.

북한이 1단계 회담에서는 일본과의 양자협의에 한 번도 응하지 않았으나, 고이즈미 준이치로(小泉純一郎) 총리가 총선에서 압승한 직후인 2단계 회담에서는 북-일 양자협의를 수차례 가진 것도 이를 염두에 둔 것으로 보인다. 일본도 북한과의 관계정상화를 위해 경제지원 등을 제공할 준비가 돼 있다는 관측이 있다.

(5) 北의 평화적 核 이용과 경수로 문제에 관한 부분

북한이 회담 전부터 "경수로 문제는 회담 타결의 관건"이라고 압박하자 미국은 "경수로는 논의조차 할 수 없다"고 맞섰다.

북-미 간 타협에는 한국의 중재가 빛을 발했다고 할 수 있다. 한국은 북한의 NPT 복귀와 IAEA 사찰을 전제로 평화적 핵 이용권 및 경수로 문제를 해결하자는 절충안을 내고 북한과 미국을 설득했다.

공동성명이 평화적 핵 이용 권리에 대해서는 '존중'을 표하고, 경수로 문제는 '적절한 시기에 논의한다'는 어정쩡한 형태로 봉합된 것은 첨예한 북-미 의견차를 절충한 결과다.

그러나 한국이 200만 kW의 전력을 북한에 제공한다는 중대 제안이 함경남도 신포의 경수로 건설 종료를 전제로 한 것인 데다 전력과 경수로 문제가 모두 공동성명에 담겨 있어 향후 협상과정에서 논란이 될 가능성이 높다.

한국과 미국은 신포 경수로와 전력을 함께 줄 수는 없다는 입장이다. 하지만 정부 고위관계자는 "6자 합의에 따라 새로운 경수로가 어디에 지어질지 결정될 것"이라고 말해 신포 경수로 건설의 검토 가능성을 열어 놓기도 했다.

북한은 핵 포기의 보상은 핵에너지 제공이 돼야 한다는 점을 분명히 하고 있다. 북한이 한반도에너지개발기구(KEDO) 차원의 신포 경수로 대신 6자회담 차원의 경수로 제공을 언급한 것은 이를 의식한 것이다.

북한이 '모든 핵 폐기' 부분에서 양보한 이유는 경수로 때문이다. 따라서 북한은 이후 협상에서 이 문제에 더욱 집착할 전망이다.

(6) 韓美日中러, 北에 에너지 제공

이번 타결을 통하여 북한에 에너지를 제공할 용의를 표명한 나라 중에 미국이 포함된 것은 상당히 의미 있는 대목이다. 미국은 그동안 핵문제를 일으킨 나라에 직접 경제적 보상을 해주면 다른 나라의 유사한 경우에 나쁜 선례가 될 수 있다는 이유에서 에너지 지원 주체가 되길 꺼려 왔기 때문이다.

미국이 다른 6자회담 참가국과 함께 에너지 제공에 동참하게 됨으로써 북한은 만성적인 에너지 부족 문제를 해결하는 데 실질적 도움을 얻을 수 있게 됐음은 물론 '미국에서 핵 포기에 대한 직접 보상을 받는다'는 명분도 얻게 됐다.

당면한 에너지 지원은 중유가 될 것으로 보인다. 미국 등은 1994년의 북-미 제네바합의에 따라 매년 50만 t의 중유를 제공해 오다 2002년 제2차 북핵위기가 터지자 이를 중단했다. 이번 합의로 중유 제공이 재개될 가능성이 매우 높아졌다.

또한 200만 kW의 전력 제공이 공동성명에 담겨 있고 이를 위한 준비조치들이 진행된다고 할 경우, 전력이 실제 제공되기까지 2년 반~3년 동안 중유를 제공하는 데에도 미국, 일본, 중국, 러시아 등이 공동으로 참여할 가능성이 높다.

(7) 북한과 미국과의 관계에서 인권 문제 등이 관계 정상화 변수

북-미 관계의 앞길에는 수많은 돌발 장애요소가 잠복해 있다. 양국은 이미 1994년 북-미 간 제네바 기본 합의문에 ① 합의 3개월 내에 통신 금융거래 및 무역 투자제한을 완화하고 ② 양국 관계를 대사급으로 격상하기로 합의한 바 있다.

그러나 이후 기본 합의문 후속 의정서의 합의가 미뤄지고 1998년 북한의 미사일 실험과 금창리 핵시설 의혹이 불거지면서 관계 정상화는 한 발짝도 내딛지 못했다. 빌 클린턴 행정부 말기 북-미 관계 정상화를 이루려던 시도도 있었으나 미국의 정권 교체로 이 논의는 '없던 일'이 돼 버렸다. 또 이번 합의문에서는 2차 북한 핵 위기를 촉발했던 농축우라늄(HEU) 프로그램 문제가 명시되지 않았다. 향후 북한 핵시설에서 진행될 '폐기 검증 작업' 때까지 HEU 문제가 해결되지 못하면 베이징 합의가 원점으로 돌아갈 수도 있다.

무엇보다 조지 W 부시 행정부는 '북한과 핵 문제는 협상하되, 인권 문제는 타협하지 않는다'는 두 갈래 대북 정책을 세워 놓고 있다. 특히 인권과 민주주의 신장을 통해 북한의 '체제 변형'을 도모하겠다는 미국의 정책은 향후 협상과정의 기류를 바꿔 놓을 수 있는 핵심 요인이다.

더구나 워싱턴의 분위기로 볼 때 미국의 북한 인권 정책은 3년 뒤 부시 행정부가 물러나더라도 달라질 가능성이 크지 않다.[116)]

5차 6자회담이 중국 베이징에서 열렸으나 별 논의 없이 다음으로 미루었다. 북한의 핵 개발은 핵으로 끝나지 않고 핵 카드를 이용하여 북한 주민에게는 안보 불안을 해소하고 미・일에는 체제보장과 경제지원 확보라는 실익을 추구하고 한국을 국제 사회에서 고립시키고 대남안보 위협장치로 사용할 수 있는 다목적 전략의 산물이라고 하겠다.

---

116) 『동아일보』, 2005. 9. 20.

나. 6자회담과 핵전력의 변화

북핵 6자회담은 북한 핵문제의 평화적 해결방안을 논의하기 위해 남북한과 주변 4강(미국, 중국, 일본, 러시아)이 참여하는 다자회담이다.

북한의 핵개발 문제와 관련하여 그동안 북・미 양자회담에서부터 북-미-중3 자회담, 북-남-미-중의 4자회담, 일본을 포함한 5자회담, 여기에 러시아를 추가한 6자회담까지 거의 모든 경우의 수가 제시되어 왔으며, 2003년 4월엔 북-미-중 3자 회담이 개최된 바 있다.

북한은 북-미 양자대화를 고집해왔으며, 미국은 다자회담을 통해 북핵 해결을 주장했다. 이런 가운데 2003년 7월 중국 다이빙궈(戴秉國) 외교부 수석부부장이 북한과 미국을 방문하여 '다자회담'을 중재, 북한은 기존 3자 회담국(북・중・미)에 한・일・러가 추가된 6자회담에 북・미 양자회담을 가미한 형식을 수용하겠다는 입장을 관련국들에 공식 통보하였다.

최근에는 북한이 북핵의 상징인 냉각탑을 폭파하는 성과에까지 이르렀는데 그 과정을 살펴보면 다음과 같다.

- 1953. 3 = 북, 소련과 원자력 평화적 이용 협정 체결
- 1962 = 북, 영변에 원자력 연구소 설치
- 1963. 6 = 북, 소형 연구용 원자로 IRT-2000 소련으로부터 도입
- 1974. 9 = 북, 국제원자력기구(IAEA) 가입
- 1985. 12. 12 = 북, 핵비확산조약(NPT) 가입
- 1993. 3. 12 = 북, NPT탈퇴 선언(제1차 북핵 위기)
- 1994. 6. 13 = 북, IAEA 탈퇴선언문 제출
- 1994. 10. 21 = 북미, 제네바 기본합의문 서명
- 1994. 11. 1 = 북, 핵 활동 동결 선언
- 1995. 12. 15 = 북-한반도에너지개발기구(KEDO) 경수로 공급 협정 체결

- 1997. 7. 28 = KEDO, 금호사무소 개설 및 부지 공사 착수
- 1999. 5. 18~24 = 미, 금창리 방문단 현장 방문(핵시설과 무관 결론)
- 2002. 10. 3~5 = 제임스 켈리 미 대통령 특사 방북, "북한이 우라늄농축 시인" 주장
- 2002. 10. 17 = 미 "북, 핵무기 개발 계획 추진" 발표(제2차 북핵 위기)
- 2002. 11. 14 = KEDO, 대북 중유지원 중단
- 2002. 12. 12~21 = 북, 핵동결 해제 조치들(영변 원자로 봉인 제거 및 감시카메라 작동 중지, IAEA 사찰관 철수) 개시
- 2003. 1. 10 = 북, 정부성명 통해 NPT 탈퇴
- 2003. 4. 23~25 = 북 · 미 · 중, 베이징서 북핵 3자회담 개최
- 2003. 8. 27~29 = 제1차 북핵 6자회담 베이징서 개최
- 2003. 11. 21 = KEDO, 대북 경수로 사업 12월1일부터 1년간 중단 결정
- 2005. 2. 10 = 북, 핵무기 보유 선언
- 2005. 5. 11 = 북, 영변 5MW 원자로에서 폐연료봉 8천개 인출 완료 발표
- 2005. 9. 16 = 미 재무부, 마카오의 방코 델타 아시아(BDA)에 대한 제재발표로 북한에 대한 간접 금융제재 단행
- 2005. 9. 17 = BDA, 북한 회사들과 업무거래 잠정 정지
- 2005. 9. 19 = 제4차 2단계 6자회담에서 북한의 모든 핵무기와 현존 핵 계획의 포기 등 6개항 공동성명 채택
- 2005. 11. 9~11 = 제5차 1단계 6자회담서 '공약 대 공약', '행동 대 행동' 원칙에 따른 공동성명 이행 의장성명 채택
- 2006. 1. 18 = 북 · 미 · 중 6자회담 수석대표 베이징서 회동
  북, "선(先) 금융제제 해제" 요구. 미, 기존입장 고수
- 2006. 3. 7 = 북 · 미, 금융문제 논의 위한 실무 접촉
- 2006. 6. 1 = 북 외무성, 미국의 6자회담 수석대표 초청. 미국은 거부
- 2006. 7. 5 = 북, 대포동 2호 등 미사일 실험.

- 2006. 7. 16 = 유엔 안보리, 대북 미사일 결의(제1695호) 만장일치로 처리. 북은 즉각 거부
- 2006. 9. 9 = 스튜어트 레비 미 재무부 차관, 미국기업연구소(AEI) 주최 세미나에서 “중국 등 세계 약 24개 금융기관이 자발적으로 대북 거래 중단” 주장
- 2006. 10. 3 = 북, 핵실험 계획 발표
- 2006. 10. 9 = 북, 핵실험 실시 언론 통해 발표
- 2006. 10. 15 = 유엔 안보리, 유엔헌장 7조 의거 대북 제재 결의
- 2006. 10. 17 = 북 외무성, 안보리 결의에 “미 동향 주시하며 해당조치 취해 나갈 것” 반발
- 2006. 12. 20~22 = 미, 6자회담 제5차 2단계 회의에서 북에 ‘핵폐기-상응조치’ 수정안 제시. 북은 방코 델타 아시아(BDA)문제의 선결 원칙 고수
- 2007. 1. 16~18 = 북미, 베를린서 김계관 부상과 크리스토퍼 힐 차관보간 양자회담서 BDA문제 해결 합의
- 2007. 2. 13 = 6자회담 제5차 3단계 회의에서 비핵화 1단계 조치인 ‘2 · 13 합의문’ 채택
- 2007. 3. 13~14 = 모하메드 엘바라데이 IAEA 사무총장 방북
- 2007. 3. 19 = 북, 동결된 BDA 자금을 문제삼아 제6차 6자회담 수석대표회의 불참
- 2007. 6. 21~22 = 힐 차관보 방북. 북, 영변 원자로의 빠른 시일내 폐쇄 의사 표명
- 2007. 6. 25 = 북 외무성, BDA 동결자금의 북한 계좌로 송금 확인
- 2007. 6. 26~30 = IAEA 실무단 방북, 2 · 13 합의에 따른 핵시설의 폐쇄.검증 문제 등 협의
- 2007. 7. 15 = 북 외무성, 중유 5만 톤 도착을 확인하고 영변 핵시설 가동중단 발표

- 2007. 9. 1~2 = 북미, 제네바서 북미 관계정상화 실무그룹 2차 회의 열고 핵시설의 연내 불능화와 전면 신고에 합의
- 2007. 9. 11~15 = 미 · 중 · 러 '북핵 불능화 기술팀' 방북
- 2007. 9. 18 = 북 외무성 '北-시리아 핵협력' 의혹 부인
- 2007. 10. 3 = 베이징 제6차 6자회담 2단계 회의서 비핵화 2단계 조치 합의
- 2007. 11. 1~5 = 미 불능화팀 방북, 불능화 조치 착수
- 2007. 11. 19~20 = 북 · 미, 뉴욕서 금융실무 회의
- 2007. 11. 27~29 = 6자회담 당국자 등 '북핵 불능화 실사단' 영변 방문
- 2007. 12. 3~5 = 방북 힐 차관보, 조지 부시 미 대통령의 김정일 국방위원장 앞 친서 전달
- 2008. 1. 4 = 북 외무성 "美에 수입알루미늄관 이용 군사시설 참관시켰다" 발표
- 2008. 2. 19 = 김계관 부상 - 힐 차관보, 베이징 양자회동서 핵신고 논의
- 2008. 3. 13~14 = 김계관 부상 - 힐 차관보, 제네바 양자회동서 핵신고 논의. 힐 "신고 형식엔 유연 대처"
- 2008. 4. 8 = 김계관 부상 - 힐 차관보, 싱가포르 회담서 핵신고서 내용 잠정 합의
- 2008. 5. 8~10 = 성 김 미 국무부 한국과장 방북, 핵신고 협의. 북, 영변 원자로의 가동일지를 미측에 전달
- 2008. 6. 26 = 북, 플루토늄 생산량 등을 적시한 핵 신고서를 6자회담 의장국인 중국에 제출. 미, 대북 테러지원국 지정의 해제 절차 착수
- 2008. 6. 27 = 북, 영변원자로 냉각탑 폭파. 미 CNN 등 6자회담 5개국 언론사 초청해 생중계

북한의 핵 냉각탑 폭파장면

6 선군정치

1995년 이후 김정일 정치의 특징으로 선전되고 있는 것이 이른바 선군정치이다. '선군정치'라는 용어는 1997년 12월 처음으로 등장하였으나, 군 중시의 정치방식은 김일성 사후 1995년부터 시작되었다고 할 수 있다. 북한의 선군정치는 "인민군대 강화에 최대의 힘을 넣고 인민군대의 위력에 의거하여 혁명과 건설의 전반사업을 힘 있게 밀고 나가는 특유의 정치"라는 표현에서 알 수 있듯이 '군사선행, 군 중시'의 정치라고 할 수 있다.

김정일은 "독창적인 위대한 선군정치로 인민군대를 주체혁명의 기둥으로 부강조국 건설의 주력군"으로 내세우고 있으며, "경제건설보다 중요한 것은 군대를 강하게 만드는 것이며 총대가 강하면 강대한 나라가 될 수 있다"는 표현으로 선군정치의 정당성을 주장하고 있다. 특히 "국방공업은 나라의 부강 번영과 인민의 행복, 혁명의 승리적 전진을 담보하는 국가정치의 첫째 가는 중대사"라고 함으로써 다른 어느 분야보다 국방력의 강화에 매진할 것을 강조하였다.

또한 북한은 선군사상이 주체사상에 기초하였고 새로운 시대 상황에 맞게 정립된 것으로 주체사상은 선군정치를 구현하기 위한 방법론적 지침이라고 주장하고 있다. 주체사상이 추구하는 국가의 자주성을 수호하는 것은 선군정치에 의해서 가능하다고 하여 선군정치가 주체사상을 현실적으로 가장 잘 구현하는 정치 방식이라는 것이다.

이러한 선군정치는 이른바 1990년대 중반의 '고난의 행군' 시기에 군의 정치·경제·사회적 선도역할을 통해 대내외적인 어려움을 극복하려는 의도에서 강조되기 시작하였다고 볼 수 있다. 따라서 선군정치는 군 중시의 정치로서 "군사를 국사 중의 제일국사로 내세우고 군력강화에 나라의 총력을 기울이는 군사선행의 정치"로 규정된다.

또한 선군정치는 "인민군대를 핵심으로 하여 혁명대오를 튼튼히 꾸리고 혁명적 군인정신을 무기로 하여 사회주의 건설을 밀고 나가는 것"으로 설명되기도 한다. 북한은 이러한 군 중시 정치를 "김정일 동지의 기상이자 우리 당의 기질이고 김정일동지식이자 우리 당의 혁명방식"이라고 하는가 하면, "군대는 곧 당이고 국가이며 인민"이라는 데까지 확대해석하고 있다. 군 중시 사상을 반영한 국방위주의 정치라고 규정하고 있는 이 선군정치론은 오늘날 김정일체제 유지의 독창성을 나타내는 중요한 통치도구로 활용되고 있다. 북한당국은 이와 같은 군 우선의 의지를 수시로 표현해 왔다.

1997년 신년 공동사설은 "인민군대의 총창우에 사회주의의 운명과 부강조국이 있다"고 주장했다. 1997년 2월 15일 김정일의 55회 생일을 축하하여 정권기관들이 보낸 축하문에는 "군대가 혁명 주체의 핵심역량, 주력군을 이루며 군대는 곧 인민이고 국가"라고 강조했다. 1998년 3월 9일 노동신문은 "군대를 기둥으로 하여 혁명을 완성해 나가야 하며 군대를 본보기로 온 사회와 혁명대군을 정예화하여야 한다"고 주장하였다. 군사지도자들의 권력핵심의 인사에서도 두드러진다. 무엇보다도 김정일 자신이 1998년 9월에 이어 2003년 9월에도 국가최고의 직책인 '국방위원장'에 재추대되었다.

2003년 9월 최고인민회의 제11기 제1차 회의에서 혁명 1세대인 리을설, 백학림 등 군부 원로들은 일선에서 퇴진하였지만 군부실세인 조명록, 김영춘, 김일철, 리용무 등 핵심계층에는 큰 변화가 없었다. 1996년에는 4월 25일 인민군 창건일과 7월 27일 '조국해방전쟁 승리기념일'(정전협정 체결일) 등 군 관련 기념일을 공휴일이자 '국가명절'로 지정하였다. 선군정치의 표방으로 군부의 역할도 확대되었다. 2003년 3월 노동신문에서 "인민군대는 혁명의 주력군으로 혁명과 건설에서 주도적인 역할을 한다"고 강조하고 있다. 청류다리, 금릉동굴, 금강산 발전소, 문화유적지 건설 등 대부분의 중요 경제건설 사업과 각종 우상화 선전물을 군 인력으로 건설했다.

그밖에도 군대는 무역회사와 공장, 기업소, 광산, 협동농장 등을 포함하는 방대한 '제2경제'를 운영하고 있으며 심지어 농사와 철도운행, 중요 치안업무 등에도 간여하고 있다. 1998년 신년 공동사설에서 "인민군대가 창조한 정신과 도덕, 문화와 생활기풍을 사업과 생활에 철저히 구현해 나가야 한다"며 사회가 군을 따라 배울 것을 독려하였다. 또한 '군민일치 모범군 쟁취운동', '우리초소 우리학교 운동'을 벌여 군과 사회의 일체화를 꾀하고, 2002년부터는 '군민일치 · 관병일치 · 군정배합의 실현'을 강조하고 있다.[117)]

117) 2008년 3월 1일 동아일보 '북한의 10년 선군정치 수술 나섰다.' 제하의 보도에 의하면 『북한이 軍권한을 줄이고 내각의 경찰 위상을 높여 나기고 있다고 주장했다 세부내용을 보면 북한이 '선군(先軍)정치' 10년째를 맞는 올해 들어 그동안 무소불위였던 군부의 권한을 축소하고 내각 산하 인민보안성(경찰 조직)의 위상을 높이는 각종 조치를 취하고 있는 것으로 알려졌다. 북한 사정에 정통한 한 소식통은 11일 "군이 국가 계획 밖에서 벌이던 일을 내각에 집중시키라는 지시가 내려지고 군부에 대한 개혁도 강도 높게 이뤄지고 있다"고 전했다. 특히 지난해 말 당 · 정 · 군 간부 30%의 인력과 기구를 축소시키라고 한 김정일 국방위원장의 지시가 군에서부터 시행되고 있다는 것이다. 이 소식통은 북한이 1월부터 인민무력부와 보위사령부, 정치부, 참모부 등 군 지휘계통에서 군관을 대거 제대시키고 부대 편제를 효율화하는 작업을 병행하고 있다고 전했다. 국경경비여단의 경우 연대 편제가 사라지고 외화벌이 기관이 대폭 축소되고 있다는 것이다. 반면 그동안 군의 기세에 눌려 있던 인민보안성의 위상이 높아지고 있다고 이 소식통은 전했다. 인민보안성은 검찰의 지휘 감독을 받던 처지에서 벗어나 오히려 검찰 비리까지 수사하고 과거에는 개입조차 할 수 없었던 군에 의한 민간인 피해를 수사할 수 있게 됐다는 것이다. 이 소식통은 "(정권 안부 차원에서) 세계적으로 경찰이 쿠데타를 일으킨 전례가 없다는 점이 강조되고 있는 분위기"라고 말했다.』

제 7 장

북한의 경제체제

1 경제체제

북한의 경제체제와 관련하여서는 사회주의 헌법 제19조에서 38조까지의 조문에 명시된 내용을 보면 다음과 같다.

제19조 조선민주주의인민공화국은 사회주의적 생산관계와 자립적 민족경제의 토대에 의거한다.

제20조 조선민주주의인민공화국에서 생산수단은 국가와 사회협동단체가 소유한다.

제21조 국가소유는 전체 인민의 소유이다. 국가소유권의 대상에는 제한이 없다. 나라의 모든 자연 부원, 철도, 항공, 운수, 체신 기관과 중요 공장, 기업소, 항만, 은행은 국가만이 소유한다.
국가는 나라의 경제발전에서 주도적 역할을 하는 국가소유를 우선적으로 보호하며 장성시킨다.

제22조 사회협동단체소유는 해당 단체에 들어있는 근로자들의 집단적 소유이다. 토지, 농기계, 배, 중소공장, 기업소 같은 것은 사회협동단체가 소유할 수 있다. 국가는 사회협동단체 소유를 보호한다.

제23조 국가는 농민들의 사상의식과 기술문화수준을 높이고 협동적 소유에 대한 전 인민적 소유의 지도적 역할을 높이는 방향에서 두 소유를 유기적으로 결합시키며 협동경리에 대한 지도와 관리를 개선하여 사회주의적 협동경리제도를 공고발전시키며 협동단체에 들어있는 전체 성원들의 자원적 의사에 따라 협동단체소유를 점차 전인민적 소유로 전환시킨다.

제24조 개인소유는 공민들의 개인적이며 소비적인 목적을 위한 소유이다.
개인소유는 로동에 의한 사회주의분배와 국가와 사회의 추가적 혜택으로 이루어진다. 텃밭경리를 비롯한 개인부업 경리에서 나오는 생산물과 그 밖의 합법적인 경리활동을 통하여 얻은 수입도 개인소유에 속한다. 국가는 개인소유를 보호하며 그에 대한 상속권을 법적으로 보장한다.

第25조 조선민주주의인민공화국은 인민들의 물질문화생활을 끊임없이 높이는 것을 자기 활동의 최고 원칙으로 삼는다. 세금이 없어진 우리나라에서 늘어나는 사회의 물질적부는 전적으로 근로자들의 복리증진에 돌려진다. 국가는 모든 근로자들에게 먹고 입고 쓰고 살 수 있는 온갖 조건을 마련하여준다.

第26조 조선민주주의인민공화국에 마련된 자립적 민족경제는 인민의 행복한 사회주의 생활과 조국의 륭성번영을 위한 튼튼한 밑천이다. 국가는 사회주의 자립적 민족경제건설 로선을 틀어쥐고 인민경제의 주체화, 현대화, 과학화를 다그쳐 인민경제를 고도로 발전된 주체적인 경제로 만들며 완전한 사회주의 사회에 맞는 물질 기술적 토대를 쌓기 위하여 투쟁한다.

第27조 기술혁명은 사회주의 경제를 발전시키기 위한 기본고리이다. 국가는 언제나 기술발전문제를 첫자리에 놓고 모든 경제활동을 진행하며 과학기술발전과 인민경제의 기술개조를 다그치고 대중적 기술혁신운동을 힘 있게 벌려 근로자들을 어렵고 힘든 로동에서 해방하며 육체로동과 정신로동의 차이를 줄여나간다.

第28조 국가는 도시와 농촌의 차이, 로동계급과 농민의 계급적 차이를 없애기 위하여 농촌기술혁명을 다그쳐 농업을 공업화, 현대화하며 군의 역할을 높이고 농촌에 대한 지도와 방조를 강화한다. 국가는 협동농장의 생산시설과 농촌문화주택을 국가부담으로 건설하여준다.

第29조 사회주의, 공산주의는 근로대중의 창조적 로동에 의하여 건설된다.

조선민주주의인민공화국에서 로동은 착취와 압박에서 해방된 근로자들의 자주적이며 창조적인 로동이다. 국가는 실업을 모르는 우리 근로자들의 로동이 보다 즐거운 것으로, 사회와 집단과 자신을 위하여 자각적 열성과 창발성을 내어 일하는 보람찬 것으로 되게 한다.

제30조 근로자들의 하루로동시간은 8시간이다. 국가는 로동의 힘든 정도와 특수한 조건에 따라 하루로동시간을 이보다 짧게 정한다. 국가는 로동조직을 잘하고 로동규률을 강화하여 로동시간을 완전히 리용하도록 한다.

제31조 조선민주주의인민공화국에서 공민이 로동하는 나이는 16살부터이다. 국가는 로동하는 나이에 이르지 못한 소년들의 로동을 금지한다.

제32조 국가는 사회주의경제에 대한 지도와 관리에서 정치적 지도와 경제기술적지도, 국가의 통일적 지도와 매개 단위의 창발성, 유일적 지휘와 민주주의, 정치도덕적 자극과 물질적 자극을 옳게 결합시키는 원칙을 확고히 견지한다.

제33조 국가는 생산자대중의 집체적 힘에 의거하여 경제를 과학적으로, 합리적으로 관리운영하는 사회주의 경제관리 형태인 대안의 사업체계와 농촌경리를 기업적 방법으로 지도하는 농업지 도체계에 의하여 경제를 지도관리한다. 국가는 경제관리에서 대안의 사업체계의 요구에 맞게 독립채산제를 실시하며 원가, 가격, 수익성 같은 경제적 공간을 옳게 리용하도록 한다.

제34조 조선민주주의인민공화국의 인민경제는 계획경제이다. 국가는 사회주의경제발전법칙에 따라 축적과 소비의 균형을 옳게 사회주의 헌법잡으며 경제건설을 다그치고 인민생활을 끊임없이 높이며 국방력을 강화할 수 있도록 인민경제발전계획을 세우고 실행한다. 국가는 계획의 일원화, 세부화를 실현하여 생산장성의 높은 속도와

인민경제의 균형적 발전을 보장한다.

第35조 조선민주주의인민공화국은 인민경제발전계획에 따르는 국가예산을 편성하여 집행한다. 국가는 모든 부문에서 증산과 절약 투쟁을 강화하고 재정통제를 엄격히 실시하여 국가축적을 체계적으로 늘이며 사회주의적 소유를 확대발전시킨다.

第36조 조선민주주의인민공화국에서 대외무역은 국가 또는 사회협동 단체가 한다. 국가는 완전한 평등과 호혜의 원칙에서 대외무역을 발전시킨다.

第37조 국가는 우리 나라 기관, 기업소, 단체와 다른 나라 법인 또는 개인들과의 기업 합영과 합작, 특수경제지대에서의 여러가지 기업창설 운영을 장려한다.

第38조 국가는 자립적 민족경제를 보호하기 위하여 관세정책을 실시한다.

또한 경제체제와 관련된 로동당 규약의 전문은 다음과 같다.

- 조선로동당은 인민들의 물질적 및 문화적 수준을 끊임없이 높이는 것을 최고의 활동원칙으로 삼는다.
- 조선로동당은 사람과의 사업을 당사업의 기본으로 삼는다.
- 조선로동당은 모든 당사업의 기본원칙으로서 계급로선과 군중로선을 관철한다.
- 조선로동당은 항일유격대식 사업방법, 청산리정신 및 청산리방법을 철저히 관철한다.

가. 사회주의적 소유제도

북한은 사회주의적 소유를 “사회주의적 생산관계의 기초가 되는 생산수단과 생산물의 전사회적 또는 집단적 소유"라고 개념화하고 있다. 사회주의적 소유의 핵심은 생산수단에 대한 소유인데, 생산수단은 국가와 사회협동단체가 소유한다.

1998년 개정헌법에 의하면 국가소유는 "나라의 경제발전에서 주도적 역할"을 하는 부문을 포괄한다. 여기에는 "나라의 모든 자연부원, 철도, 항공, 운수, 체신기관과 중요 공장·기업소, 항만, 은행 등"이 있다. 북한에서 국가소유권의 대상에는 제한이 없다. 북한 헌법은 국가소유를 전체 인민의 소유로 보고 있다. 그러면서도 국가소유는 축소하는 대신 개인 및 사회협동단체의 소유범위는 확대하였다.

사회협동단체도 생산수단을 소유할 수 있다. 사회협동단체는 사회단체와 협동단체의 두 가지 형태의 단체를 포괄한다. 중요한 사회단체에는 로동당, 직업동맹, 여성동맹, 김일성 사회주의청년동맹 등이 있다.

협동단체의 대표적 형태는 협동농장이다. 사회협동단체는 '나라의 경제발전에서 주도적 역할'을 하지 않는 생산수단을 소유할 수 있다. 즉 사회협동단체는 "토지, 농기계, 배, 중소 공장·기업소 같은 것"들을 소유할 수 있다. 사회협동단체 소유 중에서 대부분을 차지하는 것은 협동적 소유이다. 전인민적 소유와 협동적 소유는 동일한 유형에 속하지만, 북한은 전인민적 소유형태를 더 고차원적 소유형태로 본다. 즉, 두 소유 형태는 "사회화 수준에서 차이를 가질 뿐 사적 소유의 폐절에 기초하여 발생한 사회적 소유로서 동일한 유형의 소유에 속한다"는 것이다. 그러나 협동적 소유는 소상품 생산을 기초로 하는 사적 소유로부터 전인민적 소유에로 발전하는 과정에서 나타나는 불완전한 소유형태로서 사회주의가 발달함에 따라 전인민적 소유로 이행하게 된다고 북한은 주장한다.

현재 북한에서 협동적 소유의 지배적인 분야는 농업부문이며 협동농장이 그 전형이다. 이밖에 북한에서는 매우 제한적이나마 개인소유를 인정하고 있다. 북한의 개인소유는 생산수단에 대한 사회적 소유의 토대에서 발생한다고 하여 '개인적이며 소비적인 목적'을 위해 매우 제한적으로 인정되는 것으로 '사회주의에서의 개인소유'라고 강조한다. 개인소유의 대상은 "터밭경리를 비롯한 개인부업경리에서 나오는 생산물과 그 밖에 합법적인 경리활동을 통하여 얻은 수입", 근로자들이 받는 임금이나 노동의 분배 몫과 그것으로 구입한 소비품들로 구성된다.

구체적으로는 근로소득과 저축, 가정용품, 일용소비품 등이 개인소유의 대상에 포함된다. 개인소유물은 그 소유자가 자유롭게 처분할 수 있으며 그에 대한 상속권도 인정하고 있다. 그리고 각종 수매기관과 농민시장은 개인소유물을 처분할 수 있는 제도적 장치로 이용되고 있다. 또한 헌법 제37조에서 북한기관, 기업소, 단체 등이 "다른 나라 법인 또는 개인들과의 기업 합영과 합작, 특수경제지대에서의 여러 가지 기업 창설운영을 장려한다"고 하여 주로 경제특구에서의 외국인의 개인소유와 공동소유를 인정하고 있다.

북한은 생산수단에 대한 사회주의적 개조를 1946년에 착수하여 12년만인 1958년에 완수하였다고 주장하고 있다. 즉 1946년 2월에 조직된 북조선임시인민위원회는 같은 해 3월 5일 '토지개혁에 관한 법령'을 발표하여 '무상몰수 무상분배의 원칙'에 따라 '민주개혁'이라는 이름의 토지개혁을 실시하였고, 같은 해 8월 10일에는 주요산업의 국유화법령을 발표, 공장 · 광산 · 철도 · 체신 · 은행 등의 주요 산업을 국유화하였다. 1947년부터는 산업에서의 국유화 부문을 계속 확대시키는 한편, 농업 부문에서는 국영 농 · 목장을 설치하는 등 '사회주의적 개조'를 점진적으로 실시해 나갔다. 그러다가 1953년 휴전 이후부터 사회주의 건설이 본격화됨에 따라 농업의 집단화와 개인 상공업의 사회주의화를 더욱 강화하여 1958년에는 사회주의적 개조를 완성하게 되었다는 것이다.

북한은 세계 어느 국가보다도 사유의 범위가 극히 제한되어 있는 것이 특징이다. 그리고 개인소유로 인정되는 소득이라고 하더라도 '축적'을 우선적으로 늘려야 한다는 당의 방침에 따라 북한주민은 소비생활에서 큰 제약을 받고 있다. 즉 북한은 "우선 축적에 선차적 의의를 부여하고 축적을 소비보다 빨리 늘릴 것"을 강요하고 있으며 '증산과 절약투쟁'을 일상화하고 있다. 이와 같은 북한의 소유제도는 북한 주민이 경제활동에 참여하는 목적, 경제의식, 경제기구의 조직과 기능 등에서 자본주의 경제체제와 현격한 차이를 갖게 되는 근본요인이 되고 있다. 그러나 오늘날 시장경제에 대한 긍정적 인식이 확산되면서 개인 소유의 범위가 확대되는 등 변화를 보이고 있어 주목된다.

나. 중앙집권적 계획경제

북한경제는 "중앙집권화된 경제이며 유일적인 지휘에 따라 움직이는 경제"이다. 따라서 북한은 계획수립을 비롯한 모든 경제적 의사결정과 이에 필요한 정보의 흐름이 중앙당국에 집중되어 있으며 하부조직은 중앙의 명령에 절대적으로 복종하도록 되어 있어 '중앙집권적 명령(지령)경제체제'라고도 한다. 북한은 그동안 경직된 계획경제체제를 고수하여 왔다. 그러나 경제체제 자체의 구조적 모순과 경제규모의 확대에 따른 경제운용의 복잡성으로 인해 중앙집권적인 경제관리가 기술적으로 한계에 이르게 되었다.

이에 따라 북한의 중앙집권적 계획경제체제는 다소 완화되는 모습을 보이고 있다. 북한의 중앙집권적 계획화체계는 계획의 일원화와 세부화체계에 의해 실현되고 있다. 계획의 일원화체계는 경제계획의 작성 및 집행에 있어 국가계획위원회를 중심으로 하여 공장·기업소 등 하부 경제단위에 이르기까지 일원화된 체계로 수행되는 것을 말한다.

오늘날에는 내각의 각 위원회 및 성(省)들도 각기 계획부서를 가지고 있는데 이들이 작성한 모든 계획수치들은 일원적으로 국가계획위원회에 집결되어 통제와 조정을 받게 되어 있다. 북한은 이와 같은 계획 일원화가 주관주의, 기관본위주의, 지방본 위주의 등의 문제점을 없앰으로써 당의 정책적 요구를 관철할 수 있다고 보고 있다. 계획의 세부화는 북한경제에 있어서 산업 부문간, 단위기업소간의 계획이 상호 맞물리도록 하기 위해 취해지는 계획의 원칙적 체계이다. 이에 대해 북한은 중요한 것만을 계획화하는 것이 아니라 크고 작은 모든 경영활동을 빈틈없이 맞물리게 함으로써 사소한 자연발생적인 요소도 허용하지 않는 계획화 방법이라고 주장한다.

이러한 계획의 세부화는 계획의 일원화와 함께 중앙집권화의 기본 축으로서의 역할을 한다. 계획의 작성과정을 살펴보면 다음의 4단계를 거쳐 왔다. 제1단계는 예비숫자 작성단계로서 하부 생산단위에서부터 상향으로 작성 제출된 계획 숫자를 지구계획위원회 및 내각의 각 위원회와 성(省)에서 이를 통합, 국가계획위원회에 제출하는 과정이다. 제2단계는 당중앙위원회가 별도로 제시한 정책목표 및 방향을 기초로 하여 보고된 예비숫자를 통제숫자로 작성하는 과정이다. 여기에서 통제 숫자는 계획시기의 경제발전 방향과 규모 및 균형을 규정한 정부의 지령이며 계획작성의 기준으로서 예비숫자와는 달리 당의 지령으로서 거의 법적 의무성을 띠게 된다. 이 단계에서 공업총생산액과 주요 공업제품의 생산규모, 농업생산 규모, 수송 규모, 상품유통액, 각종 소비재 생산관련지표, 기본건설 투자 규모 등이 통제숫자를 통해 명시된다. 통제숫자는 국가계획위원회가 하부로부터 올라 온 예비숫자를 참고로 하여 작성하며 당의 비준을 받도록 되어 있다.

제3단계에서는 비준된 통제숫자가 국가계획위원회를 통해 다시 하부 단위기관으로 시달되는데, 이 통제숫자를 근거로 해당 계획부서에서 계획초안을 만들고 이를 토대로 국가계획위원회는 종합적인 계획초안을 작성하게 된다. 이 때 각각의 하부단위기관들은 하달된 통제숫자에 의거하여 그것을 실천하기 위한 세부대책을 세우게 되어 있다. 통제숫자의 수행이 불가능하다고 판단될 경우에는 계획초안에 그 근거를 밝혀 이견을 제시할 수 있으나 실제로는 통제숫자가 법적 성격을 띠고 있으므로 대부분 그대로 받아들여지고 있다. 제4단계는 국가계획위원회가 제출한 계획 초안을 내각 전원회의나 당중앙위원회에서 최종적으로 검토・확정하는 마무리 과정이다.

여기에서 전망계획에 대해서는 형식상 최고인민회의의 승인을 받은 후에 확정하는 절차를 밟는다. 확정된 계획의 수행은 법적 의무로 되며, 이러한 전 과정은 국가에 의해서 지도・통제된다. 그러나 2002년 7월 1일 경제관리 개선조치를 단행함으로써 전략적, 국가적인 중요계획은 국가계획위원회가 수립하고, 구체적인 세부계획은 해당 기관, 기업소, 지방행정단위 등이 수립토록 변경하였다. 뿐만 아니라 공장・기업소에 대한 독립채산제 강화, 국가경제기관의 규제 완화 등의 조치를 통해 기관, 기업소의 자율성을 부여하여 세부계획의 신축적 운영도 허용하고 있다. 북한은 국가계획기관과 감독・통제기관이 국가계획을 제멋대로 변경시키거나 계획권 밖에서 경제활동을 벌이는 아주 사소한 요소도 허용하지 않는다. 즉 계획작성으로부터 집행에 이르기까지 모든 사업을 법적 요구에 맞게 조직, 추진하도록 강력히 통제하고 있는 것이다. 만약 인민경제계획을 어겨 엄중한 결과가 발생하는 경우에는 행정적 또는 형사적 책임을 면할 수 없게 된다.

2 경제정책의 기조

가. 자립적 민족경제 건설

북한은 경제체계를 사회주의적으로 개조한 이후 지금까지 자력갱생의 원칙에 입각한 자립적 민족경제를 건설한다는 정책기조를 견지하여 오고 있다. 자립적 민족경제 건설의 기본정신이 되고 있는 자력갱생에 대하여 북한은 “혁명과 건설에서 나서는 모든 문제를 자신이 책임지고 자체의 힘으로 해결하여 나가는 립장과 정신”이라고 정의하고 있다. 자력갱생은 경제적인 면에서는 생산수단에 대한 대내 수요를 기본적으로 자체에서 충족시킬 뿐만 아니라 기술혁명과 확대재생산의 물질적 조건을 자체 내에서 해결한다는 것으로 요약된다.

따라서 자력갱생원칙에 입각한 자립적 민족경제의 건설이란 정책기조는 국가간 자원과 상품의 교류에서 오는 국제분업의 이익을 얻지 못함은 물론이거니와, 선진기술과 해외자본의 도입을 비롯한 국제협력의 부진을 초래함으로써 경제성장의 가장 큰 제약요인이 되고 있다.

1980년대에 들어서면서 북한은 내자동원에 의한 경제개발이 한계에 직면하게 되자, 대외무역 및 경제협력에 대한 중요성을 인식하기 시작하였다. 이에 따라 서방자본주의 국가들과의 무역 증대를 도모하는 한편, 1984년 9월에는 '합영법'을 제정하여 외자유치를 시도하였다. 특히 1990년대 들어 동구사회주의권의 연이은 붕괴로 북한이 의존해 왔던 주요 경제협력기반을 상실하게 되자, 1991년 12월 '나진 · 선봉자유경제 무역지대' 개발계획을 공식 발표하고 외자유치에 적극적으로 나섰다.

북한은 대외적으로 과거보다는 유연한 자세를 보이기 시작한 것이다. 그러면서도 이데올로기적 측면에서는 자립적 민족경제노선을 거듭 강조하였다. 다시 말해 북한은 자립적 민족경제노선을 역설하면서, 이 노선이야말로 "제국주의 세계경제 일체화 책동에 강경하게 맞서는 것"이라고 강변하였다. 2000년대 들어 북한은 외형상으로 자립적 민족경제건설노선을 표방하면서도, 실제에 있어서는 실리 추구의 입장에서 '자기완결적 자력갱생'으로부터 '새로운 자력갱생'으로 변화되는 특징을 나타내고 있다. 또한 북한은 남북교역 및 경협에 높은 관심을 보이고 있으며 특히, 2002년에는 신의주, 개성, 금강산 지역을 '특구'로 지정하는 등 종전보다 폭넓은 개방적 모습을 보이고 있다.

따라서 이와 같은 일련의 태도 변화는 북한이 기존의 자력갱생노선을 완전히 포기하였다고 볼 수는 없으나 대외경제관계에 있어서 폐쇄적 입장이 바뀌고 있다는 점에서 앞으로의 정책 변화에 귀추가 주목된다.

나. 중공업 우선정책

북한은 중공업을 "생산수단을 주로 생산하는 공업부문들의 총체"로 정의하고 있으며 중공업부문에는 전력공업, 석탄공업, 광업, 금속공업, 기계제작공업, 화학공업, 건재공업 등의 기간공업부문들과 임업이 포함된다.

북한은 경제체제를 '사회주의적으로 개조'하는 초기과정에서부터 시종일관 중공업을 우선으로 하는 경제개발정책을 추진하여 왔다. 김일성은 "중공업은 인민경제 발전의 기초이다. 중공업을 발전시키지 않고는 경공업과 농업을 발전시킬 수 없으며, 인민경제의 모든 부문을 현대적 기술로 장비할 수 없다"고 강조해 왔다.

그러나 이와 같은 중공업 우선 정책의 무리한 추진으로 인하여 산업부문간 구조적 불균형이 심화되었다. 북한은 이러한 현실을 고려하여 일시적으로나마 중공업을 위한 중공업이 아니라 경공업의 발전을 효과적으로 뒷받침할 수 있는 중공업의 발전에 주력할 것을 강조한 시기도 있었다.

북한의 자동차 광고판

북한이 1989년에 '경공업발전 3개년 계획'(1989. 7~1992. 6)을 발표하고 1989년도를 '경공업의 해'로 설정한 것이나 제3차 7개년 계획의 완충기(1994~1996) 중점과업으로서 농업제일주의, 경공업제일주의, 무역제일주의 등 3대 제일주의 방침을 제시한 것을 대표적 사례로 들 수 있다. 1998년부터는 실리 추구를 위해 농업, 경공업 등 여타 산업부문과의 유기적 연관을 보다 많이 강조하고 있다. 그러나 이는 구조적인 경제침체로 심대한 타격을 입고 있는 전력, 석탄, 금속 등 '선행부문'을 비롯한 중공업 부문을 정상화하기 위한 노력의 일환이라고 할 수 있다.

다. 군사·경제의 병진

북한은 1962년 12월 당중앙위원회 제4기 제5차 전원회의에서 '4대 군사로선'을 채택하였다. 1960년대 중반부터는 공산권의 이념분쟁과 중·소 분쟁이 격화되는 상황에서 김일성은 국방에서의 자위를 제창하고 경제발전을 지연시키더라도 군사력을 한층 강화해야 한다고 강조하였다. 이것이 군사력 강화와 경제건설의 병진정책 추진의 계기가 되었다.

경제발전과 군사력 강화를 동시에 추구한다는 이 정책은 1966년 10월 당대표자회의에서 제기되었고 당중앙위원회 전원회의를 통해 채택된 이래 지금까지 경제 운용의 기본방침이 되고 있다. 이에 따라 1966년까지는 예산에서 군사비가 차지하는 비중이 약 10% 정도에 불과하였으나 1967~1971년 동안은 군사비가 30% 이상으로 대폭 증액되었다.

그러나 1970년대 초에 들어오면서 동서화해와 남북대화가 시작됨에 따라 북한은 군사비를 종전의 절반 정도(예산총액의 17% 이하)로 축소시켜 발표하기 시작하였다. 그러나 북한이 군사비 지출규모를 실제로 감축 하였다고는 볼 수 없으며, 이는 대외적으로 평화 이미지를 부각시키기 위한 것으로 분석되고 있다. 이는 북한의 군수산업이 대부분 기계공업을 중심으로 한 중공업과 계열화되어 있어 민수산업과 엄격히 구별할 수가 없을 뿐만 아니라 예산상의 군사비가 감소되었음에도 불구하고 북한의 병력이나 장비 등 군사력은 매년 강화되어 왔다는 사실에서 충분히 알 수 있다. 말하자면 북한은 "중공업의 발전 없이는 국방력을 강화할 수 없다"는 논리를 기초로 경제정책을 추진하고 있다.

북한이 한정된 자원으로 군사력의 강화와 경제발전을 동시에 추진하기 위해서는 필연적으로 주민의 소비부분을 억제할 수밖에 없었으며, 그 결과 오늘날 북한주민의 소비생활이 어려운 실정에 놓이게 된 것이다. 더욱이 2003년에는 신년 공동사설에서 이례적으로 '국방공업에의 선차적인 역량집중'을 강조하며 국방력 강화를 경제 · 사회적으로 뒷받침하겠다는 의지를 표명하고 있어 주목되고 있다.

3 경제관리 개선

북한은 1998년 이래 '강성대국'건설을 위해 경제관리개선을 강구하는 등 사회주의 체제 속에서의 실리추구를 도모해오고 있다. 김정일은 남북정상회담(2000. 6) 및 서방과의 수교 확대 등 대외환경 개선 및 중국과 러시아의 개혁 · 개방 현장을 시찰하여 변화의 필요성을 인식하였고, 2001년 10월에는 당 · 경제기관 일꾼들과의 담화를 통해 "사회주의 원칙 고수 아래 최대의 실리 도모, 변화하는 현실에 맞게 경제관리 방식을 혁신할 것"을 강조하는 '경제관리 개선지침'을 하달하였다.

그 이후 8개월간의 준비기간을 거쳐 2002년에는 대대적인 7·1 경제관리 개선조치를 단행하였다. 뿐만 아니라 이후에도 7·1 경제관리개선 조치의 계속적 추진의지를 피력하면서 후속 조치 마련에 주력해오고 있다. 7·1 경제관리개선조치의 주요 내용은 ① 물가 및 임금 인상 ② 환율현실화 및 관세조정 ③ 기업의 경영자율권 확대 ④ 식량 · 생필품 등의 배급제 단계적 폐지 개인 경작지 확대 등이다. 7·1 경제관리개선조치에 따라 물가는 쌀 가격을 기준으로 하여 모든 가격을 전면적으로 현실화하는데 초점을 두었으며, 임금도 평균 18배 인상하고 '노동의 결과에 따른 분배 원칙'을 바탕으로 차등 지급하게 되었다. 또한 종래 고평가되어온 북한 원화 환율의 경우 달러당

150원 수준으로 현실화하고 수입관세를 2배로 인상하였다. 나아가 동 조치에서는 기업에 대해서 기업의 독자성, 세부생산계획의 자체수립 등 자율성과 재량권을 부분적으로 허용하였으며, 농업부문에서는 개인의 경작 면적을 30~50평에서 400평으로 확대하였고, 유통부문에서도 종래의 배급제를 구입제로 전환시켰다.

7·1 경제관리개선조치는 경제 전분야에 걸쳐 진행된 광범하고 획기적인 조치라는 점에서 주목되고 있다. 이번 조치에서는 국가가 총체적인 생산계획을 수립하는 등 여전히 사회주의 계획경제의 기본 골격을 유지하고 있으면서도 실용주의적 차원에서 새로운 자력갱생노선을 모색하는 변화를 보이고 있다. 뿐만 아니라 북한이 가격 왜곡문제 시정 등을 통해 대내외적으로 적응하기 위한 노력을 보이고 있다는 점은 개혁적 성격을 갖고 있다고 할 것이다.

4 경제관리

가. 관리원칙

북한은 경제관리 원칙을 "사회주의경제를 지도하고 관리하는 모든 활동에서 반드시 지켜야 할 지침"이라고 정의하고 있다. 경제관리원칙의 구체적인 내용을 보면 다음과 같다. 첫째, 정치사업 우선의 원칙이다. 이것은 계획화사업, 기술지도, 설비관리, 자재보장, 노력조직, 협동생산조직 등을 내용으로 하는 '경제조직사업'에 있어서 당의 노선과 정책을 위주로 지도·관리한다는 원칙이다. 북한은 경제조직사업이 정치사업, 즉 사람과의 사업과 결합될 경우에만 원만히 수행될 수 있다고 보면서 이를 위해 정치사업을 앞세워야 한다고 강조한다. 또한 근로자 등에 대한 동기부여도 물질적 자극 보다는 정치사상적 자극에 중점을 두고 이를 통해 근로자의 생산적 열의와 적극성을 높이는 것을 원칙으로 하고 있다.

북한에서 각종 사회주의 노력경쟁운동이 끊임없이 전개되고 있는 것도 정치사업의 우선 원칙에서 비롯된 것이다. 둘째, 집체적 지도와 유일적 지휘를 배합시키는 원칙이다. 이것은 당위원회의 집체적 지도와 행정지휘관의 유일적 지휘를 배합하는 원칙을 말한다. 당위원회는 각 경제단위의 최고지도기관으로서 해당조직 경제사업의 방향과 방도를 집체적으로 토의·결정하고 그것이 잘 집행되도록 지도·통제하는 역할을 한다. 또한 당조직사업과 사상교양사업에 따라 모든 근로자들은 경제관리 운영과 생산과제를 수행하게 되는데 이 때에도 당위원회는 집체적 지도의 역할을 한다. 한편 행정지휘관은 당위원회에서 그 방향과 방도가 토의·결정된 사업에 대하여 "통일적으로 장악하고 유일적으로 지휘하며" 그 결과에 대하여 직접 책임을 진다. 따라서 집체적 지도와 유일적 지휘를 배합하는 원칙은 기업의 의사결정조직과 수행조직 사이의 의견 차이를 없애려는 것이라고 볼 수 있다.

북한은 집체적 지도와 유일적 지휘를 배합시키기 위해 '군중로선'을 철저히 관철하여야 한다고 강조한다. 즉 생산과 관리에서 제기되는 모든 문제를 생산자 대중의 집체적 지혜와 힘에 의거하여 풀어나간다는 것이다. 셋째, 계획의 일원화·세부화 원칙이다. 계획의 일원화는 당의 노선과 정책을 관철시키기 위해 계획화 사업을 유일적으로 진행하는 것을 말하며, 계획의 세부화는 모든 경제부문들과 기업소들의 경영활동이 세부에 이르기까지 서로 맞물리도록 계획을 구체화하는 것을 말한다. 이와 같은 계획의 일원화·세부화 원칙은 계획 경제체제의 취약점인 경제부문간 불균형 문제를 해소하기 위한 것이다.

북한은 계획의 일원화·세부화 원칙이 제대로 지켜지려면, 경제관리의 중앙집권적 기능을 강화하고 '기관본위주의', '지방본위주의'에 의한 방만한 계획을 없애야 한다고 강조하고 있다. 그러나 북한은 지금까지 줄곧 중앙집권적 기능을 강화하여 왔음에도 불구하고 산업부문간의 불균형이 날이 갈수록 심화되고 있다. 이것은 계획의 일원화 · 세부화 원칙에 의해 모든 부문, 모든 생산단위들이 하나의 유기체로서 움직이지 못하고 있음을 나타낸다고 할 수 있다. 넷째, 독립채산제 실시의 원칙이다. 북한에서 실시되고 있는 소위 사회주의 독립채산제는 공장 · 기업소가 국가로부터 필요한 물자와 자금(화폐자금)을 받아서 생산활동을 조직하며, 생산을 위한 지출은 자체의 수입으로 보상함은 물론, 공장 · 기업소에 어느 정도의 수익성을 보장하게 함으로써 물자를 절약하고 생산성을 향상시킨다는 제도를 말한다. 사회주의 독립채산제는 원리상 중앙집권적 계획체제하에서 본질적으로 존재하는 경직성과 비효율성을 축소하기 위해 하부단위의 책임성을 높이자는데 목적이 있다. 그러나 이는 어디까지나 상급 관리기관으로부터 강요된 계획과 주어진 생산요소의 범위 내에서만 제한적으로 운영되는 제도이므로 공장 · 기업소가 경영활동에 있어서 독자적으로 의사를 결정할 수 있는 영역은 극히 한정적인 것이 특징이다.

이상과 같은 원칙들은 서로 밀접히 연관되어 있기 때문에 경제지도 및 관리에 있어서 반드시 통일적으로 적용되어야 한다고 한다. 이것은 '당의 중앙집권적 지도 강화', '군중로선 관철' 등을 통해 생산자 대중의 정치적 각성과 '혁명적 열의'를 고취시킴으로써 물질적 자극의 결여로 야기되는 생산성 저하를 만회하려는 것이라고 볼 수 있다. 그러나 2002년 7·1 경제관리개선조치를 계기로 이상과 같은 경제관리 원칙은 상당한 변화를 보이고 있는 것으로 추정되고 있다. 예를 들면 평균주의 철폐, 인센티브제 도입 등으로 정치 · 사상 우선의 원칙이 사실상 약화되고 있으며, 당 위원회의 집체적 지도, 계획의 일원화 · 세부화 원칙, 독립채산제 실시의 원칙 등도 기업의 자율성과 재량권이 강화됨에 따라 과거와 같은 경직된 사회주의적 기능을 수행하지는 못하고 있다.

나. 관리방법

(1) 청산리정신·청산리방법

청산리정신 · 청산리방법은 북한의 경제관리에 있어 기본적 지침이 되고 있다. 청산리정신 · 청산리방법은 1960년 2월 김일성이 평안남도 강서군 청산리에 대한 현지지도를 실시한 데서 비롯된 것인데, 북한은 이를 "주체사상과 혁명적 군중로선에 기초한 조선로동당의 전통적인 사업방법과 대중지도 원칙을 전면적으로 집대성하고 전일적으로 체계화한 과학적이고 공산주의적인 대중지도 사상이며 방법"이라고 주장한다.

청산리정신과 방법의 주요 내용을 보면, ① 상급기관이 하급기관을, 윗사람이 아랫사람을 도와서 당의 노선과 정책을 관철하고 ② 늘 현지에 내려가 현지실정을 감안하여 문제해결을 모색하며 ③ 모든 활동에서 정치활동을 선행함으로써 노동자 각자의 열의와 창의를 발휘시키며 ④ '일반적 지도'와 '개별적 지도'를 결부시켜 문제해결의 방향을 찾아내며 ⑤ 사업의 중심고리에 역량을 집중하여 모든 문제를 해결하며 ⑥ 모든 사업은 계획화하여 힘있게 추진한다는 것 등이다. 이러한 청산리방법은 북한 농업부문의 관리방법인 동시에 북한 공업관리방법인 대안의 사업체계의 이론적 근간이 되고 있다.

(2) 대안의 사업체계

대안의 사업체계는 1961년 12월 남포시 대안구역 대안전기공장 현지 지도시 김일성이 지시한 공업부문 관리방법으로서 공장 · 기업소에서 '공장당위원회'의 집체적 지도를 핵심내용으로 하고 있다. 북한은 대안의 사업체계를 청산리정신 · 청산리방법을 구현한 새로운 공업관리 형태라고 강조하고 있다. 북한은 공업관리에 있어 처음에는 '지배인 유일관리제'를 채택하여 지배인이 관리 · 운용의 모든 문제를 결정하고 처리하여 책임지도록 하였다.

이는 사회주의 초기단계에서 강력한 리더십 아래 공업생산력을 확대하기 위한 목적에서 채택되었다. 그러나 이후 경제발전에 따라 부문별 연관성이 중요시되면서 지배인 유일관리제는 관료주의와 기관본위주의와 같은 부작용과 기업관리에 하부직원의 직접적인 참여가 곤란하다는 결함이 지적되기에 이르렀다.

대안의 사업체계의 구체적인 내용은 다음과 같다. 첫째, 공장당위원회의 집체적 지도와 관리책임 아래 생산활동이 이루어지며, 공장당위원회에는 당간부, 행정간부, 지배인, 기사장, 기술자, 근로자(생산 핵심당원) 등이 참여한다.

둘째, 계획작성, 생산 및 기술지도사업은 기사장의 지도하에 집중적으로 수행되며 자재공급과 후방공급사업 등 공장관리 전반에 대한 행정경제 활동은 지배인의 지도하에서 통일적으로 수행된다.

셋째, 중앙집권적인 자재공급체계로서 각부 관리국, 공장·기업소, 직장, 생산현장의 순으로 생산을 조직 지도하면서, 상급기관이 하부기관에 대해 자재를 책임 공급한다.

넷째, 종합적 후방공급체계로서 기업소가 근로자들의 후생을 총체적으로 책임지는 것이다. 종래에는 근로대중의 생활문제는 기업관리와 무관한 것으로 간주되었다. 대안의 사업체계상으로는 근로자의 물질적 수요를 종합적으로 보장하게 되어 있다.

(3) 독립채산제

독립채산제는 공장·기업소에 독자성을 일부 허용하여 사회주의체제에서 제기되는 생산력 저하 문제를 해소하려는 경영관리 기법으로 점차 적용범위가 확대되고 있다. 북한은 1970년대 초부터 중앙의 국영기업소와 지방의 공장·기업소를 포함한 공업부문은 물론 농업부문과 비생산적 부문인 유통부문에 이르기까지 독립채산제를 확대 실시하기 시작하였으며, 현재모든 국영공장·기업소들이 독립채산제를 실시하고 있다.

한때 북한의 독립채산제는 대상기관과 실시정도에 따라 완전독립채산제, 반독립채산제, 이중독립채산제로 구분하기도 하였다. 독립채산제에서는 각 국영기업이 은행 신용을 이용하고 독자적인 대차대조표를 보유하며, 물자 구입과 판매에 어느 정도 융통성을 지니게 된다. 사업의 평가에 있어서는 화폐지표를 활용하며 이익금은 국가가 먼저 '국가기업 이익금'을 공제하고 나머지 이익이 있을 경우 기업소의 운영상태 개선과 종업원의 물질생활 제고에 활용하게 된다.

북한은 독립채산제를 "사회주의 사회의 과도적 성격으로부터 제기되는 경영활동의 독자성, 물질적 자극과 가치법칙의 형태적 이용과 관련되는 사회주의 국영기업소의 가장 계획적이며 합리적인 관리운영방법"이라고 정의하고 있다. 말하자면 독립채산제는 사회주의 체제의 과도적 특성을 잘 반영하고 있는 관리방법이라는 것이다.

1998년 9월 개정된 북한 헌법과 1999년 4월 공포된 '인민경제계획법'에서도 이와 같은 독립채산제의 양면성(계획성 및 독자성)을 잘 나타내고 있다. 개정 헌법 제33조에서는 "국가는 경제관리에서 대안의 사업체계의 요구에 맞게 독립채산제를 실시하며 원가·가격·수익성 같은 경제적 공간을 옳게 이용하도록 한다"라는 조문을 명시하였다. 그러나 '인민경제계획법'에서는 "경제의 계획적 관리에서 그 어떤 분권화나 자유화도 허용하지 않으며, 지난날과 마찬가지로 앞으로도 국가의 중앙집권적 통일적 지도원칙을 변함없이 고수해 나갈 것"이라고 강조하고 있다. 그러나 2002년 7·1 경제관리개선조치를 통해 독립채산제는 운영면에서 기업이 일정한 수준이나마 경제적 자율성을 수용하는 것으로 변화되었다.

특히 종래 정치사상적 자극 위주에서 물질적 자극을 통한 경제관리의 범위가 확대된 것이다. 결국, 북한의 독립채산제는 경제운용에 있어서 기업소 등 일부 경제 단위에 다소나마 경제적 자율성을 부여한다는 점에서 그 의의를 찾을 수 있다.

(4) 사회주의 노력경쟁

자본주의 사회에서는 개인에게 생산수단의 소유가 허용되어 각자가 보상적 권력을 가지므로 동기부여 원천이 분산되어 있다. 그러나 북한과 같이 생산적 자산이 국가에 집중된 사회주의 사회에서는 국가가 보상적 권력을 독점하기 때문에 정부가 주민들에게 동기를 부여할 책임을 지게 된다. 북한에서 근로자들에게 동기를 부여하고 생산성을 높이기 위한 대표적인 운동이 사회주의 노력경쟁운동이다.

이 노력경쟁은 개인별, 작업분조별, 작업반별, 직장별, 공장 · 기업소 또는 협동농장별로 진행되는데, 노력 경쟁의 주된 기준은 부과된 생산과제를 얼마만큼 초과 완수하느냐에 달려 있다. 1946년 12월부터 '건국사상총동원운동'이라는 경쟁운동을 시작한 이래 북한에서의 사회주의 노력경쟁운동은 오늘날까지 강력한 추진력을 과시하여 왔다.

1950년대 전쟁기간 중에는 '증산돌격대 운동'으로부터 '3·1절 증산운동', '5·1절 증산운동', '상시증산돌격대' 등이 전개되었고 전후의 1954년 초부터는 3개년 복구계획과 함께 '복구돌격대운동', '민청순회 우승기쟁취운동' 등이 전개되었다. 그러나 노력경쟁으로서의 사회주의 경쟁운동이 본격화되기 시작한 것은 1956년 12월 당중앙위원회 전원회의 이후부터이다. 북한은 노동 강화를 통한 생산 증대의 도모는 무엇보다도 모든 근로자들을 공산주의 사상으로 교양 · 개조하는 것이라고 판단하고 이를 실천하는 방안으로 천리마운동을 전개하였다.

로동당의 총노선으로 채택된 이 운동은 1959년 3월 '천리마작업반운동'으로 보다 구체화되었으며, 1961년 8월까지 200만명 이상의 근로자가 이 운동에 동원되었다고 한다. 1975년 말부터는 '3대혁명 붉은기 쟁취운동'이라는 새로운 형태의 노력경쟁운동이 전개되었다. 이 운동의 목적은 혁명과 건설에서 북한이 당면하고 있는 여러 문제들을 해결하고 김일성 주체사상의 요구대로 3대 혁명을 촉진하자는 것으로 검덕광산과 청산리 협동농장에서

1975년 12월 1~2일에 각기 궐기대회를 가짐으로써 발단되었다. 이때부터 노력경쟁 운동은 작업반 단위가 아닌 공장・기업소, 협동농장과 같은 광역 단위로 전개되었다.

1980년대에 들어와서는 종래의 천리마운동에 '속도전'의 의미가 추가되었는데 1982년 7월 9일 김책제철소의 궐기모임을 시발로 하여 김정일의 주도하에 추진된 '80년대 속도창조운동'이 그것이다. 김정일 시대에 들어와서는 1998년 1월 강계정신을 강조한 이후 일련의 경제슬로건을 일정한 시차를 두고 제시하였다. 김정일은 1998년 1월 자강도 강계트랙터공장에 대한 현지지도시 자력갱생에 입각한 강행군 사례를 '강계정신'으로 개념화하면서 이를 바탕으로 '제2의 천리마대진군' 운동으로 구체화시켰다. 이후 김정일이 성진제강연합기업소를 현지지도하면서 '성강의 봉화'(1998년)라는 새로운 경제슬로건을 제시한 데 이어 2000년대 들어서는 '락원의 봉화'(2000년), '라남의 봉화'(2001년) 등을 경제 슬로건으로 잇달아 제시하였다.

이와 같은 김정일 시대의 경제슬로건들은 단순히 자력갱생에 중점을 두었던 종래와는 달리 기술혁신과 업종 전문화를 통해 적극적으로 실리를 추구한다는 점에서 이전의 경제슬로건들과는 차별화되고 있다.

다. 관리체계

(1) 농업관리

북한의 농업관리는 '적지적작, 적기적작'의 원칙에 입각하여 소위 "주체농법을 실현시킨다"는 로동당의 정책노선에 초점을 맞추고 있다. 북한의 농업관리 조직은 생산수단의 사회적 소유형태에 따라 두가지로 대별된다. 국가적 소유에 기초하고 있는 것은 국영 농・목장, 국영 농기계작업소, 국영 관개관리소 등이며, 협동적 소유로는 협동농장을 들 수 있다. 전자는 농업 전분야에서 지도적 역할을 담당하고 있지만,농업 관리조직의구 성면에서는 협동농장이 압도적으로 많은 비중을 차지하고 있다.

북한이 내세우고 있는 농업관리의 기본방향을 보면, ① 당위원회의 집체적 지도하에 정치사업을 앞세운 농촌 지도 ② 군(郡)단위로 공업적 · 기업적 방법에 의한 농촌 관리 ③ 중앙집권적 일원화체계의 원칙 반영 등 이다. 북한의 농업관리체계는 농업성, 도 농촌경리위원회, 군 협동농장경영위원회를 비롯한 모든 계획단위가 중앙집권적 체제하에 유기적으로 결합된 체계로 이루어져 있다.

농업성은 도 농촌경리위원회와 군 종합농장, 관할 국영 농 · 목장과 농업기업소를 직접 통제 · 지도한다. 농업성 산하에는 각 도 마다 농촌 경리위원회가 있는데, 여기서 군 협동농장경영위원회와 관할 국영 농 · 목장, 농업기업소의 생산 계획지표를 맡아 작성한다. 도 농촌경리위원회 산하에는 15~20여개 협동농장을 관리하는 군 협동농장경영위원회가 있다. 군 협동농장경영위원회는 종래의 군인민위원회에서 농촌경리부를 분리하고 국영 농기계작업소, 농사시험장 등 농업지도기관을 흡수 재편한 것으로 1961년 12월 12일 내각결정 157호로 군 단위 국가농업 지도기관으로 설립되었다. 동 위원회는 협동농장들의 생산계획과 농기계작업소, 관개관리소, 종자관리소, 자재공급소를 비롯한 국가농업기업소들의 경영활동을 유기적으로 결합하는 역할을 수행한다.

군 협동농장경영위원회에 나타난 북한 '농촌경리'의 특징은 다음과 같이 요약된다. ① 군을 단위로 한 기업적 · 종합적인 관리 : 군내 협동농장들의 생산 활동과 관련 기업소의 재정활동 등 모든 기업활동을 총괄적 · 집체적으로 지도한다. ② '협동경리'에 대한 국가적 지도 협조 강화 : 군내의 농기계작업소,농기계수리공장, 수의방역소 등 국가단위의 기업소들을 종합적으로 관리 이용함으로써 군협동경리 전반에서 생산의 조직성을 제고시키고 군을 단위로 하여 독립채산제를 실시할 준비를 갖춘다.

1962년 말부터는 군 협동농장경영위원회를 농촌경리의 말단 단위로 하여 이를 도 농촌경리위원회와 중앙의 농업위원회와 일원적으로 연결시켰다. 북한에서 농업 기본단위가 되고 있는 협동농장의 관리운영은 농장관리위원회가 담당하며 협동농장 생산조직의 기본단위는 작업반이다. 협동농장의 작업반은 일정한 경지, 노동력 및 작업도구를 가지고 부과된 연간 생산과제를 수행한다. 작업반은 몇개의 분조로 다시 나뉘어지고 있으며 분조단위로 작업을 한다. 1990년대 이후 북한은 부분적이나마 농업에 대한 제도적 변화를 시도하고 있다. 그 하나는 일부 협동농장을 전인민적 소유(국유)형태로 전환한 것이다. 김일성은 1994년 2월 '사회주의 농촌테제 발표 30주년 기념서한'에서 협동농장들을 전인민적 소유형태인 '농업연합기업소'(또는 국영농장)로 점차 전환시켜 농업의 공업화를 실현하도록 지시하였다. 이에 따라 북한은 같은 해 12월 평양시 만경대구역내 협동농장들과 평남 숙천군내 협동농장들과 농업관련 기업소들을 각각 통합하여 전인민적 소유 형태의 '만경대구역 국영농장' 및 '숙천군 농업연합기업소'로 개편하였다.

북한의 농업관리체계에서 주목할 만한 것은 '분조관리제'이다. 분조관리제란, 1965년 5월 김일성이 강원도 회양군 포천협동농장 현지지도를 계기로 같은 해 11월 로동당 중앙위 제4기 제12차 전원회의에서 공식채 택된 것으로서 연간 농업생산계획을 10~25명으로 구성된 분조에서 책임지고 수행하며, 분조원에 대한 분배는 연말 생산실적에 따라 확정, 지급하는 일종의 책임노동제도라고 할 수 있다.

북한은 이후 '협동경리'의 약점인 책임성과 노동의욕의 결여 현상에 대한 대책으로 1960년부터 '작업반 우대제'를 실시하였다. 분조관리제는 분조의 책임성 제고의 측면에서, 작업반 우대제는 노동의욕 고취의 측면에서 기능하는 것을 목표로 하였다. 그러나 이들 대책은 보다 많은 초과분 할당을 의식한 생산실적 과대평가 및 비현실적인 생산목표량 설정 등의 부작용으로 인해 1970년대 초반 이래 유명무실화되었다. 북한은 1996년부터 농업생산성 저하로 인한 현실적 요구에 따라 개인의 근로의욕을 높이기 위해 기존의 분조관리제에 대한 개선조치를 실시하였다.

이 개선조치의 주요 내용은 '분조규모의 축소 및 우대제 적용', '생산계획의 하향조정', '초과분 자유처분권 인정'등이다. 이러한 분조관리제 개선 내용은 계속된 자연재해, 지속적인 생산량 감소 등으로 위기상황에 봉착한 식량사정을 극복하기 위한 대응수단으로서 협동농장에 대한 관리방식을 성과주의로 전환, 노동의욕을 자극함으로써 생산량 증대를 도모하려는 것이라고 볼 수 있다.

2002년 7·1 경제관리개선조치로 최근에는 종래 개인이 임의로 개간·경작할 수 있는 토지가 30~50평에서 400평으로 확대되는 등 농업관리에 많은 변화가 일어나고 있다. 또한 북한은 중단기적으로 종자혁명·두벌농사·축산업 발전·감자농사혁명·양어사업의 전개 등으로 식량문제를 해결하기 위해 노력하고 있고, 장기적으로는 토지정리사업의 확대와 농업의 기계화를 통해 농업생산의 효율화를 도모하는 전략을 추진하고 있다.

(2) 공업관리

북한의 공업관리는 '대안의 사업체계'하에서 집체적으로 이루어진다. 또한 생산수단이 모두 사회화되어 있기 때문에 관리의 초점은 근로자들의 책임과 역할 제고를 위한 정치사업에 집중되고 있다. 이것을 '사람과의 사업'이라고 하는데, 이는 "근로자들을 자주적이며 창조적인 사회적 존재로 키우는 사업이며 그들의 사상의식을 발동하는 사업"으로 그 의미를 부여하고 있다. 대안의 사업체계는 공장관리운영에 있어서 집단적 지도체계를 잘 반영하고 있다.

경제단위의 최고기관인 당위원회에서 경제관리의 모든 중요한 문제들을 토의·결정함으로써 당위원회의 집단적 지도를 실현할 수 있을 뿐만 아니라 이를 통해 공업을 계획적으로 운영할 수 있고 집중적인 생산 지도가 가능하다는 것이다.

북한은 대안의 사업체계를 보다 잘 구현하기 위해 1985년 7월 연합기업소 조직형태를 전면적으로 도입하는 조치를 취하였다. 연합기업소는 중앙계획기관의 지도하에 직접 계획을 세우고 생산하는 계획・생산・집행의 단위이다. 연합기업소는 내각의 위원회・부가 수행하던 일부의 지도기능을 직접 인수하여 수행하고 자재상사를 장악하고 있으며 하부의 공장・기업소에 대한 물질적, 기술적 보장을 책임진다. 따라서 연합기업소는 하부 공장・기업소의 생산활동 및 경영활동을 통제・장악하고 있다. 현재 연합기업소는 북한경제의 계획적 관리운영에 있어서 중요한 단위이다. 북한의 연합기업소는 여러 가지 형태로 조직되고 있는데 그 하나는 경제적으로 중요한 제품을 생산하는 모체기업을 중심으로 하여 일정 지역내에서 생산에 밀접한 연관이 있는 공장・기업소를 편성해 조직한 형태이다. 또 다른 형태로는 일정지역내에 있는 동일한 부문의 기업소와 보조부문의공장・기업소를 구성해서 조직한 형태이다.

그리고 전국적인 규모에서 동일 부문이나 상이한 부문을 망라해서 조직된 것도 있다. 현재 북한의 연합기업소는 명칭도 연합기업소, 회사, 연합회사, 총회사, 관리국, 총국 등 다양하게 불리우고 있으며 그 기능도 다소간 차이를 보이고 있다. 북한은 2000년 두 차례에 걸친 산업조직 개편을 실시하였다. 1차 개편시에는 연합기업소 조직을 폐지하였고, 2차 개편시에는 연합기업소를 재복원함과 동시에 연합회사 조직을 확대 도입하기도 하였다. 이와 같은 개편은 종합적 생산체제의 문제점을 시정하기 위해 산업전문화에 초점을 둔 것이었다. 북한의 공업관리는 그 내용에 따라 계획작성, 설비관리, 자재관리, 노력관리, 생산지도, 재정관리, 후방관리 등으로 구분된다. 이러한 분류는 공업관리의 주 대상이 되고 있는 공장・기업소뿐만 아니라 농업건설 등의 생산조직 체계에도 원칙적으로 적용되고 있다.

그리고 소유형태별로 보면, 국영 공장・기업소와 지방 공장・기업소로 나뉘고 있으며 규모에 따라 단일기업소, 종합기업소로 구분된다. 공장・기업소의 생산조직 및 관리는 생산기술적 특성과 생산의 전문화, 그리고 협동화 수준에 따라 복잡한 체계를 이루고 있다. 일반적으로 각 공장·기업소의 생산공정별, 생산품목별로 직장이 조직되며, 각 직장은 여러 개의 작업반으로, 작업반은 다시 분조들로 나누어진다. 특히 3급 이상의 중요한 공장·기업소에 대한 관리와 통제는 중앙당 및 내각의 경제 관련부서가 직접 담당하고 있으며, 지방 공장·기업소에 해서는 지방의 당위원회와 인민위원회에서 담당하고 있다.

원래 공장·기업소의 관리 운영은 공장 당위원회를 중심으로 집체적으로 이루어지도록 되어 있으며, 다만 실무적 차원의 관리·운영을 담당하는 지배인을 별도로 두고 있었다. 그러나 이와 같은 관리운영상의 이원적 구조는 7·1 경제관리개선조치를 계기로 당간섭 배제 및 지배인의 전문성이 강조됨으로써 지배인 중심의 운영체계로 변화되어 가고 있는 것으로 보인다.

(3) 유통관리

북한경제에서 유통은 국가의 계획과 통제속에 중앙집권적으로 관리되고 있다. 따라서 북한에서 말하는 상업이란 자본주의 경제에서의 상업과 기능면에서는 큰 차이가 있다. 즉 북한에서의 상업은 자본주의 경제와 같이 시장구조가 존재하는 상업이 아니라 국가유일체제하에서 상품공급을 위한 유통 내지 관리수단으로 기능하는 상업이다.

상업체계는 원칙적으로 행정지도 기능과 관리기능, 그리고 도매상업과 소매상업이 분리되어 있는데 도매상업은 중앙에서, 소매상업은 지방에서 관리하도록 방침을 세워 놓고 있다. 이는 상품유통의 전 과정을 국가에서 유일적으로 지휘함과 동시에 특히 소매상업의 지방관리(管理)를 통해 지방관리(官吏)들로 하여금 상품공급에서의 책임성과 역할을 제고시키기 위한 것이다.

북한의 상업망은 도매상업망, 소매상업망, 사회급양망, 수매망 등으로 나뉘어지고 있다. 이 중에서 가장 기본이 되는 것은 소매상업망으로서 이를 규모에 따라 상점, 매점, 매대로, 그리고 취급품종에 따라 전문상점과 종합상점으로 구분하고 있다. 상업기업소의 운영은 상업부가금을 기초로 이루어진다. 상업부가금은 상업기업소의 유통비와 이익금을 고려하여 상품에 반영하는 부가금을 말한다. 이를테면 생산기업소에서 상품을 넘겨받을 때 적용되는 도매가격에 상업부가금이 첨가되어 소매가격을 이룬다. 상업부가금은 국가에서 상품가격을 정할 때 그 상품의 유통비와 상업기업소의 이윤 규모를 감안하여 계획적으로 책정한다.

그러나 상품이 생산지에서 최종소비지에 전달되기까지는 여러 단계를 거쳐야 하므로 상업부가금을 1회만 적용하는 원칙을 내세우고 있다. 상업부가금의 수입은 상업기업소들이 독립채산제에 의해 자체수입으로 지출을 맞추고 수익을 보장하는 원천으로 활용한다. 그러므로 상업부가금의 증대는 국가기업이익금을 늘이고 재정수입을 확대시키는 기본수단 으로 기능하고 있다. 상업유통 부문에서도 2002년 7·1 경제관리개선조치로 많은 변화가 일어났다. 지금까지의 중앙집권적인 사회주의 상업유통에 자본주의적 상업유통 기능이 상당부분 가미된 것이다.

북한은 2002년 12월부터 공식 공급망의 공급능력 부족으로 '시장'의 보완적 기능을 적극 수용하기 시작하였다. 7·1 경제관리개선조치 초기에는 국영상점망을 강화하고 농민시장, 장마당 등을 통제하려고 하였으나 물자공급 부족으로 인해 같은 해 12월 초순부터는 장마당에서 농산품 외에 공산품 거래까지 허용하기 시작하였으며, 2003년 3월말부터는 평양에 종합시장의 개설을 추진하고, 북한 전역으로의 확대를 도모하고 있다.

(4) 가격관리

북한에서의 가격은 기본적으로 '사회적 필요노동'에 기초하여 계획적으로 제정된다. 투하된 노동비용을 근간으로 하여 산출되는 사회적 필요노동 지출이 상품가격 결정의 기본적인 척도가 되고 있다. 가격 제정의 중요한 원칙

중 다른 하나는 가치와 가격을 인위적으로 유리시키는 것이다. 예를 들어 대중소비품의 가격은 낮게 정하되, 공급량이 제한되어 있는 소비품에 대해서는 수요를 조절하기 위해 사회적 필요노동지출과는 관계없이 높게 정하였다. 이와 같이 가격 결정에 있어서 임의성이 크게 작용하는 까닭에 가격은 시장가격과 큰 차이를 나타내었다. 이에 따라 가치와 가격의 괴리를 해소시키기 위해 7·1 경제관리개선조치를 단행함으로써 동조치 초기에는 어느 정도 가격의 왜곡현상이 시정되는 듯하였다.

가격 제정은 도매가격, 소매가격, 수매가격, 운임 및 요금 등으로 나누어 실시된다. 이때에 요구되는 것이 가격제정사업을 중앙집권원칙에서 유일적으로 정한다는 가격의 일원화이다. 가격의 일원화는 국가계획에 따라 의무적으로 생산하는 모든 생산물을 대상으로 한다. 다만 협동경리에서 생산되는 일부 채소와 과일, 수산물의 가격은 일원화하지 않고 국가가격 제정기관에서 정해준 표준가격을 기준으로 하여 일정범위 내에서 수요와 공급에 따라 가격이 결정되도록 되어 있었다.

그러나 오늘날에 와서는 가격의 일원화 원칙은 7·1 경제관리개선 조치에 따라 지방마다 다르게 나타나는 등 사실상 가격의 일원화 원칙이 준수되지 않고 있다. 북한은 2002년 7·1 경제관리개선조치 이후 모든 가격과 임금이 핵심 필수품인 쌀을 기준으로 실제 생산비와 수급상황 및 국제가격에 기초하여 전면적으로 가격체계를 현실화하였다. 물가는 식량·생필품의 국정가격을 농민시장가격 수준과 비슷한 평균 25배로(쌀 1kg당 8전→44원, 옥수수 1kg당 6전→24원, 세수비누 1개당 2원→20원 등) 인상하였으며, 공공요금도 버스·철도요금을 20배 이상(버스·지하철 요금 10전→2원, 전기료 kW당 3.5전→2.1원) 인상하였다.

(5) 분배관리

북한의 소득은 "사회의 공동적인 소비(기관관리, 과학, 교육, 보건, 기타)

와 예비의 조성, 기타에 돌려지는 몫과 직접 근로자들에게 돌려지는 몫으로 구분되어 계획적으로 분배"된다. 생산수단은 기자재 공급계획에 의거하여, 노동임금은 노동보수계획에 따라 분배 · 관리된다. 특히 노동 보수계획은 노동자 · 사무원들에게 지불할 노동보수의 규모와 수준을 규정하는 노동계획 기본항목의 하나인데 주로 노동자 · 사무원의 생활수준, 상품유통규모, 소비와 축적의 관계 등을 고려하여 작성된다.

이 노동보수계획은 보수의 형태에 따라 생활비계획, 장려금계획, 상금계획으로 구분하여 작성하도록 되어 있다. 생활비계획에는 기본적으로 계획기간 내 지출되는 생활비의 총규모를 미리 규정하는 총생활비계획이 있고, 계획시기에 노동자 · 사무원 1인당 평균지출 규모를 규정하는 평균생활비계획이 있다. 장려금계획은 '국가기준 노동정량'보다 계획년도의 '노동정량'이 더 높아지는 경우에 지불되는 '노동보수계획'이다.

이 계획은 장려금계산 노력수와 기준평균생활비, 계획년도의 노동정량제고율, 장려금률 등에 기초하여 작성된다. 또한 상금계획은 노동정량을 높이게 되면 기본생활비 이외에 추가로 더 지불하는 근로자의 노동의욕 제고 목적의 보수계획이다. 이와 같은 노동자 사무원들의 생활비를 기초로 한 노동보수 분배방식 과는 달리, 협동농장의 농장원들에게는 노력일을 기준으로 분배되고 있다. 연말(보통 10월~12월)에 각 협동농장을 단위로 결산분배를 진행, 농업협동경리에서 연간 생산실적 및 재정활동을 총결산하고 수입을 확정하여 분배한다. 결산분배사업은 ① 결산분배의 준비 ② 결산서의 작성과 비준 ③ 결산분배총화회의 진행 ④ 현물 및 현금 분배 등의 절차로 진행된다. 결산분배를 위한 준비사업에서는 수입과 지출의 확정, 노력일의 확정과 재평가, 채권 · 채무의 청산, 재산 실사 등이 진행된다.

결산서에는 생산계획 수행과 관련한 지표들과 수입분배 관련 지표들,그리고 생산 및 재정성과를 평가하는 지표 등으로 구성되어 있다. 이결산서는 농장원총회(대표자회의)에서 토의 · 결정한 다음 해당 상급 기관에 제출하여 비준을 받는다. 이 때 상급기관은 제출된 결산서를 심의하고 매개 단위의 생산 및 재정활동을 평가하며 경리운영상의 개선을 위한 대책을 제시해 준다. 상급기관의 결산서 비준절차가 끝나면, 협동농장 결산분배총화회의에서 총화보고에 이어 결산분배서를 통과시키고 검사위원장이 결산기간중 검사위원회가 진행한 검열 결과를 보고하게 된다. 이 회의가 끝나는 대로 현금 및 현물 분배가 실시된다.

7·1 경제관리개선조치로 북한은 보수체계에도 많은 변화를 보였다. 노동자·사무원 등 전 직종을 대상으로 임금도 평균 18배 인상하고, '노동의 결과에 따른 분배 원칙' 아래 차등 지급하는 조치를 취하였다. 이는 임금의 평균주의를 철폐하고 인센티브제를 도입함으로써 노동의 생산성을 높이기 위한 조치라고 할 수 있다.

5 경제계획 및 실적

가. 사회주의 경제체제 기반구축

북한은 분단 직후부터 토지개혁, 주요산업의 국유화, 지하자원·산림·수역 국유화와 같은 사회주의화 개혁을 단행하여 계획경제 추진의 기초를 구축하기 시작하였으며, 1958년 8월에 농업의 협동화와 수공업 및 중소상공업의 협동화를 끝냄으로써 생산관계의 사회주의화를 완료하였다.

북한에서의 국가적 소유대상에는 제한이 없으며 협동단체 소유를 제외한 토지, 지하자원, 산림자원, 기타 자연자원, 주요 공장과 기업소, 은행, 항만시설 그리고 그 밖의 교통운수 및 체신시설 등이 포함된다. 소유에는 농업·어업부문의 협동 단체에 소속된 토지, 농기계, 배, 중소공장·기업소 등이 포함된다.

(1) 토지개혁과 농업의 집단화

북조선임시인민위원회는 1946년 3월 토지개혁법령을 공포하고, '무상몰수 무상분배'에 의한 토지개혁을 실시하였다. 당시 북한 지역의 농경지 약 200만 정보 중 100여만 정보의 토지가 무상으로 몰수되었고, 이 중 90여만 정보가 농민들에게 무상으로 분배되고 나머지는 모두 국유화되었다. 그 후 '토지관개관리령'(1946. 9), 국영 농 · 목장의 규모 확장(1949. 12)농기계 임경소 설치(1950. 2) 등을 거쳐 휴전 후인 1953년 8월 5일에 열린로동당 중앙위원회 제2기 제6차 전원회의에서 1954년부터 농업협동조합을 조직할 것을 결정하였다.

로동당은 농업협동조합을 조직함에 있어서 다음과 같은 세 가지 형태를 규정하였는데, 제1형태는 고정적인 '노력협조반'이고, 제2형태는 출자한 노동과 토지에 의하여 분배를 실시하는 '반사회주의적 형태'이며, 제3형태는 토지 · 농기구 등 생산수단을 통합하여 노동의 양과 질에 의해 분배하는 완전한 사회주의적 형태'이다.

북한 당국은 표면적으로는 이 세 가지 형태 중 농민들의 실정에 따라 농민들이 스스로 적당한 것을 선택하도록 하였다. 이에 따라 1953년 말부터 1954년 초에 걸쳐 1개 군에 1~2개씩의 농업협동조합이 만들어졌는데, 이러한 예비적 단계를 거쳐 1954년부터 집단화운동이 본격적으로 전개 되었다. 북한은 농업집단화를 착수한 지 5년만인 1958년 8월에 이미 전 농가를 협동조합에 가입시켜 농업집단화를 완료하였다. 당시의 농업협동조합의 수는 13,309개였는데, 1개 협동조합은 평균 80호의 농가로 조직되었고, 경지 면적은 130정보였다. 그러다가 1958년 10월 협동조합을 리 단위로 통합하게 됨으로써 3,843개 조합으로 그 수가 줄어든 반면, 1개의 협동조합은 농가 300호, 경지 면적 500정보로 그 규모가 커졌다.

그 후인 1961년에는 11월 군(구역) 인민위원회로부터 농촌경리에 대한 지도기능을 분리시켜 전문적 농업 지도기관인 군(구역) 농업협동조합경영위원회를 조직하고, 군내에 있는 농기계작업소, 농기계공장, 관개관리소, 자재공급소, 수의방역소 등을 직접 운영하게 하였다. 이렇게 하여 1962년부터 농업협동조합도 협동농장으로 개칭하게 되었으며 오늘의 협동농장경영체계가 확립되었다.

(2) 산업의 국·공유화

1946년 8월 10일, 북조선임시인민위원회는 '주요 산업 국유화 법령'을 발표하여 주요 공장·기업소, 광산, 발전소, 운수, 체신, 은행, 상업 및 문화기관을 국유화하는 조치를 취했다. 그 결과 전체 산업의 90% 이상인 1,034개소의 산업시설이 사회적 소유로 전환되었다. 한편 개인이 경영하는 소규모의 공장·기업소와 상업에 대해서는 한국전쟁 이전은 물론 휴전 후까지도 부족한 생활필수품의 원활한 생산과 유통을 위해 '장려·이용·제한'이라는 일련의 정책과정을 거쳐 국유화를 추진하였다.

한국전쟁 이후 개인상공업을 사회주의적으로 개조하는 과정에서는 농업의 집단화와 같이 다음 세 가지 형태가 활용되었다. 즉 제1형태는 도시의 수공업자들에 대한 생산협동반화이며, 제2형태는 중소상공업자들의 협동반화이며, 제3형태는 생산수단이 공동소유로 된 완전한 사회주의적 형태 등이었다. 북한은 농업의 집단화와 마찬가지로 개인 상·공업의 협동조합화를 1958년 8월에 완료하였다.

(3) 단기 경제계획의 실시

북한의 경제계획은 1947년부터 실시되었다. 당시는 단기계획으로서 1947년과 1948년 2회에 걸쳐 1개년계획으로 추진되었으며, 1949년에는 2개년계획에 착수하였다. 2개년계획에서는 산업분야에서 일제의 식민지적 잔재와 폐해를 제거하고, 각 부문의 생산을 급속히 늘릴 목표를 세웠으나, 2개년계획은 한국전쟁으로 중단되었다.

전후 북한은 전쟁 이전 수준으로의 경제복구에 목적을 둔 전후 복구 3개년계획과 사회주의 공업화의 기초 구축에 목적을 둔 5개년계획을 실시하였다. 1954년 4월 최고인민회의 제1기 제7차 회의에서 채택된 전후복구 3개년계획은 생산수준을 전쟁 이전인 1949년 수준으로 높일 것을 목표로 하였는데, 이 계획은 중·소의 원조 등에 힘입어 4개월 조기 달성되었다고 발표하였다. 그러나 실제로는 석탄, 시멘트, 곡물 등 대부분이 계획에 미달되었다.

1957년부터 착수한 5개년계획은 사회주의 경제의 공업기반 구축과 주민의 의·식·주 문제를 기본적으로 해결하는 데 목표를 두었다. 이 계획은 전후복구 3개년계획과 마찬가지로 중국, 소련 및 기타 공산국의 지원에 힘입어 계획기간을 2년 앞당겨 조기 달성하였다고 발표되었다.

나. 사회주의 경제계획 추진

북한에서 사회주의 경제체제를 바탕으로 하여 본격적으로 경제계획을 추진한 것은 1961년 제1차 7개년계획부터라고 할 수 있다. 이후 북한은 6개년계획, 제2차 7개년계획을 실시하였으며 1993년까지 제3차 7개년 계획을 추진한 바 있는데, 각 계획기간별 당면과업과 계획목표 및 실적을 간추려 보면 다음과 같다.

(1) 제1차 7개년계획(1961~1970)

북한은 1950년대 후반의 5개년계획에서 구축된 공업기반의 견고한 발전과 주민생활의 향상을 목표로 1961년부터 제1차 7개년계획에 착수하였다. 이 시기에 북한경제는 기계제작공업을 중심으로 한 중공업 우선 정책을 강력하게 추진한 결과, 공업화를 위한 초보적인 기반조성이 어느 정도 이루어졌다. 그러나 이와 함께 대내지향적 공업화정책의 한계가 서서히 나타나기 시작하였으며, 더욱이 1962년 10월의 쿠바 위기를 계기로 북한은 군사력 증강의 필요성을 절감하여 '4대 군사노선'을 채택하고 군사부문에 대한 투자를 증대하지 않을 수 없게 되었다. 또한 중・소 이념분쟁의 영향으로 사회주의 국가들의 대북한 원조가 격감함에 따라 계획 달성에 큰 차질을 빚게 되는 등 어려운 상황에 직면하기도 하였다.

이에 따라 1966년 10월 당대표자회의에서 계획기간을 3년간 연장하였 음에도 불구하고, 전반적으로 당초 계획목표를 달성하지 못한 상태에서 끝을 맺었다.

(2) 6개년계획(1971~1976)

북한은 1970년 11월 12일 제5차 당대회를 통해 3대기술혁명 수행과 산업의 체질개선을 목표로 한 6개년계획을 수립하여 1971년부터 착수 하였다. 6개년계획 기간 중에는 서구로부터의 자본, 기술 및 설비의 도입에 큰 관심을 가진 것이 특징이다. 그러나 서방제국으로부터 도입한 차관 및 연불수입대금을 제때에 상환하지 못함으로써 1975년 이후부터는 심각한 외채문제가 야기되었다. 또한 경제규모가 커지면서 에너지・수송 등 사회간접자본 부문에서도 많은 문제점들이 나타남으로써 당초 계획목표의 달성이 불가능하게 되었다.

북한은 1975년 8월 갑자기 동 계획을 1년 6개월 조기 완수했다고 발표하고, 그 후 무려 2년간의 완충기를 설정, 부진한 부문을 조정하는데 주력함으로써 사실상 계획기간을 1년간 연장하여 추진하였다. 그러나 이 같은 문제점들로 인해 제2차 7개년계획의 초기부터 공업생산 성장률이 급격히 떨어짐으로써 경제가 침체에 빠지기 시작하였다.

(3) 제2차 7개년계획(1978~1984)

1978년부터 착수된 제2차 7개년계획에서는 인민경제의 '주체화・현대화・과학화'를 표방하고, 1977년에 비하여 국민소득 1.9배, 공업 총생산 2.2

배, 알곡 1,000만톤 생산 등을 주요 목표로 제시하였다. 그러나 계획종료 년도인 1984년이 지나도록 동 계획의 추진결과에 대해 일절 발표가 없다가 1985년 2월16일 국가계획위원회 중앙통계국이 1984년 말을 기해 동 계획이 완료되었다고 뒤늦게 발표하였다. 한편 북한은 '1980년대 말 사회주의 경제건설 10대 전망목표', '4대 자연 개조사업' 등 별도의 목표를 제시하고 경제건설에 박차를 가하였으나 별다른 성과를 거두지 못하였다.

또한 기간 중 대외경제사업 및 무역 확대 발전방침 채택, 합영법 제정 공포 등을 통해 경제적 대외개방에 관심을 보이기 시작하였다. 제2차 7개년계획 역시 당초의 목표 달성에는 실패하였으며 동 계획이 종료된 이후 제3차 7개년계획에 착수하기까지 2년간의 조정기를 거쳐야 하였다. 이 시기에 주목할 점은 제2차 7개년계획 후반기부터 북한에서도 주민들의 소비생활에 대한 욕구충족 문제가 더 이상 미룰 수 없는 주요한 과제로 대두되기 시작했다는 것이다.

(4) 제3차 7개년계획(1987~1993)

제3차 7개년계획의 기본과업은 제2차 7개년계획과 마찬가지로 인민 경제의 주체화 · 현대화 · 과학화에 두고 국민소득 1.7배(연평균 성장률 7.9%), 공업생산 1.9배, 농업생산 1.4배 등 성장목표와 이미 발표되었던 10대 전망목표를 일부 수정하여 주요 생산 및 건설 목표를 설정하였다.

제3차 7개년계획은 그 추진방침이 제2차 7개년계획과 크게 다를 바없고, 특히 계획목표는 몇 개 분야를 제외하고는 이전의 경제계획에 비해 하향 책정되어 있는 점이 특징이다. 이는 당시 북한의 경제상황이 그만큼 어려웠다는 점을 반영하는 것이었다. 동 계획에서 주목할 것은 ① 기술혁신 문제를 최우선 과제로 제기하고 있고 ② 무역과 대외 경제협력의 확대 · 발전을 크게 강조하고 있는 점 등을 들 수 있다.

이러한 점들은 기술혁신을 경제개발의 관건으로 보고 있으며, 또 무역과 대외 경제협력이 기술혁신의 중요한 방법이 된다는 인식에 바탕을 두고 있다는 점에서 상당한 변화로 받아들여지고 있다. 특히 1991년에는 유엔개발계획(UNDP)의 두만강개발계획 추진과 관련하여 '나진-선봉 자유경제무역지대' 개발계획을 발표, 대외개방면에서의 변화를 보였다. 그러나 제3차 7개년계획은 계획초기부터 전반적으로 저조한 실적을 보였으며, 이러한 현상은 시간이 경과하면서 회복되지 못하고 오히려 심화되는 추세를 나타내었다. 1987~1989년 기간 중에는 상대적으로 다소 높은 경제계획 수행률을 나타내었는데, 이는 무엇보다도 1989년 '제13차 세계청년학생축전' 개최 준비와 관련하여 기본건설 및 연관산업부문에 집중적으로 노동력과 투자재원을 투입하였기 때문이라고 하겠다. 그러나 1990년대에 진입하면서부터 지나친 정치우선적 경제운영과 기본건설부문 중심의 성장전략은 재정 부족→투자 부진→기본건설 부진→여타 산업침체 확산 등의 경로로 후유증이 확대되었다.

특히 구소련 및 동구제국의 붕괴 이후 이들 국가와의 정치적 유대에 기초했던 북한의 대외무역 및 경제협력 기반이 무너짐으로써 북한경제는 대내외적으로 큰 어려움을 겪게 되었다. 이에 대해 북한은 "여러 사회주의 나라들과 세계 사회주의 시장 붕괴로 이 나라들과 맺었던 장·단기 무역협정들이 헝클어지고 그 이행이 거의 중단되게 되었다"고 하면서 제3차 7개년계획의 실패를 스스로 인정하지 않을 수 없었다. 제3차 7개년계획의 실질적인 수행실적을 보면 국민소득이 목표대비 61% 수준, 연평균 대외무역실적은 목표의 52.5%, 그리고 기타 주력산업 부문의 목표수행률은 20~50% 수준에 머무른 것으로 나타났다.

(5) 완충기 경제계획의 추진(1994~1996)

북한은 당중앙위원회 제6기 제21차 전원회의(1993. 12. 8)에서 제3차 7개년 경제계획의 주요 지표들이 목표에 미달되었다는 사실을 인정하면서, 이후 3년간(1994~1996년)을 '사회주의 경제건설의 완충기'로 설정하고 이 기간에 추진할 새로운 경제전략으로 '농업 · 경공업 · 무역제일주의'를 제시했다.

북한은 과거 제1차 7개년 경제계획(1961~1970년) 이후에도 실적 부진을 이유로 계획기간을 1~3년간 연장하거나 완충기를 두어 왔는데 경제계획 실패를 인정한 후 완충기를 설정한 것은 이때가 처음이었다.

이와 같이 완충기를 설정하게 된 배경으로는 우선 동구 사회주의 국가들의 붕괴에 따른 사회주의권 시장 상실로 경제협력과 무역거래가 거의 단절되었다는 점을 들 수 있다. 또한 지속적으로 추구해온 중공업우선정책으로 말미암아 주민들의 기본적인 생계도 보장할 수 없을 정도로 경공업부문이 낙후되는 등 산업구조 불균형현상이 심화되었기 때문이다. 완충기전략의 세부적인 내용을 살펴보면, 우선 농업부문에서는 농업의 공업화 · 현대화 실현을 통해 식량부족문제 해결을 도모한다는 것이며, 경공업부문에서는 인민소비품 생산을 증대시키겠다는 것이었다.

그리고 대외무역부문에서는 수출을 촉진시키고 대외경제협력관계의 확대를 도모하며 나진-선봉 경제무역지대의 투자유치활동에 적극 나서겠다는 것이었다. 그러나 완충기 설정을 통해 경제의 시급한 문제들을 해소해 보겠다는 당초의 목적과는 달리 북한경제는 점점 더 위축되었다. 처음부터 경제관리방식이나 국가예산지출상의 우선순위에 근본적인 변화 없이 경제회복의 실질적인 추진 원동력이 부재한 완충기의 설정만으로는 뚜렷한 성과를 기대하기 어려운 형편이었다.

또한 구소련과 중국의 우호가격 철폐와 경화결제 요구조치가 각각 1991년과 1992년 이래로 지속되었는데, 이것 역시 큰 부담으로 작용하였다. 실제로 북한의 경제성장률은 완충기 첫 해인 1994년에 -2.1%, 1995년에 -4.1% 그리고 1996년에는 -3.6%를 기록함으로써 1990년 이후 지속 되고 있는 마이너스 성장이 3년간의 완충기 동안에도 계속되었음을 보여 주었다.

이에 따라 북한은 1997년 신년공동사설에서 새로운 경제정책을 제시 하지 않고 농업 · 경공업 · 무역제일주의의 철저한 관철을 재천명함으로써 1996년

종료하기로 한 완충기 경제전략을 사실상 또 다시 연장하였다.

다. 내부정비 조치 및 부문별 경제계획 추진

북한은 완충기가 종료되는 해인 1996년 이래 새로이 종합적인 중장기경제계획을 수립하지 못하고 있다. 이는 북한이 직면한 경제난의 자체 해결능력 부족, 대외경제여건 불리 등 대내외적인 불확실성으로 인해 미래에 대한 청사진을 제시할 수 없기 때문으로 해석된다. 1998년부터 북한은 경제적 난관을 극복하기 위해 나름대로의 여러 가지 내부적 정비 조치들을 취해오고 있다. 이러한 조치들은 기본적으로 이완된 계획부문의 질서회복을 통해 체제 내부를 정비하려는 방향에서 추진되고 있는 것이다.

그 주요 내용을 살펴보면 다음과 같다. 첫째, 사회주의헌법의 경제관련 조항을 개정하였다. 경제관련 헌법조항들을 수정하여 변화된 내부의 경제현실을 공식화하고 향후 대외지향적 정책을 추진할 수 있는 가능성을 마련하였다.

구체적으로는 소유구조의 조정, 경제관리운영에서의 자율성 확대, 채산성 원칙의 중시 그리고 대외경제개방의 확대 등을 내포하고 있다. 그리고 내각의 권한을 강화하고 경제관련 부서의 통폐합을 통해 조직 운영 및 경제효율성 제고를 모색했다. 둘째, 최고인민회의 제10기 제2차 회의(1999. 4. 7~9)에서 국가예산을 공식적으로 발표하고 '인민경제계획법'을 채택하였다. 5년 만에 발표된 1999년도 예산안에서 농업, 전력, 석탄, 광업, 금속, 기계 등의 기간산업 부문과 철도운수부문의 예산증가율이 10~15%에 이르렀는데, 이는 북한이 농업 및 중공업부문에 높은 비중을 두고 있음을 보여준다.

이러한 정책기조는 향후 경제정책운용의 지침으로 작용하고 있다. 한편 인민경제계획법 채택은 비계획부문의 확산을 차단하고 사회주의 경제체제의 계획기능을 정상화시키려는 노력의 일환인 것으로 평가할 수 있다. 셋째, 1998년에 경제과업 관철을 위한 '내각결정'을 채택한 이후 당면문제 해결을 위한 부문별 계획을 수립하여 실시해오고 있다.

이 내각 결정은 김정일 체제의 공식 출범 이후 최초로 설정된 종합적 경제 대책의 의미를 갖는 것이다. 주요 실천적 대책은 석탄·전력·금속·공업 등 선행부문 역량집중, 식·의·주 문제 해결, 이완된 계획질서 정비 등으로 제시되었다. 이러한 내각결정은 김정일 60회 생일을 맞는 2002년까지 성(省)·중앙기관, 도인민위원회와 해당기관 등이 달성해야 할 경제적인 목표의 성격을 갖는다. 2000년대 들어서는 북한이 에너지, 농업, 과학기술, 도시건설 등 집중해야 할 당면부문에 대한 중장기 계획을 밝히고 있어 주목된다.

먼저 에너지부문에서 '연료·동력문제 해결을 위한 3개년계획'(2003~005년)을 수립·추진하고 있다. 북한은 경제 침체의 주요한 원인이 에너지난에 있다고 보고 발전소 기술개선, 석탄 증산, 관련 기계설비 조달 등을 포함한 에너지 증산 계획을 추진하고 있다. 농업부문에서는 영농사업에 컴퓨터를 이용하는 '정보농업'을 국가적인 사업으로 추진하여, 오는 2007년에는 8백만 톤의 식량을 생산할 계획을 세우고 있는 것으로 알려지고 있다. 이러한 식량 증산계획의 1단계로서 2003년부터 황해남도 안악군 등 4개군에서 정보농업을 도입하는 등 영농의 과학화를 도모하고 있다. 또한 과학기술부문에서는 1998년부터 두 차례에 걸친 '과학기술발전 5개년계획'(1차 : 1998~2002년, 2차 : 2003~2007년)을 추진해오고 있다.

한편 도시건설부문에서도 '평양시 현대화계획'(2002~2004년)을 수립하여 영광거리 등 평양시 중심거리 보수·정비, 통일거리 등에 종합시장 건설, 평양시에 2만 2,800여 세대의 주택건설을 추진하고 있다. 북한의 이와 같은 부문별 중장기 경제계획은 실질 중시 차원에서 마련되고 있다. 그러나 북한의 어려운 경제상황 및 대외환경을 고려할 때, 이와 같은 부문별 계획 추진에는 적지 않은 애로가 뒤따를 것으로 예상된다.

6 분야별 현황

가. 국민소득

북한에서는 총량부문의 경제지표로서 사회총생산과 국민소득이란 개념이 사용되고 있다. 사회총생산물(GSP : Gross Social Product)이란 "일정한 기간(보통 1년)에 사회의 모든 생산부문들에서 창조된 물질적 부를 전사회적 범위에서 개괄한 총량"을 말한다. 즉 사회총생산물은 공업, 농업, 건설, 화물수송 등 물질적 생산부문에 종사하는 근로자들의 생산적 노동에 의하여 창조된 사회 생산물의 총계이므로 국가관리, 교육·과학·예술, 여객수송, 주택건설 등 많은 비생산적 부문은 포함되지 않는 것이 개념상의 특징이다.

이러한 사회총생산물은 기본적으로 사회주의 소유의 두 형태인 전인민적 소유와 협동적 소유에서 생산되며, 극히 적은 부분은 개인부업경리에서 생산된다. 사회총생산물은 현물 형태로는 생산수단과 소비재로 이루어지며, 가치 형태로는 생산 과정에서 소모된 생산 수단의 가치 또는 가치 형태와 노동에 의해 새로 창조된 가치 또는 가치 형태로 구성된다.

한편 국민소득(NMP : Net Material Product)은 "사회총생산물 중에서 생산하는 데 소비된 생산수단을 보상한 나머지 부분, 즉 그 해에 새로이 창조된 가치"라고 정의하고 있다. 따라서 국민소득이란 사회총생산물에서 고정자본 감가상각충당금과 중간재 투입비를 제외한 부분을 말한다.

이러한 의미에서 볼 때 북한의 국민소득은 우리의 국민순생산(NNP : 협의의 국민소득 NI+純간접세) 개념과 유사한 면도 있으나, 북한의 국민소득에는 비생산적 서비스부문이 포함되지 않고 있으며, 본질상 간접세에 해당하는 '거래수입금'과 농업생산이나 생필품 생산 등에 정부가 지급하는 보조금이 가감되지 않는 차이점이 있다. 우리의 국민소득과 개념상의 차이가 있을 뿐 아니라, 그 차이점을 합리적으로 조정하여 자본주의적 개념에 부합되는 국민소득을 산출할 수 있는 자료(거래수입금이나 보조금의 규모, 비생산적 부문의 생산액 등)를 확보하기 어려운 실정이다. 특히 북한은 그들 개념에 의한 국민소득조차도 제대로 발표하지 않고 있으며, 간혹 발표되는 1인당 국민소득도 정치적 목적에 따라 자의적으로 조정되고 있어 통계적 신뢰도는 극히 낮은 형편이다. 예컨대 북한은 1997년 5월 UN회원국 분담금 결정시 회원국 분담금을 최빈국 수준으로 인하시킬 목적으로 1988~1995년 기간 중의 1인당 국민소득 통계를 과거보다는 이례적으로 대폭 축소시켜 UN분담금위원회에 제출한 바 있다. 또한 1년 뒤인 1998년에는 UNDP · IMF 등 국제기구로부터의 자금지원 획득을 목적으로 1992~1996년 기간중 5년간의 1인당 국민소득 통계를 UN분담금위원회에 제출한 통계보다 다소 높여서 제출하였다. 이들 통계자료는 모두 같은 조선중앙통계국 자료임에도 불구하고 목적, 시기, 대상에 따라 다르게 나타나고 있는 것이다.

이에 따라 우리나라를 비롯한 외국의 정보 또는 군사분야 전문연구기관은 현실적 필요성에 의하여 나름대로 자본주의적 개념에 부합하는 북한의 GNI와 1인당 GNI 추정을 시도하였다. 북한의 GNI를 추정한 바 있는 대표적인 외국의 정보 또는 전문연구기관으로는 미국의 중앙정보국(CIA : Handbook of Economic Statistics), 스톡홀름 국제평화연구소(SIPRI : SIPRI Yearbook), 영국의 국제전략문제연구소(IISS : The Military Balance) 등을 들 수 있다.

이들 외국의 각 기관들은 1980년대 중반까지만 하더라도 북한 GNI 평가치를 대외에 발표하였으나, 그 이후부터는 발표하지 않거나 추정을 포기하고 있는 것이 대부분이다. 그 주된 이유는 북한의 원화표시 생산액을 달러로 환산할 때 적용하는 환율, 국민소득 개념상 차이를 조정하는 과정에서 적용하는 각종 조정계수 등의 차이에서 비롯되는 추정상의 어려움 때문이다.

또한 GNI나 1인당 GNI 자체도 추정상의 한계가 있을 뿐 아니라, 그 나라 국민들의 후생수준이나 분배상태를 얼마나 정확하게 나타내주고 있는가에 대해서는 논란의 여지가 많다. 하물며 경제체제가 다르고 경제이론상 개념도 상이한 북한의 국민소득을 지극히 제한된 자료에 기초하여 우리의 GNI 개념에 맞게 추정한다는 것은 대단히 어렵고, 그만큼 오차 발생의 소지를 내포하고 있다고 할 것이다. 따라서 북한의 GNI 또는 1인당 GNI를 가지고 북한의 후생수준을 평가하거나 남북한 경제력을 비교하는 데 있어서는 일정한 한계가 있음을 유의할 필요가 있다. 우리 정부는 1990년부터 UN의 국민계정체계에 따라 북한의 국민소득을 추정 발표하고 있다. 지금까지 정부가 평가하고 있는 북한의 연도별 GNI 및 1인당 GNI는 다음 표와 같다.

[북한의 인구, 명목 GNI, 1인당 GNI, 경제성장률]

단 위		'00	'01	'02	'03	'04	'05	'06
인구	천명	22,175	22,253	22,369	22,522	22,709	22,928	23,079
명목 GNI	조원 (억달러)	19.0 (168)	20.3 (157)	21.3 (170)	21.9 (184)	23.8 (208)	24.8 (242)	24.5 (256)
1인당 GNI	만원 (달러)	85.6 (757)	91.2 (706)	95.4 (762)	97.4 (818)	104.7 (914)	108.1 (1,056)	105.8 (1,108)
경제 성장률	%	1.3	3.7	1.2	1.8	2.2	3.8	-1.1

* 출처 : 한국은행 <북한의 GDP통계 자료>

나. 재 정

(1) 재정의 개념과 기능

북한은 재정의 개념을 "국가 및 기관, 기업소들이 화폐자금을 형성, 분배, 이용하는 데서 나타나는 경제관계의 총체"로 정의하고 있다. 즉 북한에서는 재정을 국가기관은 물론 사회주의적 소유로 된 모든 경제조직이 주체가 되어 자금을 조달하고, 분배 이용하는 경제관계까지도 포함하는 넓은 의미의 개념으로 사용하고 있는 것이다. 따라서 북한의 재정 개념은 국가가 재정의 주체로서 기능한다는 점에서는 자본주의 재정 개념과 같다고 할 수 있겠으나, 북한경제는 중앙집권적 계획경제인 만큼 재정의 기능 및 그 포괄범위는 자본주의국가의 재정보다 넓고 크다고 할 수 있다.

다시 말해 북한경제는 집단적(사회주의적) 소유를 기초로 하여 운영되고 있으므로, 국가적 소유 또는 협동적 소유로 된 경제조직까지 모두 포함하여 거의 모든 경제활동이 재정에 반영된다. 이로 인해 북한의 경우, 재정이 전체경제에서 차지하는 비중은 자본주의국가들보다 훨씬 높다. 북한은 재정의 기능을 분배적 기능과 통제적 기능으로 구분하여 설명하고 있다. 재정의 분배적 기능이란 "사회총생산물과 국민소득의 많은 부분을 기업소와 기업소간, 인민경제부문간, 생산부문과 비생산부문간, 그리고 축적과 소비간에 합리적으로 분배"하는 것을 말한다.

재정의 통제적 기능이란 "사회총생산물과 국민소득을 동원, 이용하는 과정에서 기관·기업소들의 경영활동에 대하여 통제"하는 것을 말한다. 재정의 분배적 또는 통제적 기능 수행과정에서 특히 중요한 역할을 수행하고 있는 것은 모든 재정의 주체들이 수립하는 재정계획이다. 재정계획은 크게 기본 재정계획과 인민경제부문 및 기관기업소의 재정계획으로 구분된다. 기본 재정계획은 사실상 '국가예산'과 동일한 개념으로서, 재정계획의 가장 중요한 구성요소이다. 인민경제부문 및 기관·기업소의 재정계획은 국가적 또는 협동적 소유의 사회화된 기업 및 경제조직의 개별적 재정계획으로서, 연차별 경제계획을 집행하기 위한 업무적 계획을 말한다. 재정의 통제·감독과 관련하여, 북한에서는 최고인민회의와 지방인민회의를 비롯하여 내각에 재정감독 권한을 부여하고 있다. 그리고 재정을 통제·감독하는 방법으로는 '재정총화' 제도와 '원에 의한 통제' 제도가 실시되고 있다.

재정총화는 인민경제 각 부문의 말단 직장단위에서부터 내각의 위원회·성(省)에 이르기까지 모든 기관·기업소가 일정기간 동안(월별, 분기별, 연간)에 수행한 재정예산 집행실적을 분석 평가하고 그 결과를 공개하는 제도이다. 한편, '원에 의한 통제'란 주로 재정은행기관이 기관 · 기업소로부터 수입금을 받아들이거나 이들에게 자금을 공급하는 과정에서 기관 · 기업소로부터 재정계획과의 연계하에 예산집행의 적절성, 경영활동의 타당성 등에 관하여 실시하는 화폐적 통제를 말한다.

북한은 최근 들어 탈법적 경제활동이 증가함에 따라 재정은행기관들과 검열, 통제기관의 재정검열활동을 강화시키고 있다. 즉 2급 이상 공장 · 기업소들은 적어도 2~3년에 한 번씩 재정검열을 받도록 제도화하고 있으며, 위원회와 성을 비롯한 중앙기관들과 연합기업소 재정부서들은 산하 기업소들의 재정을 관리하기 위해 1년에 1, 2개 이상의 대상기업소를 선정하여 집중적으로 재정검열을 실시하고 있다.

(2) 예산제도

북한 헌법에 의하면 '국가예산'은 내각이 편성, 제출한 예산초안에 대하여 최고인민회의가 심의한 후 '법령'의 형식으로 채택함으로써 성립된다. 최고인민회의는 최고주권기관으로서 내각이 제출하는 국가예산 초안을 심의 · 승인하며, 예산집행에 대한 예산결산의 승인권도 가지고 있다. 지방인민회의는 최고인민회의가 법령으로 승인한 지방예산에 근거하여 구체화된 자체 예산을 심의 · 승인한다.

내각은 국가예산의 편성과 집행 및 감독업무를 담당하는데, 부문별 집행기관의 하나인 재정성을 통하여 국가예산 초안을 편성한 다음 최고인민회의에 제출하여 승인을 받는다. 최고인민회의에서 예산이 승인되면 분기별 집행계획과 집행대책을 세우며, 지방인민위원회의 예산 집행을 지도한다. 또한 내각은 재정성을 통해 국가예산 집행에 관한 분기별 결산과 연간결산업무를 수행하며, 특히 연간 결산내용을 최고인민회의에 제출하는 임무를 수행한다. 예산편성 과정상의 가장 큰 특징은 연차별 예산편성이 재정계획 작성과 동시에, 또는 이들 재정계획 작성의 일환으로 이루어진다는 점이다.

또한 내각에서 제출한 예산 초안은 최고인민회의에서 그대로 통과된다는 점도 특징이다. 이는 내부적으로 최고인민회의 심의·승인 이전이라도 내각이 최초로 작성한 예산 초안 혹은 전년도 예산에 준해 집행함으로써 최고인민회의의 심의가 형식화되어 있기 때문인 것으로 판단된다. 북한의 예산집행에 관한 회계년도(북한은 이를 '예산년도'라고 부름)는 매년 1월 1일에 시작하여 12월 31일에 종료되며, 회계년도 독립의 원칙이 적용된다. 예산편성 구조를 보면, 기본적으로 예산수입부분과 예산지출부분으로 이루어지며, 예산수입·지출 항목은 각각 행정기관 조직별, 예산의 성질별로 분류되고 다시 관, 항, 목으로 세분된다.

예를 들면 국가예산수입 중에서 거래수입금(관)은 경공업성(항)으로, 그것은 다시 방직공업총국(목)으로 구분된다. 이들 예산의 항목별 내용은 법으로서의 효력을 가지며 임의 변경하여 집행할 수 없다. 북한의 예산체계는 중앙예산과 지방예산으로 구성되며, 중앙예산과 지방예산이 합쳐진 전체예산을 국가예산이라고 부른다. 중앙예산은 "국가 중앙기관들의 기능수행에 필요한 화폐자금을 전국적인 규모에서 형성, 이용하는 예산"으로서, 국가예산의 기본을 이룬다. 이에 반하여 지방예산은 "일정한 행정지역 단위의 범위에서 지방살림에 필요한 화폐자금을 계획적으로 형성, 이용하는 예산"으로서, 국가의 통일적인 지도하에 지방행정기관 자체로 편성, 집행된다.

국가예산체계를 중앙예산과 지방예산으로 구분하는 것은 사회주의 재정원칙상 공통적인 현상이다. 북한은 지방예산제를 1972년까지는 일부 지역에서 부분적으로 시행하였으나, 1973년 당중앙위 정치위원회에서 김일성이 지방예산 실시에 관한 방침을 제시하고 지방예산제를 전면적으로 실시할 것을 독려한 이후부터 전국적으로 확대 시행한 것으로 보인다.

특히 1975년 4월 최고인민회의 제5기 제5차회의에서 김일성이 "지방예산제를 더욱 확대 발전시킨데 대하여"라는 지침을 발표한 이후 지방예산에 관한 관심이 높아졌으며, 1978년 12월에는 지방재정체계에 관한 특별법규가 채택되었는데, 이 법규는 지방공업기업소에 대한 지방 정권기관들의 권리와 의무를 규정하고 있다. 이 법규의 주요 내용은 소비재 증산, 지방공업 기업소의 채산성 향상, 지방 행정기관의 감축, 은행의 재정감독 기능 강화, 화폐상여기금의 조성·승인·사용방법, 지방예산·결산제도의 강화 등이다.

오늘날의 지방예산제는 경제난으로 경제건설 투자재원 마련에 큰 곤란을 겪고 있기 때문에 중앙예산의 부담을 줄이고, 지방행정 단위별 경쟁의식 고취로 경제관리의 효율성을 기하려는 데 역점을 두고 있는 것으로 판단된다.

(3) 예산의 수입과 지출

북한이 주장하고 있는 국가예산수입의 원천으로는 거래수입금, 국가기업이익금, 사회협동단체이익금, 봉사료 수입금, 기타 수입 등이 있다. 거래수입금은 원칙적으로 소비재를 생산 판매하는 국영기업소나 생산협동조합이 그 제품의 도매가격의 일정비율에 해당하는 금액을 추가하여 소비자에게 판매함으로써 얻어지는 부가수입으로서, 국가에 납입하여야 하는 금액을 말한다. 북한은 거래수입금을 사회순소득 가운데에서 기업소순소득을 제외하고 남은 중앙집중적 순소득이라고 설명하나, 성질상 소비재 거래단계에서 부과되는 간접세의 일종이다. 거래수입금은 그동안 북한의 국가예산 수입중에서 가장 큰 비중을 차지하여 왔다. 그러나 1990년대 중반 이후 경제난이 심화되면서 소비재 공급유통이 격감함에 따라 거래수입금도 크게 줄었다.

한편 국가기업이익금이란 생산부문은 물론 유통부문까지도 포함하여 모든 국영기업소가 그 기업경영 활동에서 얻어지는 기업소 순소득 가운데 국가의 결정에 따라 기업소에 남겨 놓고 쓰기로 된 금액(자체 소요자금과 기업적립금 등)을 제외한 나머지 부분으로서, 국가에 납부하여야 하는 금액을 말한다. 이런 의미에서 볼 때, 국가기업이익금은 기업이윤에 부과되는 일종의 법인소득세로 볼 수 있다.

국가기업이익금은 그동안 거래수익금 다음의 중요 수입원이었으나 오늘날에는 국가예산 총수입에서 가장 큰 비중을 차지하고 있다. 거래수입금과 국가기업이익금은 사회순소득의 일부분을 국가예산으로 동원하는 하나의 형태라는 점에서는 비슷하나, 납부의무자, 부과의 대상 및 성질 등에서 다음 표와 같은 차이점을 가지고 있다.

사회협동단체이익금은 각종 사회단체와 생산협동조합, 편의협동조합, 수산협동조합 등이 국가로부터 각종 생산수단을 공급받거나 국가의 지도하에 경영활동을 한 대가로 국가에 납입하는 사용료 또는 수수료적 성격의 납부금이다.

이는 생산협동조합과 편의협동조합에 대해서는 분기별 결산이윤에, 수산협동조합에 대해서는 판매수입에 일정한 비율로 부과된다. 사회협동단체이익금은 지방예산 수입의 가장 중요한 원천이 된다. 봉사료 수입금은 편의봉사부문 독립채산제 기업소들의 봉사료 수입에서 자체 경비와 이윤을 공제하고 남는 수입금으로서, 업종별 봉사요금에 대해서 일정 비율로 부과된다. 부과대상 업종에 따라 편의봉사료 수입금, 사회급양 봉사료 수입금, 수송운임 봉사료 수입금, 체신업무 봉사료 수입금, 극장 · 영화관 관람료 수입금 등이 있다.

국가예산의 기타 수입으로는 기업소의 고정자산에 대한 감가상각비, 국가재산 판매수입, 가격편차 수입 등이 있다. 북한의 국가예산 수입에서 특이한 것은 조세라는 명목의 세입원이 없다는 것이다. 북한은 1974년 3월 21일 세금제도의 완전 폐지원칙을 발표한 이후, 체제선전의 소재로써 세계에서 유일하게 '세금 없는 나라'라고 주장해 왔다. 그러나 실제로는 위에서 살펴 본 바와 같이 거래수입금, 국가기업이익금 등으로 명칭만이 바뀌었을 뿐, 사실상 예산수입은 각종 조세에 의하여 충당되고 있는 셈이다.

특히 7·1 경제관리개선조치 이후에는 철도 · 버스요금, 전기사용료, 주택사용료 등 공공요금이 대폭 인상됨으로써 예산수입의 주요 원천으로서 기능하게 되었다. 오늘날 북한의 예산수납체계는 종래의 기업소를 중심으로 한

'지역별 수납체계'와 더불어 성 · 관리국 중심의 '부문별 수납체계'를 도입하기 시작하였다는 점에서 주목되고 있다.

부문별 예산수납체계의 특징은 첫째, 중앙정부의 경제담당지도기관인 성 · 관리국을 수납체계의 기본단위로 하고 있다는 점이다. 과거에는 하부단위 기업소들이 성 · 관리국으로부터 예산 수납 계획을 받아 개별적으로 예산을 납부하였으나, 새 수납체계에서는 예산수납이 생산관리 지도기관인 해당부문 성 · 관리국을 단위로 하여 이루어지며 성 · 관리국은 자기 부문에서의 예산 수입과 집행에 대하여 책임을 지게 되었다.

둘째, 생산부문 성 · 관리국들이 자체의 자금원천을 조성할 수 있게 된 점이다. 과거에는 기업소들이 성 · 관리국을 거치지 않고 해당지역 재정기관을 통해 예산 납부하였으나, 새 수납체계에서는 성 · 관리국들이 자체의 자금원천을 가지고, 그에 기초하여 수입과 지출을 맞출 수 있게 되었다.

셋째, 성 · 관리국들이 산하 기업소들로부터 수입금을 현물로 수납받게 된 점이다. 과거에는 성 · 관리국들이 산하 기업소들로부터의 수입금을 통계상으로만 종합하는 역할을 하였다. 북한에서 채택된 새로운 예산수납체계에 의해, 예산수입면에서는 내각재정성이 성 · 관리국을 통하여 인민경제 여러 부문에서 실제로 이루어진 예산수입 원천에 맞게 화폐 자금을 제때에 정확히 조성할 수 있게 되었으며, 예산지출면에서는 재정성에서 직접 관장하는 자금 몫과 매개 성 · 관리국에서 관장하는 자금 몫을 명확히 구분하여 상호 책임성을 높일 수 있게 되었다. 국가예산지출은 인민경제비, 인민적시책비, 군사비, 국가관리에 대한 기관관리비 등으로 구분된다. 인민경제비는 생산확대를 위하여 각종 시설물을 건설하는 데 들어가는 기본건설자금, 원자재나 중간재를 생산 · 유통하는 데 소요되는 유동자금, 기타 식량이나 생필품 등에 대한 가격보조금, 독립채산제 공장 · 기업소지원자금, 농촌에 대한 지원자금, 과학기술발전사업비, 도시경영사업비, 지방사업비, 대외경제사업비 등이 포함되는 가장 중요한 지출항목이다.

인민적시책비는 주민들의 복리 증진 및 추가적시책, 과학, 교육, 문화, 보건, 체육, 사회보장 및 사회보험 등 사회의 공동수요를 충족시키는 데 소요되는 자금이 포함되며, 군사비는 군수공업 발전과 군사시설 구축을 위한 기본 투자, 장비 현대화, 병력 유지 및 전인민무장화 등에 소요되는 자금을 포함한다. 기관관리비는 국가관리기관을 유지하기 위한 비용이다. 북한은 최고인민회의 제10기 제4차회의(2001. 4. 5)에서 1994년 이후 처음으로 국가예산의 비목별 예산지출 구성비를 다시 발표하기 시작하였다.

이에 따르면, 2001년부터 북한의 예산지출비목을 일부 변경하는 등 새로운 결산방법을 사용하고 있는 것으로 나타나고 있다. 과거 '인민경제비'에 포함하던 '추가적시책비'를 '인민적시책비'로 변경 계상하고 있고 세부비목 변경에 따라 각 예산 항목의 비중도 많이 달라졌다.

북한은 매년 4월경에 개최되는 최고인민회의에서 소위 '재정보고'의 형식을 빌어 내각의 재정상이 전년도 국가예산의 결산내용과 당해년도 국가예산을 공개한다. 그러나 국가수입예산이나 지출예산의 총규모 및 성질별 내역의 총괄적 사항을 정치적 필요에 따라 부분적으로만 공개할 뿐이다. 예컨대 2003년도에는 전년도 예산집행 결과와 당해 연도 계획을 구체적 절대규모를 밝히지 않은 채 지・배수 형태로 발표하였다. 북한이 매년 재정보고시 발표하는 자료와 '조선중앙년감'을 토대로 파악된 연도별 예산 현황은 다음 표와 같다. 북한이 발표하는 세출예산중 군사비의 신뢰성에 대하여는 특히 의문이 제기되고 있다.

북한은 1960년대 이후 계속적으로 군비증강에 노력하여 왔으며, 김일성은 1970년 11월 제5차 당대회에서 4대 군사노선을 재강조한 이래 1978년 북한 정권 수립 기념행사에서 이의 완성을 공언한 바 있다. 북한은 개정헌법에서 '국방위원장'을 사실상의 최고 직위화하면서 강성대국 기치하에 선군정치를 내세우는 가운데 군비 증강에 주력하고 있다.

북한이 발표한 군사비의 세출예산에 대한 구성비를 보면, 1967년부터 30%

수준을 상회하다가 남북대화가 시작된 1972년부터는 20% 이하로 급격히 하락되기 시작하였으며, 1990년부터는 전체예산액의 12% 수준으로 낮추어 발표하였다. 그러나 최고인민회의 제10기 제2차회의(1999. 4. 7)에서는 군사비 비중을 14.5%로 다시 상향 책정한 이래 14~15% 수준을 계속 유지하고 있다. 북한의 군사력이나 군사비로 분류되는 지출대상의 포괄성 등을 고려할 때 북한이 발표하는 군사비 규모는 신뢰성이 없으며, 세출예산에 대한 군사비 구성비의 증감추세는 인민경제비의 구성비 증감추세와 역(逆)의 상관관계를 나타내고 있는 점에 비추어 군사비의 상당부분이 인민경제비 등 여타 비목에 은폐 · 편성되고 있는 것으로 추정된다.

김일성 사후 5년만에 처음으로 발표된 예 · 결산안의 특징은 북한의 심각한 경제난을 반영하여 예산을 현실화했다는 점과, 1998년도 결산을 적자 처리했다는 점, 그리고 경제회생에 대한 강한 의지를 반영하고 있다는 점 등이다.

1999년도 예산은 1994년도의 예산수입총액 416억 20만원의 절반에도 못 미치는 수준일 뿐 아니라, 1994~1998년의 4년 동안 연 평균 6.6%나 감소하였는데, 이는 식량이나 생필품 등의 배급체계가 붕괴되어 실물 경제에서 국가예산이 차지하는 비중이 감소하였음을 반증해 준다. 또한 1998년도 이후 재정수지는 2001년까지 적자를 기록하였으나 2002년도에는 소폭의 흑자재정을 실현한 것으로 나타났다.

다. 화폐·금융

(1) 화폐·금융의 기능과 제도

1 화폐·금융의 기능과 결제방식

실물공급경제인 북한경제에 있어서 화폐 · 금융부문은 재정의 한 부분으로서, 올바른 독립채산제 시행을 위한 감독 등 재정통제적인 기능이 매우 강한 속성을 지니고 있기 때문에 사실상 재정부문과 별도로 구분하기가 어렵다. 북한은 화폐에 대해 "상품세계에서 모든 상품들의 가치를 표현해 주고 교환을 중개해 주는 일반적 등가물의 역할을 하는 특수한 상품"으로 정의하고 가치척도와 유통수단, 축재수단, 지불수단, 세계화폐로서의 기능을 수행한다고 설명하고 있다.

그러나 북한 화폐는 가격이 국가에서 경제부문별 균형유지를 위하여 인위적으로 결정하고 있으므로 실제의 가치를 반영하지 못하는 등 화폐로서 제대로 기능을 못하고 있는 실정이다. 북한은 해방이후 지금까지 1차례의 화폐개혁과 3차례의 화폐교환을 실시하였다. 현재 유통되고 있는 화폐는 1992년 7월 북한이 사장통화 환수를 통해 부족한 재정자금을 조달하려는 목적으로 새로 발행된 화폐들이다. 제3차 화폐교환의 주요 내용은 신·구화폐를 1 : 1로 교환하되 주민보유 현금은 일정한도까지만 교환을 허용하고, 나머지는 은행에 예금 후 지불토록 하였으며 기관·기업소, 단체도 필요한 만큼만 교환을 허용하는 것으로 되어 있다.

현재 유통되고 있는 화폐에는 조선중앙은행이 발행하는 지폐 8종과 주화 5종 등 일반화폐 13종이 있으며, 외국인을 대상으로 외화와 교환해주었던 조선무역은행 발행의 특수화폐('8종의 외화와 바꾼 돈표')는 폐지되었다.

북한이 공식적으로 발표한 바는 없지만 7·1 경제관리개선조치 이후 물가 및 임금 상승에 대처하기 위해 1,000원권, 5,000원권 등 고액권 화폐를 발행하여 사용하기 시작하였다.

이는 물가인상, 임금인상 등으로 고액권 화폐의 수요가 대폭 증가한 데 기인한다. 한 때 북한에서는 주민 개인이나 기관·기업소의 '외화와 바꾼 돈

북한의 화폐

표'에 대한 선호 및 사용 확대로 상품 유통상의 왜곡과 혼란이 심화되었으며, 이에 따라 북한은 태환성 화폐 사용의 통제를 강화하기 위해 1995년 11월 21일부터 1개월 동안 새로운 '외화와 바꾼 돈표'를 발행 · 교환하는 조치를 취하였다.

또한 1997년 6월에는 경제개혁 · 개방 조치의 하나로 나진 · 선봉경제무역지대에 '외화와 바꾼 돈표'제도를 폐지함에 따라 북한 원화와 미 달러화를 자유롭게 환전할 수 있도록 하였다. 2002년 7월에는 7·1 경제관리개선조치를 통해 종래에 고평가되어 온 북한 원화의 환율을 달러당 2.2원→153원으로 현실화한 후 전지역에서 '외화와 바꾼 돈표'제도를 폐지하고 외화를 통용토록 조치하였다. 또한 2002년 12월 1일부터 대외결제 기준통화를 달러화에서 유로화로 변경하는 조치를 취하였다.

한편 결제방식은 계약당사자간의 합의에 의해 결정되는 것이 아니라 거래형태에 따라 미리 정해지는 등 국가에 의해 엄격히 규제되고 있으며, 결제적용 장소에 따라 국내결제와 국제결제로 구분된다. 국내결제는 현금이용 여부에 따라 현금결제와 무현금결제로 구분되며, 무현금결제는 은행을 통해서만 이루어진다.

이 과정에서 은행은 자금이체뿐 아니라 기본계약내용의 정당성 여부까지 심사하고 있어 지불결제는 인 · 허가와 같은 행정심사 성격을 갖는다. 국제결제는 거래내용에 따라 무역결제와 비무역결제로 나뉘는데, 무역결제는 상업신용장, 보증장, 대금청구서, 송금 및 지불위탁서에 의한 결제 등의 방식이 적용되며, 비무역결제는 송금결제방식과 증권결제방식이 적용된다. 금융의 개념과 형태 북한에서의 금융이란 "국가은행을 중심으로 하여 화폐자금을 계획적으로 융통하는 과정에서 일어나는 경제관계"를 말한다.

중앙집권적 계획경제에서는 생산, 투자, 소비 등의 모든 경제활동이 경제계획에 의해 진행되고 자금의 이동은 실물이동과 반대방향으로 이루어지므로 실눌순환에 따라 수동적으로 결정될 수밖에 없다. 즉 금융은 국가경제계획에 따라 수행되는 실물부문의 목표달성을 위한 보조적 수단으로 간주됨에 따라 비생산적 경제활동분야로 인식된다.

북한에서 금융은 자금유통이 이루어지는 지역적 범위에 따라 국내금융과 국제금융으로 구분된다. 국내금융은 북한 원화의 유통에 기초하여 북한 내에서 이루어지는 자금이동 형태로서, 화폐자금이 이동하는 성격과 형식에 따라 신용, 자금공급, 화폐유통으로 다시 구분된다. 신용이란 서로 다른 소유형태들 사이에서 일시적인 유휴 화폐자금을 반환하는 조건으로 이루어지는 반환적 성격의 자금이동(대부, 저금, 국가보험 등)을 말하며, 자금공급이란 같은 국가적 소유 안에서 정상적인 경리운영에 필요한 자금수요에 대해 계획적으로 국가자금을 동원 · 이용하는 일방적(불반환적) 성격의 자금이동(기본건설 자금이나 유동자금의 공급, 경비예산의 지급 등)을 말한다. 화폐유통이란 신용과 자금공급 관계에 기초하여 화폐자금이 구체적으로 이동하는 형식으로서, 현금유통과 무현금유통으로 나뉘어진다.

한편 국제금융은 외화유통에 기초하여 국가간에 이루어지는 자금이동 형태로서 외국환자거래, 국제신용, 국제결제, 국제보험으로 구분된다. 북한은 금융의 기능을 세 가지로 나누어 설명하고 있다. 즉 사회주의 금융의 기능은 생산과 유통을 자금적으로 보장하여 경제건설을 도와주는 자원배분적 기능, 올바른 독립채산제 시행을 위한 감독 등 재정통제적 기능, 외화거래의 합리적 조직기능 등이 그것이다.

더욱이 북한에는 자본주의국가에서와 같은 단기 자본시장, 증권시장, 기타 유사 금융시장이 존재하지 않는다. 때문에 정책당국이 특정 목적을 위하여 재정정책을 시행하고자 하는 경우, 자본주의국가에서 보다 훨씬 강력한 수단으로 활용될 수 있는 강점을 가지게 된다. 모든 생산수단이 사회주의적 소유로 되어 있고, 중앙집권적 경제체제인 북한에서는 재정계획과 예산제도를 통하여 국가가 직접 자원배분기능을 맡고 있으므로, 이자율과 수익률, 환율 등을 매개로 금융시장에서의 자원배분기능을 수행하는 자본주의하의 금융기능과는 본질적으로 다르다. 그러나 북한에서는 금융의 주임무를 맡고 있는 은행들이 기관·기업소에게 화폐자금을 공급하거나 이들로부터 수입금을 받아들이는 과정에서 기관·기업소 재정계획과의 연계하에 예산집행의 적절성, 경영활동의 타당성 등을 강력히 통제하고 있는 바, 금융은 오히려 재정의 한 부분으로서 재정통제적 기능이 더욱 중요시되고 있다.

실제로 북한에서는 상품 부족으로 주민들이 잉여화폐를 보유함에 따라 야기되는 인플레 압력을 없애기 위하여 강제저축, 공채발행, 임금수준 통제 등을 실시하고 있다.

② 금융체계

북한의 금융체계는 대내금융사업을 관장하는 조선중앙은행 등의 은행 금융기관과 국가보험기관, 체신저금기관, 협동적 신용기관, 투자기관 등의 비은행금융기관으로 구성되어 있다. 그러나 보험업무의 일부도 은행이 취급하고 있어 북한의 금융체계는 곧 은행체계라고 할 수 있다. 은행체계는 과거 사회주의국가들과 마찬가지로 중앙은행의 강력한 통제와 감독에 의해 움직여지는 단일은행제도(mono-banking system)를 기본 축으로 하고 있다.

북한의 은행은 조선중앙은행과 전문분야 금융업무를 수행하는 무역은행 등 몇 개의 특수은행들이 있다. 1946년 10월에 설립된 조선중앙은행은 발권은행으로서 명목상 타 은행을 지도·감독·통제하는 권한을 가지고 있으며, 기관 기업소들에게 기본건설 자금, 유동자금 등 일체의 자금수요를 보장하고 국가수입금을 수납하며, 고정자산의 형성, 보수, 이용사업 등에 대한 감독기능을 담당하고 있다. 뿐만 아니라 조선중앙은행은 중앙의 본점, 각 행정구역 단위별로 설치되어 있는 총지점(도), 지점(군) 등을 통하여 일반주민들을 상대로 한 저금, 보험사업은 물론 귀금속 관리 등의 업무도 수행하고 있다.

특수은행으로는 무역은행, 대성은행, 금강은행 등이 있다. 무역은행은 대외무역에 따르는 결제업무, 외국환업무, 무역기관들을 위한 지불보증, 환율의 결정 공표 업무 등을 수행한다. 금강은행과 대성은행은 1970년대 후반에 대외무역 증대방안의 하나로 설립된 무역결제업무 전담은행이다. 한편 북한 은행제도의 최상위기구인 조선중앙은행은 조직편제상으로는 내각 직속의 독립기관에 위치해 있으나, 수행업무의 특성상 재정성의 직접적 지시와 통제를 받고 있다. 각 은행들은 소속된 경제체계의 관할 하에 상급기관의 지도·통제를 받으면서 업무를 수행하고 있다. 북한에서의 저축은 자본주의국가에서와는 달리 재산증식을 위한 자발적 저축이라기보다는 주로 재정계획상의 자금동원 목표달성을 위한 강제 저축의 형태로 이루어지고 있다. 저축의 종류로는 보통저금, 준비저금, 저금권저금, 당첨금을 지급하는 추첨제저금 등이 있다. 일반주민들은 저축 또는 저금 인출시 조선중앙은행의 총지점이나 지점 이외에 우편, 전화업무를 취급하는 체신소를 이용한다.

한편 북한에서는 대상에 따라 국영기업소 대부, 협동단체 대부, 기타 대부 등을 실시하고 있다. 국영기업소 대부는 국영기업소에 대해, 협동단체 대부는 협동농장이나 협동조합에 대해 행해지며, 기타 대부는 외화벌이 자금이나 부업경리 자금을 확보하기 위한 대부, 부업반과 가내작업반, 기타 기업들에 대한 대부 등으로 나누어져 있다. 대부의 이자율은 대상에 따라 2~6%를 적용하고 있으나 대부 신청자의 대부사유에 따라 이자율이 달라지기도 하나 실제로는 은행의 준비금 고갈로 대부가 어려운 실정이다.

(2) 환율 및 외환관리

사회주의국가들은 일반적으로 거래 쌍방간의 협정에 의거하여 환율을 정하는 고정환율제도를 채택하고 있다. 환율의 결정방법은 이론상 두 가지가 있는데, 하나는 각국의 화폐가 대표하는 금(金)의 양을 비교하여 결정하는 방법이며, 다른 하나는 각국의 상품가격 수준을 비교하여 결정하는 방법이다. 후자의 경우, 쌍방 화폐간에 적용할 환율의 결정은 상호간에 거래되는 일정 상품 등을 미리 정하여 놓고 그것을 두 나라의 화폐로 각각 가격과 총

금액을 산출하여 대비하는 방법에 의해 이루어진다.

북한의 환율은 과거에는 공정환율, 무역환율, 비무역환율(여행자환율) 등 세 가지로 구분되는 복식환율제를 채택하였으나 1990년대 후반들어 공정환율 및 무역환율만을 사용하여 오다가 2002년 8월 이후부터는 달러당 150원 내외의 무역환율만을 적용하고 있다.

공정환율은 북한당국이 국민소득 등 총량지표를 외국화폐로 발표하거나 수출입상품의 대내가격으로의 환산시 적용하며, 기본환율이라고도 한다. 이 환율은 북한의 원화가치가 상대적으로 높게 평가되는 경향이 있는데, 무역환율에 비해 2배 이상에 달한다. 무역환율은 표본으로 선정한 몇 가지 상품에 대해 거래국의 도매가격을 기준으로 외국상품가격에 대한 국내상품가격의 비율로 결정한다. 이 환율은 외국과의 무역거래에 적용하며 북한의 조선무역은행은 이를 수시로 수정하고 있는 것으로 알려지고 있으며, 사실상의 북한환율을 대표하고 있다.

또한 북한에서는 국가가격제정위원회를 위시하여 전문가격 제정기관에 의해 국정유일가격이 정해지고, 수출입상품 가격도 국가가 통일적으로 책정하는 시스템(무역 유일가격제)으로 되어 있다. 북한은 무역상품 가격을 국제시장 거래가격과 과거 5년간의 평균가격 또는 현행거래가격을 기초로 산정하고, 매년 또는 수년에 1회 정하고 있다. 그러나 이 방법은 해당국가의 가격체계가 다를 경우, 동등한 구매력을 반영하지 못한다는 근본적 한계를 안고 있어, 북한의 무역환율도 북한 원화를 공정하게 평가한 것이라고 보기는 어렵다.

이로 인해 북한은 1997년 6월에 나진 · 선봉경제무역지대 내에서 환율을 200 : 1로 대폭 평가절하하여 현실화하는 파격적인 조치를 취한 바 있다. 북한은 2002년 7·1 경제관리개선조치로 '외화와 바꾼 돈표'제도를 폐지하고, 그동안 고평가되어온 북한 원화의 환율을 나진 · 선봉지역 수준으로 현실화하여 공식환율 대신 시장환율에 가까운 비율로 결정한 것으로 알려졌다. 북한이 '외화와 바꾼 돈표'를 폐지한 것은 이미 북한 내의 일반거래에서도 북한 원화의 사용을 회피하고 달러나 엔화, 유로 등이 직접 이용되고 있으며 가급적이면 외화를 내는 고객에게 먼저 상품을 판매하여 오히려 외화를 선호하고 있는 상황이기 때문이다. 따라서 더 이상 이용하는 사람이 적어 형식적으로 남아있던 '외화와 바꾼 돈표' 제도를 폐지하고 현실화한 것으로 보인다.

북한이 외환분야에 행한 또 다른 개혁은 환율을 시장환율에 가깝도록 조정한 것이다. 이번 개혁으로 환율은 종전 1달러 당 2.2원이던 것이 150원으로 70배 이상 인상하였으며 외환의 수요 공급에 따라 일정 한도내에서 변동환율을 적용하고 있다. 7·1 경제관리개선조치로 새롭게 정해진 달러 환율은 이미 나진·선봉경제무역지대에서 거래되는 달러당 200원인 환율과 다른 지역의 암시장에서 거래되는 수준을 고려하고 달러화의 수급을 함께 포괄하여 결정한 것이다. 이는 외환의 가치를 산정함에 있어 시장기능을 일정한 정도 활용하고 있다는 점에서 주목되고 있다.

한편 북한이 2002년 12월 1일 미 달러화 사용을 금지하고 모든 대외거래를 유럽연합(EU) 단일화폐인 유로화로만 하겠다고 발표한 이후 외국기업들과의 모든 대금 결제를 유로화로 하기 시작한 것으로 알려졌다. 그러나 유로화 부족으로 인해 미 달러화·일본 엔화의 유로화 교환에 차질을 빚고 있어 유로화, 달러화, 엔화 등이 혼용되고 있는 것으로 알려져 있다.

라. 무역 및 대외경제협력

(1) 대외무역

1 대외경제정책

북한은 대외경제정책을 국가독점의 원칙, 자급자족경제의 원칙, 호혜평등의 원칙에 입각하여 자립경제 완성을 위한 보조적인 수단으로 간주하여 왔다. 국가독점의 원칙이란 사회주의적 소유에 기초하여 모든 대외경제활동을 국가의 직접적 혹은 통일적인 통제와 사전적 계획하에 집행한다는 것이며, 자급자족의 원칙은 대외경제기능을 계획경제의 추진을 위하여 부족한 물자 조달을 위한 역할로 국한시킨다는 의미이다. 호혜평등의 원칙이란 자본주의 국가들과의 모든 무역관계를 선 · 후진국간의 불균등 교환을 통한 약탈적 관계로 인식하고, 북한과 정치적 · 사상적 공감대를 형성하고 있는 사회주의국가들과의 교류 · 협력을 중심으로 대외경제정책을 운영하겠다는 것이다.

이 같은 폐쇄적 · 소극적 대외경제정책 추진으로 북한의 대외무역은 국제분업에 의한 무역의 이익과 효율성이 경시되었을 뿐 아니라, 수출은 주로 수입에 필요한 외화획득 목적으로 추진되었다.

북한의 대외경제정책을 시기별로 보면, 1960년대까지는 사회주의국가로부터의 유 · 무상 원조정책을, 1970년대는 선진자본주의국가로부터의 차관 도입정책(기술 포함)을, 그리고 1980년대와 1990년대는 각각 합영법과 경제특구에 의한 외자유치정책으로 구분할 수 있다. 2000년 이후에는 대내적으로 자본주의 풍토를 배격하면서도 대외적으로는 자본주의 경제질서에 대한 편입노력을 적극 전개하고 있으며, 대외무역 활성화 및 경제개방확대를 위한 노력을 경주하는 등 변화된 국제환경에 부응하려는 시도를 하고 있다.

북한의 대외경제정책에 변화가 일기 시작한 것은 1970년대에 들어서면서부터이다. 이 시기에는 대내적으로는 6개년계획이 착수되었으며, 대외적으로는 1960년대 중국과 구소련으로부터의 원조가 삭감된 데 이어 원조가 대부분 차관으로 대체되었고 그 이전에 받았던 차관의 상환기간이 도래함으로써 심각한 외채난에 봉착하게 되었다. 그리하여 1970년대 말부터 북한은 서방의 선진 기술과 자본의 도입과 함께 수출증대와 외화수입증대를 위한 대외무역정책의 변화를 추진하게 되었다.

대외무역전담회사인 대성무역상사와 봉화무역상사를 설립하고 이들의 대외거래를 지원하기 위한 대성은행과 금강은행 등을 설립한 것이 대표적인 사례이다. 1970년대는 북한이 서방으로부터 상업차관 도입을 적극 추진한 시기였다. 그러나 1970년대 중반기에 북한의 주요 수출품목인 비철금속 가격이 급락하고 수입품목인 기계류와 석유 등의 가격은 급등함에 따라 북한은 외채지불 불능 상태에 빠져 서방으로부터의 신규차관 도입을 더 이상 기대할 수 없게 되었다.

1980년대에 들어와서도 북한은 제6차 당대회(1980. 10), 최고인민회의 제7기 제3차회의(1984. 1) 등에서 자본주의국가 또는 제3세계국가와의 교역증대를 위한 여러 가지 방침들을 제시하면서 대외무역 및 경제협력 강화정책을 보다 적극적으로 추진하였다. 특히 '합영법'(1984. 9)을 통해 1970년대의 차관도입 형태를 넘어 북한·내 외국인 직접투자 형태의 자본도입정책을 적극 추진하였다.

이는 1975년 이후의 외채상환 및 상업차관 도입불능 과제를 극복하기 위한 불가피한 선택인 동시에, 중국의 중외합작경영기업법(1979. 8) 제정과 경제특구 설치의 성과에 영향을 받은 것이다. 이러한 적극적인 대외경제 정책으로의 변화는 1990년대에 들어 더욱 두드러지게 나타났다. 제3차 7개년계획(1987~1993년)에서 계획 착수 이전에 비해 무역량을 3.2배로 증대시킬 것을 목표로 제시한 것이나, 완충기(1994~1996) 과업의 하나로 설정된 무역제일주의 방침, 그리고 새로운 무역체계 도입 등은 대외경제부문 강화에 대한 관심도를 반영하는 것이다. 특히 1991년 12월에 실시한 나진·선봉경제무역지대의 특구정책과 지대활성화조치(1997. 6), 잇따른 외자유치 관련법령의 제·개정과 대규모 외자유치설명회, 개정헌법(1998. 9)에서의 대외무역 및 경제개방 확대 강조 등은 대내외 환경 변화에 적응하기 위한 북한당국의 대외경제정책의 변화 의도를 단적으로 보여주는 것이다. 2000년대에 들어서는 북한은 대외경제 정책에 있어 그 범위를 보다 적극적으로 확대시켜 나가고 있다.

남한, 동남아, 유럽 등에 연평균 300여명의 경제시찰단·연수단을 파견하여 시장경제에 대한 학습을 실시하는가 하면, 7·1 경제관리개선조치 이후에는 신의주(2002. 9), 금강산(2002. 10), 개성(2002. 11) 등 경제특구를 잇따라 지정, 보다 개방적인 대외경제협력의 모습을 보였다. (나) 대외경제담당기구 북한은 1998년 9월에 개최된 최고인민회의 제10기 제1차 회의를 통해 권력구조를 개편한 이후, 대외무역 관련조직을 단계적으로 정비해오고 있다.

지금까지 북한이 실시한 조직개편의 특징은 무역성의 권한이 대폭 강화된 점과 무역상 아래 6명의 부상이 지역별 담당체계를 갖췄다는 점이다. 또한 각종 투자설명회 등을 통해 자본주의 경제체제를 자주 접할 수 있었던 실무경험이 많은 젊은 인물들이 많이 등용되었다는 점도 특징 중의 하나이다. 북한은 종래의 정무원을 내각체제로 바꾸면서 대외경제위원회를 폐지하고 내각에 무역성을 신설하여 무역 및 대외경제협력을 담당하도록 하였다. 또한 각 도(직할시)는 1개의 무역회사만 보유할 수 있게 하고, 그 이외에는 모두 무역성의 통일적인 관리를 받게 함으로써 무역성의 지위와 권한을 강화시켰다. 즉 무역성은 무역업무는 물론 세관업무, 외국회사와의 합영사업 및 운송, 대남교역 등을 담당한다. 무역성은 대외경제협력추진위원회와 국제무역촉진위원회를 비롯하여 경제협조관리국, 대외건설관리국, 지방무역지도국, 법규국, 계획국, 무역대표부 등의 조직을 두고 있다.

특히 대외경제협력추진위원회는 외국의 자본과 기술 유치 및 개방특구로 지정된 나진·선봉지대의 개발을 주로 관장하고 있다. 국제무역촉진위원회는 산하에 많은 무역회사를 둔 무역업무 전담기구로서, 당초에는 일본과의 무역관계를 주로 맡아 왔는데 최근에는 전반적인 서방국가와의 무역뿐 아니라 외자유치 부문에도 적극 나서고 있다.

또한 북한은 유사한 조직을 통폐합시키고 무역 정책 연구를 강화하는 방향으로 개편에 역점을 두었다. 기존의 대외경제위원회 소속의 13개 회사도 무역성 소속으로 이관시켰으며, 종전의 대외건설총국과 남남합작 회사를 '대외건설관리국'으로 합병하고, 경제합작국과 합영지도국은 '경제협조관리국'으로 통폐합하였다. 한편 대남교역은 민족경제협력연합회가 주도하는 것으로 알려졌다.

산하에는 피복·경공업·농수산물을 전문으로 다루는 광명성총회사, 대우 남포공단사업을 비롯하여 전자·중공업, 화학분야에서의 무역 및 투자사업을 전문으로 맡고 있는 삼천리총회사, 계약재배 등 주로 농업부문에서의 합작사업을 벌이고 있는 개선무역회사, 그리고 현대의 금강산관광개발사업을 실무적으로 총괄하는 금강산관광총회사 등을 두고 있다.

2 거래형태와 결제방법

종래 북한의 무역거래 형태는 호혜평등 원칙과 상호주의에 입각하여 사회주의국가나 일부 개도국과는 쌍방 간의 장기무역협정을 통해 매년 수출입 품목, 규모 등을 결정하는 한편, 1년간의 교역결과에 대해서는 쌍방의 결제은행간에 청산결제를 하는 것이었다. 그러나 1990년대에 들어서면서 구소련 및 동구제국의 붕괴로 사회주의권 시장이 상실됨에 따라 북한의 무역거래형태 및 결제방법에 큰 변화가 일어나게 되었다. 즉 북한과 구소련은 1990년 11월 '조·소 무역결산체계 변경에 관한 협정'을 체결함으로써 쌍방 간에는 1991년부터 국제시장가격에 의한 경화결제 방식을 적용하고 있으며, 북한·중국간에도 1992년부터 이와 같은 결제방식을 적용키로 합의하였다. 한편 서방권 국가와의 무역은 교역절차나 대금결제방식에서 자본주의 국가간에 일반적으로 행해지는 무역방식과 큰 차이가 없다. 즉 자본주의국가와는 청산지불협정을 거의 맺고 있지 않아 거래건별로 대금지급의 확실성을 보장해주는 일반 상업신용장 방식의 결제제도를 사용하고 있다.

3 대외무역 현황

북한의 무역추세를 보면, 1950년대부터 1980년대 후반까지는 전반적으로 증가하는 추세를 나타냈다. 이로 인해 1980년도와 1980년대 말 무역규모는

1970년도 비해 각각 4.7배, 6.6배나 증가하였다. 다만 1970년대 중반과 1980년대 전반에는 다소의 기복이 있었다. 1970년대 중반에는 유류파동과 주력 수출품인 비철금속의 국제가격 하락으로, 1980년대 전반에는 대서방권 외채 상환 문제 및 광산물의 수요가격 폭락 등에 따라 무역이 전반적으로 침체상태를 보였다.

북한의 무역규모는 1988년의 52.4억달러를 정점으로 매년 감소하였다. 특히 1991년과 1994년에는 최대 교역상대국이었던 러시아와 중국의 거래방식이 경화결제로 전환됨에 따라 이들 국가와의 교역이 전년보다 각각 42.4%와 20.2% 급감하였다.

1998년 아시아지역의 외환위기, 중국과의 교역 감소 등으로 북한의 무역규모는 14.4억 달러로 1970년대 중반 수준까지 감소하였다. 이후 북한은 남한 및 국제사회의 지원에 따른 플러스 경제성장으로 무역이 조금씩 회복되는 추세를 보이고 있다. 2002년 북한의 무역 총액은 22.6억달러, 무역의존도는 13.3%, 무역 적자는 8억달러를 기록하였다.

북한의 대외무역 현황과 관련하여 남북한간의 교역규모를 보면, 1988년 7월의 '7·7 특별선언' 및 동년 10월의 '남북한 물자교역지침' 시행 이후 집계된 지난 14여년 동안에 교역건수 및 품목수, 교역량에 있어서 괄목한 만한 성장을 보여 왔다. 1995년부터 남한은 러시아를 제치고 중국, 일본에 이어 북한의 3대 교역국으로 자리매김하였으며, 2002년에는 일본을 제치고 북한의 2대 교역국으로 올라섰다. 2002년 말까지의 남북교역은 35.7억달러에 달하고 있다.

2002년 말까지 남북교역 누계를 살펴보면, 북한으로부터의 반입은 20.7억달러로서, 남북교역이 북한 무역에서 차지하는 구성비는 1989년의 0.4%에서 2002년에는 37.0%로 크게 높아졌다. 또한 반출은 15.5억달러로서 1997년 이전까지는 남한의 절대적 반입 위주의 교역구조를 보였으나, 1998년 이후부터는 위덕가공 원부자재, 식량 등 내북시원물품, 금상산관광개발 능 경협사업 추진에 따른 물자 반출이 크게 증가하여 반출이 반입을 초월하는 현상을 보이고 있다.

2002년도 교역품목의 구조를 살펴보면 반입품목은 농림수산물(36.8%), 섬유류(31.6%)가 대부분을 차지하고 있으며, 반출의 경우는 농림수산물(29.8%), 섬유류(18.2%), 기계류(10.2%)의 반출이 많은 비중을 차지하고 있다

(2) 합영사업

합영기업이란 "한 나라의 회사 · 기업소와 다른 나라의 회사 기업소가 공동투자, 공동경영, 이윤의 공동분배, 손실에 대한 공동부담을 전제로 창설하는 기업"을 말한다. 이러한 합영기업은 국제간 경제합작의 한 형태이나 기업의 경영과 손실에 대하여 출자 쌍방이 공동으로 책임을 지며, 기업이윤을 공동분배한다는 데 특징이 있다. 북한은 1984년 9월 전문 5장 26개조의 '합영법'을 제정하여 서방 자본주의국가를 포함한 세계 각국 회사, 기업소가 북한 역내에서 합영기업을 설립, 운영할 수 있도록 하였다.

북한이 이와 같이 합영기업 유치정책을 추진하게 된 것은 1970년대 중반 이후 야기된 외채문제로 서방국가로부터의 외자도입이 불가능하게 되자 채무상환 부담이 없는 새로운 외자유치방법이 필요하게 되었으며, 특히 1979년 8월에 중국이 중외합작경영기업법을 제정, 시행한 데 자극받은 바 크다. 북한은 합영법 시행을 위한 후속조치로서 1985년에 '합영법시행세칙', '외국인 소득세법' 및 '외국인 소득세법 시행세칙' 등을 제정한 바 있다. 1986년 8월에는 조총련과 합영사업의 주선 · 조정 · 정보제공 등을 목적으로 각각 60만 달러씩 출자하여 조선국제합영총회사를 설립하기도 하였다. 그러나 외자유치를 통한 기술 및 선진설비 흡수계획의 일환으로 추진된 합영사업은 거의 대부분이 조총련계 기업과의 합영사업이었고 유치실적도 미미하였다. 북한이 1984년 합영법 발표 이후 주로 조총련 상공인을 대상으로 합영사업을 추진하였으나 모란봉합영회사, 평양피아노합영회사, 국제화학합영회사 등 일부

대표적인 합영기업을 제외하면 대부분 운영이 부진한 것으로 나타났다.

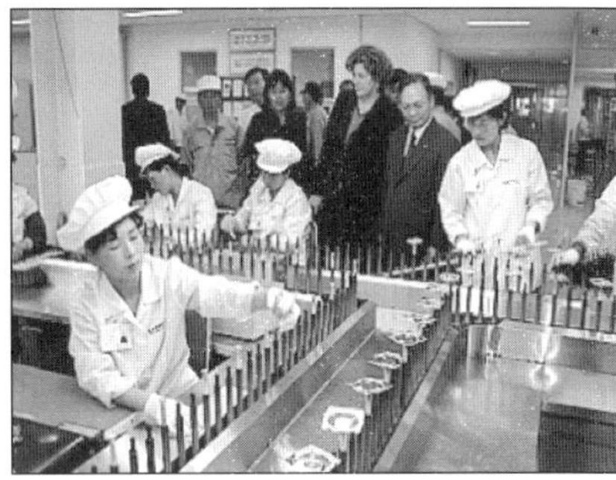

개성공단 근로자들(자료사진 : 통일부 제공)

또한 재일 조총련계 기업의 취약한 자금사정 및 신용상의 문제로 인해 투자자금의 대부분이 100만 달러 내외의 소액 투자였기 때문에 실제 북한경제에 대한 발전 기여도가 낮았다. 뿐만 아니라 조총련기업이 북한이 당초 희망하고 중점적으로 유치하려고 했던 중화학 및 첨단산업 관련 부문과 사회기반시설에 대한 투자보다는 생필품 중심의 소비재 경공업과 서비스 위주의 투자가 이루어졌다는 문제점을 안고 있다. 더욱이 1989년을 고비로 감소세를 보이던 조총련과의 경협이 김일성 사후에는 급격히 냉각되고 있는 형편이다. 결국 조총련과의 합영사업은 합영사업이라기보다는 조총련 동포의 희생을 바탕으로 한 헌금·애국사업 성격의 태생적 한계로 시작부터 실패할 수밖에 없었다.

한편 구소련과 동구사회주의 체제붕괴 후 북한의 대외경제협력 기반이 와해되고 경제난이 가중됨에 따라 서방과의 경제협력이 절실한 북한은 서방자본유치를 위해 1991년 12월 나진·선봉지역을 '자유경제무역지대'로 설정하였다. 그리고 서방자본과 기술유치를 법적으로 뒷받침하기 위해 외국인투자 관련법을 지속적으로 제정 또는 개정하는 한편, 1995년부터 대내외 투자설명회와 적극적인 홍보활동을 전개하였으나 나진·선봉특구 설정을 통한 외자유치사업 역시 사실상 실패로 돌아가고 말았다.

(3) 대외원조

해방이후 1970년대 중반까지 북한은 무상원조 12.8억 달러, 유상원조 34.7억 달러 등 총 47.5억 달러의 외국자본을 들여와 전후복구사업, 군사력 증강,

경제개발 등에 투자하였다. 이 중 전체의 43%에 해당하는 20.4억 달러는 1960년대 이전에 소련, 중국 등 사회주의 국가로부터 도입된 유·무상 차관이었으며, 12.4억 달러는 1970년대 들어와 서방 선진국으로부터 도입한 유상 차관이었다. 그러나 1970년대 후반부터 외채상환 불능상태가 발생한 이후 최근까지 서방권 국가로부터의 차관도입은 사실상 중단된 상태이며, 주로 구소련, 중국 등에서 약간의 차관이 제공되었을 뿐이다.

구소련은 북한의 제3차 7개년계획(1987~1993)기간 중 약 1억달러의 차관을 제공키로 하였던 것으로 알려지고 있다. 그러나 쌍방간에 종래 군사장비, 원유 등의 거래에 적용해 오던 소위 '우호가격제도'가 폐지됨에 따라 현물성 원조는 사실상 종결되었다. 북한은 유엔개발계획(UNDP) 또는 유엔공업개발기구(UNIDO)와도 지속적인 협조관계를 유지하고 있다.

UNDP는 1979년 6월 북한이 동 기구에 가입한 이후 UNDP자금에 의한 대북경제지원을 추진해 왔으며, 특히 제3차 7개년계획기간 중에는 국제기구로서는 북한의 최대 경제협력상대가 되었다. UNDP의 경제적 지원은 사회주의권 붕괴 및 북한 핵문제 등으로 외국과의 경제협력이 거의 단절된 상태에서 북한경제에 어느 정도 도움이 되었다고 할 수 있다. UNIDO는 북한의 기술개발과 관련한 경제지원을 담당하고 있으나, 최근 들어 그 지원규모가 점점 감소되는 추세를 보이고 있다.

한편 1995년부터는 인도적 목적의 대북 식량 무상지원이 재개되고 있는데, 현재 국제사회의 대북지원 체계는 UN산하의 국제기구를 통한 지원, 각국 정부의 직접 지원, 국제적십자사나 NGO(비정부기구) 혹은 개인·기업 등에 의한 지원으로 구분할 수 있다. 그러나 UN산하 각종 국제기구들의 대북지원의 대부분은 공여국가의 기여에 의존하고 있어, 국제기구의 대북지원은 각국 정부의 지원과 많은 부분이 상당히 중첩된다. 국제기구에 의한 대북지원은 1995년 8월 23일 북한의 UN대표부가 유엔인도지원국(UNDHA)에 긴급지원을 공식 요청함으로써 개시되었는데, 세계식량계획(WFP)과 식량농업기구(FAO), 유엔아동기금(UNICEF), 유엔개발계획(UNDP), 세계보건기구(WHO) 등의 창구를 통해 이루어지고 있다.

특히 국제기구의 대북식량지원의 주된 창구는 WFP가 맡고 있는데, 1995년 이후 2002년말 현재까지 지원된 규모는 약 11억 5,556만 달러이며, 국제 NGO를 통한 지원규모는 1억 7,342만 달러에 달하고 있다. 미국과 EU, 중국, 일본, 한국 등 주요 국가별 정부차원의 무상 지원규모(누계)는 2002년 말 현재 약 10억 7,978만 달러에 달하고 있다. 이와 같은 국제사회로부터의 식량지원으로 인해 북한에서 매년 부족한 식량 150만~200만톤 중 많은 부분을 국제사회의 무상지원 물량에 의존하고 있다.

제 8 장

외교정책과 주변국 관계

1 외교정책

북한의 사회주의헌법에 명시된 외교관련 조항은 아래와 같다.

제15조 조선민주주의인민공화국은 해외에 있는 조선동포들의 민주주의적 민족권리와 국제법에서 공인된 합법적 권리와 리익을 옹호한다.

제16조 조선민주주의인민공화국은 자기 령역 안에 있는 다른 나라 사람의 합법적 권리와 리익을 보장한다.

제17조 자주, 평화, 친선은 조선민주주의인민공화국의 대외정책의 기본 리념이며 대외활동원칙이다.

국가는 우리나라를 우호적으로 대하는 모든 나라들과 완전한 평등과 자주성, 호상존중과 내정불간섭, 호혜의 원칙에서 국가적 또는 정치, 경제, 문화적 관계를 맺는다. 국가는 자주성을 옹호하는 세계인민들과 단결하며 온갖 형태의 침략과 내정간섭을 반대하고 나라의 자주권과 민족적, 계급적 해방을 실현하기 위한 모든 나라 인민들의 투쟁을 적극 지지 성원한다.

또한 조선로동당규약에 명시된 외교관련 조항은 아래와 같다.

> 조선로동당은 남조선에서 미제국주의 침략군대를 몰아내고 식민지통치를 청산하며 그리고 일본 군국주의의 재침기도를 좌절시키기 위한 투쟁을 전개하고 남조선 인민들의 사회민주화와 생존권투쟁을 적극 지원하고 조국을 자주적 평화적으로 민족대단결의 원칙에 기초하여 통일을 이룩하고 나라와 민족의 통일적 발전들을 이룩하기 위해 투쟁한다.

조선로동당은 자주성과 프로레타리아 국제주의원칙에 기초하여 사회주의 나라들과의 단결과 국제공산주의운동과의 련대성을 강화하고 세계의 모든 신흥세력나라 인민들과의 친선, 협조관계를 발전시키며 아시아, 아프리카, 라틴아메리카 인민들의 반제민족해방 운동과 자본주의 나라들의 로동계급과 그밖의 인민들의 혁명투쟁을 지지하고 광범한 련합전선을 실현하여 미국을 우두머리로 하는 제국주의와 지배주의를 반대하며 평화와 민주주의, 민족적 독립과 사회주의 공동위업의 승리를 쟁취하기 위하여 투쟁한다.

가. 정책기조

(1) 외교정책의 이념과 목표

북한은 1972년 헌법 제16조에서 평등과 자주, 상호존중과 내정불간섭, 호혜를 외교정책의 원칙으로, 마르크스-레닌주의와 프롤레타리아 국제주의원칙의 대외관계 적용 및 반제투쟁의 지지와 확산을 목표로 설정하였다. 이 같은 입장은 북한의 로동당 규약에도 나타나 있다. 즉 "자주성과 프로레타리아 국제주의원칙에 기초하여 사회주의 나라들과의 단결과 국제공산주의운동과의 련대성을 강화하고 세계의 모든 신흥세력나라 인민들과의 친선, 협조관계를 발전시키며 아시아, 아프리카, 라틴아메리카 인민들의 반제민족해방 운동과 자본주의 나라들의 로동계급과 그 밖의 인민들의 혁명투쟁을 지지하고 광범한 련합전선을 실현하여 미국을 우두머리로 하는 제국주의와 지배주의를 반대하며 평화와 민주주의, 민족적 독립과 사회주의 공동위업의 승리를 쟁취하기 위하여 투쟁한다"는 것이다.

또한 1980년 10월에 개최된 제6차 당대회 총화보고에서 김일성은 당시의 국제정세를 "혁명력량과 반혁명력량 및 반제국주의 세력과 제국주의 지배세력간의 치열한 투쟁이 전개되고 있는 것"으로 평가하고, 대외활동의 기본목표로 "반제자주력량의 단결강화와 비동맹운동의 확대 발전" 및 "사회주의력량과 국제공산주의 운동의 단결"을 강조하였다. 그러나 소련과 동구 사회주의 국가들이 해체됨으로써 동서 냉전체제가 사라지자 북한은 종전에 내세웠던 '맑스-레닌주의와 프로레타리아 국제주의 원칙'이라는 용어를 외교정책의 원칙에서 삭제함으로써 변화된 국제정세를 반영하였다.

1992년 헌법은 대외정책의 기본이념 및 원칙으로 자주, 평화, 친선을 규정하고 자주성을 옹호하는 세계인민들과의 단결을 통한 침략과 내정간섭에 대한 반대 및 자주권과 민족적-계급적 해방을 대외정책의 목표로 제시하였다.

1998년 헌법도 같은 내용을 규정하고 있다. 사회주의권의 소멸을 반영하여 마르크스-레닌주의와 프롤레타리아 국제주의 원칙은 사라졌으나 '제국주의와 지배주의 세력'에 대한 연대투쟁 목표는 아직도 유효하다. 이것은 북한의 국제정세에 대한 대결론적 상황 인식이 변하지 않고 있다는 것을 의미한다. 요컨대, 북한은 자주, 친선, 평화라는 외교정책의 이념과 원칙하에 제국주의 세력으로부터 체제를 유지하는 데 필요한 국제적인 여건과 환경의 조성 등을 목표로 외교활동을 전개하고 있는 것이다.

북한 외교부 대표 연설

(2) 대외활동 방향

북한은 헌법 제17조에서 "우리나라를 우호적으로 대하는 모든 나라들과 완전한 평등과 자주성, 호상존중과 내정불간섭, 호혜의 원칙에서 국가적 또는 정치, 경제, 문화적 관계를 맺는다"고 규정하고 있다. 그럼에도 불구하고, 과거에는 외교활동이 사회주의권 및 비동맹 국가들에 집중되어 있었다. 미・소 양극을 중심으로 한 냉전체제라는 구조와 사회주의 국제주의라는 이념적 요인이 사회주의 국가들과의 외교를 중시하게 하였다. 비동맹 국가들과의 외교관계가 활발했던 이유는 북한이 반제국주의 이념을 내세우면서 비동맹 국가들을 대상으로 남한과 수교경쟁을 벌였기 때문이었다.

그러나 1990년대 들어 냉전의 종식에 따른 소연방 해체와 동구권 몰락이라는 국제정세 변화에 따라 종래 사회주의권내 국가들을 지향한 진영외교 및 비동맹에 주력하던 외교활동은 변화를 맞고 있다. 경직된 통치이데올로기와 계획경제의 한계 및 내부자원 고갈에 의해 어려움을 겪던 북한은 사회주의권의 붕괴로 사회주의 국제시장이 사라진 현실에 직면하여, 생존을 위해 서방국가들과의 관계 확장을 시도하고 있다.

이와 같은 배경 하에 오늘날의 지역별, 대상별 외교활동 방향은 다음과 같이 정리할 수 있다.

① 미국, 일본, 유럽연합(EU) 등 서방과의 관계개선을 통해 체제안전에 대한 보장과 경제적 실리 획득이라는 두 가지 목표를 동시에 추구한다.

② 중국, 러시아 등과는 과거 이데올로기에 의한 사회주의 동지적 유대라는 성격과 달리 전통적 우호・친선관계로서 유지・발전시킨다.

③ 전반적으로 비동맹 외교의 퇴조 속에 대만, 태국, 인도네시아 등 동남아 국가와의 자원외교를 강화한다.

④ 국제기구와 비정부기구(NGO)들과는 1995년 이후 계속된 식량난 해소 차원에서 유대 강화를 도모 한다. 다시 말해, 1990년대 이후 북한의 외

교활동은 이념, 정치 위주에서 실리, 경제를 강조하는 현실주의적인 외교노선으로 나아가고 있는 것이다.

(3) 수교 현황

북한은 2009년 현재 160개국과 외교관계를 맺고 있으나 한국의 186개국에 비하면 많은 차이를 보이고 있다. 남북한 수교관계의 특징을 시기별로 살펴보면 다음과 같다. 1950년대 초기의 남북한은 내부 정치체제의 정비와 전쟁 피해복구에 전념함으로써 외교활동은 진영 내 국가들에만 국한되었다.

따라서 1953년까지 한국은 미국을 위시하여 유럽, 아시아의 자유진영국가 6개국과 그리고 북한은 소련·중국 및 동구 등의 10개 공산권 국가와 수교하였다. 또한 1953년 7월 휴전 이후 1960년까지의 기간에도 한국은 반공노선 고수와 할슈타인 원칙 준수 등으로 중립국과의 수교는 제한되었으나 자유진영 국가와의 관계발전에 주력하여 1960년까지 16개국과 수교하였다. 북한도 소련을 중심으로 한 공산권 외교에만 노력하여 1960년까지 한국과 같이 16개국과 외교관계를 맺었다.

1960년대에 들어오면서 중·소대립의 심화, 아시아·아프리카 신생국가들의 국제적 지위향상 등 국제정세의 변화를 배경으로 한국은 중립국들과의 외교 강화를 적극 추진함으로써 대외관계를 급격히 신장시켜 나아갔다. 그 결과 1961년부터 1971년 사이에 한국은 아프리카 21개국 및 미주권국가를 비롯하여 총 67개국과 새로 수교함으로써 1971년에는 총수교국이 83개국에 달해 1960년의 16개국에 비해 무려 5배에 이르렀다.

같은 시기에 북한은 이른바 반제·반식민 해방을 내세우면서 아시아·아프리카·중남미 제국에 대한 외교를 강화하는 한편 1966년 8월에는 외교에서의 자주노선을 선언하면서 다변외교에 치중하였다. 이 기간 동안에 북한도 대외활동에 많은 성과를 보여 1971년에는 총 수교국이 37개국에 이르렀다. 1970년대에 와서 국제사회에서 제3세계 국가들의 영향력 증대, UN의 성격 변화 등으로 한국의 수교국 확대에는 큰 변화가 없었다. 그러나 동서화해라는 새로운 국제정세에 힘입어 1973년 6월에는 비적성국가에 대해 문호개방을 밝히는 '평화통일 외교정책 선언'을 천명하는 등 이념을 초월한 실리외교에 박차를 가하여 1980년 말에는 112개국과 수교하게 되었다. 북한도 1972년을 '외교의 해'로 정하고 세계 각국에 여러 형태의 대표단을 파견하는 등 대외활동을 강화하여 1980년 말에는 총 수교국이 100개국에 달하였다.

1980년대의 한국은 경제발전과 서울올림픽의 성공적 개최 등으로 국제적 지위가 크게 향상되었다. '7·7특별선언'을 발표하고 꾸준히 북방정책을 추진하여 때마침 민주화개혁을 추진하고 있던 동구 사회주의국가들과 연달아 국교를 맺고 1990년 9월에는 소련과 수교함으로써 총 145개국과 외교관계를 맺는 성과를 이룩하였다.

이에 반해 북한은 수교국 확대에 있어 별다른 진전을 보지 못하였을 뿐 아니라 1983년의 버마 아웅산 폭파사건 등 잦은 국제테러 행위와 북한외교관들의 밀수행위로 국제사회의 비난과 함께 일부 국가들로부터는 단교조치를 당하기도 하였다. 그러나 중남미지역에 대한 진출을 꾸준히 시도하여 콜롬비아(1988), 페루(1989), 안티구아 바부다(1990) 등과 새로 수교하였다. 1990년대들어 한국은 소련 및 모든 동구권국가, 그리고 그동안 친북 일변도였던 아프리카 국가들과도 수교함으로써 북한에 비해 압도적 우위의 외교역량을 나타내었다. 특히 1992년의 한·중수교는 북한에 커다란 충격과 함께 국제정세의 변화를 실감하게 하였다.

북한도 이러한 정세변화에 대처하기 위해 소연방 탈퇴국가들과 1993년까지 수교를 마쳤으며 유럽의 마케도니아(1993. 11. 2), 그루지아(1994. 11. 3), 보스니아-헤르 체고비나(1996. 1. 19), 아프리카 지역의 남아프리카공화국(1998. 8. 10), 동남아시아의 브루나이(1999. 1. 7)와 각각 대사급 외교관계를 수립하였다. 그러나 북한은 실제 공관의 설치·운영과 관련해서는 경제사정 악화로 인해 1998년 3월 외교부의 새외공관 30% 성도 감축방침 발표 이래 공관의 구조조정을 단행하였다. 1998년 이후 폐쇄된 공관현황을 보면 아프리카 지역이 7개로 가장 많고 유럽지역이 6개, 중동 2개, 아시아 및 중남미 각 1개 공관이 감축되었다. 북한은 2000년대 들어서 EU 8개국을 포함, 오스트레일리아, 필리핀, 터키, 캐나다, 브라질, 뉴질랜드, 쿠웨이트, 리히텐슈타인, 바레인 등과 수교하였고, 2002년 11월에는 신생 독립국인 동티모르와 국교를 수립하였다. 특히 북한은 이 시기에 대외관계를 확대하면서 주요 거점지역에 공관을 새로 개설하였는바, 2000년에 홍콩 총영사관 및 이탈리아 대사관, 2001년에 독일 대사관, 2002년에 오스트레일리아 및 남아프리카공화국 대사관, 2003년에 영국 대사관을 개관하여 2003년 10월 현재 총 50개 재외공관을 유지하고 있다.

대륙별로는 유럽이 17개, 아시아가 16개, 중동과 아프리카가 13개, 미주가 4개이고, 상주대사관 40개, (총) 영사관 3개, 대표부 7개 등이다. 그럼에도 불구하고 2003년 현재 재외공관 현황은 1997년 말 68개 공관보다 18개가 감소하였다.

북한의 재외공관 설치에서 나타나는 특징으로는 재외국민 보호 업무를 수행하는 (총)영사관 보다 상업업무나 정치·외교적 연락업무를 수행하는 대표부의 수가 훨씬 많다는 점이다. 특히 대표부가 유럽지역에 편중되어 있는 것은 이 지역에 각종 국제기구가 설치된 것과 관련이 있다.

(4) 민간대상 대외선전 및 동포조직 현황

외국의 민간을 주 대상으로 하는 북한의 대외선전은 공식적 외교활동을 보다 효율적으로 수행하기 위한 보조수단으로 '국제혁명역량과의 연대성'을 강화하여 "조선혁명의 전국적 승리를 촉진하기 위한 위업에 적극 이바지"하는 것을 기본원칙으로 삼고 있다.

이러한 기본원칙아래 북한은 ① 주한미군 철수 등 한반도에서의 공산화 혁명을 달성하기 위한 국제적 여건 조성 ② 북한의 국제적 지위 향상과 한국의 고립화 ③ 사회주의 건설의 성공적 수행을 위한 국제협력의 강화 ④ 김일성 · 김정일 우상화 및 세습체제의 당위성 선전 ⑤ 북한 통일방안의 정당성 주장 등을 대외선전의 기본방향으로 설정하고 있다.

따라서 북한의 대민간 외교 활동은 이러한 기본방향에 따라 지역별 외교목표에 맞춰 전개되어 왔다. 사회주의권에 대해서는 '프롤레타리아 국제주의원칙 견지'와 '사회주의운동의 통일단결 강화'를 주장하였다. 비동맹권에 대해서는 '반제 · 반식민주의'와 '민족해방투쟁'에서의 연대성을 표방하면서 김일성의 주체사상과 북한 통일방안의 정당성 선전에 주력하였다. 서방국가들에 대해서는 '상호 평등과 주권존중'을 내세워 인민들의 단결을 주장하면서 평화이미지 부각에 중점을 두었다. 대민간 외교 활동도 외교의 일환으로 추진되는 만큼 로동당의 지도와 통제 아래 이루어지고 있다. 민간외교 및 대외선전 활동의 총체적인 계획은 당 선전선동부가 담당하며, 집행은 당 국제부가 지휘 · 감독하고 있다. 그리고 현지의 선전활동은 대부분 해당지역의 친북단체들을 주로 동원하고 있다.

주요 민간외교 조직으로는 조선아시아태평양평화위원회와 대외문화연락위원회가 있다. 1994년 10월에 창설된 '아 · 태평화위'는 미국과 일본 등 서방권은 물론 대남업무도 담당하며 1990년대 후반들어 활동영역을 넓히고 있다. 이 기구의 활동범위는 한반도 통일, 핵 · 군축, 지역민족간 분쟁, 환경보호 등 정치 · 경제 · 문화 · 체육 · 관광 등 다양한 분야에 걸쳐 폭넓은 활동을 포괄하고 있다. 1956년에 설립된 대외문화연락위원회는 당의 외곽기구로 민간차원의 학술 · 문화교류를 통해 상호간의 친선과 우호관계를 증진시키는데 일차적인 목적을 두고 있다. 당 국제부의 지도하에 주로 민간외교를 담당하는 대외문화연락위원회는 친선대표단을 구성, 해외각국을 순방하기도 하고 문화교류협정을 조인하는 일도 수행하고 있다.

한편 기타 외곽단체로는 조선아시아아프리카단결위원회, 세계인민들과의 연대성위원회, 각국과의 친선협회 등이 있으며 직총, 청년동맹, 여맹 등의 근로단체도 각각 대외사업에 참여하기도 한다. 이밖에 북한의 해외 친북단체 조직을 이용하기도 하는 데, 경제난 등으로 북한의 위상이 추락하면서 실질적 활동은 매우 미미한 데 그치고 있는 것으로 파악되고 있다. 북한의 주요 대외활동 조직의 하나로 재일본조선인총연합회(조총련)를 들 수 있다. 1955년 5월 25일에 조직된 조총련은 재일교포들을 친북 성향으로 전향시키고 한반도의 공산화혁명을 위한 전진기지로 활용하기 위해 조직된 것이다. 북한은 조총련을 통해 『김일성저작선집』과 '혁명전통교양' 자료들을 각국어로 번역 출판하는가 하면 '김정일 장군 약사' 등 김정일 우상화 자료를 출판하였으며 신문, 잡지, 정기 간행물들을 발간하여 세계 각국을 대상으로 선전활동을 전개하고 있다. 뿐만 아니라 조총련에 대해서도 주체사상으로 일색화하고 대를 이어 충성할 것을 강요하는 사상교양사업을 실시해오고 있다. 북한은 조총련에 대해 경제적으로 적극적인 지원을 하고 있다고 선전하면서 1957년부터 2003년 4월 15일까지 교육원조비와 장학금 명목으로 149차에 걸쳐 총 451억 616만 3,000엔을 송금했다고 밝히고 있다.

그러나 북한이 조총련으로부터 갖가지 명목으로 거액의 자금과 물품을 헌납받고 있는 것은 잘 알려진 사실이다. 또한 조총련계 실업인들과의 합영을 통해서도 적지 않게 도움을 받고 있는 실정이다. 한편 북한은 조총련을 통해 1959년 12월 14일부터 1984년까지 187차에 걸쳐 총 93,342명의 조총련계 재일동포를 북송시켰다. 그런가 하면 1967년 제4기 최고인민회의부터는 조총련 대표를 대의원으로 선출하고 있다. 최근 북한은 시대변화와 젊은 세대의 요구를 수용하는 등 조총련의 변화를 시도하였다. 1998년 5월 22일 제18차 전체대회를 열어 한덕수 의장 - 서만술 제1부의장 - 허종만 책임부의장 체제를 정립하고, 10여명으로 구성되어 있던 부의장단을 4명으로 줄이는 등 조직 정비를 단행함으로써 업무의 효율화를 모색하였다. 또한 조총련은 1999년 들어 4월 서만술 제1부의장의 방북시 김정일의 '조총련을 일본실정에 맞게 개혁하라'는 지시에 따라 동년 9월 중앙위원회 확대회의를 열어 일부 조직을 개편하고, 동포생활과 권익옹호를 최우선시하는 사업방침을 확정하는 등 변화를 모색하였다.

이러한 움직임은 2001년 조총련을 결성한 이후 46년간 의장으로 재임하여 온 한덕수가 사망하고 서만술이 의장에 공식적으로 취임함에 따라 더욱 활발해졌다. 서만술 의장은 2001년 7월 일본 각지에서 열린 각 지부별 정기대회에 참석, 조총련의 기층조직인 지부와 분회 활동을 적극 강화해 나갈 것을 촉구하였다. 뿐만 아니라 모든 조총련의 '애국사업'은 앞으로 "동포밀착, 동포복무, 동포주인형으로 혁신될 것이다"라면서 동포 중심의 조총련 활동을 강조하였다. 그러나 장기간에 걸친 일본의 경기 침체 등 여러 요인에 의해 조총련의 돈줄인 조은(朝銀)신용조합들의 파산이 잇따르고 2001년 11월에는 조총련 중앙본부에 대한 일본경찰의 압수 수색이 이루어지는 등 악재가 겹치면서 조직이 약화되고 있다. 이런 분위기속에서 김정일 위원장은 2002년 8월 방북한 허종만 조총련 책임부의장을 통해 조총련의 조직과 교육을 개혁할 수 있도록 학습조를 폐지하고 조총련 산하 초 · 중등학교에서의 김일성 · 김정일 초상화 대신 자연스러운 활동사진으로 대체할 것을 지시하였다. 이와 같이 북한과 정치 · 사상 · 경제적으로 깊은 연계를 맺고 있는 조총련은 북한의 대외선전기구 및 한반도 공산화혁명을 위한 전진기지 역할을 수행하던 기능에서 일부 벗어나 동포권익옹호 단체로의 탈바꿈을 시도하는 등 현실 적응을 위한 움직임을 보이고 있다.

한편 중국에도 재일 조총련과 유사한 형태의 조직을 결성했는데, 1998년 8월 15일 통일대축전을 전후한 시점에서 1991년경 결성된 기존의 친북단체 '재중조선공민총연합회'를 '재중조선인총연합회'(재중 조총련)로 확대 · 재편하였다. 재중 조총련의 의장은 재중조선공민총연합회 의장이었던 양영동이 승계하였다. 북한의 평양방송이 "재중 조총련이 2001년 3월 조직 결성 10돌 기념보고대회를 개최하고 김정일 로동당 총비서의 영도아래 통일애국운동을 석극 선개할 섯을 다심했다"고 보도한 것으로 볼 때, 활동이 지속되고 있는 것으로 파악되고 있다 그 밖에도 북한은 미국 내에서 여러 단체로 흩어져 친북활동을 벌여왔던 한인단체들을 규합해 1997년 1월 뉴욕에서 '재미동포 전국연합회'를 결성, 함성국(미국명 마이클 함) 목사가 초대회장을 맡고 있다. 이 단체는 중앙회와 3개 지역위원회로 구성됐으며 주로 정치외적인 재미동포의 북한 방문과 식량지원 같은 인도적 활동에 치중하고 필요시 미국 정부에 대해 대북 경제제재의 완전 해제와 같은 일종의 로비활동도 병행하고 있다. 한편 이들 외에 해외에서 활동하고 있는 친북단체로는 '국제고려인통일연합회'(고통련), '재독일 동포연합회'와 '재호주 동포연합회' 등이 있다.

나. 외교 전개과정

(1) 1948년 정권 수립~1950년대 초반 : 중·소 의존

북한의 외교관계는 정권수립시기부터 1953년 휴전이 성립될 때까지만 해도 사회주의 진영의 범주에 머무르고 있었다. 이 당시의 외교활동은 소련의 영향권 안에 있는 공산국가들과의 관계가 거의 전부였으며 수교국도 소련, 중국, 동구 제국 등 12개국에 불과하였다. 특히 한국전쟁의 도발로 UN에 의해 침략자로 규탄된 북한은 전적으로 소련을 추종하면서 중 · 소로부터 전쟁수행을 위한 군사적 · 경제적 지원과 외교적 지원 획득에 치중하였다.

(2) 1950년대 중반~1960년대 후반 : 중립국외교 강화

휴전협정이 성립되자 북한은 전후 복구계획을 수행하기 위해 우선 중 · 소로부터 경제적 지원을 획득하기 위한 협력관계 강화에 주력하였다. 그러나 1955년 4월 아시아 · 아프리카지역의 신생독립국 29개국이 참가한 반둥회의에서 '평화 5원칙'이 발표되고, 흐루시초프가 평화공존정책을 거론하게 되자 북한은 중 · 소 · 동구 등 공산국가에 국한하였던 진영외교를 탈피하여 다변외교로 전환하지 않을 수 없었다.

북한이 중립국들과의 외교적 접근을 시도한 것은 1956년 4월에 개최된 제3차 당대회에서 다변외교로의 전환방침을 밝힌 때부터이다. 이와 동시에 1956년 4월 대외문화연락위원회라는 '인민외교' 수행담당 기관을 로동당 외곽단체로 만들어 대중립국 외교활동을 전개하기 시작하였다. 그 결과 1958년에는 알제리, 기니 등과 수교하게 되었다.

1960년대에 들어서면서 북한은 대중립국 외교를 더욱 강화하였는데 이것은 아시아 · 아프리카지역의 신생독립국가들이 대거 UN에 가입하고 1960년 제15차 UN총회에서 남북한 동시 초청문제가 제기된 데서 비롯되었다. 1961년 9월 제4차 당대회에서 김일성은 ① 사회주의국가와의 단결 ② 제국주의 진영에 대한 반대투쟁 ③ 신생독립국가에 대한 접근 등을 강조하였으며, 같은 해 6월과 7월 소련과 중국을 방문하고 '조 · 소 우호협조 및 호상원조 조약'과 '조 · 중 우호협조 및 호상원조 조약'을 각각 체결하여 사실상의 군사동맹관계를 형성하였다. 그러나 1962년 중 · 소 국경분쟁과 쿠바사태 이후 중 · 소 분쟁이 격화되자 북한은 중국에 밀착하였다가 1965년 2월 코시긴 소련 수상의 방북을 계기로 중 · 소 균형외교 입장을 취하였다.

이러한 중 · 소 양다리 외교에서 북한은 그들의 외교적 활로를 찾고자 1966년 8월 '내정불간섭과 호상 평등'을 표방한 자주노선을 선언하고 이를 대중립국 외교의 지침으로 삼았다.

(3) 1970년대 : 서방외교 모색(남북외교 경쟁)

1970년대에 들어 북한의 외교정책은 보다 다변화되고 실리적인 방향으로 전환되었다. 북한이 실리외교를 정책노선으로 채택한 것은 1971년 11월 당중앙위원회 제5기 제3차 전원회의에서 '국제정세에서 제기된 몇 가지 문제에 대하여'라는 의제가 토의되면서 본격화되었다. 북한이 1970년대에 제3세계 나라들에 대한 외교를 더욱 강화하고 서방 제국에 대한 접근을 모색하는 방향으로 전환하였다.

이러한 배경에는 대외적으로 1971년 9월 중국의 UN 가입과 1972년 닉슨 미국대통령의 중국방문을 계기로 한 미국 · 중국의 관계 개선, 일본 · 중국의 국교 정상화 등 국제적 화해 분위기의 성숙, 그리고 UN 및 기타 국제기구에서의 남북한 대결에 대비한 지지국의 확보 필요성 등이 작용하였다. 또한 대내적 배경으로는 새로운 6개년 경제개발계획의 추진에 필요한 자본과 기술 도입을 위해 서방국가들과의 경제협력의 필요성 등이 있었다.

1973년 6월 한국의 평화통일 외교정책선언이 발표되자 북한은 남북한의 공존을 "두개의 조선을 고정화하고 분단을 영구화한다"는 구실로 반대하면서도 서방 여러 나라들과의 외교관계를 수립하려고 노력하였다. 1974년 3월에는 미국에 평화협정 체결을 제의하는 한편, 비동맹외교를 적극 전개하여 1975년 8월 비동맹회의에 가입하였다. 같은 해 제30차 UN총회에서는 처음으로 한반도문제에 관한 서방측 안과 공산측 안이 동시에 통과되기도 하였다. 그러나 1970년대 후반에는 북한의 호전적인 대남 전략, 외채 상환문제, 외교관의 밀수사건 등으로 국제적 위신이 크게 손상되어 별다른 외교적 성과를 거두지 못하였다.

(4) 1980년대 : 서방외교 추진

북한은 '조선혁명의 전국적 승리'라는 궁극적인 외교목표를 변함없이 견지하면서 1980년대 들어 외교 다변화를 모색하였다. 1980년 10월 제6차 당대회에서는 대외정책의 기본이념을 '자주 · 친선 · 평화'라고 표방하였다. 이러한 명분을 내세워 공산국가와의 단결강화를 강조하면서 우호적으로 대하는 자본주의국가와도 친선관계를 맺는다는 대서방외교 강화방안을 제시 하였다.

특히 북한은 1983년 10월 버마 아웅산 폭파사건으로 서방제국으로부터 외면을 당하게 되자, 평화공세의 한 수단으로 1984년 1월 중앙인민위원회와 최고인민회의 상설회의 연합회의를 열고 '조선문제의 평화적 해결을 위한 새로운 조치를 취할 데 대하여'라는 의제를 토의하고 남한 · 북한 · 미국의 3자회담을 제의하는 한편, 이를 통해 대미 접근을 적극 추진하기 시작하였다. 한편 1984년 9월 북한의 최고인민회의 상설회의는 만성적인 경제침체를 탈피하기 위한 제도적 조치로 합영법을 채택하고 서방국가의 기술과 자본을 유치하기 위해 다각적으로 노력하였으나 실효를 거두지 못하였다.

북한외상과 클린턴 미 대통령

(5) 1990년대 : 미·일외교 강화

북한은 1990년대에 들어와 급격한 대외환경의 변화로 인한 국제적 고립 탈피와 내부의 심각한 경제난을 타개하기 위해 미국·일본을 비롯한 서구자본주의 국가들에 대한 접근을 강화하였다. 김일성이 사망하자(1994. 7. 8) 북한은 대내외적으로 위기상황에 직면하였다. 북한은 이에 대처하기 위해 군부중시의 비상위기관리체제를 통해 체제안정을 꾀하는 한편, 대외적으로는 외교적 고립 탈피와 경제난 해결을 위한 자원 확보를 위해 전력을 경주하였다.

미국과는 1988~1992년 사이 북경에서 28차례의 참사관급 외교관 접촉을 진행한 바 있으며, 특히 1994년 10월 21일 북·미간 제네바합의(Agreed Framework)를 이루어냄으로써 미국과의 직접협상을 통한 관계개선 계기를 마련하였다. 또한 1999년 3월 금창리 지하 핵 의혹시설의 성격규명을 위한 협상을 타결지음으로써 미국으로부터 식량 60만 톤을 지원받기도 하였다.

그 후 미사일 재발사 문제와 관련하여 1999년 9월 12일베를린에서 미국과의 합의를 이끌어내고 후속회담이 11월15일 베를린에서 재개됨으로써 대미관계를 정상화시킬 수 있는 토대를 구축하게 되었다.

일본과는 1991~1992년 사이 8차례에 걸친 국교정상화회담을 개최하고, 1995년 3월에는 북한 로동당과 일본의 연립여당이 국교정상화회담을 재개한

김정일 국방위원장과 올브라이트 미국무장관

다는데 합의하였으며, 일본은 1995년과 1996년 사이에 50만 톤의 식량을 북한에 지원하였다. 북한과 일본은 일본인 처 고향방문 사업을 추진, 두 차례 고향방문을 실현시키고, 1998년 3월 일본 자민당대표단이 방북하여 관계개선을 모색하기도 하였다. 그러나 1998년 8월 북한이 미사일을 발사함으로써 쌍방관계는 급격히 냉각되었고, 1999년 8월 북한은 정부성명을 통해 일본이 관계개선과 과거사 보상에 나설 것을 요구하였다. 북·미관계 개선을 골자로 한 북·미베를린 합의(1999. 9) 분위기에 편승, 방북한 일본 정당대표단과 북한 측은 1999년 12월 3일 공동보도문을 통해 국교정상화회담 재개에 합의하였음을 발표하였다.

이 합의에 따라 1999년 12월 19일부터 개최된 적십자회담에서 양측은 제3차 재북일본인 여성 고향방문 재개 등 4개항에 합의하였으며, 이어 열린 수교회담을 위한 국장급 예비회담에서 2000년 3월에 국교정상화 본회담을 개최하기로 합의하였다. 한편, 중국과는 1992년 8월 한·중수교로 냉각기를 맞았으나, 1996년 5월 북·중 경제기술협조협정 체결과 1999년 6월 김영남 최고인민회의 상임위원장의 중국방문, 그리고 1999년 10월 탕자쉬앤(唐家璇) 외교부장의 북한방문을 통해 쌍방간 우호관계를 회복하였다. 러시아와는 '조·소 우호협조 및 호상원조 조약'을 대체하는 신조약에 1999년 3월 가서명함으로써 일반국가 관계로의 발전을 모색하는 토대를 마련하였다.

또한 북한은 1998~1999년 사이 유럽연합(EU)과 2차례에 걸친 정치대화를 개최하였으며, 1999년 9월에는 제54차 유엔총회를 계기로 백남순 외무상이 유럽국가 등 20여개국과 외무장관회담을 가짐으로써 그간 소원하게 지내왔던 유럽연합 여러나라와의 관계개선에도 적극적으로 나서게 되었다.

(6) 2000년대 : 전방위 외교 추진

1998년 9월 공식 출범한 김정일 체제는 변화된 대내외적 상황 속에서 생존의 문제를 심각하게 고려해야 하는 입장에 처했고 이로 인해 국제적 고립탈피 및 국제사회의 지원 확보를 외교활동의 주요목표로 설정하여 전방위외교를 추진하기 시작하였다. 이러한 상황에서 1998년 출범한 김대중 정부가 대북 화해협력정책을 통해 북한의 대외활동을 지원하는 입장을 취함으로써, 북한이 체제위기의 불안감에서 벗어나 실용주의적 정책변화를 모색할 수 있는 긍정적 요소로 작용하였다.

먼저, 북한은 체제안보가 최우선 과제라는 인식하에 핵, 미사일 문제 등을 고리로 미국과의 관계개선에 적극적으로 임하였다. 2000년 10월에는 북한의 조명록 차수가 워싱턴을 방문하여 클린턴 대통령과 회담한 후, '적대관계 종식' 등의 내용이 담긴 '공동성명'과 '반테러 공동성명'을 발표하였다. 이어 올브라이트 미국 국무장관이 평양을 방문, 김정일과 회담을 하는 등 관계 정상화의 계기를 마련하였다. 그러나 2001년 1월 출범한 부시행정부의 대북 강경정책으로 양측 관계는 후퇴하게 되었고, 그런 가운데서도 북한은 체제보장과 경제지원확보를 위해 핵카드를 활용, 대미관계 정상화를 적극 모색하고 있다. 일본과의 관계개선에도 의욕을 보이고 있는 북한은 2000년 수교회담을 재개하고 동년 9월에는 제3차 일본인 처 고향방문사업을 실시하는 등 수교를 위한 분위기 조성에 나섰다. 이어 2002년 4월 북·일 적십자회담과 국장급 회담을 거쳐 같은 해 9월 17일 북·일 정상회담이 개최되었다.

그러나 현재는 북한 핵문제 및 일본인 납치자 문제 등으로 인해 북·일 관계 개선이 정체상태에 놓여 있다. 북한의 전방위 외교활동은 대 EU외교활동에서 보다 뚜렷이 나타나고 있다. 북한은 2000년 1월 이후 EU 국가와의 외교관계 확대를 적극 추진하여 2003년 현재는 총 15개 성원국 중 프랑스 및 아일랜드를 제외한 13개국과 수교하였으며 EU 국가들을 대상으로 경제지원 획득 및 경협추진 활동을 강화해 오고 있다. 북한은 동남아 국가들에 대해서도 외교활동을 활발히 전개하고 있다. 2001년 7월 김영남 최고인민회의 상임위원장은 베트남, 라오스, 캄보디아를 방문한 데 이어 2002년 3월에는 태국과 말레이시아를 순방 했다. 또한 메가와티 인도네시아 대통령(2002. 3), 천득렁 베트남 주석(2002. 5) 및 분양 라오스 총리(2002. 5)를 초청하는 등 동남아시아 국가들과의 관계개선에도 노력을 경주하고 있다.

한편, 북한은 중국, 러시아와는 정상외교를 통해 전통적 우호관계를 복원하고 강화해 가고 있다. 중국과는 김정일의 두 차례에 걸친 방중(2000. 5, 2001. 1) 및 장쩌민(江澤民) 주석의 방북 (2001. 9)을 통해 기존의 우호관계를 회복한 이후, 미국의 대북 압박정책에 대응하면서 다방면적 원조를 확보하기 위해 대중국 외교활동을 강화해 나가고 있다. 러시아와도 정상간 상호방문 (2000년 7월 푸틴 대통령 방북, 2001년 7~8월 김정일 방러)을 통해 전통적 친선관계를 회복하였고 특히 2002년 8월 김정일의 러시아 극동지방 방문 시에는 TKR / TSR 연결 사업 및 북한과 러 극동지역간 경제협력 등 실질협력 방안을 적극 모색하였다.

2 정책결정 및 집행기구

북한에서 대외정책의 결정은 헌법상으로는 최고인민회의에서 수립하도록 되어 있다. 그러나 당우위 체제 특성상 실제로는 외교정책 결정에 관해서 로동당의 당적 지도에 따르도록 되어 있다. 로동당에서는 중앙위원회 정치국이 이를 심의·결정하며 그 중심역할은 대외문제를 관장하는 비서국의 국제부가 담당하고 여기서 결정된 문제가 최고인민회의에 통고·추인되는 것이 상례이다.

이와 같은 결정과정을 거쳐 그 집행은 형식상 당과 정권기관인 내각이 분담하여 시행하게 되는데 최고인민회의 상임위원장이 주요 책임을 맡는다. 과거 국가주석과 중앙인민위원회가 가지고 있던 외교권한은 최고인민회의 상임위원회로 대폭 이관되었는데, 최고인민회의 상임위원장은 국가를 대표하며 다른 나라 외교사절의 신임장과 소환장을 접수한다.

외교정책의 결정 및 집행(그림) 최고인민회의 상임위원회는 다른 나라와 맺은 조약을 비준 또는 폐기하며, 다른 나라에 주재하는 외교대표의 임명 또는 소환을 결정, 발표한다. 정부간 외교는 내각의 외무성이 주로 관장하고 있으며, 정당외교는 당 국제부가, 의회외교는 최고인민회의가, 민간외교는 로동당 외곽단체인 조선아시아태평양평화위원회 등이 맡고 있다. 내각의 외무성은 과거 정무원 외교부에 비해 독자적인 외교정책을 수립, 집행할 수 있는 등 권한이 강화되었다.

외무성은 외국과의 국교 수립, 협정 체결, 재외공관 운영 등의 업무를 담당하는 외무상과 다수의 부상들이 30여개에 이르는 지역국과 기능국을 분담해 업무를 관장하며 산하에 군축 및 평화연구소를 두고 있다. 그러나 북한의 대외업무는 당과 내각, 최고인민회의 상임위원회뿐만 아니라 여러 조직에 의해 다양하게 분담되어 있는 특징을 가지고 있다. 민간외교는 주로 딩 외곽단체인 조선아시아태평양평화위원회와 대외문화연락위원회 등이 담당하고, 직총 등 기타 근로단체들도 대외활동 업무에 참여하고 있다.

3 주변 4개국과의 외교

가. 미 국

북한이 대서방 접근을 시작한 것은 1970년대 이후로 닉슨 미대통령의 중국 방문과 미·중, 미·소의 화해 등 동서화해 분위기가 형성되면서부터였다. 북한은 이와 같은 국제정세의 흐름에 자극받아 1971년 11월 당중앙위원회 제5기 제3차 전원회의에서 대서방 접근을 정당화하는 '당면한 제문제의 전술적 전환'을 결의하였다. 그러나 1980년 대 말까지 이어진 미·소 냉전은 북한의 대서방 외교가 활발히 전개되기 힘든 구조적 제약요인으로 작용하였다. 북한의 미·일 관계 개선 노력은 1990년대에 들어 본격화되었다고 할 수 있다.

이는 미·일 양국과 유대를 통해 체제의 안정성을 확보하고, 국제사회에서의 대 한국 열세를 만회하며 이들 두 나라로부터 식량지원 획득 및 자본과 기술을 도입하는 동시에 미·일과의 관계정상화를 서방 선진제국에 접근하는 발판으로 이용하려는 목적에서 추진되었던 것으로 보인다. 북한의 대미 접근은 정전협정을 평화협정으로 대체하는 문제를 내세우면서 시도되었다. 북한은 1974년 3월 25일 정전협정을 평화협정으로 바꾸기 위한 대미평화협정 체결을 처음으로 제기한 이후 유엔총회, 비동맹회의 등을 통해 계속해서 이를 주장해 왔다.

1984년 1월 10일 북한은 북·미간 평화협정 체결과 남북간 불가침선언을 하자는 이른바 '3자회담'을 제의하는가 하면, 1986년 6월 17일에는 남북한 및 미국과의 '군사당국자회담' 개최를, 1988년 7월 20일에는 북・미간 '국회대표회담' 개최를 제의하였다. 또한 북한은 1994년 4월 28일 외교부 성명을 통해 새로운 평화보장체계 수립을 위한 협상을 미국측에 제의한데 이어 수차례의 외교부 대변인 담화, 비망록 및 유엔 사무총장 앞으로 보내는 서한 등을 통해 대미 평화협정 체결을 끈질기게 요구하였다.

1996년 2월에는 평화협정의 과도적 조치로서 '잠정협정' 체결을 주장하기도 하였다. 이와 함께 북한은 지난 40여 년간 한반도 평화보장장치로 기능을 해왔던 정전협정체제를 무실화시키기 위해 군사정전위에서 일방적으로 중감위 공산측 대표단을 철수하고 '판문점대표부'를 설치하는 등 일련의 조치들을 잇따라 취하였다. 북한이 정전협정 폐기를 시도하고 북・미평화협정 체결을 주장하고 있는 것은 대미 평화협정 체결을 통해 한・미 안보 동맹체제를 와해시키고 연방제통일에 유리한 여건을 조성하려는 의도에서 비롯된 것이다. 한편, 1990년부터 북한측의 미군유해 발굴 및 인도사업이 시작되었다. 그러나 이후 송환유해의 신원확인 문제가 제기되어 1996년부터 공동발굴작업이 전개되었다.

그 결과 1997년부터 4회 작업으로 7구의 미군유해가, 1998년에는 5회 작업으로 22구의 미군유해가 각각 발굴되어 미국측에 인도된 바 있다. 그리고 1999년 10월 이후부터 그동안 북한군과 유엔사측간에 유해를 인도인수해 오던 관례에서 벗어나 미군과 북한군간에 직접 미군유해를 인도인수하고 있다. 북・미관계에 가장 중요한 사안은 북한의 핵 개발 문제이다. 북한이 1992년 1월 30일 '핵안전조치협정'에 서명함에 따라 국제원자력기구(IAEA)는 북한 핵 시설에 대한 임시사찰을 실시하고 북한측이 미신고한 영변지역 2개 시설에 대한 특별사찰을 촉구하는 결의안을 채택(1993. 2. 25)하였다.

이에 대해 북한이 1993년 3월 12일 핵확산금지조약(NPT) 탈퇴를 선언함으로써 국제적인 긴장국면이 조성되었다. 이 같은 상황에서 북한과 미국은 핵문제를 해결하기 위해 3단계에 걸친 고위급회담을 개최하고 마침내 1994년

10월 21일 제네바에서 '기본합의문'을 채택하였다. 북·미 제네바합의는 북한 핵문제 해결을 위한 토대가 되었을 뿐만 아니라 북한과 미국과의 관계개선의 실마리를 제공하게 되었다. 제네바합의에 따라 1995년 6월 13일 콸라룸푸르에서 한반도에너지개발기구(KEDO)가 경수로 노형 및 주계약자를 선정한다는 등 주요 원칙에 합의하였다. 또한 북한과 미국은 연락사무소 개설문제, 폐연료봉 보관·처리문제 등을 협의하였으며, 미국의 대북 경제제재 완화조치 발표(1995. 1. 20), 대북중유 제공 및 북·미간 직통전화 개설(1995. 4. 10) 등이 이루어졌다. 핵문제가 제네바합의로 해결되는 듯하였으나 북한의 미사일 수출의혹이 새롭게 제기되면서 1996년 4월부터 북·미간에 미사일 협상이 진행되었다.

그러나 북한은 협상에서 "미사일 문제는 자주권에 속하는 문제로서 미국이 진실로 미사일 수출을 막으려면 하루빨리 경제제재를 해제하고 미사일 수출중지로 인한 경제적 손실을 보상해야 한다"고 주장하였다. 1998년 8월에는 미사일(광명성 1호) 발사실험을 강행함으로써 급격히 위기를 고조시키기도 하였다. 또한 1998년 8월에 평북 대관군 금창리의 지하 핵 의혹 문제가 제기되어 북·미간에 1998년 11월부터 1999년 3월까지 4차례의 협상이 진행되었다. 북한은 미국 측의 현장방문을 허용하는 대가로 약 60만 톤의 식량을 제공받았고 1999년 5월 미국의 현장방문단이 금창리 터널을 현지 조사함으로써 금창리 지하 핵 의혹시설 용도를 둘러싼 논란은 7개월 만에 일단락되었다. 이와 같은 긴장상황에도 불구하고 남북한과 미국, 중국이 참여하는 4자회담이 개최되었으며 1995년 이후 지속되어온 미국의 대북 인도적 식량지원도 계속되었다.

클린턴 행정부는 1998년 11월 페리 전 국방 장관을 대북정책조정관으로 임명, 한·미·일과의 공조 하에 북한이 핵과 미사일 등 대량살상무기(WMD)를 포기할 경우 북한에 외교적, 경제적 이익을 제공한다는 내용의 대북 포괄적 협상 틀을 마련하였다. 미사일문제와 관련하여 1999년 9월의 북·미 베를린 합의가 이루어지자 이에 대한 후속조치로서 미국은 북한에 대한 두 번째의 경제제재 완화조치를 발표했으며, 북한 역시 '미사일 재발사 유보입장'을 밝혔다. 그리고 동년 11월 베를린에서 후속회담이 재개됨으로써 북한과 미국은 미사일 등 현안문제와 함께 북・미 관계정상화 문제에 대해 본격적인 협상을 진행할 수 있게 되었다. 이러한 과정에서 2000년 10월에는 조명록 차수가 워싱턴을 방문하여 클린턴 대통령과 회담한 후, '적대관계 종식' 등의 내용이 담긴 '공동성명'과 '반테러 공동성명'을 발표하였다.

이어 올브라이트 미 국무장관이 평양을 방문, 김정일과 회담을 하는 등 북・미간 관계 정상화의 계기가 마련되는 듯하였다. 그러나 새로 출범한 부시 행정부가 대북 강경정책을 표방하면서 부시대통령의 '악의 축' 발언(2002. 1)과 비핵국가에 대한 선제 핵공격 가능성을 시사한 '핵태세 보고서'(2002. 3) 등을 계기로 북・미관계는 다시 악화되기 시작하였다. 이에 2002년 4월 우리측 임동원 특사가 방북, 북한에 미국의 특사를 수용할 것을 제안했으며 우여곡절 끝에 2002년 10월 켈리 국무부 동아태 지역담당 차관보가 부시 대통령의 특사로 방북하였다. 켈리 차관보는 10월 19일 기자회견을 통해 방북결과를 설명하면서 북한 측이 자신에게 농축우라늄(HEU)을 이용한 핵 개발계획을 시인하였다고 발표하였다.

이에 따라 북한 핵 문제가 다시 불거지기 시작하였다. 이와 관련 미국은 북한이 새로운 핵개발 계획을 먼저 포기한 후에야 북・미대화가 재개될 수 있다는 입장을 표명하였으며, KEDO는 북한의 핵개발에 대한 제재로 12월부터 중유 지원을 중단하였다. 한편, 북한은 미국의 대북 적대시 정책의 포기를 요구하면서, 북・미간불가침조약을 체결하면 미국의 안보상 우려의 문제를 해결할 수 있다는 입장을 밝혔다. 북한은 제네바합의 이후 IAEA의 감시하에 있던 핵관련 시설의 동결을 해제(2002. 12)하고, 사찰관을 추방하는 등 일련의 강경조치를 취하였으며, 2003년 1월 10일에는 NPT 탈퇴를 선언하는 등 미국에 대해 강경하게 대응하였다. 미국은 북한의 핵개발 프로그램 보유

시인이 제네바합의, 한반도비핵화 선언 등 쌍무적 약속 뿐 아니라 NPT, IAEA 핵안전협정 등 국제사회와의 합의 위반 행위이고, 핵 포기는 합의 위반 전 상태로 복귀하기 위한 당연하고 기본적인 의무이기 때문에 별도의 보상이 필요 없다는 입장을 취하였다.

또한 미국은 북핵문제는 WMD를 생산 · 확산시키려는 '불량국가'의 국제규범에 대한 도전이기 때문에 평화를 수호하려는 국가들의 단합된 대응이 필요하고 북 · 미 양자가 아닌 다자간 문제라며 다자회담을 통한 문제 해결을 제안하였다. 반면 북한은 핵문제는 미국의 대북 적대시 정책과 정권교체 음모에서 비롯된 것으로, 북한의 자주권과 생존권을 위협하는 장본인은 미국이기 때문에 오직 미국만이 이 문제를 해결할 책임과 능력을 소유하고 있다는 논리로 북 · 미간 직접협상 입장을 견지하였다. 북 · 미간 긴장이 고조되면서 한국, 중국 등 주변국의 중재노력 또한 집중되었다. 그 결과 북한과 미국, 그리고 중국이 참여한 3자회담이 2003년 4월23~25일간 중국 베이징에서 개최되었다. 이 회담에서 북한은 '새롭고 대범한 해결방도'를 제안하였으며, 미국은 북한의 '선(先) 핵포기'를 강조하였다.

북한은 베이징 3자회담 이후, 5월 24일 외무성 대변인 담화를 통해 미국에 '선(先) 북 · 미회담', '후(後) 다자회담'의 입장을 표명하였다. 미국은 한국, 일본, 중국, 러시아 등 주요국가와의 정상회담과 G-8정상회담 등을 통해 북한이 "가시적이고, 검증가능하며, 되돌이킬 수 없는 방식으로 핵을 포기"하도록 외교활동을 적극 전개하였다. 또한 대량살상무기의 확산을 막기 위한 '비확산안보구상'(PSI : Proliferation Security Initiative)을 통해 대북 압박의 강도를 높여 갔다. 이에 대해 북한은 6월 18일 외무성 대변인 성명 등을 통해 미국이 북 · 미간 회담을 직접 반대하면서 다자회담만을 고집하는 것은 문제해결의 의지가 없는 것이라며 "핵 억제력을 강화해 나가겠다"고 강력히 반발하였다. 이러한 가운데 중국 등 관련 국가의 외교적 노력에 힘입어 8월 27일부터 29일 까지 베이징에서 남북한과 미 · 일 · 중 · 러가 참가한 6자회담이 개최되었다. 북한은 회담 개최 이전부터 여러 차례 자신들의 입장을 공개적으로 밝히는 등 미국을 압박하였다. 북한은 6자회담 종료일인 8월 29일 조선중앙통신을 통해 6자회담 참여국의 기조발언문 요지를 공개하였다.

이에 따르면 6자회담에서 북한은 한반도 비핵화가 자신들의 '총적 목표'이며, 미국이 대북 적대시정책을 포기하고 위협하지 않는다면 북한도 핵계획을 포기할 수 있다고 주장하였다. 이와 함께 북한은 핵문제 해결을 위해서는 북·미간 필요한 조치들을 동시 행동 원칙에 의거 이행해야 한다는 점을 강조하면서, 베이징 3자회담시 제시하였던 단계별 해결방식을 재차 제기하였다. 미국은 북한이 핵을 포기할 경우 안전담보 및 정치·경제적 혜택문제에 대해 논의할 수 있다는 의사를 표명하였다. 또한 미국은 북·미관계정상화를 위해서는 미사일, 재래식 무기, 위조화폐, 마약, 테러, 인권, 납치 등 문제의 논의가 필요하다는 입장도 밝혔다. 한편, 중국은 한반도 비핵화와 북한이 제기한 안보우려가 동시에 해결되어야 하며 핵 문제의 평화적 해결을 계기로 한반도에 평화체계를 수립함으로써 공고한 평화를 실현해야 한다고 주장하였다.

러시아는 한반도 긴장 격화를 해소시키기 위한 긴급대책과 상호간 조치를 일괄적으로 작성하여 핵 문제 해결을 위한 로드맵을 마련하는 것이 필요하다는 논지를 전개하였다. 한국은 핵 문제의 포괄적 해결방안을 제시하였다. 끝으로 일본은 핵문제와 함께 미사일, 납치 문제가 포괄적으로 해결되어야 한다는 입장을 취하였다.

6자회담 결과에 대해서는 중국대표단 단장인 왕이(王毅) 외교부 부부장이 의장 요약문 형식으로 회담 참여국들이 대화지속을 통한 이견조율, 가능한 빠른 시일 내 차기회담 재개, 추가적인 상황악화 조치 금지, 북핵 문제의 대화를 통한 평화적 해결과 한반도 비핵화, 북한 안보우려 해소, 동시병행을 통한 해결 등 6개항에 의견을 같이 했다고 설명하였다.

나. 일 본

북한의 대일 접근노력은 비교적 일찍부터 시도되었는데 1955년 2월 25일 남일 외상은 각이한 사회제도를 가진 모든 국가들과 평화공존의 원칙에서 출발하여 정상적인 관계를 수립할 용의가 있다고 밝혔다. 이후 북한은 1955년 5월 조총련을 조직하고 1956년 3월에는 일·조무역협회를 설립하여 경제교류를 실시하였으며 1959년 8월부터는 재일교포의 북송사업을 추진하였다.

또한 1977년 9월 5일 '민간어업잠정합의서'를 체결하였으며, 1981년 9월 10일 대일접근을 더욱 강화하기 위해 북한 내에 '조일우호·친선촉진협회'를 결성하였다. 일본은 냉전종식 이후 동북아 질서변화 및 한국의 적극적인 북방정책 전개를 계기로 가네마루 신(金丸信) 자민당 전 부총재를 단장으로 자민당, 사회당 대표단을 평양에 파견(1990. 9. 24~28), 로동당과 양국 간 조기 수교를 촉구하는 공동선언문을 채택하였다. 이에 따라 일본과 북한은 1991년 1월 30일에서 1992년 11월 6일 사이 8차례에 걸쳐 수교회담을 진행하였으나 배상문제, 북한의 핵 개발문제, 이은혜(KAL기 폭파범 김현희의 일어 선생)문제 등에 대한 쌍방 간의 현격한 입장차이로 결렬되고 말았다.

북한의 로동당과 일본의 자민당, 사회당, 신당 사키가케의 연립여당은 1995년 3월 28~30일 사이 평양에서 회담을 갖고 국교정상화를 위한 4개항 합의하였다. 이에 따라 쌍방은 국교정상화회담 재개를 위한 몇 차례의 실무접촉을 진행하였지만 합의서 해석문제, 일본의 배상문제 등으로 별다른 진전을 보지 못하였다. 이러한 과정에서 북한은 1995년 6월 일본으로부터 쌀 30만 톤(무상 15만 톤, 유상 15만 톤)을, 1995년 10월에는 20만 톤의 쌀을 추가지원 받게 되었다. 그럼에도 불구하고 교착상태에 빠져있던 북·일 관계는 1997년 8월 중국 베이징에서 북·일 수교 예비회담이 재개됨에 따라 활기를 되찾았다.

'북·일 국교정상화를 위한 회담재개와 관련한 실무적 문제와 기타 현안

문제'를 논의한 양측은 일본인처 고향방문에 합의함으로써 1997년 11월과 1998년 1월 2차례에 걸쳐 북송 일본인처의 고향방문이 실현되었다. 또한 1999년 3월 28~31일간 나카야마 마사아키(中山正暉) 자민당 중의원 의원을 단장으로 한 자민당대표단이 방북해 일본인 납치의혹 문제 등 쌍방 수교교섭의 걸림돌이 되었던 현안을 논의, 북·일간 수교협상이 재개되는 듯 하였다. 그러나 북한이 같은 해 6월 "북한내에는 일본인 행불자가 없다"며 "일본이 고향방문 사업에 인위적으로 난관을 조성하고 있다"고 비난하자 일본 내 대북여론이 급격히 악화되어 일본인처의 고향방문은 물론 양국 간 수교교섭 협상도 중단되고 말았다. 더욱이 1998년 8월 북한이 함경북도 화대군 무수단리에서 발사한 미사일(광명성1호)이 일본 상공을 통과하자 일본 정부는 동년 9월 북·일 수교교섭 중단, 대북식량지원 유보, KEDO분담금 합의서 서명보류, 직항전세기 운항중지 등의 대북제재 조치를 단행, 쌍방관계는 악화일로를 걷게 되었다.

이러한 첨예한 대립 속에서도 북한은 1999년 8월 10일 ① 일본의 대북 압살정책 포기 ② 과거죄행에 대한 사죄 및 보상 ③ 대결정책에는 상응한 대응책 강구를 주요 내용으로 하는 '정부성명'을 발표하여 악화된 대일 관계를 타개해 보려고 하였다. 북·미간 베를린회담(1999. 9. 7~12)에서 북한의 미사일 재발사 문제가 해결된 것을 계기로 일본은 1999년 11월 3일 북한에 대한 직항 전세기 운항중지조치를 해제하고, 무라야마 전 총리의 동년 12월 1~3일 사이 방북을 통해 국교정상화 회담재개 문제 등에 합의하였으며, 북·일 관계는 새로운 전기를 맞게 되었다. 이에 따라 2000년 4월(9차), 8월(10차) 및 11월(11차)에 걸쳐 국교정상화 본 회담이 재개되었으나 일본인 납치문제, 북한의 과거청산 요구 등에 대해 합의를 도출하지 못하고 성과없이 종결되고 말았다.

이후 북·일 관계는 일본 경찰의 조총련계 은행수색, 괴선박 사건 등으로 더욱 경색되었다. 그러나 북·일 수교를 향한 양측의 물밑 접촉은 지속되고 있었으며, 결국 2002년 4월 일본인 납치 문제, 재북 일본인 처 문제 등을 다룬 북·일 적십자회담 및 국장급 회담을 거쳐 2002년 9월 17일 평양에서 김정일 국방위원장과 고이즈미 총리간에 북·일 정상회담이 개최되었다. 북·일 정상회담에서 합의된 '북·일 평양선언'에서 북측은 일본인 납치사건의 진상을 밝히고 일본은 과거 식민 지배에 대한 사과와 경협방식에 의한 대북 경제지원 용의를 표명하였다.

그러나 일본인 납치사건에 대한 일본의 여론이 극도로 악화되고 북한의 새로운 핵개발 의혹에 대해 일본정부가 강경한 입장을 견지하면서 2002년 10월 개최된 제12차 북·일 수교협상 역시 성과 없이 종료되었다. 북한이 같은 해 10월 15일 납치 생존자 5명에 대해 일시 고향방문을 허용하여 방일이 실현되었다. 이에 대해 일본 정부는 10월 24일 일본인 납치 피해자들을 북한에 귀환시키지 않고 일본에 영주 귀국시키며 북한에 남아있는 가족들에 대해서도 일본으로 귀국시킬 것을 북한에 요구하였다.

더욱이 같은 해 11월 개최키로 하였던 핵문제 관련 '안보협의회'마저 무산되고 말았다. 한편, 2003년 4월 베이징 3자회담에서도 핵문제 해결의 진전이 없고 일본 내 대북여론 악화 등으로 대북 제재 필요성이 제기되고 있는 가운데 6월에는 만경봉-92호 등 일본에 출입하는 북한 선박에 대한 일본 정부의 검사활동이 강화됨에 따라 만경봉-92호의 운항 일정이 조정되기도 하였다. 북한은 일본 당국의 선박 검사활동 강화와 2003년 6월 일본 국회에서 통과된 유사시 법제 등을 '대북 제재', '조선에 대한 재침야욕'이라며 일본을 강력히 비난하였다. 북한은 북·일 관계 진전 없이 평양선언 1주년(9. 17)이 경과하고 일본이 북핵문제 관련 6자회담(8. 27~29, 베이징) 등에서 일본인 납치문제 해결을 언급한데 대해 비난하면서, "일본이 앞으로 북핵협상에 참여하는 것을 용납하지 않겠다"(10. 7 외무성 담화)고 주장하였다.

다. 중 국

북한의 대중 외교는 소련과 함께 정권수립부터 북한 외교의 중심이었다. 정권수립 초기에는 소련 일변도 외교를 추진하다가 중국의 한국전쟁 참전을 계기로 대중관계에도 같은 비중을 두어 왔다. 그러나 북한의 대중·소 관계가 항상 안정되고 균형적인 것만은 아니었다. 이른바 북방삼각관계의 균형을 가장 심각하게 위협한 것은 중·소간의 잦은 분쟁이었으며 북한이 외교에서 자주를 선언하고 나선 것도 결국은 중·소 분쟁으로부터의 자구책이었다고 볼 수 있다.

1956년 소련 공산당 제20차 대회에서 흐루시초프가 스탈린 격하운동을 전개한 것을 계기로 북한·소련관계가 소원해졌으나 1961년 7월 소련·중국과 각각 군사동맹을 체결함으로써 북한의 대중·소 관계는 다시 균형을 이루게 되었다. 1962년 10월의 쿠바사건과 중·소 국경분쟁은 중·소 관계를 크게 악화시켰고 여기서 북한은 중국 쪽으로 기울어졌다. 그러나 1965년 월남전 확대와 중국의 문화혁명 등 대내외적 정세의 급격한 변화 속에서 1965년 2월 소련 코시긴 수상의 북한 방문을 계기로 북한은 다시 친소적인 입장을 견지하였다.

그러나 1970년대 이후 북한의 대중·소 관계는 과거와는 달리 점차 안정적으로 되었으며 자주노선도 정착단계에 들어갔다. 즉, 중국으로부터는 이념적 결속을, 소련으로부터는 경제·군사적 실리 획득을 추구하는 등 대중·소 양면외교를 유지하였다. 그러나 1985년부터 시작된 소련의 개혁과 개방 추진 및 1990년 9월 한·소 국교정상화를 계기로 북한은 소련에 대해 '배신행위', '사회주의 대국으로서의 존엄과 체면, 동맹국의 리익과 신의를 팔아먹은 행위'등으로 극렬히 비난하면서 중국과의 관계를 강화하는 방향으로 선회하였다. 북한의 김일성과 연형묵 총리 등 당·정 고위인물이 잇따라 중국을 방문하였고, 1990년 11월 압록강다리를 '조·중 친선의 다리'로 개칭하는가 하면 북한의 보도매체들은 '불멸의 조·중 친선관계'를 대대적으로 강조하였다. 1992년 8월 한·중 수교가 이루어지자 북한은 "제국주의에 굴복한 변절자·배신자"라고 중국을 비난하였으나, 1995년 들어 중국의 당·정 대표단들의 잇따른 북한 파견 및 쌍방 기념일에 즈음한 최고 지도자간 축전 교환 등으로 북·중은 상호 친선유지 및 협력 관계를 강화해 나갈 것임을 다짐하였다.

중국이 5년간(1996~2000년) 북한에 곡물 50만 톤, 유류 130만 톤, 석탄 250만 톤을 절반은 무상으로, 나머지 절반은 국제가격의 1/3 값으로 제공하는 것을 골자로 하는 '경제기술협조협정'이 1996년 5월 22일 베이징에서 체결되면서 북·중 관계는 더욱 강화되었다. 이어 동년 7월에는 '조·중 조약'체결 35주년을 맞아 처음으로 중국 군함이 남포항에 입항하는 등 동맹관계를 대내외에 과시하였다. 이듬해인 1997년부터는 중국이 4자회담의 한 축으로 참여함에 따라 북한에 대한 외교적 지원도 이루어졌다.

북한은 1999년 6월 3일 김영남 최고인민회의 상임위원장의 방중을 통해 한·중수교 이후 소원해졌던 북·중 관계를 정상화 단계로 진입시켰다. 북한 측은 중국의 개혁개방에 대한 반감을 누그러뜨리고 "중국이 중국 특색을 가진 사회주의 건설에서 성과를 이룩하였다"고 언급하였으며, 중국 측도 북한의 '강성대국 건설 노력'을 평가하는 등 쌍방 간 친선과 우호 협력을 강조하였다. 또한 김일성 사후 양국 수교 50주년을 기념해 1999년 10월 5일 중국의 탕자쉬앤 외교부장이 북한을 방문함으로써 김정일 시대의 북·중 관계를 한층 강화시키는 중요한 토대를 마련하였다. 2000년 5월 29~31일까지 김정일은 장쩌민 주석의 초청형식으로 중국을 비공식 방문하고 쌍방 간 관계와 개혁·개방 문제, 남북정상회담 등에 관해 논의하였다.

두 지도자들은 전통적인 양측 간 친선을 더욱 공고히 발전시키기로 합의하였으며 중국은 북한에 식량과 원유, 석탄 등 물자를 무상지원하기로 하였다. 이듬해 1월 김정일은 중국을 다시 비공식 방문하였다. 이때 김정일은 상하이 푸동 지구의 첨단 산업기지, 금융 및 상업시설 등을 시찰한 다음 '천지개벽', '상상을 초월하는 변모' 등의 용어로 중국의 개혁 · 개방성과를 높이 평가하였다. 김정일의 두 차례 중국방문에 대한 답방형식으로 장쩌민 국가주석은 2001년 9월 북한을 공식 방문하였다.

세 차례에 걸친 북 · 중 정상의 상호방문을 통해 북한과 중국은 한 · 중수교 이후 불편했던 전통적 우호친선 관계를 완전 복원한 것으로 평가되었다. 한편, 2003년 4월에는 국방위원회 제1부위원장 겸 군총정치국장인 조명록이 중국을 방문, 후진타오 공산당 총서기 겸 국가주석, 궈보슝 중앙 군사위원회 부주석, 차오강촨 국방부장 등 소위 중국의 제4세대 지도자들로 불리는 새로운 지도부와 접촉하며 국제문제와 쌍방 간 친선증진 문제 등에 관해 논의하였다. 중국은 북한 핵문제 해결을 위해 3자 회담 중재에 이어 6자회담 성사에도 결정적 역할을 하는 등 적극적인 외교 노력을 기울이고 있다.

라. 러시아

북한은 1991년 12월 소연방이 해체되고 11개 공화국으로 이루어진 독립국가연합이 출범하자 곧바로 모든 공화국들과 수교함으로써 구소련권과의 관계 재정립에 주력하였다. 그러나 1995년 9월 7일 러시아가 '조 · 러 우호협조 및 호상원조 조약'을 더 이상 연장하지 않는다고 공식 발표함으로써 러시아와 북한은 군사동맹관계에서 일반적인 국가관계로의 새로운 관계 설정이 불가피하게 되었다. 이러한 상황에서 양국관계는 이념에 기초한 정치적 밀착관계에서 벗어나 새로운 관계정립을 모색하였다.

1996년 4월 평양에서 '조 · 러 무역경제 및 과학기술협조위원회' 제1차 회의가 열린 것은 그 서막이라 할 수 있다. 당시 북 · 러는 부총리급을 수석대표로 외무, 대외경제, 농업, 철도, 경공업, 임업 등 경제 각 분야에서의 협력방향을 모색했으며 이 회의는 정례화 되었다. 양측은 1996년 11월 러시아의 나진-선봉지대 투자확대와 대북 원유제공, 금속공업 제품교환 등을 통한 양측 간 무역확대를 목표로 한 투자보장협정을 체결하였다.

이런 상황에도 불구하고 북・러간 교역량이 매년 감소추세를 보이자 북한은 연해주를 비롯한 러시아 지방정부와 개별적인 경제협력을 점차 확대하려고 시도하고 있으며, 소연방 해체이후 독립한 우크라이나・카자흐스탄 등과도 경제협력을 모색하고 있다. 경제 협력 시도와 더불어 북・러간의 정치적 관계도 점차 회복되는 단계에 접어들었다.

1997년 1월 21일부터 리인규 외교부 부부장과 카라신 러시아 외무차관을 각각 수석대표로 한 북・러 신조약 회담이 시작되어 1998년 12월까지 평양과 모스크바를 오가며 4차례 진행되었다. 양측은 이를 통해 핵심쟁점사항이었던 자동군사개입조항 폐지와 고려연방제 지지조항 삽입 배제원칙에 합의함에 따라, 1999년 3월 17일 평양에서 북・러 우호선린협조조약에 가서명하였으며, 2000년 2월 9일 정식 서명하였다. 이로써 북한과 러시아는 군사적 혈맹관계를 청산하고 일반적인 국가 간의 관계로 전환되는 계기를 맞이하게 되었다.

러시아 최고 지도자로서는 최초로 푸틴 대통령이 2000년 7월 북한을 방문, 김정일과 정상회담을 갖고 북・러 공동선언을 채택하였다. 이듬해 김정일은 7월 26일부터 8월 18일까지 러시아를 공식 방문해 모스크바 선언을 발표하였는바, 이 선언에는 양측 간 협력 관계 복원과 TKR과 TSR의 연결 사업 등에 대한 합의가 규정되었으며, 이에 따라 동사업의 추진을 위한 실무접촉이 진행되고 있다. 특히 2002년은 북・러관계의 진전이 급속도로 이루어진 해였다. 러시아 측에서는 푸틴 대통령의 측근인 풀리코프스키 극동지구 대통령 전권대표가 2월 및 4월 등 2회, 야코블레프 상페테르브르크시 시장(4월) 이바노프 외무장관(7월), 아무르주 행정부 대표단(8월), 하바로프스크 정부 대표단(10월) 등이 방북하였고, 북한 측에서는 최태복 최고인민회의 의장(3월), 조창덕 부총리를 단장으로 하는 북한 경제대표단(4월)에 이어 백남순 외무상이 북한 외무상으로서는 15년 만에 러시아를 공식방문(5월)하였다.

김정일의 방러를 기념하는 상징물인 '조 · 러 친선각'이 3월 7일 나선시 두만강역 지구에 개관되었다. 그러나 무엇보다도 김정일이 8월에 러시아 극동 지역을 방문하여 푸틴대통령과 3년 연속 정상회담을 개최함으로써 러시아가 북한 외교의 핵심적 축이 되었음을 확인시켜 주었다. 이러한 북 · 러관계의 급속한 진전은 양측이 TKR 및 TSR 연결 등 연방차원에서의 사업과 북 · 러 극동 지역 간 상호보완적 경협사업 발굴을 통해 상호이익 창출 가능성에 기대를 하고 있기 때문인 것으로 보인다.

한편, 북 · 러 관계의 증진을 발판으로 러시아는 북한의 핵문제 대두 이후, 해결책 마련을 위한 긍정적 역할도 모색하고 있다.

4 EU 및 동구권과의 외교

북한은 1984년 9월 합영법 제정, 1991년 12월 나진 · 선봉자유경제무역지대 선포 등의 조치를 통해 서방 기업과의 합영 · 합자 사업을 위한 적극적 노력을 기울였다. 이런 일환으로 북한대표단은 1993년 3월 25~4월 26일 기간 동안 스웨덴, 덴마크, 이탈리아를 차례로 순방하기도 하였다. 한편, 1995년 3월에 설립된 한반도에너지개발기구(KEDO) 자금지원을 통해 유럽 국가들은 북한에 대한 영향력 확보에 나서는 계기를 마련하였다. 유럽연합(EU) 회원국들은 1996년부터 매년 1,500만 유로(Euro)를 KEDO에 지원해왔고 1997년 9월에 EU가 KEDO의 집행이사국이 되면서부터 북한과 서유럽 제국과의 관계는 전환점을 맞게 되었다.

유럽연합은 1998년부터 북한에 대한 인적교류를 더욱 확대해왔는데 같은 해 5월 EU 대표단이 나진 · 선봉경제무역지대를, 12월에는 유럽의회대표단이 평양을 방문하였다. 북한 · EU 관계는 특히 1999년 9월 북 · 미 베를린 미사일 협상의 타결과 2000년 6월 13~15일의 남북정상회담을 기점으로 추진력을 얻어 한층 빠르게 진전되기 시작하였다. 북・미 기본합의 이후 미사일 문제로 다시 고조되던 한반도 긴장이 진정국면으로 접어들고 남북정상회담을 계기로 북한 측의 변화의지가 긍정적으로 평가되면서 북한・EU간 관계가 급속히 진전되었다. 2001년 5월 2일 당시 EU의장이었던 스웨덴의 페르손 총리를 단장으로 하는 EU 대표단이 방북, 김정일과 회담을 갖고 2003년까지 미사일 발사시험 유예, 북한・EU간 인권문제 논의, 북한 측 경제조사단 유럽파견 등에 합의하였다. 그리고 그 직후인 5월 14일 EU 집행위원회는 대북수교를 결정했다는 성명을 발표하기에 이르렀다.

한편, 북한도 2001년 6월 벨기에 브뤼셀에 대표단을 파견, 처음으로 EU와의 '인권대화'를 갖고 북한・EU간 정치대화도 2001년 10월 제4차 회의에 이어 2002년 6월 제5차 회의를 개최하는 등 EU측이 관심을 보이고 있는 정치적 이슈에 대한 대화를 지속하고 있다. 북한은 EU 개별국가와의 관계 개선에도 힘써 이탈리아(2000. 1. 4), 영국(2000. 12. 12), 독일(2001. 3. 1) 등 2000년 이후 8개 국가와 수교하여 프랑스, 아일랜드를 제외한 13개 회원국과 외교관계를 수립하였다. 그러나 핵문제는 북한・EU관계에 있어서도 부정적 영향을 미치고 있다. 2002년 11월 당시 EU의장국이었던 덴마크의 묄러 외무장관은 "북한이 즉각 핵무기 개발 프로그램을 중단하지 않으면 북한과의 관계를 재고하지 않을 수 없다"고 경고했다.

2003년 6월 EU 정상회의에서 EU 회원국 정상들은 대량살상무기의 확산방지를 위해 노력할 것을 결의하면서, 북한에 핵 프로그램을 해체하고 비확산 의무를 준수할 것을 촉구하는 성명을 발표하였다. 그럼에도 불구하고 북한은 경제면에서 EU국가와의 관계 증진을 추구하고 있다. 2002년 3월에 유럽순방에 나선 리광근 무역상을 포함한 경제대표단이 벨기에, 이탈리아, 스웨덴, 영국 등 4개국을 방문, 자본주의 경제체제 시찰 및 운영방안에 관한 연구를 하고 수시로 단기 연수생들을 EU국가에 파견함으로써 교류협력의 토대를 닦기 위해 애쓰고 있다.

또한 2002년 12월에는 대외 결제수단으로 미국 달러화 대신 EU의 유로화를 사용하기로 결정하였다. 그러나 이러한 노력에도 불구하고 북한·EU간 교역량은 아직 소규모의 상징적 수준에 머물고 있는 형편이다. 북한의 동구정책은 중·소관계의 변화 속에서 대소 관계와 함수관계를 가지고 변화해 왔다. 중·소분쟁 이전 북한의 대동구관계는 국제공산주의 운동에의 참여와 협조를 명분으로 하여 전후 복구를 위한 경제 및 기술 원조를 획득하기 위한 방향에서 추진되었다. 중·소분쟁 과정에서 북한이 동구국가들과 다른 입장을 취함으로써 동구와의 관계가 다소 소원한 적도 있었으나 북한의 대중·소관계가 균형적 관계로 들어서기 시작한 1970년대부터 북한과 유고슬라비아와의 관계가 급진전 되었고 중·소분쟁 시기부터 대소 자주노선을 추구하고 있던 루마니아와의 관계도 빈번해지기 시작하였다.

1972년 2월 외교부장 허담을 단장으로 하는 대표단은 소련, 루마니아, 유고, 체코, 동독, 폴란드, 헝가리, 불가리아에 순방하여 동구제국과의 상호 친선과 협력을 다짐하였다. 김일성은 1975년 중국 방문길에 루마니아, 불가리아, 유고를 순방하였고 1984년 5월 다시 소련 방문을 마친 뒤 폴란드, 동독, 체코, 헝가리, 유고, 불가리아, 루마니아 등 동구 7개국을 방문, 동독 및 불가리아와 우호 및 협력조약을 각각 체결한 것을 비롯하여 여타 국가와의 경제 및 과학·기술협조 강화에 합의하는 등 동구 제국과의 관계를 긴밀히 하였다.

그러나 1980년대 말 동구 제국이 개혁과 민주화를 추진하고 1989년 2월 헝가리를 선두로 하여 1990년 이후에는 모든 동구 국가가 한국과 국교를 수립함으로써 이 지역에서 북한이 그동안 누려온 외교적 독점은 사라지게 되었다. 특히 1989년 12월에 발생한 루마니아사태로 차우체스쿠가 비참한 최후를 맞이한 사실은 북한에게 적지 않은 충격을 주었다. 한편 북한이 정전체제 무실화 책동의 일환으로 중립국감독위원회 체코 대표단을 철수(1993. 4. 20)시킨데 이어 1995년 2월 28일에는 폴란드 대표단을 강제로 철수시키자,

폴란드도 동년 3월 30일 바르샤바 주재 북한대사관 인원을 반으로 감축할 것을 요구하고 평양주재 폴란드 대사를 소환한다고 발표하는 등 북한과 변화된 동구국가들과의 외교관계는 점점 더 소원해졌다.

북한은 1990년대 중반부터 정치 이념적 동맹관계 대신 경제 및 과학・기술 등의 분야에서의 협력관계 발전으로 대동구 국가와의 관계개선 방향을 선회하였다. 그러나 북한이 EU 중심의 서유럽 국가들과 관계 개선에 주력함에 따라 상대적으로 동유럽과의 관계는 약화되었다. 2000년 이후 동유럽국가와의 교류는 2000년 2월 요바노비치 유고슬라비아 외무장관의 평양방문과 2001년 3월 폴란드와의 대사급 관계 회복 등 소수에 불과한 형편이었으나 2009년 현재 49개국과 수교중이다.

5 비동맹 국가들과의 외교

북한의 비동맹 외교는 '반제・반미 공동전선'의 형성과 이에 따른 북한 통일방안에 대한 지지를 획득하는데 그 목표를 두고 다음과 같은 방식으로 접근하였다. ① 평화공존노선 표방 ② 반제・반식민주의 및 민족해방투쟁지원 선전 ③ 국제공산주의 선전기구 가입 ④ 인민외교 ⑤ 문화 및 경제교류 북한은 1955년 반둥회의가 있은 후 1956년 4월 제3차 당대회를 계기로 비동맹 국가들과의 관계설정에 눈뜨기 시작하여 대외문화연락위원회 등 로동당 외곽단체를 통한 친선 및 문화교류 형태의 접근을 하였다. 그러나 정치적 성격의 접근은 1961년 9월 제4차 당대회 이후였다.

제2차 반둥회의를 앞두고 중국 지도자들이 아시아・아프리카 지역을 순방할 때 북한에서도 고위대표단을 파견, 이 지역 여러 나라들과의 관계개선을 시도하였다.

이와 같이 북한이 비동맹 국가들과의 관계강화에 주력한 것은 다수가 신생 독립국으로 이루어진 비동맹 그룹국가들이 UN에서 수적 우세를 차지하게 됨에 따라, 한반도 문제의 UN문제화와 관련하여 비동맹회의 국가들의 협조를 확보하는 문제가 중요하게 부상하였기 때문이었다.

북한은 1975년 8월 페루 리마에서 열린 비동맹 외상회의에서 회원국으로 가입한 이래 비동맹회의에 지속적으로 한반도문제를 상정, 북한입장에 대한 지지를 확산시키고자 하였다. 1978년부터는 비동맹회의가 열리기 전에 당중앙위원회와 중앙인민위원회의 연석회의를 열어 비동맹회의에 임하는 입장을 미리 정리하는 방침까지 취하였다. 그러나 1980년대 후반에 들어와 비동맹국가들이 대결보다는 협조를, 그리고 이념보다는 실리를 추구하는 방향으로 변화하게 되고, 한국의 국제적 지위가 대폭 향상됨에 따라 비동맹회의에서 한반도 문제에 대한 북한의 주장은 점차 설득력을 상실하게 되었다.

1989년 9월 유고에서 개최된 제9차 비동맹 정상회의에서는 '한반도문제 결의안' 초안에 대해 수정안도 제출할 수 없는 상황이었다. 북한은 2000년대에 들어서도 비동맹국가들과의 우호증진을 위해 힘쓰고 있으나 비동맹 운동의 약화와 변화된 분위기 등으로 과거와 같은 외교적 성과를 거두지 못하고 있다. 2003년 2월 김영남 최고인민회의 상임위원장이 말레이시아에서 개최된 제13차 비동맹정상회의에 참석하여 NPT 탈퇴는 미국의 무분별한 반공화국 압살책동에서 비롯되었다고 하는 등 핵문제와 관련한 북한 측의 입장을 설명하고 지지를 호소하였다.

그러나 주최국 말레이시아를 비롯한 많은 회원국들은 북한이 NPT를 탈퇴함으로써 비동맹운동의 주요 목표인 군축과 핵무기 없는 세계 지향 원칙을 깨뜨렸다며 거부감을 나타내고 북한의 NPT 복귀를 촉구하였다. 또한 최종문서의 한반도 조항에 당초 북한이 의도한 미국의 대북 적대정책 규탄 및 북·미 불가침협정 체결 촉구 등의 내용이 반영되지 못함으로써 기대했던 성과를 얻지 못하였다.

6 UN 등 국제기구를 통한 외교

북한은 1948년 제3차 UN총회에서 대한민국이 한반도의 유일 합법정부로 승인되고 1950년 안전보장이사회에서 북한이 침략자로 규정되자 UN의 권위와 기능을 부인해 왔다. 1953년 휴전회담에서 북한은 UN군사령관과 휴전협정을 체결한 뒤 UN을 미국과 동일시하면서 남북한을 포함한 유관국회의를 제의하는 등 한국문제를 UN으로부터 분리시키려 하였다. 1960년대 이후 북한이 이른바 자주외교를 강조하면서부터 UN에 대한 자세는 경색되어 1960년대 중반 이후에는 UN을 부정하는 입장을 더욱 강화하였다. 그러나 1970년대에 들어오면서 중국의 UN대표권 획득과 남북한 U N동시 초청안이 제기되는 등 분위기가 유리하게 형성되자 북한의 UN외교도 변화하기 시작하였다.

1973년 6월 23일 한국이 남북한 UN동시 가입 불반대를 선언한 '평화통일 외교정책 선언'을 발표하자, 북한도 같은 날 '조국통일 5대강령' 발표로 맞서 단일국호에 의한 유엔 가입을 내세우면서 UN외교를 강화하기 시작하였다. 이어 1973년 9월 5일 UN본부 상주대표부를 개설하였고 제네바에 있는 UN사무국에도 상주 옵서버대표부를 설치하였다. 뿐만 아니라 이 시기부터 각종 UN산하기구 및 전문기구, 정부간 국제기구 등에도 가입하기 시작하였다. 1980년대에 급속한 경제력 신장을 바탕으로 한 한국의 외교역량이 강화되고 동서화해 분위기와 소련 및 동유럽의 개혁・개방물결이 가속화되면서 북한은 국제외교 무대에서의 입지가 약화되기 시작하였고 이에 따라 대UN전략도 크게 위축된 경향을 보였다.

북한은 1990년대에 들어와서도 일시 단일의석하의 공동가입을 주장하는 등 본질적인 변화를 보이지 않았으나 결국은 날로 심화되는 국제적 고립으로부터 벗어나기 위해 남북한 동시가입을 선택하지 않을 수 없었다. 1991년 9월 17일 제46차 총회에서 남북한이 나란히 UN회원국이 됨으로써 국제무대에서의 남북한 관계는 새로운 단계에 진입하게 되었다. 2000년대 들어 전방위 외교활동을 강화한 북한은 대UN 외교에 있어서도 적극성을 띠어 왔다. 2002년도 9월에는 최수헌 외무성 부상이 UN 총회연설에서 8~9월에 개최된 북・러, 북・일 정상회담을 통해 한반도에 평화 분위기가 조성되고 있다며 미국도 대북 적대시 정책을 포기하고 실천적인 대화에 나서라고 촉구하였다. 박길연 UN주재 북한대사도 UN의 여러 주요 위원회53)에서 10여 차례에 걸쳐 UN을 중심으로 한 반테러활동, 군축 및 핵무기의 완전파괴, 개도국들을 위한 공정한 국제경제・무역질서 구축 등을 촉구하였고 '인권개념의 상대성'을 이유로 내세워 서구의 북한인권 문제제기를 비난하기도 하였다.

한편 2003년 들어 북핵 위기가 고조되고 이에 따라 국제사회의 대북지원이 감소됨에 따라 유엔도 이 문제에 대한 해결책 마련을 위해 노력하였다.

제9장

북한의 통일정책과 방향

북한의 통일정책에 대한 사회주의헌법에 명시된 내용을 살펴보면 다음과 같다.

> 위대한 수령 김일성동지는 민족의 태양이시며 조국통일의 구성이시다. 김일성동지께서는 나라의 통일을 민족지상의 과업으로 내세우시고 그 실현을 위하여 온갖 로고와 심혈을 다 바치시였다.
> 김일성동지께서는 공화국을 조국통일의 강력한 보루로 다지시는 한편 조국통일의 근본원칙과 방도를 제시하시고 조국통일운동을 전민족적인 운동으로 발전시키시어 온 민족의 단합된 힘으로 조국통일위업을 성취하기 위한 길을 열어놓으시였다.
> 제9조 조선민주주의인민공화국은 북반부에서 인민정권을 강화하고 사상, 기술, 문화의 3대혁명을 힘 있게 벌려 사회주의의 완전한 승리를 이룩하며 자주, 평화통일, 민족대단결의 원칙에서 조국통일을 실현하기 위하여 투쟁한다.

또한 북한의 통일정책에 대한 로동당 규약에는 이렇게 명시되어 있다.

> 조선로동당은 남조선에서 미제국주의 침략군대를 몰아내고 식민지통치를 청산하며 그리고 일본 군국주의의 재침기도를 좌절시키기 위한 투쟁을 전개하고 남조선 인민들의 사회민주화와 생존권투쟁을 적극 지원하고 조국을 자주적 평화적으로 민족대단결의 원칙에 기초하여 통일을 이룩하고 나라와 민족의 통일적 발전을 이룩하기 위해 투쟁한다.

당원은 일상적으로 긴장된 동원 태세를 갖추고 군사지식을 배워 적의 침략으로부터 전취물을 튼튼히 보위하며 조국통일의 대사변에 대비할 각오가 되어 있어야 한다.

북한이 통일과 관련하여 언급한 내용을 요약 정리하면 아래 표와 같다.

내용 일자	현제도	연방제성격	연방제조직	합작.교류	통일조정	선거	전 제	기 타
1960. 8. 14 (8·15해방 15주년 김일성 연설)	현 제도는 그대로 두고, 독자적 활동 보장	통일적 연방정부가 아닌 과도적 연방제 국가연합적 성격	두 정부의 동수대표로 구성하는 최고 민족위원회 개별적 외교 활동 보장	남북의 경제·문화교류와 상호협조 보장, 남한경제 파국수습	이해 촉진으로 평화적 통일여건 조성	통일 여건 조성되면 남북 자유 총선거	남한이 자유총선거를 받아들일 수 없다면, 문제 협의를 위해 당국, 정당단체 인사가 모여 회합	통일의 한방법이며 과정으로서의 연방제
1972. 9. 17 (김일성『매이신문』 기자회견)	현 정치제도를 그대로 두고, 사회제도로 상대에도 강요치 않는 원칙	통일정비에 이르는 과도적 연방제 국가연합성격이 나타남.	최고 민족위원회는 남북한의 정치·경제·군사·문화의 제문제 해결	남한경제상태개선, 경제·문화,예술·스포츠·기자·신문·잡지교류, 기자대표 및 신문 사자국 설치, 남북스포츠 단일팀 구성	불신해소, 신뢰조성, 민족단결 외부세력 배척, 평화통일 달성	신뢰회보그 민족적 단합 후 외세 간섭 없이 남북총선거	외세의 간섭이 없어야 함	통일에 이르는 최선의 방법으로서 연합체
1973. 6. 23 (김일성 체제코당 정부 대표단 환영 연설)		과도적 연방제명칭은 고려 연방공화국 단일국호로 유엔가입, 국가연합성격	최고민족위원회는 남북이 국제무대 공동진출, 정치·군사·외교·경제·문화적 협력 추진	남북한의 전면적 관계와 합작을 실현	연방제는 완전한 통일을 앞당김		외군 철수, 군축, 무기반입금지, 평화적 협정체결, 대민족회의 소집과 민족적 단결을 기초로 함.	
1974. 11. 27 (제29차 유엔 총회 이종목 연설)	현 정치기구와 사회제도 유지	과도적 연방제명칭은 고려 연방공화국 단일국호로 유엔가입, 국가연합성격	연방제하에서는 대민족회의에서 토의된 방침을 구현	이해와 신뢰를 깊게 함	연방제는 완전한 통일을 앞당김	신뢰회복, 민족적 단합후 외세 간섭 없이 남북총선거	대민족호의 소집	통일에 이르는 최선의 방법으로서 연방제
1975. 12. 7 (평양방송)	현정치기구와 사회제도 유지	단일국호로 과도적 연방제, 통일 후 자동적으로 존재상실	최고민족회의는 주권기구가 아닌 정치·경제·문화·군사 문제협의, 교류와 합작을 보장	다방면적인 교류와 합작	평화통일의 유일한 조건 조성	남북총선거 실시, 통일적 중앙정부 수립	UNCURK를 해체하고 미군철수	
1980. 20. 10 (제6차당대회 김일성 연설)	사상과 제도를 그대로 두고, 절대화 하지 말 것.	고려연방공화국으로 불록불가담 통일국가, 완전한 연방체 성격	통일정부로서 최고 민족연방회의와 그 상임기구인 연방 상설 위원회를 둠. 통일정부는 남북지역정부를 지도, 전반적인 사업단행, 민족 연방군을 둠.	서로 다른 경제제도와 기업체질을 인정, 그 기 초위에 경제적 합작과 교류	연방제 구성이 곧 통일	필요 없음	남한 사회민주화, 반공법과 국가보안법 폐지, 미군철수	통일에 이르는 유일한 방법으로서 연방제
1990. 1 (김일성의 신년사)	하나의 민족, 국가 안에 서로 다른 두 제도와 두 정부 인정, 먹거나 먹히우지 않는 원칙	하나의 민족, 하나의 국가, 두 개 제도, 두 개 정부에 기초한연방제 지역정부에 더 많은 권한을 부여하는 국가연합성격	종래와 동일하나, 지역적 자치정부에 더 많은 권한부여, 장차 중앙정부 기능 강화	평화와 통일을 위한 거족적인 대중운동 전개	연방제는 조국통일방도의 대원칙	후대에나 가서 생각	민족통일정치협상회의는 소집	통일에 이르는 최선의 방법으로서의 연방제

이러한 내용을 특징적 시기로 구분하여 분석해 보면 다음과 같다

1 국가연합 방식의 연방제(1960~1979)

북한의 통일정책의 변화는 사실상 「聯邦制」의 주장과 맞물려 1960년대부터 지금까지의 변화과정으로 설명될 수 있을 것이다. 휴전직후 남북분단의 해소문제 즉 통일문제는 남북한 피해복구 및 경제부흥, 성장정책에 대한 관심에 밀려 상당기간 통일정책의 공백기를 겪어야 했다. 그러나 1960년대 들어서면서 북한은 전후 복구건설의 부담에서 벗어나면서 본격적으로 체계적인 대남정책의 전개에 나서기 시작했다.

북한은 '4월 혁명'이라는 남한에서의 정치변동에 대응하여 1960년 8월 처음으로 연방제 통일방안을 공식적으로 제시하였다.

1960년 8월 14일 8·15해방 15주년 기념식을 거행하는 평양시 군중대회에서 김일성은 최초로 남북연방제를 제시했던 것이다. 당시 한국내의 상황은 4·19 학생혁명으로 사회가 극도로 불안했으며 통일문제에 대한 국론의 일치를 보지 못했던 사회정치적인 혼란기였다. 당시 북한은 1960년 8월 14일 김일성의 8·15해방 15주년 기념연설에서 처음으로 연방제를 제기하였는데, 그 주요내용은 다음과 같다.

> 오늘 남조선에는 조국의 평화적통일과 남북협상에 관한 문제들이 논의되고 있습니다. 우리 조국의 평화적통일은 반드시 자주적으로, 어떠한 외국의 간섭도 없이 민주주의적 기초위에서 자유로운 남북총선거를 실시하는 방법으로 해결되어야 합니다. 만일 그래도 남조선당국이 남조선이 다 공산주의화될까 두려워서 아직은 자유로운 남북총선거를 받아들일 수 없다고 하면… 과도적인 대책이라도 세워야 할 것입니다. 우리는 이러한 대책으로서 남조선의 련방제를 실시할 것을 제의합니다.

> 우리가 말하는 련방제는 당분간 남북조선의 현재 정치제도를 그대로 두고 조선민주주의인민공화국 정부와 ≪대한민국≫ 정부의 독자적인 활동을 보존하면서 동시에 두 정부의 대표들로 구성되는 최고민족위원회를 조직하여 주로 남북조선의 경제문화발전을 통일적으로 조절하는 방법으로 실시하는 것입니다. 만일 남조선당국이 우리가 내놓는 련방제까지도 아직 받아들일 수 없다고 하면 남북조선의 실업계대표들로 구성되는 순전한 경제위원회라도 조직하여 남북 사이에 물자를 교역하며 경제건설에서 서로 협조하고 원조하도록 할 것을 우리는 다시 제의합니다. 그리하여 정치문제를 제쳐놓고라도 먼저 남조선 동포들을 굶주림과 가난에서 구원하여야 할 것입니다.
> 우리는 평양이나 서울이나 또는 판문점에서라도 한시바삐 남북조선대표들이 모여앉아 이상의 모든 문제들을 협의할 것을 남조전당국과 정당, 사회단체 및 개별적 인사들에게 제의합니다.

이 제안은 약 10일간에 걸쳐 남한을 향해 되풀이해서 방송되었다. 이러한 북한의 연방제 통일방안은 남한의 민주당 정권에 의해서 즉각 거부되었다. 북한 측 연방제 방안의 주요골자인 남북 간의 경제문화교류 실시가 "파국에 빠진 남한의 민족경제를 바로 잡으며 도탄에 빠진 인민들의 생활을 개선시키기 위한 것"임을 천명하고 있었기 때문에, 이 제안은 원칙적으로 남한정권에 의해서 받아들여질 수 없었다. 극단적 대결구조하에서 호혜적 이익의 관점보다는 상대방의 경제파국 수습에 초점이 맞추어진 제안이 순수하게 받아들여질 리가 없었을 것이다. 이럼에도 불구하고 북한은 연방제 통일방안 제안 이후 줄곧 남북경제 · 문화교류의 실시를 줄기차게 주장하였다.

북한의 이 같은 주장에는 다음과 같은 몇 가지 특기할 만한 사항이 있다. 첫째, 남북한 자유총선거 방안이 가장 합리적이고 현실적인 평화통일의 길이라고 인정하고 있는 점이다.

둘째, 남북연방제는 분명 과도적 대책이며, 당분간 두 정치제도를 인정하고 있다는 점이다.

셋째, 남북한 정부당국의 대표들로 일종의 협의조정기구인 최고민족위원회를 구성하자고 함으로써 국가 연합적 성격을 시사한 듯 한 인상을 주고 있다는 점이다.

넷째, 특수한 형태의 과도적 중앙정부격인 최고민족위원회의주요기능은 내정권 · 외교권 · 군사권(군통수권)의 영역을 전혀 침해하지 않는 것으로 되어 있다.

김일성의 이러한 주장에는 사회주의적 근대화에 성공적으로 진입한 북한의 자신감을 강하게 표출하고 있다. 북한제안의 근본적인 내용은 남북한 총선거 및 연방제의 제안에서 드러나는 정치협상의 중시에도 불구하고, 교류협력을 통하여 통일이 가능할 것이라는 일종의 기능주의적 통합론에 기초하고 있다는 접이다. 북한의 통일방안이 보여주는 위와 같은 특징은 당시 북한이 남한과의 체제경쟁에서 잠정적 우위성을 확보했다는 사실을 반영하고 있다.

이와 함께 1960년 11월 19일 최고인민회의 제2기 8차 회의에서 7개항의 남북교류협력방안을 제기했던 사실 등으로 볼 때 당시 남한의 강력했던 반공정권이 무너지고 사회적 혼란이 가중되었던 시기를 역이용하기 위한 평화공세의 일환이었음을 알 수 있다.

그러나 당시 연방제는 그 성격상 양쪽 정부의 독자적 활동을 유지하는 국가연합이었다. 북한 외교부 군축 및 평화연구소 고문 이삼노도 "1950년대에 들어서면서 완전통일에로의 과도적 조치 실시의 필요성을 인식하고 남북의 정치제도를 존속시키고 매개정부들의 독자성을 보장하며, 두 정부 대표들로 최고민족리사회를 구성할 때 대한 연방제안을 내놓았다"라고 하여, 그들의 주장이 국가연합의 성격을 지니고 있음을 분명히 했다.

북한의 이러한 주장은 남한 내 북한과의 협상을 주장한 민통과 「혁신」계 등 일부의 지지를 받았다. 북한은 북조선 혁명의 성격과 주체 등이 구분되는 '남조선 혁명'을 실현해야 한다고 주장했다. 무엇보다 북한은 분단의 지속으로 인한 남북한의 발전단계상의 차이가 별개의 혁명과업을 탄생시키기에 이르렀다는 것이다. 또한 1960년대의 '4월 혁명'에서 입증된 것처럼 새로운 혁명역량이 남한 내에 형성되고 있다는 인식이 작용한 것이다.

북한은 이와 같이 남한 내 일부세력의 호응을 받아 1961년 5월 9일 「조국평화통일위원회」를 결성하고 이 위원회의 선언을 통해서 김일성이 제의한 남북연방제를 다시 한 번 제의했으나 이러한 연방제 주장은 반공을 국시의 제일로 삼은 5·16 군사쿠데타의 반발과 함께 한동안 중지되고 말았다.

통일론의 새로운 시작은 국제적으로 냉전질서가 해빙되어 가는 시기와 일치한다.

1970년대 들어서면서 일어난 일련의 미 · 소, 미 · 중, 일 · 중 화해는 기존의 냉전구조를 근본적으로 흔들어 놓았다. 이와 같은 국제질서의 변화는 한반도에도 그 효과가 파급되었고, 이는 곧 남북관계에 반영되었다. 남북대화에 영향을 미친 또 다른 사건은 한반도 주변이 아닌 곳에서도 일어났다. 서독은 1969년 동방정책을 시작한 이래 동독과 정상회담을 포함한 수차례의 공식, 비공식 회담을 통해서 이산가족문제, 군축문제, 동서독간의 다각적인 교류, 협력에 대해서 협의하였다. 서독의 활기 있는 대동독정책의 결과, 1972년12월 21일 양국은 동서독 기본조약을 체결할 수 있었다. 남북한과 같이 분단 상태에 있는 동서독간의 활발한 접촉은 분단이후 단 한차례의 공식접촉도 하지 않은 남북한을 대화의 장으로 나오도록 하는 자극제가 되었다.

1970년대 들어서면서 남북관계는 새로운 국면에 직면하는데 남북관계의 변화는 남북 간 힘의 균형이 이루어짐으로써 가능하게 되었다. 국제적 데탕트의 분위기와 함께 이와 같은 남북한내부의 변화가 「7·4 남북공동성명」의 배경이 된다.

그 후 1973년 6월 23일 북한은 이른바 "조국통일 5대강령"을 발표하였는데, 이는 같은 날 오전 대한민국 정부가 대통령특별선언을 통해 "통일에 장애가 되지 않는다"는 전제아래 남북한 유엔 동시 가입 불반대 등을 내용으로 한 "평화통일 의교정책 특별선언" 발표에 대한 즉각적인 반응이었다.

구스타프 후사크 체코슬로바키아 공산당 중앙위원회 총비서일행의 북한 방문 환영 평양시 군중대회에서 한 김일성 주석의 연설에서 제시된 이 「조국통일 5대 강령」의 요지는 다음과 같다.

1. 북과 남 사이의 군사적 대치상태를 해소하고 긴장상태를 완화한다. 무력증강과 군비경쟁의 중지, 모든 외국군대의 철거, 군대와 군비의 축소, 외국으로부터의 무기반입 중지, 남북한 평화협정의 체결.
2. 정치·군사·외교·경제·문화 등 여러 분야에 걸쳐 다방면적 합작교류를 한다.
3. 북과 남의 광범한 각계각층 인민들이 조국통일을 위한 거적인 애국사업에 참여할 수 있게 한다.
   통일문제를 광범하게 협의하여 해결할 각 정당·사회단체대표들로 구성되는 대민족회의의 소집.
4. 단일국호에 의한 남북연방제를 실시한다. '고려연방공화국'이라는 단일국호를 사용하는 연방공화국창설.
5. 두 개의 조선으로 영구 분단되는 것을 막아야 하며 대외관계분야에서도 북과 남이 공동보조를 취해야 한다. 유엔 분리가입 반대, 통일되기 전에 유엔에 가입하려면 단일국호인 고려연방공화국의 국호를 가지고 하나의 국가로 가입.

이상의 '조국통일 5대강령'은 이때까지 북한이 내놓은 것 중 가장 종합적이고 체계적인 대남 통일정책 강령이라고 볼 수 있다. 이 '강령'은 혁명적 상황을 대망(待望)하며 추구했던 '남조선혁명론'의 열기가 식어 가면서 맞이한 1970년대 북한 대남통일정책노선의 기본강령으로서의 성격을 지녔다.

이 내용을 살펴보면 뒤의 두 내용은 새로운 제안이라고 할 수 있다. 먼저 '고려 연방 공화국' 창설안은 외세의 간섭을 배제한 자유로운 총선거안을 남한 측이 받아들이지 못할 경우 대신 차선책으로 받아들이라고 요구한 1960년의 잠정적 연방제와는 달리 '조성된 조건에서' 통일을 실현하기 위한 가장 합리적인 방도로서 제시되었다는 점에서 상당한 변화가 있었다. 이러한 변화는 북한의 남한사회에 대한 인식이 상당히 변했음을 반증하는 것이다.

그동안 북한이 남한에 비해서 경제적 · 군사적 측면에서 우위를 점해 오다가 남한의 근대화 노력, 줄기찬 경제성장 정책으로 인해, 남한은 괄목한 만한 경제성장을 1960년대에 이룩하였다.

즉, 남한사회가 상당히 경제발전 되었음을 인식하고 있음과 동시에 그 동안 북한이 '남조전 혁명론'에 근거한 지하공작사업 과정에서 부닥친 남한사회에 형성된 확고한 반공이데올로기 장벽을 절감하면서 새로운 변화를 시도한 것으로 볼 수 있다. 그러나 북한은 '북과 남에 현존하는 두 제도는 당분간 그대로 두고 남북련방제를 실시'하자고 제안함으로써 '고려연방 공화국'이 통일로 가는 과도적 체제임을 분명히 하고자 했다.

상기 내용은 1960년 8월 14일에 밝힌 연방제 내용과 비교할 때 몇 가지 내용을 달리하고 있는 바, 그 특이점은 다음과 같다. 첫째, 남북한 정부대표로 구성되는 최고민족위원회라는 기구가 없어졌다. 그 대신 군중집회 형태의 이른바 대민족회의가 전면에 부각되었다. 이는 사실상 대한민국 정부의 정통성과 권위 · 권능을 인정하는 것을 회피하는 것이며, 더 나아가서는 이를 무시하려는 의도인 것이다. 한편, 대외관계에 있어서의 공동보조와 정치 · 군사 분야의 합작을 언급한 것은 1960년대의 경우에 있어서 정치 · 군사 · 외교 분야의 문제를 제외한 남북연방제 실시구도였던 사실을 상기할 때 매우 상이한 주장임을 알 수 있다.

둘째, "고려연방공화국"이라는 국호를 제시하고 있다는 점이다. 북한은 통일방안과 관련하여 상징성이나 선전적 효과가 큰 어휘들을 의도적으로 사용하여 왔는데 연방국가의 국호를 고려연방공화국으로 하고 있는 것도 그 대표적인 예라고 할 수 있다.

셋째, 단일국호에 의한 유엔가입을 주장하고 있다는 점이다. 우리 정부가 1973년 6·23 선언을 통하여 남북한 동시 유엔가입도 좋다는 선언을 뒤집는 주장이다.

북한이 제안한 '조국통일 5대 강령'의 다섯 번째 항은 새롭게 조성되고 있는 국제환경 속에서 국제화되어 가고 있는 민족문제에 대한 대응용이었다. 이 제안은 당시 남북한 유엔 동시 가입 등 국제협의체를 통한 한반도 문제해결을 모색하고 있던 미국과 남한정부의 의도에 대한 부정적 답변형식을 지니고 있다. 그러나 1991년 남북한 동시 유엔가입이 보여주듯 이 결과는 이 '강령'의 사문화로 귀결되었다.

1970년대 초 북한이 제안한 「고려연방공화국안」이 연방이냐 국가연합이냐를 구별하는 것보다 더 중요한 것은 북한이 왜 이시기에 1960년의 연방제안에 수정을 가했는가에 있다. 연방제에 대한 북한의 변화는 그들이 1960년대 향유했던 남한에 대한 절대적 우위가 상실된 데 기인한다고 볼 수 있다.

이렇게 볼 때 북한은 한국의 유엔 동시가입 주장을 '두개 조선 조작책동'으로 매도함으로써 북은 통일지향적인 반면, 남은 분열지향적인 것처럼 선전함과 동시에 특히 당시 진행되던 남북조절위원회 회의와 남북적십자회담 등을 중단시키기 위한 사전포석이었음이 드러났다.

2 연방정부 방식의 연방제(1980~1990)

북한은 1980년대 접어들어 통일정책을 중심으로 하는 공개노선이 전면화되는 시기였다고 할 수 있다. 이러한 공개노선의전면화는 1980년 10월에 열린 조선로동당 제6차 대회에서 '고려민주연방공화국 통일방안'이 제시되면서 부터이다. 김일성의보고 연설을 통해서 다음과 같이 제시하였다.

> 해방 후 오늘까지 북과 남에는 오랜 기간 서로 다른 제도가존재하여 왔으며 거기에서는 서로 다른 사상이 지배하여 왔습니다. 이러한 조건에서 민족적 단합을 이룩하고 조국통일을 실현하려면 어느 한쪽의 사상과 제도를 절대화하지 말아야 합니다. 만일 북과 남이 제각기 자기의 사상과 제도를 절대화하거나 그것을 상대방에게 강요하려 한다면 불가피적으로 대결과 충돌을 가져오게 되며 그렇게 되면 도리어 분렬을 심화시키는 결과를 낳게 될 것입니다… 한 나라에서 서로 다른 사상을 가진 사람들이 같이 살 수 있으며 하나의 통일국가 안에 서로 다른 사회제도가 함께 존재할 수 있습니다. 우리는 우리의 사상과 제도를 결코 남조선에 강요하지 않을 것이며 오직 민족의 단합과 조국통일을 위하여 모든 것을 복종시킬 것입니다. 우리 당은 북과 남이 서로 상대방에 존재하는 사상과 제도를 그대로 인정하고 용납하는 기초 위에서 북과 남이 동등하게 참가하는 민족통일정부를 내오고 그 밑에서 북과 남이 같은 권한과 의무를 지니고 각각 지역자치제를 실시하는 련방공화국을 창립하여 조국을 통일할 것을 주장합니다.

결국 제안 내용의 요지는 남과 북에 현존하는 서로 상이한 사상과 제도를 그대로 인정하고 남과 북이 연합하여 하나의 통일 연방국가를 형성하자는 것이다. 여기서 중요한 것은 북한이 통일로 가는 과도적 형태의 연방제('고려연방공화국')가 아닌 완성된 통일국가로서의 연방제를 주장했다는 점이다.

6차 당대회는 김일성이 김정일 후계체제를 공식화한 대회로 김정일 후계체제를 장기적으로 제도화하기 위해 외형상 이상주의적 연방제를 주장하면서도 전제조건을 명확히 명시함으로써 대남통일전선 전술적 차원의 대남공세적 측면이 강하다.

김일성이 제6차 당대회에서 행한 사업총화 보고 중 "조국의자주적 평화통일을 이룩하자" 제하의 연방제 제의내용은 크게 세 부분으로 나눌 수 있다. 첫째, 자주적 평화통일을 위한 선결조건의 제시, 둘째, 고려민주 연방공화국 창립방안의 제시(연방형성의 원칙, 연방기구의 구성 · 임무 · 기능, 연방국가의 국호 및 대외정책노선), 셋째, 연방제가 실현된 이후 고려민주연방공화국의 10대 시정방침 제시 등으로 나눌 수 있다. 북한은 아무런 전제조건 없이 이 방안을제안한 것이 아니다. '조국의 자주적 평화통일' 실현을 위한 전제조건이라며 다음과 같은 선결조건을 제시하고 있다.

가. 자주적 평화통일을 위한 전제조건 제시

(1) 남한정권의 청산 및 사회의 민주화 실현

「고려민주연방공화국 창립방안」에 의한 연방제통일이 이루어지기 위해서는 남한이 다음과 같은 전제조건들을 먼저 수행해야한다고 주장하고 있다. ① 반공정책과 국가보안법 등을 폐지하고 남한사회의 「민주화」가 실현되어야 한다. ② 이른바 「통일혁명당」을 비롯한 남한 내의 모든 정당, 사회단체 및 개별인사들의 연공활동을 합법화해야 한다. ③ 현 남한 정권을 퇴진시키고 이른바 「민주주의적 정권 : 인민정권」으로 교체되어야 한다. ④ 남한이 제외된 가운데 미국과 북한간에 휴전협정을 대체할 평화협정이 체결되고 이에 따라 주한미군이 철수되어야 한다. ⑤ 미국의 「분열주의적 두개 조선 조작책동」을 저지시키며 남한에 대한 「미국의 내정간섭」을 중지해야 한다.

(2) 자주·평화통일·민족대단결의 3대원칙에 기초한 통일실현

우리는 7·4남북공동성명에서 북과 남이 공동으로 천명한 숭고한 리념과 원칙에 기초하여, 그리고 나라의 북과 남에 서로 다른 사상과 제도가 있는 우리나라의 구체적 현실로부터 출발하여 가장 빠르고 확신성있는 조국통일방도를 찾아야 하며, 적극적인 노력으로서 그것을 실현하여야 한다.

그러나 이러한 전제조건은 반미구국통일전선을 전면에 내세우며 미군철수를 무조건적인 제1조건으로 내세우던 전시대의 '남조선 혁명론'적 발상과는 분명히 거리가 있는 것이었다. 이는 북한이 1980년대 후반에 이르러서는 주한미군의 단계적 철수수용의사를 밝히는 등 이 전제조건들을 그 강도를 낮추면서 더욱 상대화 시켰다는 데서도 쉽게 알 수 있다.

나. "고려민주연방공화국"의 10대 시정방침

북한이 연방제가 실현되었을 때 실천에 옮기겠다는 10대 시정방침의 주요 내용은 다음과 같다.

① 국가활동의 모든 분야에서 자주성 견지와 자주정책 실시
② 전 지역과 사회의 모든 분야에서 민주주의 실시 및 민족적 대단결 도모
③ 경제적 합작과 교류 실시 및 민족경제의 자립적 발전보장
④ 과학, 문화, 교육분야에서 교류 · 협조 실현과 과학기술, 민족문화예술, 민족교육의 통일적 발전
⑤ 교통 · 체신 연결과 전국적 범위에서 교통 · 체신 수단의 자유로운 이용 보장
⑥ 노동자 · 농민을 비롯한 근로대중과 전체 인민들의 생활안전도모 및 복지의 계통적 증진
⑦ 군사적 대치상태 해소와 민족연합군 조직 및 외래침략으로부터의 민족 보위
⑧ 해외동포들의 민족적 권리와 이익의 옹호 및 보호
⑨ 통일 이전의 대외관계의 처리 및 두 지역정부의 대외활동의통일적 조절
⑩ 통일국가로서 모든 나라들과 우호관계를 발전시키며 평화애호적 대외정책의 실시

다. '고려민주연방안'의 개요와 문제점

(1) 연방형성의 원칙

"조국을 자주적으로, 평화적으로, 민족대단결의 원칙에서 통일하는 가장 현실적이며 합리적인 방도는 북과 남에 있는 사상과 제도를 그대로 두고 북

과 남에 있는 사상과 제도를 그대로 두고 북과 남이 현합하여 하나의 련방국가를 형성하는 것이라고 인정한다……. 우리 당은 북과 남이 서로 상대방에 존재하는 사상과 제도를 그대로 인정하고 용납하는 기초위에서 북과 남이 동등하게 참가하는 민족통일정부를 내오고 그 밑에서 북과 남이 같은 권한과 의무를 지니고 각각 지역자치제를 실시하는 련방공화국을 창립하여 조국을 통일할 것을 주장한다."

(2) 연방기구의 구성과 임무·기능

련방 형식의 통일국가에서는 북과 남의 같은 수의 대표들과 적당한 수의 해외동포 대표들로 최고민족련방회의를 구성하고, 거기에서 련방상설위원회를 조직하여 북과 남의 지역정부들을 지도하며, 련방국가의 전반적인 사업을 관할하도록 하는 것이 합리적일 것이다……. 최고민족련방회의와 그 상임기구인 련방상설위원회는 련방국가의 통일정부로서 정치문제와 조국방위문제, 대외관계 문제를 비롯하여 나라와 민족의 전반적 리익과 관계되는 공동의 문제를 토의 결정하며, 나라와 민족의 통일적 발전을 위하여 사업을 추진하고 모든 분야에서 북과 남 사이의단결과 합작을 실현하여야 할 것이다.

(3) 연방국가의 국호 및 대외정책 노선

고려민주련방공화국은 어떠한 정치군사적 동맹이나 쁠럭에도 가담하지 않는 중립국가로 되어야 한다.

6차 당대회에서 제시한 연방제 내용을 보면 북한은 조국통일의 3대 원칙으로 자주, 평화통일, 민족대단결을 제시하고 있다. 북한은 이를 「7·4 남부공동 성명에서 공동으로 천명한 숭고한 이념과의 원칙에 기초한 것」이라고 주장하고 있지만 실제로는 일정기간 북한사회의 개방을 막아보려는 의도 아래 교류·협력 등을 통한 민족적 대단결을 평화통일 이후로 연기하려는 것이었다. 따라서 북한은 자주는 「남조선혁명」을 위한 연방제 안의 선결조건과 결부시키고, 평화통일을 연공합작하는 연방공화국 수립과 연관시키며, 그리고 민족적 대단결은 통일 후 10대 시정방침과 연계시켰던 것이다.

1983년 9월 9일 김일성은 북한정권수립 35주년 기념행사경축 연회연설을 통해 「고려연방」안의 연방통일장 구성문제와 관련, 연방국가의 통일정부인 「최고민족연방회의」와 「연방상설위원회」는 남북이 공동의장과 공동위원장을 각각 선출하여 그들이 윤번제로 운영하자는 제안을 했다.

이 연방제안은 남북한 간의 통일은 과도체제의 수준을 넘어서 공존이 가능한 통일된 연방제틀로 귀결되었다고 볼 수 있다. 북한이 1960년 이래 제안해 온 연방제는 어느 것이나 기본적으로 상이한 두개의 제도와사상이 공존할 수 있음을 전제로 하고 있다. 그러나 연방제가 과도기적 형태로 제기될 때는 문제가 간단치 않다. 이 경우 연방제 이후의 통일국가형태와 성격이 당연히 상정될 것이며 그 통일국가의 요체는 사상과 제도가 일원화된 국가를 의미할 것이다.

그렇다면 과연 통일국가는 어떠한 사상과 제도를 일원화되어야 하는가? 여기서 예상되는 남북한 간의 갈등요인이 존재하는 것이다. 그러기 때문에 북한은 남북의 사상과 제도가 항구적으로 공존할 수 있는 통일국가 형태로서의 '고려민주연방공화국'안을 제시한 것으로 분석된다.

다른 한편 북한이 '고려민주연방공화국' 통일방안을 제시한 또 다른 배경은 인민경제생활을 압박해 오는 남북한 간의 군비경쟁과 핵 위협의 공포 속에서 전개되고 있는 국제정세에 대한 새로운 이해도 깔려 있는 것으로 보인다.

특히 북한의 경우 1960년대 중반이후 경제발전 지체 현상이 장기화되면서 엄청난 군비부담을 느껴온 것으로 알려졌다. 이와 함께 북한은 만약 무력출동이 일어날 경우 핵전쟁으로 확산될 가능성 있다고 보고 남북한 양체제의 장기공존이 불가피하다고 판단했을 가능성이 높다.

이러한 현실인식이 과도적 남북연합적 성격이 아닌 연방정부방식의 연방제로 선회한 것으로 볼 수 있다.

(4) "고려민주연방공화국 창립방안"의 특징과 문제점

북한이 1980년대에 제시한 고려민주연방공화국 창립방안은 과거 1960년대와 1970년대의 연방제와 비교할 때 다음과 같은 몇 가지 특징과 함께 문제점을 내포하고 있다.

첫째, 연방제 통일방안의 명칭, 방안구성의 형식과 내용체계 등에 있어서 차이와 특징이 나타나고 있다.

우선 명칭을 보면 '고려연방공화국'이라는 국호에 '민주'라는 용어를 삽입하여 '고려민주연방공화국'이라 함으로써 민주국가를 표방하는 선전효과를 극대화하려 하고 있다. 또한 방안구성의 형식과 내용에 있어 연방형성의 원칙과 연방기구의 임무 및 기능, 10대 시정방침 등을 비교적 구체적으로 제시하고 있다는 것이다.

둘째, 북한은 종래에는 과도적 대책으로서 연방제를 주장하였으나 '과도적 대책'이라든지 '당분간'이라든지 이른바 통일의 중간과정의 단계적 조치를 상정해 온 어휘들을 완전 배제시킴으로써 '고려민주연방공화국'을 완성형 통일국가로 상정하고 있다. 즉 연방정부형 연방제로 안착된 것이다.

셋째, 사상과 제도의 차이를 용납하는 원칙 위에서 연방정부를 수립한다고 전제하면서 또 한편으로는 연방상설위원회가 정치 · 외교 · 군사권을 통일적으로 행사한다고 언급하고 있어 상호 모순된 내용을 담고 있다.

따라서 통일정부인 연방상설위원회가 정치 · 외교 · 군사권을 비롯하여 전반적인 국사를 관할한다는 것은 사실상 두개의 지역정부의 독립적 제도와 주권을 무의미하게 만드는 것이라고 할 수 있다.

넷째, 고려민주연방공화국창립방안은 종래의 연방제 방안과는 달리 노골적으로 선결조건을 제시하고 있다. 이는 북한이 주장하는 연방제 방식으로 통일하려면, 남한의 반공 자유민주주의정권의 퇴진, 주한미군철수 등 이른바 선결조건이 충족되어야 한다는 결정적인 장애물을 설치한 것이다.

또한 연방제 실현을 위해서는 그들에게 유리한 방향으로 해석해 온 7·4남북

공동성명이 통일 3원칙에 의거해야 한다는 것을 강조하고 있다.

다섯째, 북한은 10대 시정방침을 연방제로 통일된 이후에 실시할 방침임을 분명히 하고 있는데, 그렇다면 이는 통일방안과는 사실상 전혀 관계가 없는 것이 될 수밖에 없다.

그럼에도 불구하고 북한이 10대 시정방침을 함께 제시한 것은 연방제 방안이 구체적이고 통일의 미래상을 제시하고 있는 것으로 선전함과 동시에 국내 통일논의 과정에 논쟁거리를 제공하려는 의도에서 비롯된 것이다.

여섯째, '연방'이라는 용어를 국문과 외국어로 표기할 때 차이가 나는 것도 "고려민주연방공화국 창립방안"의 이중성을 입증하는 것이라고 할 수 있다.

국문으로 표기할 때는 분명히 '연방'으로 표기하고 내용면에서도 연방정부가 군사·외교권을 포함한 대외주권을 행사하는 연방형 통합형태를 제시하고 있다. 그러나 영어를 비롯한 외국어로 표기할 때는 '연방'을 뜻하는 Federation이 아니라 '국가연합'의 뜻이 있는 Confederation개념을 사용하고 있다(Democratic Confederal Republic of Koryo).

따라서 "고려민주연방공화국 창립방안" 주장에 숨겨져 있는 전략적 관심은 '선 선결조건의 관철, 후 합작공산화의 실편'에 있다고 할 것이다. 환언하면, 연방제는 표피벅인 형식이고 전한반도의 공산화가 실질적인 내용이라는 뜻이다.

북한은 한반도 통일전략의 대안으로서 혁명전략을 늘 유지해 왔으며, 도 북한의 최대복표인 남조선혁명에 대한 꿈과 희망을 결코 버리기 어려울 것이다. 그러나 1980년대에 들어서면서 북한은 그 실현가능성의 어려움을 분명히 느끼고 있었으며 따라서 북한의 통일정책은 지배(支配)에서 동등(同等)으로 전환되고 있다고 볼 수 있다.

그러나 '고려민주연방공화국' 통일방안을 엄밀히 살펴보면 북한사회주의 체제의 보호, 유지를 위한 방파제 역할을 하는데 더위력을 발휘할 정도로 탄력성을 지니고 있다고 분석된다.

이 방안은 얼핏 보면 남한체제의 동등한 인정이라는 관점에 서 있는 것 같으나 지나치게 남북한 간의 관계정립의 측면에 초점이 맞추어져 있다는 비판을 면키 어렵다는 점이다.

즉, 남북한 양체제의 민주적 개혁문제나 구조적 결함 극복문제가 이 통일 방안에서는 전혀 사상되고 있다는 점이다. 사실 이 방안은 상반되는 양 체제의 장기적 공존가능성에만 초점이 맞추어지면서 상호 침투를 통한 두 체제의 하나의 체제로의 변증법적 해소문제에 대한 고민을 깨의 일'이라는 추상적인 언명 뒤로 흘려보낸 느낌이 강한 것이다.

그러나 생산력과 삶의 질에서 어느 공동체가 보다 나은 공동체인가가 확연히 드러나는 현대사회에서 민족공동체를 형성해나가려면 양체제가 지니는 비생산성, 인권문제, 민주화, 자유화, 개방화 문제가 계속 변증법적으로 승화되어야 함은 망각해서는 안 될 것이다.

3 국가연합 방식의 연방제(1991~1999)

통일논의의 제3기는 국제적으로 냉전체제의 붕괴와 새로운 국제질서의 출현을 그 특징으로 한다.

한국은 1990년 9월 소련과의 수교를 포함해서 모든 동구권과 수교를 맺었고, 1992년 8월 중국과 수교함으로써 북방정책의 일단계를 완수하였다. 한국의 북방정책은 비록 최초의 정책목표로서는 아니더라도 북한을 외교적으로 고립시키는 결과를 가져왔다.

특히 북한 전체무역의 거의 절반을 차지하고 있었던 소련의 몰락은 북한에게는 커다란 경제적 타격이 아닐 수 없었다. 소련은 북한의 생존을 위해 필수적인 군사·경제원조를 1991년부터 중단했을 뿐 아니라, 석유수출에 대해서 북한이 경화로 지불해줄 것을 요구하였다. 이는 60억 달러가 넘는 외채에 시달리던 북한을 더욱 어렵게 만들었다.

이에 더하여 1990년대 이르러 계속적인 마이너스 성장, 대남한 경제격차가 더욱 벌어지면서 북한은 체제수호의 절박함을 느끼게 되었다. 더욱이 1993년 2월 남한에 문민정부가 출범됨으로써 남한정권의 정통성이 확보되면서 북한의 혁명전략은 그 기대를 하기가 어렵게 되어다. 결국 1964년「3대혁명역량강화」를 발표함으로써 구체화된 "남조선 혁명전략"은 실현가능성이 희박하게 된 것이다. 즉 북한의 혁명전략은 경제난과 체제동요로, 남한의 혁명역량강화는 소련의 멸망과 사회주의세력의 몰락으로 사실상 실패하고 말았다.

따라서 북한의 모든 노력을 체제수호와 경제난극복에 두지 않으면 안되게 되었다. 이 시기에 북한은 남한의 흡수통합에 대한불안감을 숨기지 않고 남북공존을 수시로 강조하였다. 1989년 1월 1일 신년사에서 김일성은 "조국통일문제는 누가 누구를 먹거나 누구에게 먹히우는 문제도 아니고 일방이 타방을 압도하고 우세를 차지하는 문제도" 아니라고 주장한데 이어서 동년 9월 8일 조선민주주의 인민공화국 창건 40돐 기념 경축보고대회에서는 "조국통일을 실현하기 위해서는 누가누구를 먹거나 먹히우지 않고 일방이 타방을 압도하거나 압도당하지 않는 공존의 원칙에서 두 제도를 그대로 두고 두 자치정부를 련합하는 방법으로 하나의 통일국가를 형성하여야 한다"고 강조하였다.

1980년대 후반부터 체제보존에 대한 불안감을 표출하기 시작한 북한은 1991년 생존전략차원에서 기존의「고려민주연방공화국안」을 수정하기에 이르렀다.

북한은 1991년 1월 김일성 신년사를 통해 기존의 통일완성형 연방제 주장에서 약간의 전술적 변화를 보여주고 있다.

1991년도 신년사에서 연방제 통일방안과 관련한 내용은 다음과 같다.

> 북과 남에 서로 다른 두 제도가 존재하고 있는 우리나라의 실정에서 조국통일은 누가 누구를 먹거나 누구에게 먹히우지 않는 원칙에서 하나의 민족, 하나의 국가, 두개 제도, 두개 정부에 기초한 련방제 방식으로 실현되어야 한다. … 북과 남의 서로 다른 제도를 하나의 제도로 만드는 문제는 앞으로 천천히 순탄하게 풀어 나가도록 후대에게 맡겨도 되지만, 사상과 제도의 차이를 초월하여 하나의 민족으로서 하나의 통일국가를 세우는 일은 이제 더는 미루지 말아야 한다. … 우리는 고려민주련방공화국창립방안에 대한 민족적 합의를 보다 쉽게 이루기 위하여 잠정적으로는 련방 공화국의 지역자치정부에 더 많은 권한을 부여하며, 장차로는 중앙정부의 기능을 더욱 더 높여 나가는 방향에서 련방제 통일을 점차적으로 완성하는 문제도 협의할 용의가 있다.

즉, 김일성은 연방정부의 권한을 대폭 약화시키고 남북한 국가연합방식의 구성정부를 강화시키는 연방제로 변모시켜 주장했다. 한편 김일성은 전민족적 합의를 이루기 위해 남북한 당국, 정당, 사회단체 대표들이 참가하는 「민족통일 정치협상회의」 소집을 제의했다. 이 제의는 1988년의 남북연석회의, 1989년의 남북정치협상회의, 1989년 9월의 민족통일협상회의와 명칭만 바꾼 것이었다.

1992년 6월 23~25일 하와이 국제학술회의에 참석한 이삼노북측대표도 발표를 통해 북한은 오늘날의 "현실을 고려하여 남북지역정부가 외교권, 군통수권 등을 독자적으로 행사하는 두개의 제도와 두개의 정부에 기초를 두고 있다"고 주장했고, "통일연방국가에서 북·남의 타국과의 기존 조약이 존중되고 외국의 이권이 보호될 것"임을 밝혔다. 이와 같은 김일성의 언급내용은 종래의 고려민주연방제도와비교해 볼 때 다음과 같은 점에 있어 상당한 변화를 가져온 것이라 할 수 있다.

첫째, 제도통일론과 연방제통일론의 구별이다. 북한은 누가 누구를 먹거나 누구에게 먹히우지 않는 공존의 원칙에 따라 '1민족 1국가 2제도 2정부' 형태의 연방제 통일방안을 표방하고 있는데, 이는 종래의 완성형 연방제통일방안의 변화를 시사하는 것이다. 사실상 북한은 잠정적·단계적 '미완성'

연방제 통일방안으로 선회하고 있는 것으로 파악된다. 결국 북한 측은 적화혁명을 통해 남한을 흡수할 수 없는 한, 완성형 연방제론에 무리하게 집착하기 보다는 단계적 연방제론으로 선회함으로써 체제생존전략을 충족시키는 한편, 과도적 지연전술의 전개로 새로운 정세를 관망하는 이중적 태도를 보였다고 할 수 있다.

둘째, 제도통일의 과제는 후대들에게 맡겨도 될 미래의 문제로 유보하고 있다는 사실이다. 이는 종래 북은 통일세력이요, 남은 반통일세력이라는 선전구호를 북한 스스로 뒤집어 놓는 말이라고 해도 과언이 아니다. 왜냐하면, 북한당국이 사실상 현 정치세대간에 사상과 제도가 하나로 되는 완전한 정치적 통일로서의 통일민주공화국 수립을 이룩할 수 없음을 선언한 것이나 다름이 없기 때문이다. 이미 언급한 바와 같이, 북한정권은 북한사회주의 체제·정권의 보존이라는 수세적 생존전략에 부심해야 할 심각한 국면에 봉착해 있다.

셋째, 제도통일은 상대방을 '먹는 것'을 전제로 한다고 주장함으로써 결코 '접수'될 수 없는 것으로 완강히 배척하고 있다는 점이다. 이는 사실상 동서독이 서독 주도하의 자유통일을 실현한데 대한 심각한 위기의식을 반영한 것이라고 할 수 있다. 또한 이것은 독일 통일을 본 북한 당국자들이 북한이 제2의 동독이 되어서는 안된다는 스스로의 피해의식에서 비롯된 것이다.

넷째, 잠정적인 두개의 지역정부에 권한을 강화시켜 주고 점차로 연방정부에 권한을 넘긴다는 이른바 지역정부권한 강화론을 새롭게 주장하고 있다는 사실이다.

1990년대에 들어와 북한이 전례없이 제도통일의 위험성을 강조하면서, 제도통일 후대론과 잠정적 지역정부 권한강화론을 제기한 것은 체제위기를 의식한 나머지 기존 고려민주연방공화국 통일방안의 수정가능성과 수세론적 경향을 나타낸 것이라 할 수 있다.

북한은 1960년 8월 남북연방제를 처음으로 제기한 이래 김일성이 1994년 김일성이 살아있는 동안 내내 연방제의 명칭과내용에 많은 변화를 보여 왔다.

연방제는 기본적으로 '남조선 인민들을 주체사상과 김일성의 두리에 모아 통일투쟁을 불러 모아 통일투쟁을 불러일으키기 위한 대남합작'특히 '정치적 합작의 최고 형태'라는 전략관점에서 추구하고 있는 것으로서, 당초에는 인구가 적은 북한이 남북한 자유총선거 방식의 정치적 완전통일을 회피해 나갈 수 있게 하는 방편으로도 작용하였다.

그러나 일단 국제정세가 급변하고 한반도에서의 힘의 균형이 북쪽에 불리하게 되자, 그들 스스로 종래의 입장을 바꾸어 남북한 유엔동시가입을 받아들임으로써 연방제 실현 후 단일국호하의 유엔가입 주장을 무너뜨리고 말았다.

이제 북한은 사실상 알맹이 없는 연방제를 겉으로 내세우면서실제로는 국가연합형의 통일방안을 선전적 차원에서 주창하고 있다. 다시 말해 종전에 주장해 왔던 연공합작을 통한 완성형 연방제론은 논리적으로나 현실적으로 실현될 수 없는 방안이므로 체제유지를 보장하는 방향에서 누가 누구를 먹거나 먹히우지 않는 원칙하에 '1민족 1국가 2제도 2정부'를 표방하기 시작한 것이다.

북한의 연방제 통일론은 원천적으로 선 남조선혁명 후 공산화통일이라는 그들의 대남혁명전략에서 나온 것임을 고려할 때 북한이 남조선 혁명전략을 포기해야만 비로소 연방제 통일방안의 진정한 변화가 가능할 것이다.

4 북한 통일정책들의 공통점과 상이점

북한이 시대별로 주장해 온 통일정책들의 공통점과 차이점을 살펴보면 향후 북한의 통일정책 방향을 예측할 수 있을 것이다. 북한이 통일과 관련해 언급해 온 경우는 매우 많으나 여기서는 1960년 8·15해방 15주년 김일성연설, 1973년 6·23 김일성 체코 당 정부 대표단 환영연설, 1980년 2·10 제6차 당대회 김일성연설과 1990년 1월 김일성의 신년사 등 4가지 연설의 대해서만 비교해 보기로 한다.

먼저 북한 통일정책들의 주된 공통점은 크게 3가지이다. 첫째, 북한은 남북의 통일 방식으로 연방제를 철저하게 고수해왔다. 시기별로 살펴보면, 1960년 8·15 해방 15주년 김일성 연설에서 북한은 "남조선당국이 다 공산주의화될까 두려워서 아직은 자유로운 남북 총선거를 받아들일 수 없다고 하면, 우리는 이러한 대책으로서 남조선의 련방제를 실시할 것을 제안합니다"라고 말했고, 1973년 6·23 김일성 체코 당 정부 대표단 환영연설에서는 '단일 국호에 의한 남북연방제를 실시한다'고 언급했다. 또한, 1980년 2·10 제6차 당대회 김일성 연설에서 북한은 "련방 공화국을 창립하여 조국을 통일할 것을 주장합니다"라고 했고, 1990년 1월 김일성 신년사에서는 "북과 남에 서로 다른 두 제도가 존재하고 있는 실정에서 조국 통일은 련방제 방식으로 실현되어야 한다"고 명시했다. 북한의 이러한 통일정책은 자신들의 체제를 계속 고수해 나가려는 목적이라고 할 수 있는데 이것은 남한의 주장처럼 연합제식 통일을 추진했을 때 자신들의 체제가 붕괴될 수 있기 때문이다.

둘째, 북한은 남북통일에 있어서 외세의 간섭을 철저히 배격하고 있다. 북한은 이것을 1960년 8·15 해방 15주년 김일성연설에서 "우리 조국의 평화적 통일은 반드시 자주적으로, 어떠한 외국의 간섭도 없이 민주주의적 기초 위에서 자유로운 남북 총선거를 실시하는 방법으로 해야 합니다"라고 말했고, 1973년 6·23 김일성 체코 당 정부 대표단 환영 연설에서는 조국 통일 5대 강령을 발표하여 모든 외국 군대의 철거와 외국으로부터의 무기반입중지를 명시했다. 또한 1980년 2·10 제6차 당대회 김일성 연설과 1990년 1월 김일성의 신년사에서도 북한은 미군의 철수를 강력히 주장했다. 북한의 이러한 정책 속에는 통일을 이루는 그 주체가 남과 북 당사자이며, 외세가 될 수 없다는 뜻이 담겨져 있다.

셋째, 북한은 시대별로 모두 남북한의 원활한 교류를 주장해왔다. 먼저 북한은 1960년 8·15 해방 15주는 김일성 연설에서 "남북조선의 실업계 대표들로 구성되는 순전한 경제 위원회라도 조직하여 남북 사이에 물자를 교역하여 경제 건설에서 서로 협조하고 원조하도록 할 것을 우리는 다시 제안합니다"라고 말함으로써 남북 사이의 적극적인 교류를 촉구하였다. 또한 북한은 1973년 6·23 김일성 체코 당 정부 대표단 환영 연설에서 조국 통일 5대 강령을 발표하여 두 번째로 '정치, 군사, 외교, 경제, 문화 등 여러 분야에 걸쳐 다방면적인 합작 교류를 한다'고 명시했다. 북한은 이후 1980년 2·10 제6차 당대회 김일성 연설에서 "서로 다른 경제 제도와 기업 체질을 인정, 그 기초 위에 경제적 합작과 교류를 한다"고 말했으며, 1990년 1월 김일성의 신년사에서도 이와 비슷한 의도를 내비쳤다. 결국 북한이 시대와 관계없이 남북한의 원활한 교류를 주장해 온 것은 북한 역시 통일의 필요성을 느끼고, 남북한 간의 적극적인 교류를 원한 것이다.

다음은 시기별로 나타난 북한통일 정책들의 차이점이다. 북한통일 정책들의 차이점은 크게 4가지로 분류된다. 첫째, 남북선거에 관한 생각의 변화이다. 북한은 1960년 8·15 15주년 김일성 연설에서 통일 여건이 조성되면 남북 자유총선거를 하겠다고 언급한 바 있다. 그러나 1980년 2·10 제6차 당대회 김일성 연설에서는 생각을 바꿔 선서가 아예 필요 없다고 하였다. 또한 북한은 1990년 1월 김일성의 신년사에서 남북한 선거를 후대에나 가서 생각할 것이라고 발표하였다. 한편 1973년 6·23 김일성 체코 당 정부 대표단 환영 연설에서 북한은 남북한 선거에 대한 언급을 하지 않은 바 있다. 남북 선거에 관한 북한의 이러한 생각 변화는 시간이 지나면서 남북이 서로 두 국가, 두 체제가 분명해졌기에 남북총선거를 깊게 생각하지 않는다고 볼 수 있다.

둘째, 북한은 남북한의 합작과 교류성에 대한 발언을 조금씩 수정해왔다. 북한은 기본적으로 4개의 연설에서 모두 남북한의 합작과 교류의 중요성을 인정하고 있다. 그러나 북한은 1960년 8·15 해방 15주년 김일성 연설에서 남한 경제의 수습이 가장 중요하다고 한 반면, 1973년 6·23 김일성 체코 당 정부 대표단 환영 연설에서는 남북한의 전면적인 관계와 합작을 실현하는 것을 더 중시했다. 또한 1980년 2·10 제6차 당대회 김일성 연설에서 북한은 남북이 서로 다른 경제제도와 기업 체질을 가지고 있음을 인정해야 한다고 덧붙였다. 마지막으로 1990년 1월 김일성의 신년사에서는 지역적 자치 정부에 더 많은 권한을 부여하자고 하였는데 이것은 장차 중앙정부의 기능을 강화하기 위해서였다. 이와 같은 북한 정책의 차이점은 1960년대에는 남한이 북한보다 경제적으로 더 빈약했으나 시간이 흐르면서 상황이 뒤바뀌었기 때문에 변화된 것으로 풀이된다.

셋째, 북한은 연방제의 성격을 조금씩 변경해왔다. 북한은 1960년 8·15 해방 15주년 김일성 연설에서 연방제의 성격을 통일적 연방 정부가 아닌 과도적 연방제라고 발표한 바 있다. 이후 1973년 6·23 김일성 체코 당 정부 대표단 환영 연설에서는 연방제의 명칭만 고려 연방 공화국으로 바꾼 뒤 단일 국호로 유엔에 가입했다. 이 두 연설에서 북한은 모두 국가 연합적 성격의 과도적 연방제를 내세우고 있다. 하지만 1980년 제2·10 제6차 당대회 김일성 연설에서 북한은 과도적 형태의 연방제제가 아닌 완성된 통일 국가로서의 연방제를 주장했다. 이것은 앞의 두 연설처럼 북한 체제 위주의 흡수 통일이 아닌 남과 북 사이의 상이한 사상과 제도를 그대로 인정하자는 것이다. 이러한 성격은 1990년 1월 김일성의 신년사에서도 이어졌다. 다만 이 연설에서 북한은 지역 정부에 더 많은 권한을 부여하자는 내용을 덧붙였다. 북한이 이렇게 연방제의 성격을 조금씩 변경해 온 것을 현실적으로 북한 체제로의 흡수 통일에 한계가 있다는 것을 느꼈기 때문이다.

마지막으로 북한은 연방제의 조직을 조금씩 변경해왔다. 1960년 8·15 해방 15주년 김일성 연설과 1973년 6·23 김일성 체코 당 정부 대표단 환영 연설에서 북한은 연방제의 조직으로 최고 민족위원회를 두었다. 사실 이 둘 사이에도 약간의 차이점은 존재하는데, 전자에서는 최고 민족 위원회가 개별적 외교 활동을 보장받는 내용에 그쳤고 후자에서는 최고민족위원회가 남북의 정치, 군사, 외교, 경제, 문화 등의 모든 부분에서 협력을 추진할 수 있다고 하였다. 하지만 더 큰 차이점은 1980년 2·10 제6차 당 대회 김일성 연설에서 연방제 조직이 최고민족연방회의와 그 상임 기구인 연방 상설 위원회로 변경된다는 것이다. 이때의 연방제 조직은 특히 통일 정부가 남북 지역의 정부를 지도할 수 있고, 전반적인 사업을 단행할 수 있으며, 민족 연방군을 둘 수가 있다고 명시했다. 마지막으로 1990년 1월 김일성의 신년사에서 연방제의 기능은 앞서 연방제의 성격 변화에서도 언급했듯이 자치 정부에 더 많은 권한을 부여하고 장차 중앙정부의 기능을 강화하는 내용으로 확대되었다. 이렇게 미묘한 차이는 있으나 전체적으로 연방제 조직은 남북 교류를 중점적으로 추진하는 집단으로서 활동해왔다.

지금까지 북한통일 정책의 주된 공통점과 차이점에 대하여 언급하였다.

다시 한번 정리하자면, 공통점에는 철저한 연방제 고수, 외세 배격과 남북한의 원활한 교류 주장 등이 있었다. 반면, 차이점에서는 남북 선거에 관한 생각의 변화, 남북한의 합작과 교류에 대한 내용 변화, 연방제의 성격 및 조직의 변화 등이 있었다.

5 6·15선언과 10·4선언

남과 북이 분단된 이래로 남북관계가 외줄타기를 해온지 50여년, 국민의 정부가 대북정책으로 화해와 포용의 자세로 남북관계를 개선하기위한 햇볕정책을 실시하면서 남북관계는 새로운 국면을 맞이하게 되었다.

국민의 정부 그리고 참여정부에서도 그 의지가 이어지면서 2000년 6·15 남북공동선언 그리고 이를 계승한 2007년 10·4남북공동선언이 남북 간에 합의되어 발표되었다.

본론에서는 햇볕정책에 기초한 남북 간의 6·15공동선언과 10·4공동선언에 대하여 자세히 알아보고, 앞으로의 전망과 과제를 알아 볼 필요가 있다.

가. 6·15남북 공동선언

(1) 의 의

2000년 6월 13일 김대중 전 대통령이 평양을 방문하며 김정일 위원장을 만남으로써 55년 만에 최초로 남북한 최고위급회담이 이루어졌다. 이 회의에서 남북 정상은 합의를 통해 다섯 개의 항에 합의를 하고, 적절한 시기에 김정일 국방위원장이 서울 방문을 하기로 하는 내용으로 6·15남북공동선언을 발표하였다.

남북한 연예인 만남

(2) 배 경

북한은 전통적으로 남한을 미국의 식민지로 보는 관점을 가져왔다. 이에 따라 1990년 들어 심화된 국제적 고립과 경제난을 해소하기 위해 미국, 일본을 비롯한 여러 나라와 대외관계를 개선해 나가는 가운데서도 남한에 대해서는 북한의 왕조건설을 하기위한 시간을 벌기위해 봉쇄를 하는 정책을 취했다.

하지만 김대중 정부가 출범하며 햇볕정책을 추진하였고, 북한도 1999년경부터 남한의 협력과 지원을 모색하게 되면서 변화가 나타나게 되었다. 대표적으로 북한은 남한의 기업인 현대와 금강산 관광과 대북경협의 물꼬를 트면서 달러 획득의 창구를 만들고, 현대를 매개로 하여 남북정상회담을 모색하게 되었고 이 과정에서 남한의 대대적인 경제지원을 받게 된다. 김대중 대통령은 햇볕정책에 대하여 '평화, 화해, 협력을 통한 관계 개선'을 목표로 설

김정일 국방위원장과 김대중 대통령

정하고 북한의 '무력도발 불용', '흡수통일 배제', '남북 간 화해협력 적극추진' 등 원칙을 천명했다. 이에 남한과 북한의 이해관계가 일치하면서 2000년 분단이후 최초의 남북정상회담이 가능했다.

(3) 내 용

① 남과 북은 나라의 통일문제를 그 주인인 우리 민족끼리 서로 힘을 합쳐 자주적으로 해결한다.
② 남과 북은 남측의 연합제안과 북측의 낮은 단계의 연방 제안이 서로 공통성이 있다고 인정한다.
③ 남과 북은 2000년 8월15일에 즈음하여 흩어진 가족, 친척 방문단을 교환하며 비전향 장기수 문제를 해결하는 등 인도적 문제를 조속히 풀어 나가기로 합의한다.
④ 남과 북은 경제협력을 통하여 민족경제를 균형적으로 발전시키고 사회, 문화, 체육, 보건, 환경 등 제반 분야의 협력과 교류를 활성화하여 서로 신뢰를 도모한다.
⑤ 위의 네 개항의 합의 사항을 구체적으로 이행하기 위해 남과 북의 당국이 빠른 시일안에 관련 부서들의 후속 대화를 규정하여 합의 내용의 조속한 이행을 약속한다.

1 통일문제의 자주적 해결

통일문제는 우리 민족의 운명과 관련된 것으로, 당연히 그 운명의 주인인 우리 겨레가 자주적으로 풀어 나가야 하며, 남과 북이 당사자 해결원칙에 따라 대화를 통해 평화적으로 해결해야 한다. 여기서 말하는 자주적 해결은 북한이 기존에 주장해 왔던 외세 배격, 미군철수 주장 등과 연결되는 개념이 아니라 하겠으며, 국제사회와의 적극적인 협조를 바탕으로 남과 북이 주인이 되어 우리의 통일문제를 해결함을 의미한다.

2 남북 통일방안의 공통성 인정

우리의 통일방안은 1980년대 말 국회공청회와 폭넓은 국민의견 수렴을 거쳐 마련된 민족공동체 통일방안으로, 상호 체제를 인정하는 토대 위에서 남

김정일 국방위원장과 김대중 대통령

북연합을 이루어 평화적으로 공존하면서 완전한 통일국가를 이루어 나가자는 방안이다. 즉, 남북정부가 2체제 2정부를 유지하며 1체제 1정부의 통일 국가를 건설의 기반을 닦자는 것이다.

이에 반해 1980년에 북한이 주장한 연방제 안은 1국가 2체제를 두고 연방정부가 외교권, 군사권을 갖되 2개의 지역정부가 자치를 하자는 것으로 남과 북 사이에 완성된 형태의 연방제 통일국가를 당장 이루자는 방안이다. 회담에서 양측 정상은 연합제와 북측이 제시한 낮은 단계의 연방제의 사실상 동일성을 인정하였다.

이번에 북한이 제시한 낮은 단계의 연방제는 분명히 과거의 연방제와는 차이가 있으며, 연방제는 실현가능성이 없음을 인식한 결과에서 나온 것으로 보인다.

3 인도적 문제 해결

분단으로 인해 발생한 가장 큰 민족적 비극인 이산가족문제를 해결하는 것은 무엇보다도 시급하고 중요하다.

남북정상회담에서 김대중 대통령은 이산가족문제의 시급성과 함께 구체적인 해결방안을 제시하면서, 김정일 국방위원장의 호응을 촉구하였다. 즉 이산가족의 생사 및 주소 확인, 면회소 설치, 자유의사에 의한 재결합을 차근차근 추진하되, 우선 8·15를 기해 방문단을 교환할 것을 제의하였다.

이에 대해 김정일 국방위원장도 공감하면서 이산가족 방문단 교환과 함께 비전향장기수의 송환을 요구하였으며, 김대중 대통령은 넓은 의미의 이산가족 문제 해결 차원에서 또 이산가족 문제 해결을 촉진시키기 위해 비전향장기수 송환을 수용하였다.

4 민족경제의 균형발전 및 제반 분야의 교류 활성화로 신뢰도모

남북경제협력은 상호에게 이익이 됨은 물론 민족의 복리를 도모한다는 점에서 의미가 크다. 남북경제협력은 우리의 자본과 기술을 북한의 노동력과 결합시켜 상호호혜적인 경제이익을 창출함으로써 민족경제의 균형적인 발전을 꾀할 수 있으며, 우리의 기업들은 국제적 경쟁력을 갖게 되어 남과 북 모두에게 이익이 될 것이다. 또한 우리가 북한에 대해 철도, 도로, 항만, 통신, 전력 등 사회간접자본 분야에서 경제협력을 강화해 나갈 경우 남한 내부에 머물렀던 경제 규모는 한반도 전체 차원의 경제 권역으로 확대되는 효과가 있다.

경제 외에도 남북 간의 사회, 문화, 체육, 보건, 환경 등 제반 분야에서의 협력과 교류 활성화는 상호간의 이해와 신뢰감을 증진시킴으로써 남북 간 군사적 긴장을 완화하고 민족동질성을 회복하는 계기가 된다는 점에서 그 의의는 경제협력에 못지않게 크다고 할 수 있다. 이미 남북은 예술단 교환 및 예술행사 공동 개최, 체육인 교환 및 공동 체육행사 개최, 언론인 방북, 관광단 방북 등을 실현시키고 있다.

5 이행을 위한 노력, 김정일 위원장의 방한약속

남과 북은 양 정상이 합의한 내용을 조속히 실천에 옮기기 위하여 빠른 시일 안에 당국사이의 대화를 개최하기로 합의하였고, 그 결과로써 정상회담 개최 후 약 한 달 뒤 남북장관급회담을 개최하였다. 또한 남북장관급회담에서의 합의를 바탕으로 남북국방장관회담과 군사실무접촉, 남북적십자회담, 남북경협실무접촉 등을 통해 남북 간 협력사업 들의 구체적인 이행 방안이 협의, 실천되기도 하였다.

나. 10·4남북공동선언

(1) 의 의

6·15공동선언 이후 7년만인 2007년 10월 3일 김정일 위원장과 한국의 노무현 전 대통령 간 남북정상회담이 이루어졌으며 회담결과 10·4공동선언이 발표되었다.

10·4 공동선언을 통해서 남과 북은 퇴색되었던 6·15 공동선언의 의미를 되새기고 그 내용이 이행되도록 여러 가지 방안을 추진하도록 했고, 서해평화협력지대를 설치하도록 하는 등 한반도평화와 민족의 공동번영을 위한 방편을 세우고 함께 진행해 나가기로 합의하였다.

이 회담에서 양 측 정상은 한반도 평화, 민족 공동 번영, 화해·통일이라는 세 가지 의제를 놓고 집중 토의를 한 결과 8개의 조항을 내용으로 하는 공동선언문을 발표하였다.

김정일 국방위원장과 노무현 대통령

(2) 배 경

6·15공동선언 이후 남북관계는 이전과는 다른 시기를 맞이했고, 많은 교류가 있었음이 사실이다. 하지만 실제로 그 결과가 긍정적이지만은 않았을 뿐만 아니라 그 교류에 있어서 인적인 면이나 많은 점에서 부족한 점이 많았다. 이에 따라 두 번째 정상회담의 필요성이 인식되었고 꾸준히 추진한 결과 평양에서 정상회담을 개최하였고 그 결과 공동선언문을 발표하였다.

(3) 내 용

10·4 공동선언의 내용은 정상회담의 3가지 의제였던 한반도 평화, 민족 공동 번영, 화해 통일을 중심으로 살펴보도록 한다.

제1항 민족자주의 입장에서 "6·15남북공동선언"의 정신에 기초해서, 평화와 통일의 시대를 함께 열어가기로 약속한다.

제2항 남과 북은 상호 인정존중과 내정불간섭의 원칙을 지키며, 각기의 법률적 제도적인 문제들을 민족의 통일에 맞게 정비해나간다.

제3항 남과 북은 쌍방간의 군사적 적대관계를 종식시키고 상호불가침 의무를 준수한다.

제4항 남과 북은 현재의 정전체제를 종식하고, 항구적 평화체제를 구축해나가기 위해 협력하며, 한반도 비핵화를 위하여 9·19선언과 2·13합의가 순조롭게 이행되도록 공동으로 노력한다.

제5항 남과 북은 민족경제의 균형적 발전과 공동번영을 위해 경제협력사업의 적극 활성화하기 위하여 가능한 모든 협력을 다한다.

제6항 남과 북은 민족의 유구한 역사와 문화를 빛내기 위하여 언어, 과학기술, 교육, 문화예술, 체육 등 사회 문화 부문의 교류와 협력을 발전시켜나간다.

제7항 남과 북은 인도주의적 사업을 적극 추진해 나가기로 한다.

제8항 남과 북은 국제무대에서 민족의 이익과 해외동포들의 이익을 위한 협력을 강화한다.

1 한반도 평화

평화면에서, 양 정상은 서해에서의 우발적 충돌방지를 위해 '서해평화협력특별지대'를 설치하고 공동어로구역과 평화수역 설정, 경제특구 건설과 해주항 활용, 민간선박의 해주 직항로 통과, 한강하구 공동 이용 등을 적극 추진하기로 하였다. 이는 향후의 남북관계가 경제와 안보의 병행구조로 전개될 것임을 시사하고 있다. 또한 남북은 평화체제 구축을 위해 3자 또는 4자 정상들이 종전을 선언하는 문제를 추진하기로 하였다. 이는 북핵 관련 6자회담으로 한반도문제가 국제화되어 있는 상황에서 정전체제라는 또 다른 한반도문제를 남북한이 주도적으로 해결해 보려는 의지를 표현한 것이다.

2 민족 공동 번영

양 정상은 '서해평화협력특별지대' 설치 이외에도 개성공단 내실화 및 확대, 안변과 남포에 조선소 건설 및 농업 · 보건의료 · 환경 등 협력사업 추진, 개성-신의주 철도와 개성-평양 간 고속도로 공동이용 및 개보수 등에 합의하였다. 이는 다방면의 경제협력을 통해 남북이 공동 번영하는 경제공동체를 건설하기 위한 중장기적 포석이다.

3 화해 통일

남북은 「6·15 공동선언」의 지속적 이행, 의회 간 대화 추진, 백두산-서울 직항로 개설, 2008년 북경 올림픽에 경의선을 이용한 남북 공동응원단 파견, 이산가족 상봉 확대, 국제무대에서 해외동포들의 권리 옹호, 남북 총리회담 개최, 정상들의 수시 회동 등에 합의하였다. 이를 통해 남북은 상호 신뢰와 정치, 군사, 경제, 사회문화 등 전 분야에서의 화해와 협력을 한 차원 도약시킬 수 있는 계기를 마련하였다.

다. 6·15공동선언과 10·4공동선언의 비교(상이점 및 공통점)

기본적으로 10·4 공동선언은 6·15공동선언의 남북화해의 대원칙을 계승하고 구체화 한 것이라고 할 수 있다. 발표 당시 청와대는 10·4 공동선언을 이제껏 합의되어온 것 중 이행되지 않았던 것들의 실행력을 높이고 그것을 더욱 구체화하는 결과라고 평가하며, 6·15공동선언 이후의 성과와 장애요인을 극복하고 남북관계를 발전시키기 위해 한 차원 높은 미래의 비전을 포괄적으로 제시한 것이라고 평가했다.

6.15 공동선언은 오랜 정체기를 지낸 후 이루어진 합의로써 원칙을 담을 수밖에 없었고, 결과적으로 비교적 추상적인 모습을 보였다. 이에 반해 10·4 공동선언은 2000년 남북정상회담 이래로 발전되어 온 남북관계를 전제로 이루어진 합의로써 조금 더 실천적일 수 있는 내용을 담고 있다. 10·4 남북공동선언은 6.15 공동선언 이래로 추진되어 오고 있던 경의선, 백두산 관광, 이산가족문제 등의 사안에 대해 가속을 하는데 역점을 두고 있고, 안변·남포 조선협력단지 조성, 백두산-서울 직항로 개설, 베이징 올림픽 남북응원단 경

올림픽 남북한 동시입장

의선 이동 등 이루어지지는 않았으나 이러한 사항을 구체적으로 담고 있다.

10·4선언을 6·15선언과 구체적으로 비교해 보자면, 낮은 단계의 연방제 등 통일방안에 대한 언급이 없으며, 반대로 한반도 핵문제를 6자회담에 구체적 해결을 맡김으로써 비록 한 줄이지만 한반도 비핵화의 공동선언을 하고 있다. 그리고 6·15 공동선언의 경우 김정일 국방위원장이 서울을 방문하기로 선언 했던 것과 달리, 단지 수시로 만나기로 했다는 언급만이 있을 뿐이다. 대신 항구적인 평화체제 구축을 위해 3자 또는 4자간의 종전선언을 추진한다는 대목은 발전적인 부분이라고 볼 수 있다.

반면 이 두 선언은 모두 같은 취지를 가지고 있다는 점과, 두 선언 모두 국제정세의 변화를 원동력으로 한다는데 공통점을 가지고 있다. 6·15 공동선언은 미 클린턴 행정부가 북한을 협상 파트너로 인정하는 가운데 이루어졌고, 10·4 공동선언은 6자 회담으로 북핵문제와 북미관계가 풀린 것이 그 바탕이 되었다.

제10장

북한의 군사제도와 전략

북한의 국방에 대해서는 사회주의헌법 제58조에서 61조까지에 명시되어 있다. 그 내용을 보면 다음과 같다.

제58조 조선민주주의인민공화국은 전인민적, 전국가적 방위체계에 의거한다.

제59조 조선민주주의인민공화국 무장력의 사명은 근로인민의 리익을 옹호하며 외래침략으로부터 사회주의제도와 혁명의 전취물을 보위하고 조국의 자유와 독립과 평화를 지키는데 있다.

제60조 국가는 군대와 인민을 정치사상적으로 무장시키는 기초우에서 전군간부화, 전군현대화, 전민무장화, 전국요새화를 기본내용으로 하는 자위적 군사로선을 관철한다.

제61조 국가는 군대안에서 군사규률과 군중규률을 강화하며 관병일치, 군민일치의 고상한 전통적 미풍을 높이 발양하도록 한다.

또한 군사적 내용의 로동당 규약을 살펴보면 다음과 같다.

조선로동당은 항일유격대식 사업방법, 청산리정신 및 청산리방법을 철저히 관철한다. 조선로동당은 온 사회의 혁명화, 로동계급화, 인테리화를 촉진하고 사회주의의 물질, 기술적 토대를 공고히 하며 나아가서 사회주의제도를 강화하고 사회주의의 완전한 승리를 촉진시키기 위한 투쟁에서 사상, 기술, 문화혁명을 활발히 수행한다.
조선로동당은 남조선에서 미제국주의 침략군대를 몰아내고 식민지통치를 청산하며 그리고 일본 군국주의의 재침기도를 좌절시키기 위한 투쟁을 전개하고 남조선 인민들의 사회민주화와 생존권투쟁을 적극 지원하고 조국을 자주적 평화적으로 민족대단결의 원칙에 기초하여 통일을 이룩하고 나라와 민족의 통일적 발전들 이룩하기 위해 투쟁한다.

> 조선로동당은 자주성과 프로레타리아 국제주의원칙에 기초하여 사회주의 나라들과의 단결과 국제공산주의운동과의 련대성을 강화하고 세계의 모든 신흥세력나라 인민들과의 친선, 협조관계를 발전시키며 아시아, 아프리카, 라틴아메리카 인민들의 반제민족해방 운동과 자본주의 나라들의 로동계급과 그밖의 인민들의 혁명투쟁을 지지하고 광범한 련합전선을 실현하여 미국을 우두머리로 하는 제국주의와 지배주의를 반대하며 평화와 민주주의, 민족적 독립과 사회주의 공동위업의 승리를 쟁취하기 위하여 투쟁한다.

1 인민군의 형성과정과 성격

가. 형성과정

인민군의 창설은 1945년 8월 해방 직후부터 '건당 · 건군 · 건국'이라는 3대 과제의 하나로 추진되었으며 소련군의 한반도 진주와 더불어 시작되었다. 당시 북한 주둔 소련군사령부는 김일성을 내세워 정치조직인 당을 우선적으로 결성하고 1945년 10월 12일에 "북한 지역 내에 있는 모든 무장대를 해산시킬 것, 모든 무기 · 탄약 · 군용물자들을 군경무 사령관에 바칠 것, 평민중에서 사회질서를 유지하기 위하여 림시도위원회들은 소련군사령부와의 협의 하에 기정된 인원수의 보안대를 조직함을 허가한다"는 내용의 성명을 발표하였다.

이 성명에 따라 해방 직후 북한지역의 치안을 목적으로 조직되었던 민족진영의 자위대, 국내파 공산계열의 치안대 등을 해산시키고 10월 21일 소련군 출신 한인 2,000여명으로 구성된 적위대를 중심으로 북한 각지에 인민군의 모체라 할 수 있는 보안대를 조직하였다.

또한 군내 정치장교와 군사간부 양성을 위해 1945년 11월'평양학원', 1946년 6월 '보안간부학교' 등 군 교육기관을 설립하였다. 보안대의 규모가 점차

김정일위원장과 인민 여군

강성대국 홍보판

확대되어 감에 따라 1946년 8월 15일 각 지역에 조직된 보안대를 통합, 지도하기 위하여 평양에 보안간부 훈련대대부(訓練大隊部)를 창설하고, 1947년 5월에는 인민집단군 총사령부로 개칭하였다.

1948년 2월 4일에는 북조선임시인민위원회 내에 현재의 인민무력부의 전신인 '민족보위국'을 신설하였으며 정권 수립 7개월 전인 2월 8일에 '인민집단군'을 '조선인민군'으로 개칭하고 정규군 창설을 선포하였다. 해군은 1946년 6월 5일 수상보안대사령부를 원산에 창설(동해 수상보안대 : 원산, 서해 수상보안대 : 남포)한 데서 비롯되었다. 1946년 8월 사령부를 평양으로 이전·확장하였으며 1946년 12월에는 수상보안대를 해안경비대로 개칭하고 1947년 6월 원산에 해안경비대 간부학교를 두었는데 이것이 후에 해군군관학교가 되었다.

해안경비대는 1949년 8월 20일 내무성 관할에서 민족보위성 관할로 변경되면서 8월 28일 처음으로 '어뢰정대'를 창설함으로써 정규 해군으로 발족되었다. 북한은 어뢰정대 창설일인 8월 28일을 1972년 6월 3일 정령에 의해 '해군절'로 정하여 1992년까지 기념해왔으나 1993년부터는 수상보안대 창설일인 6월 5일로 변경하였다. 공군은 1945년 10월 25일 민간기구로 발족한 신의주항공대가 1946년 6월 7일 '평양학원' 예하 항공중대로 편입되면서 군사조직으로 발전하였다. 1947년 8월 20일 소련유학을 마치고 온 신의주항공대 출신 약 300여명을 중심으로 비행대를 창설하고 1948년 2월 8일 인민군 창설과 함께 항공대대로 증편함으로써 정규 공군으로 발전하였다. 북한은 1972년 5월 20일 최고인민회의 상임위원회 정령에 의해 비행대를 창설(1947. 8. 20)한 8월 20일을 '공군절'로 정하였다.

나. 성 격

북한 인민군은 로동당규약(제7장 제46조)에서 "조선인민군은 항일무장 투쟁의 혁명전통을 계승한 조선로동당의 혁명적 무장력"으로 규정한 바와 같이 로동당의 절대적 지배하에 있는 '당의 군대', '혁명의 군대'로서의 성격을 띠고 있다. 북한은 김정일이 김일성 사후 선군정치를 앞세워 북한을 통치하는 과정에서 군인물들의 서열이 급상승하고 군의 영향력이 사회 전반으로 확대되는 데 반해 당의 역할은 상대적으로 축소되는 경향을 나타내었다. 이에 따라 '당의 군대'에 대한 의문이 제기되기도 했으나 북한군의 역할 확대는 어디까지나 당의 영향권 내에서 이루어지고 있다.

제도적으로도 당중앙군사위원회가 전반적인 무력지휘에서부터 당의 군사정책 집행방법의 결정, 군수산업과 인민군대와 모든 무력의 강화를 위한 사업의 조직, 지도와 군대를 지휘하도록 되어 있다. 군의 당적 · 혁명적 성격 외에 군을 김일성의 항일 빨치산활동 등과 연계시킴으로써 북한군은 '김일성 · 김정일의 군대'로서의 성격도 아울러 지니고 있다.

북한은 로동당규약 제46조에서 "인민군의 항일무장투쟁의 혁명전통 계승"을 강조하고 있으며 1977년까지 2월 8일을 인민군 창건일로 기념해 오던 것을 1978년부터는 김일성이 항일유격대를 창설했다는 1932년 4월 25일로 변경하였고 김정일이 인민군대를 불패의 혁명무력으로 강화 발전시키는 사업을 이끌어 왔다고 선전하고 있다. 한편, 1996년부터는 인민군의 김정일에 대한 절대충성과 군의 혁명적 사상무장 강화에 목적을 둔 '오중흡 7연대 칭

북한의 인민군

호 쟁취운동'을 전개하고 있다. 이는 인민군의 성격을 김일성의 항일 빨치산 투쟁 경력 및 김정일의 군영도력과 연결시키려는 의도에서 비롯된 것으로 김일성·김정일을 우상화하고 군대를 사병화하기 위한 노력의 일환으로 볼 수 있다.

이처럼 북한 군대는 대내적으로는 물리적 강제력을 보유한 핵심적인 체제 보위수단이며 대외적으로는 '벼랑 끝 외교(brinkmanship)'의 배경으로서 대남면에서는 대남혁명 수행을 위한 실천 역량으로서의 역할을 담당하고 있다.

다. 군의 위상

'당의 군대', '혁명의 군대', '김일성·김정일의 군대'로서의 북한군은 김일성 사망 이후 경제난 등 체제 위기 극복과정에서 '혁명의 기둥'으로 체제 수호의 중추적인 역할을 수행해 오고 있다. 북한은 1998년 3월 9일자 노동신문에서 소연방의 해체와 동구사회주의권 몰락에 대해 "군대를 비사상화, 비정치화 함으로써 총 쥔 군대가 당이 변질되고 국가가 와해되는 것을 보고도 속수무책으로 나앉아 혁명의 전취물을 지켜내지 못한 결과였다"고 분석하였다.

김정일은 군대를 '혁명의 주력군이며 나라의 기둥'으로 내세우고 군사 우선정책을 적극적으로 추진해 오고 있다. 그리고 김정일은 공개활동시 경제·사회 등 여타 분야 활동보다도 군부대 시찰을 포함한 군관련 활동에 역점을 두고 있다. 또한 김일성·김정일 출생일, 당창건일 등을 계기로 군장성급 진급인사를 수시로 단행하여 군인들의 사기진작과 충성심을 유도하고 자신의 군부장악을 대내외에 과시하는 등 군인사를 통치수단의 하나로 활용하고 있다. 이에 따라 주요 행사시 발표되는 주석단 명단에서도 군인들의 비중이 크게 늘어났으며 상위 서열을 차지하고 있다.

한편, 김정일의 지시로 군이 주요 공장, 협동농장 등을 비롯한 각급 사회기관에 파견되어 주민들을 감시하고 있으며 '군민일치' 기풍을 강조하여 군에 대한 주민들의 원호사업 뿐만 아니라 소위 '혁명적 군인정신'에 기초한 군대와 주민들의 사상과 투쟁기풍의 일치를 강요함으로써 주민사상을 통제하고 있다. 또한 2001년을 '선군정치의 승리의 해'로 평가하였을 정도로 북한은 군 병력을 발전소와 댐건설, 토지정리 등에 대거 투입하는 등 경제건설의 주력 노동력으로 활용하고 있다. 이처럼 김정일의 군사우선정책 추진으로 북한에서 군은 '혁명의 기둥'으로서 체제 보위기능을 수행할 뿐만 아니라 경제건설 및 사회통제 기능에서도 중요한 역할을 수행함으로써 북한체제를 이끌어 나가는 중심세력으로 부상하고 있다.

2 군사정책 및 전략

가. 정책기조

북한의 군사정책 기조는 국방에서의 자위원칙을 표방하면서 대남 우위의 군사력 확보와 전후방에서 전쟁 총동원 태세를 견지하는 것이다. 북한 헌법 제60조는 "국가는 군대와 인민을 정치사상적으로 무장시키는 기초 우에서 전군 간부화, 전군 현대화, 전민 무장화, 전국 요새화를 기본내용으로 하는

자위적 군사로선을 관철한다"고 규정하고 국방자위원칙을 선언하고 있다.[118]

김일성은 "자위적 국방건설이란 권력을 장악한 로동계급의 당과 국가가 국방건설에서 견지하여야 할 보편적 의의를 가지는 지도적 지침"이라고 정의하고 "자위로선의 본질은 자력갱생의 혁명정신을 발양하여 자체 의 혁명무력으로 자기 나라를 보위하며 모든 군사문제를 주도, 자체의 힘에 의거하여 자기나라 실정에 맞게 해결해 나가는 것"이라고 하면서 군사자위노선을 강조하였다. 중·소에 의존하던 북한의 군사력 건설이 이처럼 자위원칙을 주창하기 시작한 것은 쿠바사태와 중·소 이념분쟁이라는 국제정세의 변화에 따른 것이다. 1962년 12월 당중앙위원회 제4기 제5차 전원회의에서 '조성된 정세와 관련된 국방력 강화문제'를 토의하고 "인민경제의 발전에서 일부 제약을 받더라도 우선 군사력을 강화하여야 한다"고 강조하면서 국방에서의 자위원칙을 결의하였다.

이러한 국방자위원칙의 구체적인 실천방도로 체계화된 것이 바로 4대 군사노선이다. 북한은 '전군 간부', '전군 현대화', '전민 무장화', '전국 요새화'로 제시되는 이 노선을 1963년부터 강력하게 추진하여 왔다.

---

118) 2008년 5월 8일 北 "李정부 군사긴장 격화땐 충돌" 제하의 경향신문 보도 내용을 보면 『북한은 8일 "이명박 정부와 남측 군부가 군사적 긴장을 고조시키고 있다"며 "군사적 긴장이 격화되면 충돌은 일어나게 되고 그것은 다시 제3의 서해교전, 제2의 6·25전쟁으로 번지게 될 것"이라고 주장했다. 조선중앙통신은 '이명박 역도의 군사적 대결소동 진상을 폭로'라는 제목의 군사논평원 글에서 "조성된 엄중한 정세에 대처해 우리의 혁명적 무장력은 고도의 격동상태를 유지하고 있으며 사태발전을 예리하게 주시하고 있다"면서 "우리는 북남관계 발전과 평화번영을 바라지만 결코 군사적 충돌과 전쟁을 두려워하지 않는다"고 밝혔다. 논평원은 군사적 긴장 격화의 대표적 사례로 남측 해군이 북측의 영해를 침범하고 있다고 주장했다. 논평원은 "침범수역이 연평도 서남쪽 수역으로부터 대청도 동쪽과 백령도 서북쪽 수역으로 점차 확대되고 있다"며 "무모한 행동으로 불순한 목적을 이뤄 보려는 괴뢰군부 호전세력의 기도는 언제 가도 실현될 수 없는 어리석은 망상"이라고 말했다. 또한 2010년 1월 15일 국방위원회 대변인 성명을 통해 "남조선 당국자들이 우리 공화국에서의 급변사태에 대비한 비상통치계획-부흥-이라는 것을 완성해 놓고 있다"며 "~청와대를 포함해 이 계획작성을 주도하고 뒷받침한 남조선 당국자들의 본거지를 날려보내기 위한 거족적 보복 성전이 개시될 것"이라고 하기도 했다.

1970년 11월 제5차 당대회의 총화보고에서 김일성은 "4대 군사노선을 적극 추진한 결과, 전체 인민이 총을 쏠 줄 알며 총을 메고 있다. 모든 지역에 철옹성 같은 방위시설을 쌓아 놓았으며 중요한 생산시설까지 요새화하였다. 자립적 국방공업기지가 창설되어 자체로 보위에 필요한 현대적 무기와 전투기재들을 만들 수 있게 되었다"고 평가하였다. 이러한 4대군사노선 으로 표명된 북한의 군사정책은 급속한 군사력 증강을 목표로 하고 있는데, 4대 군사노선 채택 이후 북한 군사정책의 시기별 주요 실천 방향은 아래와 같다.

김일성은 1980년 10월 제6차 당대회 총화보고에서 "자위적 군사노선을 관철함으로써 강력한 국방력을 마련해 놓았다"고 말하고 1980년대 인민군의 당면과업으로서 ① 군대내의 유일사상체계 확립 ② 전투·정치훈련의 강화 ③ 군사기술 수준의 향상 ④ 부대의 전투력과 전투준비 강화 등을 선언하였다. 1990년대에 들어 김정일은 '전군을 주체사상화 할 데 대한 군 건설로선'을 제시하고 동구권 몰락 등 국제정세 변화에 따른 군의 사상무장 강화를 주장하면서 '군대는 인민, 국가, 당'이라는 '군 중시 사상'을 내세우며 통일혁명무력과 사회주의체제 수호를 위한 보루로서의 역할을 강조하고 있다.

2000년대에 들어서는 경제난으로 재래식 전력 증강이 정체되는 가운데 선군정치 강화와 함께 전략무기 중점 개발을 통해 군중심의 위기관리 체제를 강화하고 있다.

나. 군사전략

북한의 군사전략은 김일성의 계급투쟁과 민족해방 전쟁관에서 출발한다. 김일성은 마르크스-레닌주의에 입각한 혁명전쟁론을 전개하였으며, 1950년 6·25 기습 남침도 '조국해방전쟁', '정의의 전쟁'이라고 주장하였다.

초기에는 항일 유격전 경험을 바탕으로 속공기동 및 포위섬멸전략을 주 내용으로 하는 소련군의 군사전략을 모방하였으나 1960년대에 이르러 한국전쟁 경험을 응용하여 현대전과 혁명전의 배합이라는 기본전략전술을 설정하였다. 김일성의 군사전략전술을 종합적으로 표현한 것이 1971년 인민군 창건 23주년 기념보고대회에서의 총정치국장 한익수의 보고이다. 한익수는 "집중과 분산, 적극적 방어와 배후교란의 배합, 대소 부대활동의 결합, 정규전과 유격전의 배합, 즉시적 반격전과 연속적 타격전, 적 배후의 제2전선 형성, 유격전 저격수 및 유동포 활동, 비행기 · 탱크사냥 운동 등 김일성의 전략전술법은 현대전과 혁명전쟁의 합법칙성을 정확히 반영한 것이다"라고 강조하였다.

김정일은 김일성의 이러한 군사전략의 연장선상에서 전격전과 유생역량(有生力量) 말살, 정치사상의식 고취를 강조하고 있다. 이처럼 북한의 군사전략전술은 우리 사회의 혼란과 주한미군 철수 등 정치 · 군사적으로 북한에 유리한 상황이 조성되는 결정적 시기 도래시 기습 및 전후방 동시공격으로 초전부터 대혼란을 조성하고 전쟁의 주도권을 장악하기 위해 전차 · 장갑차 · 자주포로 장비된 기동부대를 종심 깊숙히 돌진시킴으로써 미군의 증원 이전에 전 남한을 석권한다는 '단기 속전속결전략'으로 정리할 수 있다.

이러한 전략은 미국의 군사력, 한국의 잠재적 전쟁수행능력, 한 · 미 동맹관계 및 연합방위태세, 유엔과 국제여론 등을 감안할 때 북한이 전쟁 도발시 현실적으로 선택할 수밖에 없는 전략이다. 말하자면, 연합군의 증원 이전에 전쟁을 종결시킴으로써 전쟁이 한반도 내부문제 해결을 위한 내전이라는 명분을 내세워 국제여론을 왜곡시키고 유엔 및 연합군의 개입을 차단하기 위한 것이다. 북한이 주한미군 철수를 끊임없이 주장하고 있는 것도 이러한 의도를 실현하는데 있어서 주한미군이 최대의 장애가 된다고 간주하기 때문이다.

이를 위하여 북한은 이미 1980년대에 군사력의 전진배치와 기계화 군단의 편성, 그리고 대규모 특수전 부대 보유 등을 통해 재래식 전력을 통한 전쟁 준비를 완료하였다. 1990년대 이후에는 장사정포, 미사일 등 비대칭 전력 중심의 전력증강을 추진해오고 있으며, 주요 군사력의 70% 이상을 평양~원산선 이남에 배치하고 있다.

3 군사조직과 제도

가. 군사조직

(1) 군 지휘체계

북한의 최고 군사지도기관은 국방위원회이며 국방위원장이 일체의 무력을 지휘통솔하며 국방사업 전반을 지도한다. 인민무력부는 국방위원회 산하에서 군사집행 업무를 담당하는 기관으로 예하에 총참모부를 두어 지상군의 정규군단, 기계화군단, 전차군단, 포병군단, 평양방어사령부, 경보교도지도국과 해 · 공군 사령부를 직접 지휘 · 통제하는 단일군 지휘체계를 형성하고 있다.

북한군은 이와 같은 군사 · 행정적 지휘체계 외에 당조직을 통한 정치 · 정책적 지도를 받는 이원화 구조로 되어 있다. 인민군에 대한 당의 지도와 통제는 최고 군사정책 결정기관인 당중앙군사위원회를 비롯한 각급 군사위원

북한의 군사퍼레이드

회에서 담당하고 있다.

김정일은 국방위원장 겸 최고사령관으로서 북한의 무력 일체를 직접장악하고 있다. 김정일은 오진우 · 최광 인민무력부장 사망 이후에는 인민무력부를 거치지 않고 직접 총참모부를 통해 중요 지시를 하달하거나 보고를 받는 등 군에 대한 통제를 강화하고 있다.

(2) 군사기구

1 국방위원회

국방위원회는 1972년 사회주의 헌법 채택 시 중앙인민위원회의 사업을 돕는 부문별 위원회로 신설되었다.

1992년 4월 구 사회주의 헌법에서는1991년 12월 최고사령관으로 추대된 김정일의 군권 장악을 제도적으로 뒷받침하기 위해 국방위원회가 중앙인민위원회로부터 분리되고 국가주권의 최고 군사지도기관으로 승격되면서 국가주석이 행사하던 일체의 무력 지휘 · 통솔권을 국방위원장이 행사하게 된다. 1998년 9월 개정 헌법에서는 기존의 '국가의 전반적 무력과 국방건설사업 지도', '중요 군사간부 임명 또는 해임', '군사칭호 제정 및 장령급 이상 군사칭호 수여', '전시상태와 동원령 선포' 외에 '국방부문의 중앙기관을 설치하거나 폐지'할 수 있는 권한이 추가되는 등 국가주권의 최고군사지도기관이자 전반적 국방관리기관으로 강화되었으며 국방위원장은 나라의 정치, 군사, 경제 역량의 총체를 지휘 · 통솔하는 '국가 최고직책'으로 격상되었다.

2003년 9월 최고인민회의 제11기 제1차 회의에서 새로 구성된 국방위원회는 위원장 김정일, 제1부위원장 조명록, 부위원장 연형묵 · 리용무, 위원 김영춘 · 김일철 · 전병호 · 최룡수 · 백세봉 등 총 9명으로 되어있다.

2 당중앙군사위원회

북한은 1962년 12월 당중앙위원회 제4기 제5차 전원회의에서 김일성이 제시한 '4대 군사노선'을 채택한 후이를 적극적으로 추진하기 위해 당중앙위원회 산하에 군사위원회를 신설하고 도 · 시 · 군 단위에도 각급 군사위원회를 설치하였다. 당중앙위원회 군사위원회는 1982년 11월 이후 '당중앙군사위원회'로 개칭, 기능을 강화해 왔으며 1997년 10월 당중앙위원회와 공동명의로 김정일을 당총비서로 추대하기도 하였다. 당중앙군사위원회의 기능은 당 군사정책의 수행 방법을 토의 · 결정하며, 인민군을 포함한 전무장력 강화와 군수산업 발전에 관한 사업을 조직 · 지도하며, 군대를 지휘한다고 당규약 제27조에 규정되어 있다.

당중앙군사위원회 위원들은 당중앙위 전원회의에서 선출되는데 1980년10월 제6차 당대회 당시 위원장 김일성을 비롯하여 오진우, 김정일 등 18명의 위원이 선출(총 19명)되었으나 위원장은 김일성 사망(1994. 7) 이후 공석이며 위원으로는 김정일, 리을설, 조명록, 김영춘 등 12명 내외로 파악되고 있다. 각급 지방 당위원회의 군사위원회는 당중앙군사위원회의 지도를 받아 노농적위대 등 민병조직의 정치사상교육과 군사훈련을 강화하여 전투태세를 완비하며 군사동원체제를 유지하는 임무를 수행하고 있다.

[3] 인민무력부

인민무력부는 국방위원회 산하의 군사집행기구로서 총정치국, 총참모부, 보위사령부 등을 비롯한 기구들을 통하여 정규군의 군무를 총괄 · 집행하며 이중 총참모부가 군사작전을 지휘 · 관장한다. 인민무력부는 1948년 북한 정권 수립시 민족보위성으로 출범했으며 1972년 12월 사회주의헌법 채택 시 인민무력부로 개칭되고 1982년 4월 최고인민회의 제7기 제1차 회의 결정에 따라 정무원에서 중앙인민위원회 직속기관으로 개편되었다.

그 후 1992년 헌법 개정으로 국방위원회의 권한이 강화됨에 따라 국방위원회의 지도와 통제를 받게 되었다. 인민무력부는 1998년 9월 국방위원회 명령으로 인민무력성으로 개칭되었다가 2000년 9월 9일 다시 인민무력부로 바뀌었다. 오진우 사망(1995. 2) 이후 공석이던 인민무력부장에 1995년 10월에 총참모장 최 광이 임명되었으며, 최 광 사망(1997. 2)으로 다시 17개월간 공석이었다가 1998년 9월 인민무력성 제1부상이던 김일철이 인민무력상에 임명되었다.

김정일은 최고사령관으로서 인민무력부를 거치지 않고 총참모부 등을 통해 직접 군을 통제하고 있으며, 인민무력부장 김일철의 서열이 총정치국장 조명록이나 총참모장 김영춘보다 뒤지고 있는 점 등으로 보아 오진우, 최광 등 이전의 인민무력부장과 비교 시 인민무력부의 역할이 축소되었고 군령권 행사에도 직접 참여하지 못하고 있는 것으로 보인다.

나. 군사제도

(1) 병역제도

북한은 헌법 제86조에서 "조국보위는 공민의 최대 의무이다. 공민은 조국을 보위하여야 하며 법이 정한데 따라 군대에 복무하여야 한다"고 규정, 의무병제를 채택하여 모든 남자들을 군에 복무하도록 하고 있다. 북한군의 입대절차에 따르면 만14세가 되면 징집대상자로 등록된 후16세 때 시·군 인민병원과 도 인민병원에서 2차례에 걸쳐 징병 신체검사를 받도록 되어 있으며, 신체검사 합격기준은 키 150cm, 체중 48kg,시력 0.8이었으나 식량난으로 청소년들의 체격이 왜소화되자 1994년 8월부터 키 148cm, 체중 43kg, 시력 0.4로 하향 조정되었다.

그러나 신체검사 불합격자, 성분불량자(반동 및 월남자가족 중 친가 6촌·외가 4촌 이내, 월북자, 형복무자 등), 특수 분야 종사자 및 정책 수혜자(인민보안성요원, 과학기술·산업필수요원, 예술·교육·행정요운, 부모 고령의 독자 등)들은 정책적 이유로 징집에서 제외되고 있으며 대학생은 2학년 재학 시 6개월간의 군부대 입소훈련 후 예비역 소위로 임관하게 된다. 신체검사 합격자는 중학교 졸업 후인 17세를 전후하여 각급 행정단위 군사동원부의 초모(징집) 통지에 따라 지상군은 군단 또는 사단 신병훈련소에서 병종(병과)별로 약 2개월간 교육을 받으며 해군은 전대 신병교육대에서, 공군은 비행기지별 신병교육대에서 각기 2~3개월간 교육후 배치된다. 하사관은 당성이 강한 현역 사병이나 전문학교 실무교육을 이수한자 중에서 선발되며 6개월(공병하사관은 10개월)간의 교육후 하사관 결원시 보직과 동시에 진급한다.

군관은 2~5년 이상 근무한 현역사병이나 하사관 중에서 선발하는데 강건종합군관학교, 해군군관학교, 비행군관학교 등에서 양성되며 고급군관 양성 및 보수교육은 김일성종합군사대학 등 각급 군사대학이 담당한다. 한편 여자들은 중학교 졸업반이 되면 군입대를 지원할 수 있는데 최근 식량난 등으로 여성들의 군입대 지원율이 증가하고 있는 추세이다. 복무기간은 내각결정 148호(1958년)에 의해 지상군은 3년 6개월, 해 · 공군은 4년으로 규정되어 있었으나 실제는 5~8년간 복무하였다.

그러나 1993년 4월부터는 김정일의 지시에 따라 만 10년을 복무해야 제대할 수 있는 '10년복무연한제'를 실시하였으며 1996년 10월 군복무 조례를 다시 변경하여 사병들의 복무연령을 남자는 30세, 여자는 26세, 여자 군관은 28세로 연장하였다. 한편, 이러한 북한의 징집제도는 최근 전민군사복무제의 도입과 2003년 3월 26일 최고인민회의 제10기 제6차 회의에서의 군사복무법 채택에 따라 상당부분 변화하고 있는 것으로 알려지고 있다.

(2) 군대 복무

군복무에 있어서는 정신적 무장과 기율이 강조되고 있는데 1975년 2월 당중앙위원회 제5기 제10차 전원회의에서 김일성은 ① 강인한 혁명정신 ② 기묘하고 영활한 전술 ③ 무쇠 같은 체력 ④ 백발백중의 사격술 ⑤ 강철 같은 규율 등 '전투력강화 5대 방침'을 제시하였다. 또한 1977년 11월 인민군 선동원대회에서 김일성은 인민군 최고사령관의 이름으로 ① 군사규정의 철저한 준수 ② 무기의 정통과 철저한 관리 ③ 군사명령의 철저한 집행 ④ 당 및 정치조직들에게 준 분공(分工)의 어김없는 집행 ⑤ 국가기밀 · 당조직 비밀의 엄숙한 유지 ⑥ 사회주의적 법과 질서의 철저한 준수 ⑦ 군사정치훈련의 어김없는 참여 ⑧ 인민에 대한 사랑 및 인민재산의 침해금지 ⑨ 국가재산과 군수물자의 철저한 보호⑩ 군대안의 일치단결 등 '군무강화 10대 준수사항'을 제시하였다.

이와 같은 '전투력강화 5대방침'과 '군무강화 10대 준수사항'은 인민군의 복무규율로서 가장 중요시되는 되고 있다. 군기 및 부대관리를 위해 동지심판, 경고, 권한정지, 출당 등 처벌규정을 두고 있으며 1980년대에 들어와서는 인민군대내의 주체적 혁명사상 확립을 강조하였고 경제사정 악화로 군이 경제건설현장에 대거 동원되면서부터는 '군민일치' 강화를 내세우고 있는 것 등이 특징이다.

복무중에는 규정상으로 연1회의 정기휴가(15일)와 본인의 결혼이나 부모사망 시 특별휴가(10~15일), 표창휴가(10~15일) 등이 있으나 제대로 준수되는 경우는 거의 없다. 정기휴가는 1968년 미국 '푸에블로호' 납치사건 이후 정세긴장을 이유로 실시하지 않아 휴가제도 자체가 유명무실해졌으며 10~13년간의 군복무중 1회 정도만 가는 것이 대부분이다. 본인 결혼(군관 해당)이나 직계가족 사망 시 실시하는 특별휴가는 사정휴가, 청원휴가 등으로 불리기도 하며 직계가족 사망의 경우 사망통지서가 지연 배달되고 휴가수속이 까다로워 사망 후 20일이 지난 후에나 귀향하는 사례가 대부분이다.

표창휴가는 표창 또는 훈장 수여자에게 실시되나 본래의 취지와는 달리 고위층 자제들이 뇌물을 주고 휴가를 가는 경우가 많으며, 군부대 물자부족으로 고향지역의 특산물을 획득해오기 위한 물자휴가 역시 고위층 자제들이 쉽게 물품을 구해 올 수 있다는 이유로 이들에게 수시로 물자휴가를 보내주고 있어 대부분의 사병들로부터 불만을 사고 있다. 인민군의 급여는 전시에는 평시의 2배 지급을 제도화하고 있고 전방 근무 시에는 1인당 군관 30%, 하전사 100%의 봉급에 준하는 수당을 지급하고 있다.

부대급식에 있어 주식은 보급되나 부식은 부대 자체영농 등으로 해결하여야 하기 때문에 부식조달에 애로점이 적지 않은 실정이다. 군복무를 마치게 되면 제대와 동시에 직장에 배치를 받게 되며 배경이있거나 성분이 좋은 경우 대학진학이 허용되기도 하나 농장, 탄광, 기업소 등에 집단적으로 배치되기도 한다.

(3) 군계급 구조

북한군은 계급을 '군사칭호'로 호칭하고 있으며 1952년 12월 31일 최고인민회의 상임위원회에서 제정된 후 몇 차례의 개정을 통해 현재 ① 원수급에 대원수, 원수, 차수 ② 장령급에 대장, 상장, 중장, 소장 ③ 군관급에는 좌급군관으로 대좌, 상좌, 중좌, 소좌, 위급군관으로 대위, 상위, 중위, 소위로 구분되어 있다. 하전사의 경우는 특무상사, 상사, 중사, 하사로 지칭되는 사관과 상등병, 전사로 지칭되는 일반병으로 구분되었으나 일반병의 경우 1998년 4월 계급 체계 세분화 작업을 통해 상급병사, 중급병사, 초급병사, 전사로 세분화 시켰다. 이러한 조치는 병사들이 입대 후 상등병 계급으로 5년 이상 장기근무를 함에 따라 입대 연수가 늦은 신참 상등병과 고참 상등병간에 문란해진 위계질서를 바로잡고 복무기간 연장에 따른 장기 근무자의 사기 진작을 위한 것이다.

북한군 차수 이상의 고위 간부 현황을 보면 1992년 4월 13일 80회 생일을 앞두고 '대원수'로 추대된 김일성의 사망으로 '대원수'는 없다. '원수'에는 김정일, 리을설이 있으나 김정일은 '조선민주주의인민공화국 원수'이며 리을설은 '조선인민군 원수'로 구분하고 있으며, '차수'에는 조명록, 김영춘, 김일철, 장성우, 리용무, 백학림, 김룡연 등 군부실세와 혁명 1세대 등 12명이 포진하고 있다.

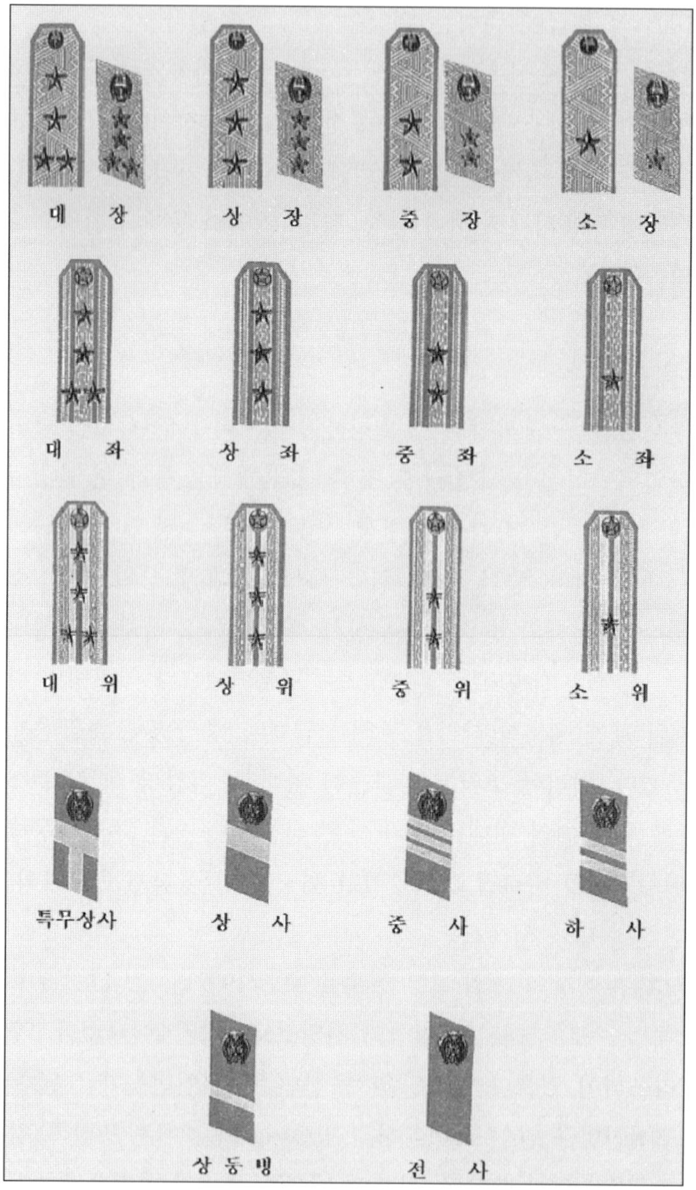

인민군 계급장

(4) 군내 당조직

인민군내에는 로동당 조직과 로동당 외곽단체인 '김일성사회주의청년동맹'으로 이루어진 정치기구가 조직되어 있으며 이들 기구를 통해 당이 군을 통제하고 정치사업을 전개하고 있다. 군대내 로동당 조직은 한국전쟁 기간에 설립되기 시작하여 1958년에 이르러 '인민군 당위원회'로 정식 발족되었다.

1961년 제4차 당대회에서는 당규약에 군대내의 당조직에 관한 사항을 명시하게 되었다. 구성을 보면 중앙에 인민군대내의 전체 당조직을 총괄하는 '조선인민군당위원회'가 있고 대대급 이상에는 당위원회가, 중대·소대 단위에는 당세포와 당분조가 구성되는데 이들 기구는 군지휘관과 정치간부 등이 참여하여 군내 사상교육 등 정치사업과 관련한 주요 정책 및 집행방향 등을 토의·결정하는 회의체 기구이다.

'인민군 당위원회'는 로동당 중앙위원회 직속으로 그 지도 밑에 사업을 하고 있으며 군대내 각급 로동당 조직은 유일사상체계 확립, 당 대열의 확대강화, 군사사업의 당적 지도 강화, 당 군사노선 관철, 청년동맹의 조직 강화·지도 등의 임무를 수행한다. 또 인민군 당위원회의 집행기관인 인민군 총정치국은 대대급까지 정치부를 두고 있으며 대대급 이상에는 정치위원을, 중대급 이하에는 정치지도원을 파견하여 각급 군지휘관의 사업을 당적으로 조정·통제하면서 그 사업결과를 정기적으로 당중앙위원회에 보고한다.

군대내의 모든 교육계획, 명령서는 군지휘관에 이어 정치간부의 서명이 있어야 효력을 발생하게 되어 있으며 정치간부들은 군지휘관 동향에 대한 보고서를 작성하는 권한을 갖고 있어 막강한 힘을 발휘하고 있다. 이러한 군대의 정치·군사 이원화 체제는 정치간부와 군지휘관간의 심각한 갈등을 야기시키는 경우도 적지 않다. 한편 인민군내에는 부대단위로 김일성사회주의청년동맹도 조직되어 있는데 청년동맹 조직은 각급 당위원회와 정치기관의 지도하에 군대내의 비로동당원을 로동당의 지도아래 결속시켜 군인들의 사상통제와 군무 수행을 독려하는 역할을 수행하고 있다.

4 군사력

가. 지상군

북한의 지상군은 총참모부 예하에 4개의 전방군단을 포함한 9개의 정규군단, 4개의 기계화군단, 1개의 포병군단, 1개의 전차군단을 포함한 총 19개의 군단과 특수전부대를 관장하는 경보교도지도국으로 편성되어 있으며 총병력은 100만 여명이다. 주요 전투부대는 69개 사단, 67개 기동여단 등으로 구성되어 있다. 북한 지상군부대의 특징은 기계화, 전차 및 특수부대에 중점을 두고 편성되었다는 점이다. 북한은 수년에 걸쳐 기계화사단 및 전차사단을 한반도 지형에 운용하기가 적합하다고 판단한 여단급 부대로 개편하는 등 현대전 수행을 위한 전력구조로 개편하고 있다.

또한, 세계 최대 규모인 10만 여명 규모의 비정규전 능력을 가진 특수부대는 유사시 전·후방 지역에 대한 동시다발적인 침투능력을 보유하고 있는 것으로 판단된다. 지상군의 주요 장비중 전차는 아직까지 구식인 T-54, 55, 59형이 주종을 이루고 있으나 최근에는 주포구경이 향상된 T-62, 천마호 전차를 자체 생산하여 전방지역과 평양일대를 중점적으로 배치하고 있다. 장갑차는 BTR계열 및 M-1973형을 보유하고 있으며 최근 경전차 수준의 성능을 갖춘 BMP계열 장갑차가 새롭게 배치되고 있다. 또한 다양한 구경과 사거리의 야포는 50% 이상이 자주화(自走化)되어 있으며, 특히 수도권을 최단시간 내에 공격할 수 있는 방사포를 다량 보유하고 있다.

나. 해 군

북한 해군은 해군사령부 예하에 동·서해 함대사령부를 두고 있으며 14개 전대 및 2개의 해상저격여단 등으로 총병력은 6만여 명이다. 북한 해군은 작전부대가 지형상 동·서해 함대사령부로 분리 운영됨으로써 전략적 집중이 불가능하고 함정 운용상 상호 지원이 곤란하여 작전의 융통성이 제약을 받고 있다. 뿐만 아니라, 전투함정 중 경구축함, 경비함, 유도탄정, 어뢰정, 화력지원정 등의 수상전투함 대부분이 소형으로 원해 작전에 제한을 받고 있어 연안방어작전 위주의 임무를 수행하고 있다.

그러나 40여척의 유도탄정은 사정거리 46km의 스틱스(STYX) 대함 미사일을 장착하는 등 대형함정에 대한 공격 능력을 보유하고 있으며, 로미오급 및 상어급 위주로 구성되어 있는 50여척의 잠수함 전력은 한반도 전 해역의 해상교통로 교란 및 수상함 공격, 기뢰부설, 특수전 부대 침투지원 등의 능력을 보유하고 있다. 또한 1개 소대규모의 무장병력을 태우고 목표지역으로 기습상륙시킬 수 있는 140여척의 공기부양정을 자체 건조하여 운용하고 있는데 동함정은 해상은 물론 갯벌지역에서도 기동이 가능하며 50노트 이상의 고속 기동력을 갖추고 있어 전쟁초기에 동시다발적인 기습상륙용으로 운용이 가능하다. 한편 동·서 해안에 사정거리가 95km에 달하는 실크웜(SILK-WORM) 지대함 미사일을 배치하고 있다.

다. 공 군

북한 공군은 공군사령부 중앙 통제하에 3개의 전투/폭격기 비행사단, 2개의 지원기 비행사단 및 1개의 훈련비행사단을 포함 총 6개 비행사단과 1개의 헬기여단 등으로 구성되어 있다. 주요 항공전력으로는 MiG-15/17, IL-28 등 구형 전투/폭격기가 45% 이상을 차지하고 있으며, MiG-19/21이 주력 기종으로 되어있다. 이외에도 MiG-23/29 및 SU-25 등 신예 전투기를 일부 보유하고 있으며 1990년대 초반 러시아의 기술지원을 받아 MiG-29 전투기를 조립 생산한 바 있다.

300여대의 AN-2기는 단발엔진을 갖춘 복엽기로서 시속 160km의 저속·

저공비행과 레이더 회피가 용이하여 남한 내 깊숙한 후방지역까지 특수전부대를 침투시킬 수 있으며 일부는 폭탄 투하용으로 개조하고 있다. 한편 북한 공군은 작전기지, 예비기지, 비상활주로 등 총 70여개의 항공기지를 보유하고 있고 그 중 30여개 기지에 항공기를 분산 배치해두고 있다. 특히 주요 전술기의 47%가 전방기지와 평양주변에 배치되어 있다.

라. 예비전력

북한은 "인민이 혁명적 군사사업의 주인이며 인민의 무궁무진한 힘과 나라의 모든 잠재력을 조직 동원해야 한다"는 김일성의 군사관에 기초하여 주민을 예비전력으로 동원하고 있다. 주민에 대한 군사동원이 본격적으로 강화된 것은 1958년 중국 인민해방군 철수를 계기로 1959년 1월에 '노농적위대'가 창설되고 1962년 12월 당중앙위원회 제4기 제5차 전원회의에서 4대 군사노선이 제기되고부터이다. 곧 이어 '교도대'가 조직되었고 1970년 9월 김일성의 지시로 학생군사조직인 '붉은청년근위대'가 창설되었다.

1972년 12월 27일 채택된 사회주의헌법에서 국방위원회를 신설함으로써 전인민의 무장화를 위한 군사동원능력의 극대화를 도모하였으며 1988년 4월에는 예비전력을 효율적으로 통할지휘하기 위해 당 민방위부를 설치하였다. 예비전력의 지휘체계는 인민무력부와 당 민방위부로 2원화 되어 있는데 교도대는 전시와 평시 모두 인민무력부 예하 후방군단의 통제하에 있으며 노농적위대와 붉은청년근위대는 당 민방위부의 관할하에 있다가 전시에는 인민무력부의 지휘를 받도록 되어 있다. 2003년말 현재 북한의 예비병력은 760여만명으로 추정되고 있다.

(1) 교도대

북한의 예비전력 중 가장 핵심체로서 1963년 노농적위대 병력 중 제대군인을 주축으로 조직되었으며 17~50세의 남자와 17~30세의 여성으로 편성되며 총병력은 90여만명이다. 인민무력부 예하 후방군단의 관할하에 110여개의 교도사단·여단과 80여개의 대학생 교도여단으로 구성되어 있으며 교도대의 지휘관과 공용화기 사수들은 현역군인으로 편성되어 있다. 교도대는 정규보병사단 및 여단에 준하는 편제와 무장을 하고 있으며 이들은 전쟁 발발 시 정규군에 배속되어 전방 전력으로 투입되거나 후방지역 방어임무를 수행하게 된다.

교육훈련은 정규군과의 합동훈련 실시 등 현역에 준하는 강도 높은 훈련이 실시되고 있다. 각 제대별로 소속부대 현역군관이 실시하는 자대훈련 10일과 각도 위수군단 주관하에 실시하는 동원훈련 30일 등 40일간의 훈련을 실시하고 있다.

특히 대학생 교도대는 연간 160여시간의 교내훈련과 2학년 재학시 6개월간 군부대에 동원되어 실시하는 입영 집체훈련이 있다.

(2) 노농적위대

노농적위대는 46~60세의 남자를 위주로 하되 17~60세의 남자와 17~30세의 여성 중 교도대 미편성 인원도 노농적위대로 편성되며 총인원은 540여만명이다. 부대 편성은 각급 직장의 부서 및 인민반별로 단위제대를 편성하고 리·동 단위에 중대 및 소대, 시·군(구역) 단위에 연대 및 여단, 도(직할시) 단위에는 사단급으로 편성되며 제대별 지휘관은 당해 직장 또는 지역의 로동당 책임비서가, 부지휘관은 인민보안성 해당지역 안전국장이, 참모장은 해당지역 로동당 군사부장이 당연직으로 겸직하여 노농적 위대를 실질적으로 지휘한다.

노농적위대의 기본적 임무는 민방위업무와 함께 전시 직장 및 주요시설의 경계는 물론, 지역방어와 대공방어임무를 수행하는 것으로 자동보총 등 개인화기는 100% 지급되고 있으며 공용화기도 일부 지급되어 있다. 훈련은 당 민방위부 주관하에 자체훈련 15일과 동원훈련 15일 등 연간 30일을 받고 있으며 주말이나 월말에는 야외훈련, 연말에는 정규군과의 합동훈련도 실시한다.

(3) 붉은청년근위대

붉은청년근위대는 중학교 4~6학년 남녀학생들(14~16세)을 대상으로 학교 단위별로 중대 또는 대대급으로 편성되며 총인원은 90여만명이다. 로동당 민방위부의 지휘통제를 받으며 매주 토요일 4시간씩 연간 160시간의 교내훈련과 중학교 5학년 재학 시 여름방학기간을 이용하여 7일간의 붉은청년근위대 야영훈련소 입영훈련과 비상소집훈련 등을 받는다.

(4) 기타 준군사부대

기타 준군사부대로는 주요 보안시설 건설을 담당하며 유사시는 정규군에 편입시켜 공병대로 활용할 수 있는 인민보안성 공병총국, 군수물자를 관리 지원하는 군수동원총국, 김일성사회주의청년동맹 산하에서 경제건설 현장에 투입되는 속도전청년돌격대, 호위사령부 등 약 40여만 명에 이르는 인원도 즉각 동원 가능한 예비전력으로 분류된다.

마. 군사비

북한은 1962년 채택된 4대 군사노선을 구현한다는 목표로 GNI의 20~25%를 군사비로 사용하여 왔으며 7·4 남북공동성명 이후 재정 규모 대비 15% 수준에서 군사비를 편성해 오고 있다. 북한이 1966년도부터 공식발표하고 있는 세출구성의 추이를 보면 1972년 이후의 군사비 구성비가 대폭 낮아진 것으로 나타나고 있는데 이것은 당시의 남북관계를 의식하여 군사비를 인민경제비 등 다른 예산 항목에 은폐시킨 데 기인한다. 2002년 3월 최고인민회

군사홍보 포스터

의 제10기 제5차 회의에서 확정된 2002년 예산안에 의하면 총예산은 221억 7,379만 북한원(100.3억 달러)이며 그중 14.4%인 31억 2,172만 북한원(14.1억 달러)이 군사비로 책정되었다.

그러나 북한이 공식적인 군사비 외에 이른바 제2경제로 불리는 군수경제 운영체제를 통해 무기수출, 직영 무기생산, 외화벌이 등을 통한 사업이익금을 군사비로 재투자하고 있는 것으로 보아 실질적인 군사비는 총예산의 30%를 웃돌 것으로 추정된다.

바. 군수산업

북한은 휴전 후부터 무기의 자급자족을 위해 많은 군수공장들을 건설해오다가 특히 1960년대 중·소관계가 악화되자 더욱 군수산업에 주력하게 되었다. 군수산업은 로동당 산하의 제2경제위원회가 전담하고 있는데 제2경제위원회는 산하의 여러 군수공장들을 통해 총포, 함정, 항공기 등 각종 군사장비 생산은 물론 군사장비의 개발과 수출입 업무까지 관장하고 있다.

또한 전문 군수공장 외에 내각 소속의 민수공장에도 '군수직장'을 설치하여 제2경제위원회의 지도하에 군복, 군화 등 보급품을 비롯하여 소총 등 소화기와 군수부품도 생산하고 있다. 북한은 군수산업을 단계적으로 발전시켜 오고 있는데 1960년대에는 4대 군사노선을 추진하면서 군수공장을 더욱 확장시키는 한편, 주요 금속공장, 공작기계공장, 정밀기계공장, 자동차공장, 트랙터공장, 통신기계공장 및 조선소 등에서 직접 또는 간접적으로 군수품을 생산할 수 있는 체제로 개편하였다.

1970년대부터는 그 동안의 모방 생산단계에서 벗어나 새로운 무기개발에 주력하는 한편, 군수산업의 확충에 치중하여 전차를 비롯한 장갑차, 화포, 공용화기 및 각종 탄약을 양산하여 자급자족이 가능하게 되었다. 함정은 잠수함을 비롯하여 각종 전함을 건조할 수 있으며, 주요 정밀 전자기기와 부품을 제외하고는 무기의 대부분을 자급체제로 유지할 수 있게 되었다.

1980년대 이후 북한은 무기의 자체개발단계에 돌입하여 양적 확장만이 아닌 질적 개선에도 힘을 기울여 일부 전자 및 정밀유도무기, 최신형 전차 및 고도의 항공장비를 제외하고는 대부분 자체 생산이 가능하게 되었다. 1990년대 들어서는 러시아의 기술지원으로 MiG-29기의 조립생산을 추진한 바 있으며, 전방지역 배치시 수도권까지 타격이 가능한 장사정포를 생산하는 등 재래식 무기 생산능력을 계속 축적해 왔다. 그러나 1990년 이후 지속적인 경제난으로 재래식 전력의 양적 증강이 전반적으로 둔화되고 소형잠수함, AN-2기 등 기습침투장비 생산과 미사일, 화생무기 등 전략무기 개발에 치중하는 경향을 보이고 있다.

1993년 5월 노동1호 미사일을 시험발사하였고 1998년 8월에는 대포동 1호 미사일을 시험발사함으로써 중장거리 미사일 개발 능력을 보유하게 되었다. 또한 화학작용제를 대량 생산할 수 있는 8개의 생산공장, 4개의 연구시설, 6개의 저장시설 및 2,500~5,000여톤으로 추정되는 화학작용제를 보유하고 있으며 탄저병, 천연두 등 생물학무기를 생산할 수 있는 시설도 다수 보유하고 있다. 자강도를 중심으로 분포되어 있는 군수공장은 현재 180여개소로 대부분 지하화되어 있으며 '제○○○호 공장'으로 위장명칭을 사용하고 있다.

이외에도 110여개소의 일반공장을 전시전환 공장으로 지정하여 전시에는 즉각 군수물자를 생산할 수 있는 체제를 갖추고 있다. 북한에서 생산되는 군수제품의 수준은 서방권의 제품에 비해 가공정밀도가 낮고 부품의 호환성이 좋지 못하다는 평가를 받고 있으며 가격은 매우 저렴한 편이다. 1978년부터 소련의 기술지원으로 T-62전차를 생산하여 아랍 등의 분쟁지역에 수출하였으며 1980년대 후반부터는 SCUD 등 미사일을 중동 지역 등으로 수출하고 있다. 북한의 군수분야에서 가장 낙후된 부문은 전자 · 통신 분야로서 1980년대부터 중 · 소제의 유무선 통신장비의 모방생산을 시도하여 연대급 이하 소부대용의 교환대 및 전화기, 저출력 무전기 등 재래식장비는 양산체제가 확립된 것으로 보인다.

사. 대외군사협력

북한은 1961년 김일성이 모스크바와 북경을 방문하여 '조 · 소 우호협력 및 호상원조 조약'(1961. 7. 6), '조 · 중 우호협력 및 호상원조 조약'(1961. 7. 11)을 각각 체결하였다. 이 두 조약은 다같이 체약 일방이 무력침공을 당하거나 전쟁상태에 놓이게 되면 체약 상대국이 모든 힘을 다하여 지체없이 군사 및 원조를 제공하도록 규정함으로써 군사동맹조약의 성격을 분명히 하고 있다. 조 · 소 조약은 조약의 효력에 관해서 10년 유효의 시한적 조항을 두고 있으며 또 조약체결 일방이 시한만료 1년 전에 해약 희망을 표시하지 않으면 5년간 효력이 지속되고 똑같은 절차로 유효기간을 계속 연장할 수 있도록 되어 있었다.

그러나 소연방의 소멸직후인 1992년 1월 로가초프 러시아연방공화국 대통령 특사가 북한을 방문하여 동 조약 제1조(피침시 군사 등 즉각 지원)에 대한 재검토의 필요성을 제기하였다. 또한 김영삼 대통령은 1994년 6월 러시아 방문시 정상회담을 통해 동 조약의 폐기를 강력히 요청하였다.

이후 러시아 측이 1995년 9월 7일 동 조약을 연장하지 않는다는 입장을 북한 측에 통보함으로써 동 조약의 효력이 1996년 9월 10일 이후 상실하게 되었다. 그 후 북한과 러시아는 1999년 3월 17일 군사개입 조항을 삭제하는 대신 "안보위협 발생 시 지체 없이 상호 접촉할 것"을 내용으로 하는 신조약을 가서명하고 2000년 2월 9일 평양에서 '조 · 러 친선선린 및 협조에 관한 조약'에 정식 서명하였다. 이후 2001년 4월 북한 군사대표단이 러시아를 방문하여 양국 간 방위산업 및 군수장비분야 협력의정서에 서명하였다. 이어 8월 4일 김정일은 푸틴 러시아 대통령과 모스크바에서 정상회담을 갖고 ABM조약 준수, 경제 · 군사 등 쌍무적 협조발전 등 8개항의 공동선언을 발표하였다.

이에 비해 조 · 중 조약은 체약 쌍방이 수정 또는 폐기할 것에 관해 합의하지 않는 한 계속 유효하도록 무기한 효력 조항을 두고 있어 어느 일방이 이의를 제기하더라도 여전히 군사동맹조약으로 남아 있다. 따라서 유사시 북한에 대한 중국의 군사 개입가능성은 여전히 남아 있다고 볼 수 있다. 또한, 북한과 중국은 1971년 8월 '군사교류협정'을 조인하고, 매년 군사대표단을 상호 파견하여 군사현안 문제들을 협의하는 등 상호 협력관계를 유지해 오고 있다. 이외에 북한은 1982년 11월 리비아 원수 카다피의 평양 방문 시 '조선 · 리비아 우호 협력동맹조약'을 체결하였다.

이 조약에서 쌍방은 군사문제에 있어 상호 협력과 군사정보 · 군사대표단의 상호교환, 무기제공 등을 합의하였으며 유효기간은 10년이며 상호 이의가 없는 한 5년간씩 자동 연장하게 되어 있다. 1986년 3월 쿠바 수상 카스트로의 방북 시에도 체결 20년 후 10년간 자동 연장되는 '조선 · 쿠바 친선 및 협력조약'을 체결하였는데, 이 조약 역시 쌍방 간의 정치 · 경제 · 문화 · 기술 분야에서의 다방면적인 협조뿐만 아니라 군사적 지원과 협조도 규정하고 있어 군사동맹조약의 성격을 띠고 있다.

5 핵 / 미사일 전력

가. 핵 개발

북한은 가채량 400만톤에 달하는 우라늄 광산을 보유하고 있으며, 1960년대에는 영변에 핵단지를 조성한 후 구소련으로부터 연구용 원자로를 도입하고 핵관련 전문가를 양성하는 등 관련 기술을 축적하여 왔다. 1970년대에는 일련의 핵연료 순환주기, 즉 연료의 정련, 변환, 가공기술을 집중 연구하여 자체 기술로 연구용 원자로의 출력을 확장하였으며, 1980년에는 5MWe급 연구용 원자로 건설에 착공하였다.

1980년대에는 원자력의 실용화, 핵개발 체계 완성에 주력하여 1986년에 우라늄 정련, 변환시설의 운용을 시작하였고, 1989년에는 태천에 200MWe급 원자력발전소를 착공하였으며, 영변지역에 재처리시설 건설을 착수하였다. 1990년대에는 핵연료 확보에서 재처리에 이르는 일련의 핵연료주기를 완성한 것으로 판단된다. 그러나 고도의 정밀기술을 요구하는 기폭장치 및 운반체 개발 문제 등으로 인하여 핵무기 완성 및 보유 여부는 확실하지 않다.

북한의 핵문제 이해를 위해 핵무기에 대해 더 알아보기로 한다.

(1) 핵폭탄의 개념

우라늄 · 플루토늄 등의 원자핵 분열에 의해서 얻어지는 에너지를 살상 또는 파괴 목적에 이용한 폭탄을 말한다.

원폭 · 핵폭탄 또는 분열폭탄이라고도 한다. 사용되는 핵분열물질의 종류에 따라 우라늄폭탄과 플루토늄폭탄으로 나뉘며, 큰 것에는 TNT 폭약의 수백t에 해당하는 폭발력을 내는 것부터 kt급의 위력을 내는 것에 이르기까지 여러 가지 크기의 것이 있다.

일반적으로 군사목표에 대한 전술용으로 사용되며, 소형의 것은 제1선의 전투용으로도 사용된다. 인류 최초의 원자폭탄은 1942년 맨해튼 계획에 따라 미국 뉴멕시코주(州) 로스앨러모스의 원자폭탄연구소에서 개발되었다.

1945년 7월 16일 뉴멕시코주 남부 앨러머고도 근처 사막 트리니티의 시험폭파를 거쳐 8월 6일 일본 히로시마[廣島]에 우라늄 235 폭탄, 9일은 나가사키[長崎]에 플루토늄 239 폭탄이 투하됨으로써 세상에 공개되었다.

1949년 9월 24일 소련에서도 원자폭탄을 보유하고 있음이 발표되었고, 1952년 10월 3일에는 영국이 몬터벨로 군도에서 원폭 실험에 성공하였고, 1960년 2월 13일에는 프랑스가 사하라사막에서 실험에 성공하였으며, 뒤이어 중국·인도·남아프리카공화국 등에서도 원자폭탄을 보유하게 되었다.

핵폭발 장면

(2) 핵폭탄의 위력

이 폭탄의 투하로 히로시마에서는 34만 3000명의 인구 중에서 약 7만 명이 사망, 13만 명이 부상, 완전히 연소·파괴된 가옥 6만 2000호, 반소 또는 반파가옥 1만 호, 이재민 10만 명을 냈고, 나가사키에서는 사망 2만 명, 부상 5만 명, 완전연소 또는 파괴가옥 2만 호, 반소 또는 반파가옥 2만 5000호, 이재민 10만 명을 냈다. 또한 이 폭탄으로 일본의 항복이 촉진되고, 제2차 세계대전을 앞당겨 끝내는 효과도 거두었다.

(3) 북핵문제의 기본성격

북핵 문제는 본질적으로 두 가지 차원에서 초한반도적인 성격을 가진다. 첫째, 한반도 분단 구조는 냉전구조 정착 및 전개과정과 관련한 국제안보적 현안으로서 당연히 초한반도적인 의미를 가진다. 분단구조의 원인으로는 여러 가지 요인들을 지목할 수 있지만 이 미완의 논쟁 속에서도 한반도 분단 기원의 탈한반도적 성격은 누구도 부인할 수 없을 것이다. 따라서 한반도 분단이라는 구조적 특성에서 비롯된 북핵 문제는 그 태생적인 차원에서 남북한 관계의 현안이라기보다는 탈한반도적인 국제안보적 성격을 지닌다.

둘째, 북핵 문제의 본질은 기본적으로 북한 정권이 미국 중심적 국제안보 질서에 대한 나름대로의 일탈을 꾀하고 있다는 관점에서 또한 탈한반도적인 함의를 가진다. 핵개발이 북한 정권의 주요 외교정책 수단으로 채택되었다는 사실은 북핵 문제가 가지는 국제적 성격을 직접적으로 설명하고 있다. 대량살상무기에 대한 지속적이고도 효과적인 관리는 탈냉전기 미국 외교정책의 핵심적인 내용이다. 냉전기 양극체제를 대체한 21세기의 미국 중심적 단극질서 속에서 미국은 국제안보의 유지와 안정성을 자국의 핵심적 국가이익으로 동일시하는 경향을 보이고 있다. 북핵 문제에 대한 미국의 기본적인 인식은 바로 이러한 미국적 국가이익 외연의 무한한 확장에서 비롯되는 특징을 보인다.

따라서 북핵 문제를 통해 한반도 위기를 초래한 북한 정권에게는 국제안보 위협이라는 관점에서 규범적 및 제도적 비난이 가능할 것이고, 이를 위한 해법 역시 이러한 접근을 통해서 구체화될 수 있을 것이다. 북핵 문제는 현재 동북아시아의 긴요한 안보위협 요인으로 인식되고 있다. 하지만 안타깝게도 2002년 10월 소위 2차 북핵 위기가 발생한 이래로 미국은 다분히 비효율적인 외교수단을 통해 이 문제의 해결을 시도하고 있고, 한편 남북한 간 관계 개선을 통해서 북핵 문제를 해결하기에는 기본적인 사안의 성격이 주변국들의 관심과 이해관계를 전제로 하고 있다.

(4) 북한의 핵 기술력

북한이 핵기술 개발에 관심을 가져왔다는 것은 주지의 사실이다. 50년대 말~60년대 초 세계의 약소국치고 핵에 매력을 느끼지 않은 나라는 거의 없었다. 이런 점에서 북한의 핵개발 역사는 최소한 30년 정도 된다는 것이 정설이다.

핵기술은 크게 ① 핵물질 추출 ②고성능 폭약 및 기폭장치 제작으로 나눌 수 있으며 핵미사일을 갖기 위해선 ③ 운반체(미사일)기술도 필수적이다. 한 핵전문가는 "핵물질 추출은 일정 수준에 오른 것으로 보이지만 기폭장치는 초보적인 개발 단계일 것"이라고 추정했다. 이는 기술적으로 기폭장치 개발이 가장 어려운데다 핵물질 추출보다는 뒤늦게 실험에 착수한 것으로 보이기 때문이다. 이런 상황을 고려할 때 북한의 핵기술이 당장 '실용화' 수준에 이른 것은 아니라는 게 대체적인 견해다. 최근 북핵이 갑작스럽게 불거지고 있는 것은 오히려 국제정치적인 고려가 크게 작용했다는 것이다.

핵기술의 핵심인 기폭장치란 핵물질(플루토늄)이 핵분열(폭발)을 일으킬 만한 여건을 만들어 주는 장치이다. 플루토늄 12kg의 원시적인 핵폭탄을 예로 든다면 기폭장치는 플루토늄의 부피를 1백만분의 1초 안에 완벽하게 구형을 유지하면서 크기도 30% 정도 압축시킬 수 있도록 설계돼야 한다. 이와 같이 워낙 기술적으로 정밀하고 복잡하다 보니 기폭장치 개발에는 슈퍼컴퓨터가 흔히 사용된다. 미국도 과거 2천여 차례나 시행착오를 거듭한 끝에 완벽한 기폭장치를 개발했다.

기폭장치에 이용되는 고성능 폭약 개발도 만만치 않은 분야. 플루토늄 부피 압축에 쓰이는 폭약은 타들어 가는 속도(연소속도)가 초당 9km. 보통 다이너마이트의 연소속도는 초당 4km 정도다. 국내 수준은 초속 8km에도 못 미치는데 북한은 이 분야에서는 남한보다 다소 앞서는 것으로 알려졌다. 핵전문가들은 이런 상황을 바탕으로 "북한의 핵폭탄 제조기술은 초보적인 단계로 완전한 기술 습득까지는 많은 세월이 걸릴 것"으로 보고 있다. 때문에 북한이 핵을 보유하고 있다 하더라도 기폭장치가 초보급이라 무게비중이 클 수밖에 없어 전체적으로 핵탄두는 2톤이 넘을 것으로 예측된다. 따라서 활용폭이 제한될 수밖에 없다는 것. 고작해야 비행기에 싣거나 땅굴 혹은 육상으로 운반할 수 있는 정도다. 2톤이 넘는 핵탄두를 운반할 수 있는 미사일이라면 북한이 최근 쏘아 올렸다는 우주 로켓보다 추진력이 수십배 이상 월등해야 한다는 의미다.

핵폭탄 원료인 플루토늄 확보는 어느 수준에 와 있을까. 적게는 핵폭탄 1~2개 제조분량에서 많게는 20개로 보는 것이 일반적인 관측이다. 94년 핵동결 이후 재처리가 금지됐으므로 더 늘지는 않았을 것으로 추정된다. 최근 주목받는 금창리 지역을 감안해도 향후 5년여 동안 추가 확보는 쉽지 않을 것으로 전문가들은 보고 있다. 금창리가 핵시설이라 하더라도 공사에 3~4년, 원자로 가동과 재처리에 1~2년이 걸리기 때문이다.

전문가들의 견해는 "북한 핵기술은 고도의 핵보유국과 미보유국의 중간 어디쯤일 것"이라는 데 모인다. 하지만 미국의 일부 학자들은 북한이 원자탄보다 한 단계 발전된 수소폭탄까지 개발하고 있다고도 주장한다. 이를 종합하면 북한은 핵폭탄 제조기술을 막 확보한 단계에 있다고 풀이할 수 있다. 익명을 요구한 핵전문가는 "핵폭탄 제조는 종합과학의 산물이다. 과학이 발달하면 관련 기술을 갖게 돼 있다. 일본이 그런 예다. 북한 기술을 너무 과소평가해서도 안 되지만 과민 반응을 보이는 것 또한 국익에 도움이 안 된다"고 말했다

(5) 북한 핵 개발의 과정

2001년 1월 부시 대통령의 북한에 대한 악의 축 발언과 2월 20일 한·미 정상회담차 한국을 방문해서 보여준 도라산역 연설은 북한과 미국 간 대화 가능성이 희박하다는 전망을 가늠하게 하였다. 부시 대통령은 방한 시 북한을 독재 정권으로 간주하고, 투명성 부재의 국가로 몰아세우면서 주민의 굶주림에는 아랑곳없이 군사비 증강에만 집착하는 북한 정권을 강력하게 비판했다.

결국 2002년 10월 중순 미국에 의해 북한의 핵개발 사실이 표면화된 이후 미국과 북한이 중국에서 대화를 가졌음에도 불구하고 각자 자신의 기본입장에서는 변화가 없었다. 북한은 북·미간 불가침조약체결을 통한 생존권을 요구하며 제네바 합의로 동결했던 기존의 핵개발을 재개하였다.

또한 IAEA의 감시 장치와 장비들을 제거하고 사찰요원을 추방하는 동시에 원자로의 연료 장전, 폐연료봉의 봉인 해제 및 이동, 재처리시설의 가동 등을 시도하고 있는 것으로 알려졌다. 결국 북한은 NPT 탈퇴를 선언함으로써 북한의 핵문제를 제네바 합의 이전의 상황으로 되돌렸다.

한편 클린턴 행정부의 북핵 문제 해결방식에 비판을 가했던 부시 행정부는 북한의 핵개발을 용납할 수 없다는 전제 하에 제네바협의에 따라 재원해왔던 중유 공급을 중단하고 핵 계획 폐기가 선행되지 않는 한 북한과 협상이나 대화를 촉구하는 국내외적 비판에 응해 북한과의 대화를 시작하겠다고 발표하고 2003년 4월 23일 북경에서 미국·북한·중국 간의 3자회담에 참여하였다.

베이징 회담을 전후해서 북한은 자국의 핵 보유 사실을 유포하면서 회담

에서 유리한 입장에서 협상을 이끌어가려 했지만 북한의 핵보유와 폐기문제를 둘러싼 미 · 북 간 인식의 차이를 드러낸 채 4월 25일 종료되었다. 회담 이후 북한이 제네바합의로 복귀해서 핵무기를 포기할 수 있다는 암시를 내비쳤음에도 불구하고, 미국은 북한 문제를 유엔에 상정하려는 계획을 갖고 있으며 미국은 군사력 사용을 포함한 어떤 선택도 배제하지 않고 있다는 입장을 재확인하였다.

또한 북한에 대한 강경정책은 한 · 미 정상이 만나 북한 핵문제를 외교적 수단으로 해결하겠다는 합의를 했음에도 불구하고 계속 진행되어 왔다. 미 · 일 정상회담에서 강경 조치 합의, 부시대통령의 확산안보구상(PSI) 발표, G-8 정상회담에서 북핵 포기성명 등의 대북 강경책은 지속적으로 미국 주도 하에 진행되고 있다. 이에 북한은 전격적으로 6자 회담의 수용 방침을 발표하여 북핵 문제를 둘러싸고 남 · 북한과 주변 강대국인 미 · 일 · 중 · 러의 6자회담이 회자되어 왔다. 그러던 와중 이번 핵실험 문제가 발생하여 전 세계적으로 큰 논란을 일으키고 있는 것이다.

(6) 북한 핵개발 목적

지난 6자회담 과정에서 북한당국은 핵개발 목적과 관련하여 "미국이 첫째로, 우리의 자주권을 인정하고 둘째로, 불가침을 확약하며 셋째로, 우리의 경제발전에 장애를 조성하지 않는 조건에서 이 문제를 협상을 통해 해결할 용의가 있다"고 밝힌 바 있다. 이런 인식은 북한의 핵무기가 자주권과 생존권 확보라는 본질적 · 전략적 목적과 동시에 경제발전 목표 달성과 같은 수단적 · 전술적 차원에서도 활용될 수 있음을 반증하고 있는 것이다.

우선 북한이 핵무기를 자주권과 생존권 확보 차원에서 활용하려는 동기를 가지고 있다는 것은 그들이 처해있는 안보상황을 이해하면 너무나도 분명해진다. 북한은 1990년대 이후 남북한의 국력격차가 심화되고 공산권이 붕괴됨으로써 사회주의 국가들의 지원 역량마저 현격히 감소되자 위기의식을 느끼지 않을 수 없었다. 특히 지난 30여 년간 심화되어 왔던 한국과의 경제력 격차는 그것의 당연한 귀결로서, 북한의 군사력 열세를 초래하였으며 이런 상황은 시간이 흐를수록 더욱 악화될 것이 명백하므로 북한지도부로서는 불안감을 떨칠 수 없었을 것이다.

북한의 위기의식은 부시 행정부의 출범과 대북 압박이 가중되면서 더욱 심화되었다. 북한은 부시 행정부가 온갖 수단을 동원하여 자신들의 체제를 붕괴시킬 계획까지 갖고 있다고 믿고 있다. 특히 북한은 9·11 테러 이후 부기 행정부가 자신들의 잣대로 세계를 선과 악으로 구분하면서 약소국들을 상대로 노골적인 침공을 가하는데 엄청난 위기의식을 느끼게 된 것으로 여겨진다. 북한의 이와 같은 위기의식은 북한이 왜 그렇게 핵무기에 집착하는지의 이유까지 설명해준다.

한미 연합군 전력에 대한 군사력의 열세와 특히 부시 행정부의 강경한 대외정책에 위기의식을 느낀 북한은 근본적인 대책을 마련하지 않을 수 없었을 것이다. 이에 북한으로서는 상대적으로 저렴한 비용으로 한미 연합군에 대한 군사적 열세를 일거에 만회하는 동시에 확실한 안전보장 수단을 강구할 목적으로 핵무기 보유 전략을 채택하게 된 것이다. 북한의 위기의식은 선제공격을 정당화하고 있는 부기 독트린에 의해 더욱 강화될 수밖에 없었다. 이러한 의미에서 본다면 북한의 핵개발 목적은 한미 연합군과 군사적 균형을 추구하려는 차원보다는 차신의 취약한 군사력을 감안하여 가공할 핵무기로 무장한 초강대국을 억지하기 위한 차원의 노력으로 해석될 수도 있다.

북한이 핵을 개발하려는 또 다른 목적은 경제적·외교적 이익 확보를 위한 핵카드의 활용 가능성에 착안했기 때문인 것으로 판단된다. 지금까지 북한은 자체의 경제적 위기를 해소하고 미일과 관계개선을 위한 협상의 지렛대로서 핵을 활용해왔다. 따라서 북한의 침체된 경제상황이야 말로 핵위기의 핵심적 변수라는 점은 깊이 인식될 필요가 있다. 이 점과 관련하여 특히 주목되어야 할 사실은 북한이 핵카드를 전면적 개방화의 대안적 전략으로 모색하고 있다는 점이다.

북한은 현재 개방화의 딜레마에 처해 있다. 북한 역시 개방화의 필요성을 충분히 인식하고 있지만 개방화의 위험성 또한 잘 알고 있다. 특히 동유럽 공산주의 국가들의 붕괴를 직접 목격했던 북한지도부로서는 개방화의 충격에 대한 두려움을 갖지 않을 수 없었을 것이다. 이 과정에서 북한은 중국식 개방정책을 채택하는 방법도 고려했겠지만 현실은 그것조차 수용하기 어렵게 한다. 북한체제가 안고 있는 만성적·구조적인 문제점은 개방화 여건이라는 점에서 중국과는 비교도 할 수 없을 정도로 열악하며, 이런 내부적 사정 외에도 남한과의 군비경쟁 및 미국의 가중되는 압력 등 외부로부터의 위협은 실질적인 개방을 어렵게 하고 있기 때문이다.

결국 전면적 개방화의 위험을 너무나도 잘 알고 있는 북한지도부로서는 그럭저럭 버티기로서 체제를 유지하는 방법 외에 다른 대안이 없는 것으로 판단했을 것이다. 그러한 전략은 전면적 개방화를 채택하지 않고도 최소한의 개방화를 통해서 주민들의 불만과 욕구를 어느 정도 해소하면서 체제붕괴 가능성이라는 당장의 위험으로부터 벗어날 수 있게 해줄 것이기 때문이다. 그러나 그러한 전략은 외부의 봉쇄와 압력에 대응하기 위한 전술로서 고도의 임기응변이 필요할 수도 있음을 의미한다. 즉, 그럭저럭 버티기를 통해 멀고도 험난한 개방화의 길을 회피하는 대신에 외부의 원조에 기생하여 생존을 도모할 목적으로 핵공갈의 위험도 각오해야 하기 때문이다.

나. 화생무기 개발

북한은 1961년 김일성의 '화학화 선언'에 따라 연구 및 생산시설을 설치하는 등 화학무기 개발을 시작하였다. 1980년 11월 1일 당 군사위원회에서 김일성이 "독가스 및 세균무기를 생산하여 전투에 사용하는 것이 효과적"이라고 지시한 바 있다. 북한은 질식, 수포, 혈액, 신경작용제 등 다양한 종류의 화학작용제를 보유한 것으로 알려져 있다. 생물무기도 1980년대부터 개발을 시작하여 13여종의 생물학작용제를 보유한 것으로 알려져 있다.

다. 미사일 개발

북한은 구소련제 SCUD-B 및 발사대를 이집트에서 도입, 역설계 개발방식을 통해 1984년 SCUD-B 미사일을 시험발사 하였다. 1986년에는 사정거리가 500km에 이르는 SCUD-C 미사일을 시험발사 하였다. 1993년에는 사정거리가 1,300km인 노동 1호를 시험발사 하였으며, 1998년 8월에는 대포동 1호 미사일 운반체에 의한 소형 인공위성(광명성 1호)의 궤도진입을 시도하였으나 실패하였다. 이와 같은 북한의 탄도미사일 능력은 한반도는 물론 동북아지역 국가에도 위협이 되고 있으며, 자체 개발한 미사일을 중동지역 등에 수출함으로써 국제적인 우려를 낳고 있다.

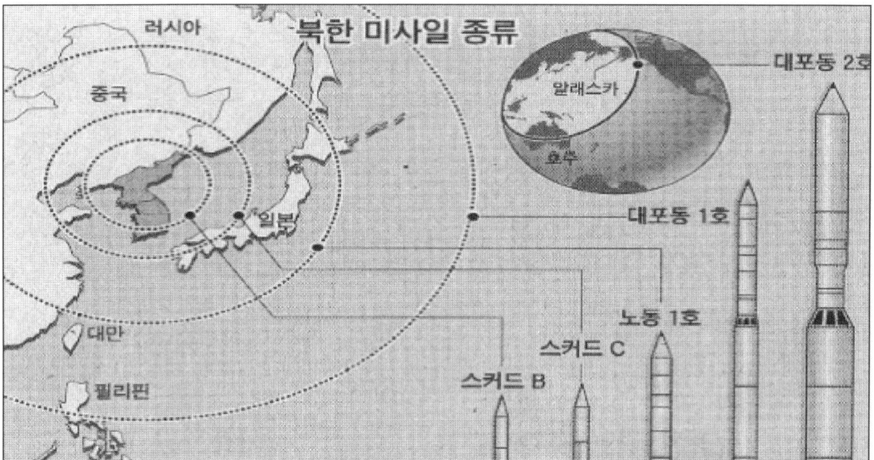

	스커드B	스커드C	노동 1호	대포동 1호	대포동 2호	대포동 2호 개량형
사거리(km)	340	500	1,300	2,200~2,896	4,300~6,000	5,400~6,700
추진장치	1단(액체연료)	1단(액체)	1단(액체)	2단(액체+고체)	2, 3단(액체+고체)	2, 3단(액체+고체)
배치여부(연도)	실전배치(1981)	실전배치(1989)	실전배치(1999)	시험발사(1998)	개발 중(추정)	개발 중(추정)

※탄두 무게에 따라 사정거리 1만5000km까지 도달 가능 자료 : 외신 종합

[북한 미사일의 종류]

참고적으로 북한의 미사일 개발 연보를 정리하념 다음과 같다.

- 1969년 소련제 지대지 FROG 미사일 도입(사정 60km)
- 1976년 이집트로부터 소련제 스커드 B 미사일 본체 및 발사대 도입/미사일 독자개발 본격 착수
- 1984년 고유모델 스커드 B 미사일 본격 생산 착수 및 실전 배치
- 1985년 사거리 300km 스커드 B 미사일 개발, 개량형(사거리 연장형 스커드 C) 및 로동 미사일 개발 착수(추정)
- 1989년 사거리 500km 스커드 C 미사일 개발
- 1990년 발사대에 장착된 로동 1호 시제품 미국 정찰위성에 포착/중거리 탄도미사일 '대포동' 개발 착수(추정)

- 1993년 로동1호 시험발사 (5월. 500km 비행 후 동해상에 떨어짐)
- 1994년 로동1호 미사일 본격 생산 개시(실전 배치 추정) / 미국 정찰위성 대포동 미사일 포착
- 1998년 대포동1호 시험발사(8월31일, 북한은 인공위성 광명성1호라고 주장)
- 2001년 미사일 시험 발사 유예 선언(2003년까지)
- 2002년 2003년 이후에도 시험 발사 유예 계속 약속(북일정상회담)
- 2003년 지대함 미사일 동해상 발사
- 2004년 대포동 2호 개발 중(추정)
- 2005년 5월 단거리 미사일 동해상 시험 발사
- 2006년 5월 대포동 2호(사정거리 6,700~15,000Km)발사 준비
- 2006년 6월 1일 미 / 일 북한 대포동2호 발사준비 최종단계 확인.
- 2006년 7월5일 북 대포동 2호 미사일을 포함 적어도 3기 이상 발사
- 2009년 4월 5일 11시 30분 15초 북 인공위성 광명성 2호 또는 개량형 대포동 2호 미사일 발사

2009년 4월 5일 북한 위성체 발사 현황(전승엽 기자 / kirin@rna.co.kr)

6 군부와 쿠데타[119)]

군부 정치문화의 급속한 발전추세에 따라 군부 정치개입의 유인요인이 감소되기 때문에 군부의 정치개입 특히 쿠데타에 의한 직접적 정치개입 가능성은 희박해 질것이라는 견해가 있으나 군부 정치개입의 많은 사례에서 사전에 그것을 예상했거나 적어도 군부 정치개입의 가능성이 높은 보편적 유인요인이 지속되었다고 할 수 없는 상황에서도 실제로는 쿠데타가 발생했다는 사실들이 그러한 견해들의 맹점을 시사해 주고 있다.

또한 인간의 본성에는 정치권력 소유에 대한 끊임없는 열정이 있고 그것이 사회변혁의 한 동인이 될 수 있으며 군부 지도자 혹은 군부 내 영향력을 행사할 수 있는 집단은 그것을 달성할 수 있는 유리하고 가능한 입장에 있을 수밖에 없는 현실상황이 투명성과 개방성을 지향하고 있는 현대의 정치문화에서도 상상하기 힘든 일을 가능케 하기도 할 것이다.

한국의 경우 창군 이래 군부가 2차례에 걸쳐 정치에 개입하여 30여 년간 막대한 영향력을 행사해 왔으며 북한의 경우에도 김일성 정권으로부터 김정일 세습정권이래 군사 쿠데타에 의한 군부 정치개입설이 수차례 회자된 바 있다. "권력은 총구에서 나온다"는 공산주의체제 신봉자들의 신념에도 불구하고 북한군부의 쿠데타에 관한 학문적인 규명 작업은 정치적 현실과 규범적 입장에 의해 제약되고 회피되어온 게 사실이다.

특히 북한의 경우에는 그 정권의 형성과정과 진행과정에서 '아리스토텔레스의 빈민정체'적 요소가 다분히 있는 것으로 보이며 그만큼 혁명을 일으키는 동기가 충분한 정체라는 데는 예외적이 아닐 것이다. 특히 북한은 마르크스-레닌식 사회주의의 기반위에 주체사상이라는 독특한 이데올로기를 표방하고 있으나 "시민사회의 변화욕구가 일시 폭발할 경우 군대는 정치적으로

119) 본 내용은 송우구 박사의 논문(2007, 정치학박사)을 요약한 내용임.

개입하면서, 체제전환 과정의 결정적 행위자가 될 가능성이 크다. 소련처럼 변화를 거부하는 쿠데타를 시도할 수도 있고, 루마니아처럼 향후 개혁의 주도권을 쥐기 위해 구체제를 공격할 수도 있을 것이다. 북한군대는 체제전환기에 결정적 역할을 선택할 여지가 많다"고 하는 지적이나, 최근 북한의 핵개발 시험이후 북한에 '반 김정일 쿠데타' 가능성에 대한 언론의 보도들이 이 같은 사실을 확인시켜주는 사례가 될 수 있을 것 같다.

북한의 정치사를 볼 때 강력한 주체인 군부를 배제하고, 현상적인 정치의 폭과 그 내용만을 고찰하여서는 북한사회의 기본적인 정치적 동력과 구도를 이해하는데 제한적일 수밖에 없기 때문에 군부의 정치개입이 작동하는 현실적 기제와 그 영향에 대한 연구와 검증이 필요할 것이다.

이에 따라 군부쿠데타의 이론적 고찰을 통해 군부쿠데타의 보편적 유인요인을 추론한 후 제3장에서 유인요인 중 보편적이라 할 수 있는 유인을 가설로 제시하고 이에 대한 타당성을 검증해 본 후 10개의 가설을 변수로 하는 공식을 설정하였으며, 이러한 공식을 쿠데타를 실행하여 성공한 세계 주요 12개국에 대입하여 점수화 해 보고 아울러 한국의 5·16쿠데타와 5·17쿠데타의 경우에 대입하여 점수화 해 보았다.

본 연구를 위해 먼저 군부정권의 유인요인으로 추정되는 가설을 다음과 같이 수립하였다.

가설 1 어떤 역사적, 문화적인 배경을 갖고 있는 체제는 군부정권 유인 가능성이 높다.

가설 2 산업화 수준이 낮고 경제적 악화를 경험하고 있는 체제일수록 군부정권 유인 가능성이 더 높다.

가설 3 사회적 동원수준이 낮은 체제일수록 군부정권 유인의 가능성이 높다.

가설 4 새로운 체제일수록 군부정권 유인 가능성이 높다.

가설 5 문화적으로 이질적인 체제일수록 군부 정치개입의 가능성이 높다.

가설 6 정부의 국내 추출능력이 낮은 체제일수록 군부정권 유인 가능성이 높다.

가설 7 정권의 취약성이 높은 체제일수록 군부정권 유인 가능성이 높다.

가설 8 군부 내 응집력이 강할수록 군부정권 유인 가능성이 높다.

가설 9 군부내부 불만이 높을수록 군부정권 유인 가능성이 높다.

가설 10 군부 내 실력자의 국가발전을 전제한 정치의식이 강할수록 군부정권 유인 가능성이 높다.

보편적 유인 요인으로서의 이러한 10가지 가설에도 불구하고 이러한 요인들 중에 특정한 1개 혹은 수 개의 요소가 과도한 불균형에 의해 지배적인 요소로 작용하여 군부의 정치개입이 이루어지기도 하지만, 여기서는 우선 이러한 가설들의 수립 근거를 제시하고 가설들이 과연 사실인지를 라틴아메리카와 아랍 등 세계 각국의 군부정권 수립 사례들을 통해 검증해보며 그 검증 결과로부터 보편적이라 할 수 있는 유인요인을 도출하고자 하였다.

군부정권의 보편적인 유인요인이 도출한 후 각 요소들을 변수로 각 요소들의 발생빈도를 상수로 설정한 계량화된 공식을 수립하여 세계 각국의 사례들에 대입해 봄으로써 계량화된 공식의 유효성을 검증해 보았다.

가설의 유효성이 검증된 후 한국의 경우에 대입해 봄으로써 한국에 있어서의 보편적인 유인요인의 적용 가능성을 검토해 보고 그 결과를 바탕으로 하고 사회주의체제 국가들에 있어서의 군부의 정치적 역할을 조명해 본 후 북한에 있어서의 군부 쿠데타 유인요인을 고찰해 보았다.

한국의 경우를 특별히 검토해 보고 사회주의체제 국가들에 있어서의 군부의 정치적 역할을 조명해 본 이유는 한국과 북한의 군부가 그 체제의 상이성에도 불구하고 민족성과 문화적 차원의 유사성이 있는 것으로 보기 때문이고 여기에 소련과 중국 등 사회주의체제 국가들의 영향들을 추가로 고려한다면 보다 사실에 가깝게 분석할 수 있기 때문이다. 또한 이에 추가하여 탈북자를 대상으로 한 설문과 한국군 군사전문가를 대상으로 한 설문 및 전문가를 대상으로 한 델파이 기법에 의한 설문을 통해 공식에 의한 연구결과의 사실성을 제고하고자 하였다.

다음으로 북한의 사회주의적 특성을 고려하여 사회주의체제에서의 군부의 역할을 고찰해 보고 여기서 북한군부가 선택 가능한 정치적 역할을 조망해 보았으며, 북한군부의 역할과 정치개입의 개연성에 대하여 선군정치와 쿠데타 발생의 징후 등에 대한 고찰을 통해 북한군부의 경우에 적용가능한 공식의 요소들을 적시하였고, 설정된 공식을 북한군부의 경우에 대입하여 점수화해 보았으며 추가로 탈북자와 군사전문가를 대상으로 한 설문을 실시결과와 델파이 기법에 의한 국내 전문가의 견해를 제시함으로써 공식에서 나타난 결과의 사실을 제고하고자 하였다.

연구결과 군부의 정치개입 유인요인을 정리하여 계량적으로 공식화한다는 것은 무리가 있는 것이 사실이나 군부의 정치개입이 통계자료로서의 가치가 있을 만큼 범세계적으로 상당한 다수의 나라들에서 행해진 점을 감안한다면 전혀 그 의미가 없지는 않을 것으로 보았고, 북한의 경우 한국의 경우와 사회주의체제 국가들의 체제전환기 군부의 역할을 염두에 두고 분석한바 역사적 배경이나 사회적 동원수준 및 새로운 체제 등 여타의 요소들은 현재로선 크게 변하지 않을 것으로 관련 자료들을 통해 가정할 수 있었다.

본 연구에서 군부 정치개입의 유인요인을 10개의 가설에 포함시켜 공식을 수립하고 지역별로 대표적이라 할 수 있는 12개국의 경우를 대입하여 점수를 산정해 본 결과, 태국이 650점(스페인)대에서부터 715점(미얀마 / 파키스탄) 사이에서, 평균 677점대에서 군부쿠데타가 성공적으로 수행되었으며, 상수를 도출한 후 공식을 수렴한 결과 군부 쿠데타 유인의 수준을 Z라 하면, $Z = 1.3P+0.8Q+0.8R+0.9S+0.9T+0.7U+1.1V+1.3W+0.9X+1.3Y$로 나타낼 수 있는 것으로 보았다.

이러한 공식을 한국의 두 군사정권에 적용해 본 결과 660점대에서 군부의 쿠데타가 이루어진 것으로 나타났다. 이와 유사한 경우로 판단되는 북한의 경우 같은 요령으로 공식을 적용해 본 결과 590점대로 몇 가지 유인요인이 부족했던 것으로 분석 되었다. 즉 북한의 경우는 역사적 배경상 군부쿠데타의 경험이 없었고 혁신적 정치변화가 부족하였으며 인민이 피부로 느끼거나 외부적으로 노출된 심각한 경제위기가 보통수준이며 주체사상으로 무장된 김정일 정권의 특성상 정권의 취약성이 낮은 수준이며 선군정치 추진에 따라 군부내부의 불만이 적고 군부 내 정권에 대항하는 실력자의 등장이 이루어지지 않은 상태여서 군부에 의한 쿠데타는 당장은 실행 가능성이 낮은 것으로 분석되었다.

다만, 북한의 군부정권개입 유인요인의 변수는 군부 내 국가발전 및 정치발전을 전제한 정치의식을 가진 실력자의 등장이 이루어짐과(+30점) 동시에 군부내부의 불만이 고조되던지(+30~40점) 아니면 경제적 사정이 더욱 악화(+30~40점)된다면 650~660점대에 이르러 군부의 쿠데타는 가능해질 것이란 추론은 가능하리라 본다. 설문조사에서 나타난 탈북주민의 의식성향과 한국군 군사전문가의 견해에서도 군부 내 실력자 등장 문제와 군부내부 불만 및 국내 경제문제들이 군부 정치개입을 유인하는 지배적인 요소로 인식하고 있음이 이를 뒷받침한다고 하겠고, 델파이 기법을 적용하여 전문가들의 견해를 종합한 결과에서도 군부 내 실력자 등장문제와 군부내부 불만 및 국내경제문제들이 군부의 쿠데타를 유인하는 요인이 되고 있는 것으로 분석된 것이 공식적용 결과의 사실성을 제고해 준다고 볼 수 있겠다.

특히, 가설 1~6까지의 총계를 340점으로 고정 시 공식적용 결과는 590점, 탈북자 대상 설문결과는 596점, 한국군 군사전문가 설문결과는 617점, 국내전문가의 견해로는 625점으로 650점대 이상에서 쿠데타가 성공했던 세계 주요 12개국의 경우와 비교할 때 공식적용 점수가 설문조사나 전문가의 견해에 비해 저평가되고 있음을 감안한다면 북한군부의 쿠데타 발생의 개연성이 공식적용 점수보다 더 높다고 할 수도 있을 것이다.

부 록

사회주의 헌법과 로동당 규약

사회주의 헌법

최고인민회의 제5기 제1차 회의에서 채택(1972. 12. 27)
최고인민회의 제9기 제3차 회의에서 수정(1992. 4. 9)
최고인민회의 제10기 제1차 회의에서 수정보충(1998. 9. 5)

서 문

조선민주주의인민공화국은 위대한 수령 김일성동지의 사상과 영도를 구현한 주체의 사회주의 조국이다.

위대한 수령 김일성동지는 조선민주주의인민공화국의 창건자이시며 사회주의 조선의 시조이시다.

김일성동지께서는 영생불멸의 주체사상을 창시하시고 그 기치밑에 항일혁명투쟁을 조직 령도하시여 영광스러운 혁명전통을 마련하시고 조국광복의 역사적 위업을 이룩하시였으며 정치, 경제, 문화, 군사 분야에서 자주독립 국가건설의 튼튼한 토대를 닦은데 기초하여 조선민주주의인민공화국을 창건하시였다.

김일성동지께서는 주체적인 혁명노선을 내놓으시고 여러 단계의 사회혁명과 건설사업을 현명하게 령도하시여 공화국을 인민대중중심의 사회주의나라로, 자주, 자립, 자위의 사회주의국가로 강화발전시키시였다.

김일성동지께서는 국가건설과 국가활동의 근본원칙을 밝히시고 가장 우월한 국가사회제도와 정치방식, 사회 관리체계와 관리방법을 확립하시였으며 사회주의 조국의 부강번영과 주체혁명위업의 계승완성을 위한 확고한 토대를 마련하시였다.

김일성동지께서는 《이민위천》을 좌우명으로 삼으시여 언제나 인민들과 함께 계시고 인민을 위하여 한평생을 바치시였으며 숭고한 인덕정치로 인민들을 보살피시고 이끄시여 온 사회를 일심단결된 하나의 대가정으로 전변시키시였다.

위대한 수령 김일성동지는 민족의 태양이시며 조국통일의 구성이시다. 김일성동지께서는 나라의 통일을 민족지상의 과업으로 내세우시고 그 실현을 위하여 온갖 로고와 심혈을 다 바치시였다.

김일성동지께서는 공화국을 조국통일의 강유력한 보루로 다지시는 한편 조국통일의 근본원칙과 방도를 제시하시고 조국통일운동을 전민족적인 운동으로 발전시키시여 온 민족의 단합된 힘으로 조국통일위업을 성취하기 위한 길을 열어놓으시였다.

위대한 수령 김일성동지께서는 조선민주주의인민공화국의 대외정책의 기본리념을 밝히시고 그에 기초하여 나라의 대외관계를 확대발전시키시였으며 공화국의 국제적 권위를 높이 떨치게 하시였다.

김일성동지는 세계정치의 원로로서 자주의 새 시대를 개척하시고 사회주의운동과 쁠럭불가담운동의 강화발전을 위하여, 세계 평화와 인민들사이의 친선을 위하여 정력적으로 활동하시였으며 인류의 자주위업에 불멸의 공헌을 하시었다.

김일성동지는 사상리론과 령도예술의 천재이시고 백전백승의 강철의 령장이시였으며 위대한 혁명가, 정치가이시고 위대한 인간이시였다.

김일성동지의 위대한 사상과 령도업적은 조선혁명의 만년재보이며 조선민주주의인민공화국의 륭성번영을 위한 기본담보이다.

조선민주주의인민공화국과 조선인민은 조선로동당의 령도밑에 위대한 수령 김일성동지를 공화국의 영원한 주석으로 높이 모시며 김일성동지의 사상과 업적을 옹호 고수하고 계승발전시켜 주체혁명위업을 끝까지 완성하여 나갈 것이다.

조선민주주의인민공화국 사회주의헌법은 위대한 수령 김일성동지의 주체적인 국가건설사상과 국가건설업적을 법화한 김일성헌법이다.

제1장 정치

제1조 조선민주주의인민공화국은 전체 조선인민의 리익을 대표하는 자주적인 사회주의국가이다.

제2조 조선민주주의인민공화국은 제국주의 침략자들을 반대하며 조국의광복과 인민의 자유와 행복을 실현하기 위한 영광스러운 혁명투쟁에서 이룩한 빛나는 전통을 이어받은 혁명적인 국가이다.

제3조 조선민주주의인민공화국은 사람중심의 세계관이며 인민대중의 자주성을 실현하기 위한 혁명사상인 주체사상을 자기 활동의 지도적 지침으로 삼는다.

제4조 조선민주주의인민공화국의 주권은 로동자, 농민, 근로인테리와 모든 근로인민에게 있다. 근로인민은 자기의 대표기관인 최고인민회의와 지방 각급 인민회의를 통하여 주권을 행사한다.

제5조 조선민주주의인민공화국에서 모든 국가기관들은 민주주의중앙집권제원칙에 의하여 조직되고 운영된다.

제6조 군인민회의로부터 최고인민회의에 이르기까지의 각급 주권기관은 일반적, 평등적, 직접적 원칙에 의하여 비밀투표로 선거한다.

제7조 각급 주권기관의 대의원은 선거자들과 밀접한 련계를 가지며 자기사업에 대하여 선거자들앞에 책임진다. 선거자들은 자기가 선거한 대의원이 신임을 잃은 경우에 언제든지 소환할 수 있다.

제8조 조선민주주의인민공화국의 사회제도는 근로인민대중이 모든 것의 주인으로 되고있으며 사회의 모든 것이 근로인민대중을 위하여 복무하는 사람중심의 사회제도이다. 국가는 착취와 압박에서 해방되여 국가와 사회의 주인으로 된 로동자, 농민, 근로인테리와 모든 근로인민의 리익을 옹호하며 보호한다.

제9조 조선민주주의인민공화국은 북반부에서 인민정권을 강화하고 사상, 기술, 문화의 3대혁명을 힘있게 벌려 사회주의의 완전한 승리를 이룩하며 자주, 평화통일, 민족대단결의 원칙에서 조국통일을 실현하기 위하여 투쟁한다.

제10조 조선민주주의인민공화국은 로동계급이 령도하는 로농동맹에 기초한 전체 인민의 정치 사상적 통일에 의거한다. 국가는 사상혁명을 강화하여 사회의 모든 성원들을 혁명화, 로동계급화하며 온 사회를 동지적으로 결합된 하나의 집단으로 만든다.

제11조 조선민주주의인민공화국은 조선로동당의 영도밑에 모든 활동을 진행한다.

제12조 국가는 계급노선을 견지하며 인민민주주의독재를 강화하여 내외적대분자들의 파괴책동으로부터 인민주권과 사회주의제도를 굳건히 보위한다.

제13조 국가는 군중로선을 구현하며 모든 사업에서 우가 아래를 도와주고 대중속에 들어가 문제해결의 방도를 찾으며 정치사업, 사람과의 사업을 앞세워 대중의 자각적 열성을 불러일으키는 청산리정신, 청산리방법을 관철한다.

제14조 국가는 3대혁명 붉은기 쟁취운동을 비롯한 대중운동을 힘있게 벌려 사회주의 건설을 최대한으로 다그친다.

제15조 조선민주주의인민공화국은 해외에 있는 조선동포들의 민주주의적 민족권리와 국제법에서 공인된 합법적 권리와 리익을 옹호한다.

제16조 조선민주주의인민공화국은 자기 령역안에 있는 다른 나라 사람의 합법적 권리와 리익을 보장한다.

제17조 자주, 평화, 친선은 조선민주주의인민공화국의 대외정책의 기본리념이며 대외활동원칙이다. 국가는 우리 나라를 우호적으로 대하는 모든 나라들과 완전한 평등과 자주성, 호상존중과 내정불간섭, 호혜의 원칙에서 국가적 또는 정치, 경제, 문화적 관계를 맺는다. 국가는 자주성을 옹호하는 세계인민들과 단결하며 온갖 형태의 침략과 내정간섭을 반대하고 나라의 자주권과 민족적, 계급적 해방을 실현하기 위한 모든 나라 인민들의 투쟁을 적극 지지성원한다.

제18조 조선민주주의인민공화국의 법은 근로인민의 의사와 리익의 반영이며 국가관리의 기본무기이다. 법에 대한 존중과 엄격한 준수집행은 모든 기관, 기업소, 단체와 공민에게 있어서 의무적이다. 국가는 사회주의법률제도를 완비하고 사회주의 법무생활을 강화한다.

제2장 경제

제19조 조선민주주의인민공화국은 사회주의적 생산관계와 자립적 민족경제의 토대에 의거한다.

제20조 조선민주주의인민공화국에서 생산수단은 국가와 사회협동단체가 소유한다.

제21조 국가소유는 전체 인민의 소유이다. 국가소유권의 대상에는 제한이 없다. 나라의 모든 자연부원, 철도, 항공, 운수, 체신 기관과 중요 공장, 기업소, 항만, 은행은 국가만이 소유한다.

국가는 나라의 경제발전에서 주도적 역할을 하는 국가소유를 우선적으로 보호하며 장성시킨다.

제22조 사회협동단체소유는 해당 단체에 들어있는 근로자들의 집단적 소유이다.
토지, 농기계, 배, 중소공장, 기업소 같은 것은 사회협동단체가 소유할 수 있다.
국가는 사회협동단체 소유를 보호한다.

제23조 국가는 농민들의 사상의식과 기술문화수준을 높이고 협동적 소유에 대한 전인민적 소유의 지도적 역할을 높이는 방향에서 두 소유를 유기적으로 결합시키며 협동경리에 대한 지도와 관리를 개선하여 사회주의적 협동경리제도를 공고발전시키며 협동단체에 들어있는 전체 성원들의 자원적 의사에 따라 협동단체소유를 점차 전인민적 소유로 전환시킨다.

제24조 개인소유는 공민들의 개인적이며 소비적인 목적을 위한 소유이다.
개인소유는 로동에 의한 사회주의분배와 국가와 사회의 추가적 혜택으로 이루어진다.
터밭경리를 비롯한 개인부업경리에서 나오는 생산물과 그밖의 합법적인 경리활동을 통하여 얻은 수입도 개인소유에 속한다.
국가는 개인소유를 보호하며 그에 대한 상속권을 법적으로 보장한다.

제25조 조선민주주의인민공화국은 인민들의 물질문화생활을 끊임없이 높이는 것을 자기 활동의 최고 원칙으로 삼는다.
세금이 없어진 우리 나라에서 늘어나는 사회의 물질적부는 전적으로 근로자들의 복리증진에 돌려진다.
국가는 모든 근로자들에게 먹고 입고 쓰고 살 수 있는 온갖 조건을 마련하여 준다.

제26조 조선민주주의인민공화국에 마련된 자립적 민족경제는 인민의 행복한 사회주의 생활과 조국의 륭성번영을 위한 튼튼한 밑천이다.
국가는 사회주의 자립적 민족경제건설로선을 틀어쥐고 인민경제의 주체화, 현대화, 과학화를 다그쳐 인민경제를 고도로 발전된 주체적인 경제로 만들며 완전한 사회주의 사회에 맞는 물질 기술적 토대를 쌓기 위하여 투쟁한다.

제27조 기술혁명은 사회주의 경제를 발전시키기 위한 기본고리이다.
국가는 언제나 기술발전문제를 첫자리에 놓고 모든 경제활동을 진행하며 과학기술발전과 인민경제의 기술개조를 다그치고 대중적 기술혁신운동을 힘있게 벌려 근로자들을 어렵고 힘든 로동에서 해방하며 육체로동과 정신로동의 차이를 줄여나간다.

제28조 국가는 도시와 농촌의 차이, 로동계급과 농민의 계급적 차이를 없애기 위하여 농촌기술혁명을 다그쳐 농업을 공업화, 현대화하며 군의 역할을 높이고 농촌에 대한 지도와 방조를 강화한다.

국가는 협동농장의 생산시설과 농촌문화주택을 국가부담으로 건설하여준다.

제29조 사회주의, 공산주의는 근로대중의 창조적 로동에 의하여 건설된다.

조선민주주의인민공화국에서 로동은 착취와 압박에서 해방된 근로자들의 자주적이며 창조적인 로동이다.

국가는 실업을 모르는 우리 근로자들의 로동이 보다 즐거운 것으로, 사회와 집단과 자신을 위하여 자각적 열성과 창발성을 내어 일하는 보람찬 것으로 되게 한다.

제30조 근로자들의 하루로동시간은 8시간이다. 국가는 로동의 힘든 정도와 특수한 조건에 따라 하루로동시간을 이보다 짧게 정한다.

국가는 로동조직을 잘하고 로동규률을 강화하여 로동시간을 완전히 리용하도록 한다.

제31조 조선민주주의인민공화국에서 공민이 로동하는 나이는 16살부터이다.

국가는 로동하는 나이에 이르지 못한 소년들의 로동을 금지한다.

제32조 국가는 사회주의경제에 대한 지도와 관리에서 정치적 지도와 경제기술적지도, 국가의 통일적 지도와 매개 단위의 창발성, 유일적 지휘와 민주주의, 정치도덕적 자극과 물질적 자극을 옳게 결합시키는 원칙을 확고히 견지한다.

제33조 국가는 생산자대중의 집체적 힘에 의거하여 경제를 과학적으로, 합리적으로 관리운영하는 사회주의경제관리형태인 대안의 사업체계와 농촌경리를 기업적 방법으로 지도하는 농업지도체계에 의하여 경제를 지도관리한다.

국가는 경제관리에서 대안의 사업체계의 요구에 맞게 독립채산제를 실시하며 원가, 가격, 수익성 같은 경제적 공간을 옳게 리용하도록 한다.

제34조 조선민주주의인민공화국의 인민경제는 계획경제이다.

국가는 사회주의경제발전법칙에 따라 축적과 소비의 균형을 옳게 사회주의 헌법잡으며 경제건설을 다그치고 인민생활을 끊임없이 높이며 국방력을 강화할 수 있도록 인민경제발전계획을 세우고 실행한다.

국가는 계획의 일원화, 세부화를 실현하여 생산장성의 높은 속도와 인민경제의 균형적 발전을 보장한다.

제35조 조선민주주의인민공화국은 인민경제발전계획에 따르는 국가예산을 편성하여 집행한다.

국가는 모든 부문에서 증산과 절약 투쟁을 강화하고 재정통제를 엄격히 실시하여 국가축적을 체계적으로 늘이며 사회주의적 소유를 확대발전시킨다.

제36조 조선민주주의인민공화국에서 대외무역은 국가 또는 사회협동 단체가 한다.

국가는 완전한 평등과 호혜의 원칙에서 대외무역을 발전시킨다.

제37조 국가는 우리 나라 기관, 기업소, 단체와 다른 나라 법인 또는 개인들과의 기업 합영과 합작, 특수경제지대에서의 여러가지 기업창설 운영을 장려한다.

제38조 국가는 자립적 민족경제를 보호하기 위하여 관세정책을 실시한다.

제3장 문화

제39조 조선민주주의인민공화국에서 개화발전하고 있는 사회주의적 문화는 근로자들의 창조적 능력을 높이며 건전한 문화정서적 수요를 충족시키는데 이바지한다.

제40조 조선민주주의인민공화국은 문화혁명을 철저히 수행하여 모든 사람들을 자연과 사회에 대한 깊은 지식과 높은 문화예술수준을 가진 사회주의, 공산주의 건설자로 만들며 온사회를 인테리화한다.

제41조 조선민주주의인민공화국은 사회주의 근로자들을 위하여 복무하는 참다운 인민적이며 혁명적인 문화를 건설한다.

국가는 사회주의적 민족문화건설에서 제국주의의 문화적 침투와 복고주의적 경향에 반대하며 민족문화유산을 보호하고 사회주의 현실에 맞게 계승발전시킨다.

제42조 국가는 모든 분야에서 낡은 사회의 생활양식을 없애고 새로운 사회주의적 생활양식을 전면적으로 확립한다.

第43조 국가는 사회주의 교육학의 원리를 구현하여 후대들을 사회와 인민을 위하여 투쟁하는 견결한 혁명가로, 지덕체를 갖춘 공산주의적 새 인간으로 키운다.

第44조 국가는 인민교육사업과 민족간부양성사업을 다른 모든 사업에 앞세우며 일반교육과 기술교육, 교육과 생산로동을 밀접히 결합시킨다.

第45조 국가는 1년 동안의 학교전 의무교육을 포함한 전반적 11년제의무교육을 현대과학기술 발전추세와 사회주의 건설의 현실적 요구에 맞게 높은 수준에서 발전시킨다.

第46조 국가는 학업을 전문으로 하는 교육체계와 일하면서 공부하는 여러가지 형태의 교육체계를 발전시키며 기술교육과 사회과학, 기초과학 교육의 과학리론 수준을 높여 유능한 기술자, 전문가들을 키워낸다.

第47조 국가는 모든 학생들을 무료로 공부시키며 대학과 전문학교 학생들에게는 장학금을 준다.

第48조 국가는 사회교육을 강화하며 모든 근로자들이 학습할 수 있는 온갖 조건을 보장한다.

第49조 국가는 학령전 어린이들을 탁아소와 유치원에서 국가와 사회의 부담으로 키워준다.

第50조 국가는 과학연구사업에서 주체를 세우며 선진과학기술을 적극 받아들이고 새로운 과학기술분야를 개척하여 나라의 과학기술을 세계적 수준에 올려세운다.

第51조 국가는 과학기술발전계획을 바로 세우고 철저히 수행하는 규률을 세우며 과학자, 기술자들과 생산자들의 창조적 협조를 강화하도록 한다.

사회주의 헌법 第52조 국가는 민족적 형식의 사회주의적 내용을 담은 주체적이며 혁명적인 문학예술을 발전시킨다.

국가는 창작가, 예술인들이 사상예술성이 높은 작품을 많이 창작하며 광범한 대중이 문예활동에 널리 참가하도록 한다.

第53조 국가는 정신적으로, 육체적으로 끊임없이 발전하려는 사람들의 요구에 맞게 현대적인 문화시설들을 충분히 갖추어주어 모든 근로자들이 사회주의적 문화정서생활을 마음껏 누리도록 한다.

第54조 국가는 우리말을 온갖 형태의 민족어 말살정책으로부터 지켜내며 그것을 현대의 요구에 맞게 발전시킨다.

제55조 국가는 체육을 대중화, 생활화하여 전체인민을 로동과 국방에 튼튼히 준비시키며 우리나라 실정과 현대체육기술발전 추세에 맞게 체육기술을 발전시킨다.

제56조 국가는 전반적 무상치료제를 공고 발전시키며 의사담당구역제와 예방의학제도를 강화하여 사람들의 생명을 보호하며 근로자들의 건강을 증진시킨다.

제57조 국가는 생산에 앞서 환경보호대책을 세우며 자연환경을 보존, 조성하고 환경오염을 방지하여 인민들에게 문화위생적인 생활환경과 로동조건을 마련하여 준다.

제4장 국방

제58조 조선민주주의인민공화국은 전인민적, 전국가적 방위체계에 의거한다.

제59조 조선민주주의인민공화국 무장력의 사명은 근로인민의 리익을 옹호하며 외래침략으로부터 사회주의제도와 혁명의 전취물을 보위하고 조국의 자유와 독립과 평화를 지키는데 있다.

제60조 국가는 군대와 인민을 정치사상적으로 무장시키는 기초우에서 전군간부화, 전군현대화, 전민무장화, 전국요새화를 기본내용으로 하는 자위적 군사로선을 관철한다.

제61조 국가는 군대안에서 군사규률과 군중규률을 강화하며 관병일치, 군민일치의 고상한 전통적 미풍을 높이 발양하도록 한다.

제5장 공민의 기본 권리와 의무

제62조 조선민주주의인민공화국 공민이 되는 조건은 국적에 관한 법으로 규정한다. 공민은 거주지에 관계없이 조선민주주의인민공화국의 보호를 받는다.

제63조 조선민주주의인민공화국에서 공민의 권리와 의무는 《하나는 전체를 위하여, 전체는 하나를 위하여》라는 집단주의원칙에 기초한다.

第64조 국가는 모든 공민에게 참다운 민주주의적 권리와 자유, 행복한 물질문화생활을 실질적으로 보장한다.

조선민주주의인민공화국에서 공민의 권리와 자유는 사회주의제도의 공고발전과 함께 더욱 확대된다.

第65조 공민은 국가사회생활의 모든 분야에서 누구나 다 같은 권리를 가진다.

第66조 17살 이상의 모든 공민은 성별, 민족별, 직업, 거주기간, 재산과 지식정도, 당별, 정견, 신앙에 관계없이 선거할 권리와 선거받을 권리를 가진다.

군대에 복무하는 공민도 선거할 권리와 선거받을 권리를 가진다.

재판소의 판결에 의하여 선거할 권리를 빼앗긴 자, 정신병자는 선거할 권리와 선거받을 권리를 가지지 못한다.

第67조 공민은 언론, 출판, 집회, 시위와 결사의 자유를 가진다.

국가는 민주주의적 정당, 사회단체의 자유로운 활동조건을 보장한다.

第68조 공민은 신앙의 자유를 가진다. 이 권리는 종교건물을 짓거나 종교의식 같은 것을 허용하는 것으로 보장된다.

종교를 외세를 끌어들이거나 국가사회질서를 해치는데 리용할 수 없다.

第69조 공민은 신소와 청원을 할 수 있다.

국가는 신소와 청원을 법이 정한데 따라 공정하게 심의 처리하도록 한다.

第70조 공민은 로동에 대한 권리를 가진다.

로동능력 있는 모든 공민은 희망과 재능에 따라 직업을 선택하며 안정된 일자리와 로동조건을 보장받는다.

공민은 능력에 따라 일하며 로동의 량과 질에 따라 분배를 받는다.

第71조 공민은 휴식에 대한 권리를 가진다. 이 권리는 로동시간제, 공휴일제, 유급휴가제, 국가비용에 의한 정휴양제, 계속 늘어나는 여러가지 문화시설들에 의하여 보장된다.

第72조 공민은 무상으로 치료받을 권리를 가지며 나이 많거나 병 또는 불구로 로동능력을 잃은 사람, 돌볼 사람이 없는 늙은이와 어린이는 물질적 방조를 받을 권리를 가진다. 이 권리는 무상치료제, 계속 늘어나는 병원, 료양소를 비롯한 의료시설, 국가사회보험과 사회보장제에 의하여 보장된다.

第73조 공민은 교육을 받을 권리를 가진다. 이 권리는 선진적인 교육제도와 국가의 인민적인 교육시책에 의하여 보장된다.

제74조 공민은 과학과 문학예술 활동의 자유를 가진다.

국가는 발명가와 창의고안자에게 배려를 돌린다.

저작권과 발명권, 특허권은 법적으로 보호한다.

제75조 공민은 거주, 려행의 자유를 가진다.

제76조 혁명투사, 혁명렬사가족, 애국렬사가족, 인민군후방가족, 영예 군인은 국가와 사회의 특별한 보호를 받는다.

제77조 녀자는 남자와 똑같은 사회적 지위와 권리를 가진다.

국가는 산전산후휴가의 보장, 여러 어린이를 가진 어머니를 위한 로동시간의 단축, 산원, 탁아소와 유치원망의 확장, 그밖의 시책을 통하여 어머니와 어린이를 특별히 보호한다.

국가는 녀성들이 사회에 진출할 온갖 조건을 지어준다.

제78조 결혼과 가정은 국가의 보호를 받는다.

국가는 사회의 기층생활단위인 가정을 공고히 하는데 깊은 관심을 돌린다.

제79조 공민은 인신과 주택의 불가침, 서신의 비밀을 보장받는다.

법에 근거하지 않고는 공민을 구속하거나 체포할 수 없으며 살림집을 수색할 수 없다.

제80조 조선민주주의인민공화국은 평화와 민주주의, 민족적 독립과 사회주의를 위하여 과학, 문화활동의 자유를 위하여 투쟁하다가 망명하여온 다른 나라 사람을 보호한다.

제81조 공민은 인민의 정치사상적 통일과 단결을 견결히 수호하여야 한다.

공민은 조직과 집단을 귀중히 여기며 사회와 인민을 위하여 몸바쳐 일하는 기풍을 높이 발휘하여야 한다.

제82조 공민은 국가의 법과 사회주의적 생활규범을 지키며 조선민주주의 인민공화국의 공민된 영예와 존엄을 고수하여야 한다.

제83조 로동은 공민의 신성한 의무이며 영예이다.

공민은 로동에 자각적으로 성실히 참가하며 로동규률과 로동시간을 엄격히 지켜야 한다.

제84조 공민은 국가재산과 사회협동단체 재산을 아끼고 사랑하며 온갖 탐오랑

비현상을 반대하여 투쟁하며 나라살림살이를 주인답게 알뜰히 하여야 한다.
국가와 사회협동단체 재산은 신성불가침이다.

第85조 공민은 언제나 혁명적 경각성을 높이며 국가의 안전을 위하여 몸바쳐 투쟁하여야 한다.

第86조 조국보위는 공민의 최대의 의무이며 영예이다.

공민은 조국을 보위하여야 하며 법이 정한데 따라 군대에 복무하여야 한다.

第6장 국가기구(생략 : 통일부 북한자료실 게재내용 第87조~第162조 참고)

第7장 국장, 국기, 국가, 수도

第163조 조선민주주의인민공화국의 국장은《조선민주주의인민공화국》이라고 쓴 붉은 띠로 땋아올려감은 벼이삭의 타원형 테두리안에 웅장한 수력발전소가 있고, 그 우에 혁명의 성산 백두산과 찬연히 빛나는 붉은 오각별이 있다.

第164조 조선민주주의인민공화국의 국기는 기발의 가운데에 넓은 붉은폭이 있고 그 아래우에 가는 흰폭이 있으며 그 다음에 푸른폭이 있고 붉은폭의 기대달린쪽 흰 동그라미 안에 붉은 오각별이 있다.

기발의 세로와 가로의 비는 1대 2이다.

第165조 조선민주주의인민공화국의 국가는《애국가》이다.

第166조 조선민주주의인민공화국의 수도는 평양이다.

조선로동당 규약(1980. 10. 13 제6차 당대회 개정)

조선로동당은 위대한 수령 김일성동지에 의해 창건된 주체형의 혁명적 맑스-레닌주의당이다.

위대한 수령 김일성동지는 1926년 우리나라에서 처음으로 되는 공산주의적 혁명조직으로서 타도제국주의동맹을 결성했으며 오랜 항일혁명투쟁을 통해 당 창건을 위한 조직적, 사상적 기반을 마련했으며 이에 기초하여 영광스러운 조선로동당을 창건하였다.

조선로동당은 우리나라에서 로동계급과 전체 근로대중의 선봉적, 조직적 부대이며 전체 근로대중 조직체 중에서 최고형태의 혁명조직이다.

조선로동당은 조선민족과 조선인민의 리익을 대표한다.

조선로동당은 로동자, 농민, 근로 《인테리》를 망라하는 근로인민들 가운데서 근로대중의 리익과 사회주의, 공산주의 운동의 승리를 위하여 헌신적으로 복무하는 선봉적 투사들로서 조직한다.

조선로동당은 오직 위대한 수령 김일성동지의 주체사상, 혁명사상에 의해 지도된다.

조선로동당은 항일혁명투쟁시기에 위대한 수령 김일성동지에 의해 이룩된 영광스러운 혁명전통을 계승 발전시킨다.

조선로동당은 자본주의사상과 마찬가지로 국제공산주의 운동과 로동계급운동에서 나타난 수정주의, 교조주의를 비롯한 온갖 기회주의를 반대하고 맑스-레닌주의의 순결성을 고수하기 위하여 견결히 투쟁한다.

조선로동당의 당면목적은 공화국 북반부에서 사회주의의 완전한 승리를 이룩하여 전국적 범위에서 민족해방과 인민민주주의의 혁명과업을 완수하는데 있으며 최종목적은 온 사회의 주체사상화와 공산주의사회를 건설하는데 있다.

조선로동당은 당의 유일사상체계를 세우는 것을 당건설과 당활동의 기본원칙으로 삼는다.

조선로동당은 주체사상에 기초한 전당의 사상의지적 통일단결을 단속 강화한다.
조선로동당은 프로레타리아 독재를 실시하며 사회주의, 공산주의 건설의 총로선으로서 천리마운동과 사상, 기술, 문화혁명을 추진한다.
조선로동당은 로동계급의 영도적 역할을 높임으로써 로농동맹을 기초로 한 전조선의 각계각층 애국적 민주력량들과의 통일전선을 강화하기 위하여 투쟁한다.
조선로동당은 인민들의 물질적 및 문화적 수준을 끊임없이 높이는 것을 최고의 활동원칙으로 삼는다.
조선로동당은 사람과의 사업을 당사업의 기본으로 삼는다.
조선로동당은 모든 당사업의 기본원칙으로서 계급로선과 군중로선을 관철한다.
조선로동당은 항일유격대식 사업방법, 청산리정신 및 청산리방법을 철저히 관철한다.
조선로동당은 온 사회의 혁명화, 로동계급화, 인테리화를 촉진하고 사회주의의 물질, 기술적 토대를 공고히 하며 나아가서 사회주의제도를 강화하고 사회주의의 완전한 승리를 촉진시키기 위한 투쟁에서 사상, 기술, 문화혁명을 활발히 수행한다.
조선로동당은 남조선에서 미제국주의 침략군대를 몰아내고 식민지통치를 청산하며 그리고 일본 군국주의의 재침기도를 좌절시키기 위한 투쟁을 전개하고 남조선 인민들의 사회민주화와 생존권투쟁을 적극 지원하고 조국을 자주적 평화적으로 민족대단결의 원칙에 기초하여 통일을 이룩하고 나라와 민족의 통일적 발전들 이룩하기 위해 투쟁한다.
조선로동당은 자주성과 프로레타리아 국제주의원칙에 기초하여 사회주의 나라들과의 단결과 국제공산주의운동과의 련대성을 강화하고 세계의 모든 신흥세력나라 인민들과의 친선, 협조관계를 발전시키며 아시아, 아프리카, 라틴아메리카 인민들의 반제민족해방 운동과 자본주의 나라들의 로동계급과 그밖의 인민들의 혁명투쟁을 지지하고 광범한 련합전선을 실현하여 미국을 우두머리로 하는 제국주의와 지배주의를 반대하며 평화와 민주주의, 민족적 독립과 사회주의 공동위업의 승리를 쟁취하기 위하여 투쟁한다.

제1장 당원

1. 조선로동당 당원은 당과 수령, 조국과 인민을 위하여 사회주의와 공산주의를 위하여 헌신하는 주체형의 공산주의 혁명투사이다.
2. 조선로동당 당원은 당의 유일사상체계로 확고히 무장된 조선공민으로서 당의 로선과 정책을 옹호, 관철하기 위하여 견결히 투쟁하며 당규약을 준수하는 근로자들이 될 수 있다.
3. 조선로동당 당원은 규정된 후보기간을 마친 후보당원 가운데서 받아들인다. 그러나 특별한 경우에는 입당청원자를 후보기간을 거치지 않고 직접 당원으로 받아들일 수 있다. 만18세부터 입당할 수 있다.

입당절차는 다음과 같다.

1) 후보당원으로 입당하려는 사람은 입당청원서와 당원 2명의 입당보증서를 당세포에 제출하여야 한다.
   사회주의 로동청년동맹원이 입당할 때에 시(구역)·군 사회주의 로동청년동맹 위원회의 입당보증서는 당원 1명의 보증서를 대신할 수 있다. 후보당원이 입당할 때에는 입당청원서와 입당보증서를 당 세포에 제출하지 않아도 된다. 그러나 당세포가 필요하다고 인정하는 경우에는 다른 입당 보증서를 제출하여야 한다.
2) 입당보증인은 최소한 2년이상의 당년한을 가져야 한다.
   입당보증인은 피보증인의 사회, 정치생활을 잘 알아야 한다. 입당보증인은 보증의 진실성에 대하여 당앞에 책임을 진다.
3) 입당문제는 개별적으로 심사하며, 당세포총회에서 입당청원자의 참가밑에 토의 결정하며 그 결정은 시(구역)·군당위원회의 비준을 받아야 한다.
   입당보증인은 입당문제를 토의하는 회의에 참가하지 않아도 된다.시(구역)·군당위원회는 입당문제에 대한 당세포의 결정을 1개월내에 심의 해결하여야 한다.
4) 특수한 환경에서 일하는 사람의 입당문제는 당중앙위원회에서 특별히 제정한 규정과 절차에 따라 심의한다.

5) 타당에서 출당한 사람이 입당하려면 최소한 3년이상의 당년한을 가진 당원 3명의 보증이 있어야 한다.

타당에서 평당원으로 있었던 사람의 입당은 시(구역)・군당 위원회가, 시(구역)・군급의 위원 및 간부로 있었던 사람의 입당은 관할 도(직할시) 당위원회가, 도(직할시), 중앙위원회 및 간부로 있었던 사람의 입당은 당중앙위원회가 각각 최종적으로 비준한다.

6) 후보당원의 후보기간은 1년으로 한다.

당세포는 후보당원에게 당원의 자격을 갖추도록 도와주어야 한다.

당세포는 후보당원의 후보기간이 끝남에 따라 당원심사총회에서 그의 입당 자격 여부를 심의 결정한다.

특별한 경우에는 후보당원의 후보기간이 끝나지 않아도 그를 당원으로 받아들일 수 있다.

만일 후보당원의 입당 준비정도가 불충분하다고 인정되는 경우에는 후보기간을 1년을 초과하지 않은 범위에서 연기할 수 있다.

후보당원이 후보기간을 마친 후에도 자격이 없다고 인정되는 경우에는 후보 명부에서 삭제된다.

후보기간을 연기하거나 후보당원을 명부에서 삭제시키는 당세포의 결정은 시(구역)・군당위원회의 비준을 받아야 한다.

7) 후보당원이나 후보기간을 거치지 않고 직접 당원이 된 자의 입당일시는 당세포총회에서 입당을 결정한 날로 한다.

4. 당원의 임무는 다음과 같다.

1) 당원은 당의 유일사상체계가 확고히 서 있어야 한다.

당원은 당과 수령에 무한히 충성하고 우리 당의 유일사상체계로 확고히 무장하며 당의 요구에 따라 생각하고 행동하며 당의 로선과 정책을 무조건 접수하고 옹호하며 이를 철저히 관철하여야 한다.

당원은 당의 혁명전통을 깊이 연구 체득하고 그것을 옹호하며 로동과 생활에 적용해 나가야 한다.

당원은 당의 유일사상에 어긋나는 자본주의사상, 봉건적 유교사상, 수정주의,

교조주의, 사대주의, 종파주의, 지방주의 및 가족주의를 반대하여 견결히 투쟁하며 주체사상에 기초한 당의 통일과 단결을 눈동자와 같이 고수하여야 한다.

2) 당원은 당성을 부단히 단련하기 위한 높은 조직의식을 가지고 당생활에 자발적으로 참가하여 자신을 혁명화 로동계급화하여야 한다.
당원은 당회의와 당학습을 비롯한 당의 조직 및 사상생활에 충분히 참가하고 당조직의 결정과 자기에게 부여된 임무를 정확히 수행하며 자신의 당생활을 정기적으로 총화하며 비판과 사상투쟁을 통하여 자기를 혁명가로 단련시켜야 한다.
당원은 직위와 공로에 관계없이 전체당원들에게 다같이 적용되는 당규율을 자발적으로 준수하고 규율 위반에 대하여는 견결히 투쟁하여야 한다.

3) 당원은 혁명적인 학습기풍을 확립하고 자기의 정치, 사상, 문화 및 기술수준을 부단히 향상시켜야 한다.
당원은 주체사상, 당의 로선과 정책 및 혁명전통을 깊이 학습하며 경제 및 선진과학기술 지식을 습득하고 현실상황을 료해하며 자신의 문화수준을 향상시키기 위해 노력해야 한다.

4) 당원은 혁명적 군중로선을 관철하며 일상적으로 대중과 함께 일하여야 한다.
당원은 대중에게 당의 로선과 정책을 일상적으로 해설하여 주며 그들을 교양개조하여 당주위에 굳게 결속시키고 혁명과업의 수행을 위하여 그들을 동원하며, 대중의 의견을 정확히 접수하여 그들의 요구를 제때에 해결하여 주어야 한다.

5) 당원은 로동과 생활에서 대중의 규범이 되며 모든 사업에서 선봉적 역할을 하여야 한다.
당원은 집단의 혁명과 투쟁을 지도하며 자신과 가족의 혁명화에 모범을 보여야 한다. 당원은 로동을 사랑하고 로동법을 자발적으로 지키며 어렵고 힘든 일에 앞장서며 자기가 맡은 사업에 정통하며 맡은바 임무를 모범적으로 수행하여야 한다.
당원은 보수주의와 소극성을 반대하며 기술혁신운동에 적극적으로 참가하여 로동생산 능률을 부단히 제고하고 기업관리운영에 솔선 참가하며 국가와 사회재산을 애호하여 나라의 경제를 절약해야 한다.

6) 당원은 고상한 공산주의적 도덕성을 소유하고 조직과 집단을 사랑하며 조직과 집단의 리익을 위하여 개인의 리익을 희생할 각오가 있어야 한다.

당원은 높은 혁명적 자립정신을 발휘하고 모든 애로에 대하여 과감히 투쟁해야 한다.

당원은 항상 소박, 솔직, 겸손하여야 하며 사리와 공명을 탐내지 말고 당과 함께 솔직하며, 인간성이 풍부하고 문화적이어야 하며 국법과 사회질서 및 공중도덕 준수에 모범이 되어야 한다.

7) 당원은 사회주의조국을 튼튼히 보위하여야 한다.

당원은 일상적으로 긴장된 동원 태세를 갖추고 군사지식을 배워 적의 침략으로부터 전취물을 튼튼히 보위하며 조국통일의 대사변에 대비할 각오가 되어 있어야 한다.

8) 당원은 혁명규율과 질서를 준수하고 어느 때 어느 곳에서나 안일과 나태함이 없이 혁명적인 경각성을 높이고 당, 국가 및 군사비밀을 엄수하여야 한다.

9) 당원은 사업과 생활에서 나타나는 문제에 대하여 당조직에 보고하여야 한다.

당원은 당의 유일사상에 어긋나는 현상뿐만 아니라 사업과 생활에서 나타나는 모든 결함과 부정적인 경향을 반대하여 투쟁할 뿐만 아니라 그것에 대하여 당중앙위원회에 이르기까지 관계 당위원회에 신속히 보고하여야 한다.

10) 당원은 규정된 당비를 매달 납부하여야 한다.

5. 당원의 권리는 다음과 같다.

1) 당원은 당회의와 당출판물을 통하여 당의 로선과 정책 수행 및 당사업 발전을 위하여 도움이 되는 의견을 발표할 수 있다.

2) 당원은 당회의에서의 투표권과 각급 당조직의 지도기관 선거에서 선거권과 피선거권을 가진다.

3) 당원은 당회의에서 정당한 리유와 근거가 있는 한 어떤 당원을 막론하고 비판할 수 있으며, 당의 유일사상에 어긋나는 어떠한 지시의 준수도 거절할 수 있다.

4) 당원은 자기의 사업과 생활에 대한 문제를 토의·결정하는 당회의에 참가할

것을 요구할 수 있다.

5) 당원은 당중앙위원회에 이르기까지 각급 당위원회에 어떤 신소나 청원을 제기하고 그에 대한 심의를 요구할 수 있다.

6) 후보당원의 임무는 당원의 임무와 같다. 후보당원의 권리는 선거권과 피선거권 및 결의권이 없는 이외에는 당원의 권리와 같다.

7) 당의 규율을 위반하는 당원은 당의 책벌을 받는다.

① 당의 유일사상에 어긋나는 행동을 하거나 당의 로선과 정책을 반대하여 파벌조성행위를 하거나 적과 타협하는 등 당에 엄중한 손실을 끼친 당원은 출당시킨다.

② 당원의 칭호를 박탈하지 않을 정도의 과오를 범한 당원에 대하여는 과오의 경중에 따라 문책, 엄중경고, 또는 권리정지나 후보당원으로 강등하는 책벌을 적용한다.

③ 당책벌의 목적은 과오를 범한 당원을 교양하는데 있다.
당의 책벌은 과오를 범한 동기와 원인 및 그 과오의 결과를 상세히 규명한 후에 신중하게 과해야 한다.

④ 당책벌은 본인의 참가하에 그가 속한 당세포총회에서 토의·결정한다.
특별한 경우에는 본인이 참가하지 않아도 책벌을 토의·결정할 수 있다.
중앙위원회, 도(직할시) 시(구역)·군당위원회는 당규율을 위반한 당원에게 직접 책벌을 내릴 수 있다.
당원에게 책벌을 적용할데 대한 당세포의 결럭은 시(구역)·군당위원회의 비준을 받아야 하고 당원자격 박탈에 대한 당세포의 결정은 도(직할시) 당위원회의 비준을 받아야 한다.
출당에 대한 당세포의 결정이 비준되기 전에는 특별한 경우를 제외하고는 당원의 당증을 회수하지 못하며 당생활 참가를 허용해야 한다.

⑤ 당중앙위원회 위원, 후보위원 및 준후보위원에 대한 책벌은 당중앙위원회 전원회의에서, 도(직할시)·시(구역)·군당위원회의 위원, 후보위원 및 준후보위원에 대한 책벌은 해당 당위원회의 전원회의에서 결정한다.
당세포는 중앙위원회, 도(직할시) 시(구역)·군당위원회의 위원, 후보위원 및 준후보위원이 당규율을 위반한 경우에 위반당원에 대한 책벌을 해당

당위원회에 제의할 수 있다.

그러나 당세포는 도(직할시)·시(구역)·군당위원회의 위원, 후보위원 및 준후보위원이 범한 과오가 해당 위원회 사업과 직접적인 관련이 없을 때에는 엄중경고까지의 책벌을 결정할 수 있으며 그 결정은 해당 당위원회의 비준을 받아야 한다.

6. 종파 및 기타 다른 분판에 참가한 당원에 대한 당규율문제의 심의는 다음과 같은 규정에 의하여 진행된다.
   평당원 또는 시(구역)·군기관의 간부로 있던 당원의 문제는 도(직할시) 당위원회에서, 도(직할시) 또는 중앙당기관의 간부로 있던 당원의 문제는 당중앙위원회에서 심의한다.

7. 당중앙위원회, 도(직할시)·시(구역)·군당위원회는 당규율문제와 관련된 당원의 청원을 지체없이 심의 해결하여야 한다.

8. 당세포는 항상 책벌을 받은 당원을 방조하여야 하며, 만일 책벌을 받은 당원이 자기의 과오를 깊이 뉘우치고 그것을 시정하기 위하여 노력하고 있으며 실제로 행동이 개선되고 있는 경우에는 그 책벌을 해제하는데 대한 문제를 총회에서 토의 결정하여야 한다.
   당원이 받은 책벌을 해제하는데 대한 당세포의 결정은 해당 시(구역)·군당위원회의 비준을 받아야 한다.
   당중앙위원회, 도(직할시)·시(구역)·군당위원회의 위원, 후보위원 및 준후보위원이 받은 책벌의 해제는 그 책벌의 적용을 최종적으로 결정한 해당 당위원회에 의해서 결정된다.

9. 정당한 리유없이 6개월이상 당생활에 참가하지 않는 당원에 대하여 당세포는 총회에서 제명을 결정할 수 있으며 이에 대한 결정은 시(구역)·군당위원회의 비준을 받아야 한다.

10. 당원의 등록과 이동은 당중앙위원회가 제정한 규정과 절차에 의하여 처리된다.

제2장 당의 조직원리와 조직구조

11. 당은 민주주의 중앙집권제 원칙에 의하여 조직한다.
   1) 각급 당조직의 지도기관은 민주주의적으로 선거하고, 선출된 당지도기관은 선거한 당조직에 대해 자기의 사업에 관하여 정기적으로 총화·보고한다.
   2) 당원은 당조직에 복종하며 소수는 다수에 복종하며 하급당조직은 상급당조직에 복종하며 모든 당조직은 당중앙위원회에 절대 복종한다.
   3) 모든 당조직은 당의 로선과 정책을 무조건 옹호 관철하며 하급당조직은 상급당조직의 결정을 의무적으로 집행하여야 한다.
   상급당조직은 하급당조직의 사업을 계통적으로 지도 검열하며 하급당조직은 상급당조직에게 자기의 사업에 대하여 정기적으로 보고한다.

12. 각급 당조직은 지역 또는 생산 및 로동단위에 따라 조직한다.
어느 한 지역을 담당한 당조직은 그 지역의 일부를 담당한 모든 당조직들에 대하여 상급당조직으로 되며, 어느 한 분야의 전체사업을 담당한 당조직은 그 분야의 일부사업을 담당한 모든 당조직들에 대하여 상급당조직으로 된다.

13. 각급 당위원회는 각 해당 단위의 최고지도기관이며 정치적 총참무부이다.
집단적 지도는 모든 당위원회의 기본활동지침이다. 각급 당위원회는 새로운 중요한 문제들을 집단적으로 토의 결정하여 그것을 집행하여야 하며 이에 개인적 책임성과 창발성을 엄밀히 결합시켜야 한다.
각급 당조직은 해당 지역 또는 분야에서 제기되는 문제들을 자립적으로 토의 결정할 수 있다. 그러나 이 결정들은 당의 로선과 정책에 어긋나서는 안 된다.

14. 각급 당조직의 최고지도기관은 다음과 같다.

1) 전당의 최고지도기관은 당대회이며 당대회가 없을 때는 당대회가 선출한 당중앙위원회가 최고지도기관이 된다.

도(직할시) · 시(구역) · 군당의 최고지도기관은 해당 당대표회이며, 당대표회가 없을 때는 당대표회가 선출한 해당 당위원회가 최고지도기관이 된다.

초급당조직의 최고지도기관은 당총회(당대표회)이며, 당총회(당대표회)가 없을 때는 당총회(당대표회)가 선거한 해당당위원회가 최고지도기관이 된다.

2) 당대회 또는 당대표회의 대표자는 차하급 당조직의 당대표회 또는 당총회에서 선거한다.

당대회 대표자의 선출비율은 당중앙위원회가 결정하며, 도(직할시) · 시(구역) 군당조직의 당대표회 대표자의 선출비율은 당중앙위원회가 작성한 규정에 따라 해당 당위원회가 결정한다.

당중앙위원회 위원, 후보위원 및 준후보위원의 수는 당대회가 결정 한다. 도(직할시) · 시(구역) · 군당위원회 위원, 후보위원 및 준후보위원수와 초급당위원회의 위원수는 당중앙위원회가 규정한 기준에 근거하여 해당 당대표회 또는 총회에서 결정한다.

당중앙위원회, 도(직할시) · 시(구역) 군당위원회의 준후보위원은 생산로동에 직접 참가하는 핵심당원중에서 선출된다.

각급 당조직의 지도기관선거는 당중앙위원회가 규정한 선거세칙에 따른다.

15. 당중앙위원회와 도(직할시) · 시(구역) · 군당위원치 위원, 후보위원, 준후보위원의 제명 또는 보선은 해당 당위원회 전원회의에서 실시된다.

당중앙위원회와 도(직할시) 시(구역) · 군당위원치위원 가운데서 결원이 생겼을 경우에는 그 결원된 수만큼 당위원회 보조위원 가운데서 보선한다. 만약 필요시는 당위원회 결원은 위원회의 후보위원이 아닌 다른 당원으로 보선될 수 있다.

초급당조직 집행기관위원의 제명 및 보선은 해당 당총회(당대표회)에서 실행된다.

초급당이 하급당의 규모가 방대하거나 널리 분산되어 있고 또 업무의 특수성으로 인해 당총회(당대표회) 소집이 불가능 할 경우에는 초급당위원회가 결원보충을 위한 보선을 실시할 수 있다.

상급 당위원회는 결원된 하급당위원회의 책임비서(비서) 또는 비서(부비서)를 임명할 수 있다.

각급 당기관의 후보위원 및 준후보위원은 해당 당위원회 전원회의에 참가하되 발언권만 가진다.

16. 당회의는 해당 당조직에 소속된 당원(당위원 또는 대표자) 총수의 3분의 2 이상이 참가하여야만 성립될 수 있친 제기된 문제의 결정은 해당 당회의 참가자의 과반수 찬성을 요한다.

17. 각급 당위원회내에는 필요한 부서를 설치한다.
부서의 설치 및 폐지의 권한은 당중앙위원회가 가진다.

18. 도(직할시)·시(구역)·군당위원회 및 그들과 동등한 기능을 수행하는 당위원회의 조직과 해산은 당중앙위원회의 비준을 받아야 하며, 초급당위원회 및 분초급당위원회의 조직과 해산은 도(직할시)당위원회가 비준하고 소수당원을 가진 초급당위원회 또는 부문당위원회 및 당세포의 조직과 해산은 시(구역)·군당위원회가 비준한다.
도(직할시)·시(구역)·군당위원회는 당조직의 조직과 해산에 대하여 당중앙위원회에 보고하여야 한다.

19. 당중앙위원회는 어떤 당조직을 막론하고 당의 로선과 정책 및 당규약을 엄중하게 위반하거나 실천을 태만히 한 경우에 그 당조직을 해산하고 소속당원을 개별적으로 심의하며 그들을 재등록하여 새로운 당조직을 조직할 수 있다.

20. 당중앙위원회는 정치, 경제, 군사적으로 중요한 지역과 부문 및 특수한 환경에 적합한 당조직의 구성, 당조직의 활동방법과 기타 당건설의 제반문제에 관해 다르게 결정할 수 있다.

제3장 당의 중앙조직

21. 당의 최고지도기관은 당대회이다.
당대회는 5년에 1회 당중앙위원회가 소집한다.
당중앙위원회는 필요에 따라 당대회를 규정된 기간보다 빨리 또는 늦게 소집할 수 있다.
당중앙위원회는 당대회의 소집기일과 의정을 3개월전에 공고하여야 한다.

22. 당대회의 기능은 다음과 같다.
1) 당중앙위원회 및 당중앙검사위원회의 사업 총화
2) 당강령과 규약의 채택 또는 수정보완
3) 당로선과 정책 및 전략전술에 관한 기본문제 결정
4) 당중앙위원회 및 당중앙검사위원회 선거

23. 당중앙위원회는 당대회 사이에 모든 당사업을 조직 지도한다.
당중앙위원회는 전당에 유일사상체계를 철저히 확립하며, 당의 로선과 정책을 수립하고 그 수행을 조직 지도하며 당과 혁명대열을 공고히 하고 행정 및 경제사업을 지도 조정하며 혁명적 무력을 조직, 그들의 전투능력을 높이고 기타 정당 및 국내외기관의 활동에서 당을 대표하며 당의 재정을 관리한다.

24. 당중앙위원회는 당중앙위원회 전원회의를 6개월에 1회이상 소집한다.
당중앙위원회 전원회의는 해당시기에 당이 직면한 중요문제 등을 토의 결정하며 당중앙위원회 정치국과 정치국 상무위원회를 선거하며 당중앙위원회 총비서와 비서를 선거하고 당중앙위원회의 비서국과 군사위원회를 조직한다.
당중앙위원히는 당중앙위원히 검열위원히를 선출한다.

25. 당중앙위원회 정치국과 정치국 상무위원회는 전원회의와 전원회의 사이에 당중앙위원회 명의로 당의 모든 사업을 조직지도 한다.

26. 당중앙위원회 비서국은 필요시, 당인사 및 당면문제 등 당내문제를 토의, 결정하며 그 결정의 집행을 조직, 지도한다.

27. 당중앙위원회 군사위원회는 당군사정책 수행방법을 토의 결정하며 인민군을 포함한 전무장력강화와 군수산업발전에 관한 사업을 조직, 지도하며 우리나라의 군대를 지휘한다.

28. 당중앙위원회 검열위원회는 반당・반혁명적 종파행위 및 기타 당의 유일사상에 어긋나는 행위를 하거나 당의 로선과 정책 및규약을 준수하지 않아 당규율을 위반한 당원에게 책임을 추궁하며 당규율문제와 관련된 도(직할시) 당위원회의 제의 및 당원의 신소를 심의 해결한다.

29. 당중앙검사위원회는 당의 재정경리사업을 검사한다.

30. 당중앙위원회는 당대회와 당대회 사이에 당대표자회를 소집 할 수 있다.당대표자회의 대표자 선거절차와 대표자 선출비율은 당중앙위원회가 결정한다.
당대표자회는 당의 로선과 정책 및 전략전술에 관한 긴급한 문제들을 토의 결정하며 자기의 임무를 수행하지 못한 당중앙위원회 위원, 후보위원 또는 준후보위원을 제명하고 그 결원을 보선한다.

제4장 도(직할시)의 당조직

31. 도(직할시)당조직의 최고지도기관은 도(직할시)당대표회이다.
도(직할시)대표회는 3년에 1회 도(직할시)당위원회가 소집한다.
도(직할시)대표회는 필요에 따라 규정된 기간보다 빨리 또는 늦게 소집할 수 있다.

도(직할시)당위원회는 도(직할시)당대표회의 소집일과 의정을 2개월 전에 하급당조직들에 통지하여야 한다.

32. 도(직할시)당대표회의 기능은 다음과 같다.
 1) 도(직할시)당위원회와 도(직할시)당검사위원회의 사업 총화
 2) 도(직할시)당위원회 및 도(직할시)당검사위원회 선출
 3) 당대회에 파견할 대표자 선출

33. 도(직할시)당위원회의 기능은 다음과 같다.

당원들과 근로대중 속에 당의 유일사상체계를 확립하는 사업을 조직 지도한다.

당원과 근로대중을 당의 유일사상으로 굳게 무장시키고 그들이 당로선과 정책을 철저히 옹호 수행하며 당의 유일사상에 어긋나는 자본주의사상, 봉건적 유교사상, 수정주의, 교조주의, 맹종주의, 종파주의, 지방주의 및 가족주의에 대해 견결히 투쟁하도록 감독하고 주체사상에 기초한 당의 통일과 단결을 계속 강화해야 한다.

간부대열을 튼튼히 꾸리고 그들의 후비대를 육성하며 당력량을 합리적으로 배치하고 당생활을 조직, 지도하며 하급당조직을 강화하고 그들의 활동을 감독한다.

당원 및 근로대중에 대한 주체사상, 당정책, 혁명전통교양 및 계급교양이 주내용인 공산주의 교양과 사회주의적 애국교양을 강화해야 하며 혁명화, 로동계급화를 통해 그들을 당두리에 결속시켜야 한다.

근로대중의 조직을 강화하고 그들이 자기 기본과업을 성공적으로 완수할 수 있도록 지도, 조정하며 행정 및 경제사업을 적절히 지도하여 혁명과업수행을 보장한다.

로농적위대를 강화하고 그 전투력 향상을 조직적으로 지도하며 군사동원사업을 보장한다.

도(직할시)당위원회의 재정을 관리하며 소관 사업에 관해 당중앙위원회에

정기적으로 보고한다.

34. 도(직할시)당위원회는 도(직할시)당전원회의를 4개월에 1회이상 소집한다. 도(직할시)당위원회 전원회의는 당의 로선과 정책의 수행방법을 토의 결정하며 도(직할시)당위원회의 책임비서 및 비서를 선거하며, 비서처를 조직하고, 도(직할시)당위원회의 군사위원회와 검열위원회를 선거한다.
도(직할시)당위원회 집행위원회는 전원회의와 전원회의 사이에 도(직할시)당위원회 명의로 당내사업을 조직, 집행하며 행정 및 경제사업을 지도한다.
도(직할시)당위원회 회의는 1개월에 2회이상 소집한다.
도(직할시)당위원회 비서는 인사행정 및 당내문제에 대해 필요시마다 토의결정하고 그 결정사항을 집행한다.
도(직할시)당위원회 군사위원회는 당의 군사정책 수행방법을 토의결정하며 그 집행을 조직, 지도한다.

35. 도(직할시)당위원회 검열위원회는 반당 또는 반혁명적 종파행위 등 당의 유일사상체계에 어긋나는 행위를 하거나, 당로선 및 정책과 규약을 준수하지 않아 당규율을 위반한 당원에게 책임을 추궁하며, 당규율문제와 관련된 시(구역)・군당위원회의 제의 및 출당에 대한 결정을 최종적으로 비준하며 당규율 문제와 관련된 당원의 신소를 해결한다.

제5장 시(구역)·군의 당조직

36. 시(구역)・군당조직의 최고지도기관은 시(구역)・군당대표회이다.
시(구역)・군당대표회는 시(구역)・군당위원회가 3년에 1회 소집하고 필요에 따라 시(구역)・군당대표회는 규정된 기간보다 빨리 또는 늦게 소집할 수 있다.
시(구역)・군당위원회는 시(구역)・군당대표회의 소집일자와 의정을 1개월 전에 산하 당조직들에 통지하여야 한다.

37. 시(구역)・군당대표회의 기능은 다음과 같다.

1) 시(구역)・군당대표회의와 시(구역) 군당검사위원회의 사업 총화
2) 시(구역)・군당대표회의와 시(구역)・군당검사위원회 선거
3) 도(직할시)당대표회에 파견할 대표자 선거

38. 시(구역)・군당위원회의 기능은 다음과 같다.

당원들과 근로대중 속에 당의 유일사상체계를 철저히 확립하는 사업을 조직 수행한다.

당원과 근로대중을 당의 유일사상으로 무장시키고 그들의 당로선과 정책을 철저히 옹호 수행하며, 당의 유일사상체계에 어긋나는 자본주의사상, 봉건적 유교사상, 수정주의, 교조주의, 맹종주의, 종파주의, 지방주의 및 가족주의를 반대하여 견결히 투쟁할 것을 보장하며 주체사상에 기초한 당의 통일과 단결을 계속 강화한다.

간부대열을 강화하고, 그들을 교양하며 간부후비대를 육성하고, 그들을 조직적으로 훈련한다.

당원의 당생할을 조직, 지도하며 당의 핵심을 연구 주지시키고 그 대열을 확대시키며 당원 확대사업을 정기적으로 조직・수행하며 당의 력량을 적절히 배치하고 당원과 후보당원을 등록한다.

당원과 근로대중에 대해 주체사상, 당정책과 혁명전통교양 및 계급교양이 주내용인 공산주의교양과 사회주의적 애국교양을 강화하며 혁명화・로동계급화를 통해 그들을 당두리에 결속시킨다.

당기충조직을 합리적으로 조직하며 초급당조직의 집행기관을 강화하며 그들의 기능와 역할의 부단한 향상을 위하여 매일같이 지도・방조한다.

근로대중의 조직들을 강화하고 임무를 정확히 할 수 있도록 그들에게 사업방향과 방법을 제시하며 그 리행을 감독한다.

행정 및 경제사헙을 정확히 지도하여 혁명과업의 성과적 수행을 보장한다.

로농적위대를 강화하고 그들의 정치사상교양과 군사훈련을 강화하여 전투태세를 완비하며 군사동원사업을 보장한다.

시(구역)・군당위원회의 재정을 관리하며 자기의 사업에 관해 상급당위원회

에 정기적으로 보고한다.

39. 시(구역)·군당위원회는 전원회의를 3개월에 1회이상 소집한다.
시(구역)·군당위원회 전원회의는 당의 로선과 정책의 집행방법을 토의, 결정하며 시(구역)·군당위원회의 집행위원회·책임비서 및 비서를 선거하고 비서처를 조직하며, 시(구역)·군당위원회의 군사위원회와 검열위원회를 선거한다.
시(구역)·군당위원회의 집행위원회는 전원회의와 전원회의 사이에 시(구역)·군당위원회의 명의로 당내사업을 조직하고 행정 및 경제사업을 지도한다.
시(구역)·군당위원회 집행위원회는 1개월에 2회이상 회의를 소집한다.
시(구역)·군당위원회 비서처는 문제제기시마다 인사행정 등 당내사업에 관한 문제를 결정하며 그 결정을 집행한다.
시(구역)·군당위원회 군사위원회는 당의 군사정책 집행방법을 토의 결정하며 그 집행을 조직 지도한다.

40. 시(구역)·군당위원회 검열위원회는 반당·반혁명적 종파행위등 당의 유일사상체계에 어긋나는 행위를 하거나 당의 로선과 정책 및 규약을 준수하지 않아 당규율을 위반한 당원에게 책임을 추궁하며, 당규율문제와 관련된 당원의 신소를 심의 처리한다.

제6장 당의 기층조직

41. 당의 최하기층조직은 당세포이다.
당세포는 당원생활의 거점이며 당주위에 대중을 집결시키고 대중속에서 당의 로선과 정책을 직접 수행하는 당의 전투단위이다.

42. 당의 기층조직의 조직방법은 다음과 같다.
1) 당세포는 당원 5명에서 30명까지의 단위에 조직한다.

당원 5명미만의 단위에는 당세포를 두지 않고, 그 단위의 당원 또는 후보당원은 린접당세포에 소속시키거나 작업성격과 린접관계를 고려하여 2개이상 단위의 당원을 합병하여 1개의 당세포를 조직할 수 있다.

특수한 경우에는 당원 3~4명이 있는 단위 또는 30명 이상의 단위에도 당세포를 조직할 수 있다.

당원 3명미만의 단위에는 시(구역) · 군당위원회가 추천하는 당원을 책임자로 하는 당소조를 조직할 수 있다.

2) 당원 31명이상이 있는 단위에는 초급당조직을 둔다.
3) 초급당조직과 당세포 사이에 당원 31명이상이 있는 생산단위나 기타 생활단위에는 부문(마을)당조직을 둘 수 있다.
4) 초급당, 부문당 또는 당세포의 조직형성만으로는 당기층 조직구성이 부적당한 경우에는 초급당조직과 부문당조직 사이에 있는 생산단위나 기타 활동단위에 분초급당위원회를 조직할 수 있다.
5) 이상의 모든 당조직형태가 현실에 부합되지 않는 경우에는 당중앙위원회의 비준을 얻어 실정에 맞는 다른 당조직형성을 취할 수 있다.

43. 당기층조직의 최고지도기관은 해당조직의 총회(대표회)이다.
1) 당세포총회는 1개월에 1회이상 소집한다.
2) 초급당, 분초급당, 부문(마을)당의 총회(대표회)는 3개월에 1회이상 소집한다.

초급당조직이 500명이상의 당원 또는 후보당원으로 구성되어 있거나 그 솔하 조직들이 널리 분산되어 있을 경우에는 초급당조직의 총회를 1년에 1회이상 소집할 수 있다.

44. 당의 기층조직은 1년임기의 해당조직을 집행기관을 선거한다.
1) 당세포는 총화에서 비서와 부비서를 선거한다.
2) 초급당위원회, 분초급위원회, 부문(마을)당위원회는 각각 당총회(대표회)에서 선거하며 비서, 부비서는 각각 당위원회 회의에서 선거한다.

초급당 및 분초급당위원회는 필요에 따라 각각 집행위원회를 선거할 수 있다.

초급당위원회는 1개월에 3회이상, 분초급당위원회와 부문(마을)당위원회는 1개월에 2회이상 회의를 소집하며 집행위원회가 조직된 초급당 및 분초급당위원회는 1개월에 1회이상 위원회 회의를 소집하며 집행위원회 회의는 1개월에 2회이상 소집한다.

3) 중앙기관의 당조직은 당지도위원회를 조직할 수 있다.

45. 당기층조직의 임기는 다음과 같다.

1) 당원들과 근로대중 속에서 당의 유일사상체계를 철저히 확립하며 그들을 당의 유일사상으로 튼튼히 무장시키며 그들이 당의 로선과 정책을 무조건 접수하여 끝까지 옹호 관철 하도록 하며, 당의 유일사상에 어긋나는 자본주의사상, 봉건적 유교사상, 수정주의, 교조주의, 맹종주의, 종파주의, 지방주의 및 가족주의에 대해 견결히 투쟁하며 주체사상에 기초한 당의 통일과 단결을 끊임없이 강화한다.

2) 하급간부대열을 튼튼히 꾸리고 그들을 조직적으로 훈련시키며, 당핵심을 주지, 교양하며 부단히 그 대열을 확대, 강화한다.

3) 당원들의 당생활을 강화하고 그들의 당성을 단련한다.

당원들 속에 당규약학습을 정기적으로 조직하며, 그들에게 항상 혁명을 위한 사고와 행동을 하도록 하고, 모든 활동에서 선봉적인 역할을 하도록 당의 임무를 부여하며, 높은 정치 사상적 수준에서의 당회의와 당생활 총화를 수행하며 당원의 당생활을 철저히 파악하고, 그들을 교양하며, 당원들을 혁명가로 개조하고 비판을 통한 사상투쟁을 강화한다.

당원이 과오를 범했을 경우에는 책임을 추궁하고 그 과오를 시정하도록 그를 방조한다.

4) 당원 적임자를 발견 등록하며 그들을 조직적으로 교양하여 심사후 자격자를 입당시키며 후보당원과 새로 입당한 당원들을 교양 훈련시킨다.

5) 당원들과 근로대중의 사상교양사업을 강화한다.

당원들과 근로대중에 대해 주체사상, 당정책, 혁명전통교양 및 계급교양이 주내용인 공산주의 교육과 사회주의적 애국교양을 강화하며 혁명화

로동계급화를 통해 그들을 당두리에 결속시킨다.

6) 근로대중의 요구와 의견을 겸손히 접수하고 그것을 제때에 해결하여 주며 그들의 물질문화 생활수준을 향상시키기 위하여 부단히 노력하며 모든 단위와 직장에서 계통과 질서를 확립하며 반혁명 분자들에 대한 투쟁을 강화한다.

7) 근로대중의 사회조직을 강화하고 그들에게 사업방향과 방법을 제시하며 그들이 자기의 의무를 정확히 수행하도록 감독한다.

8) 모든 사업활동에서 항일유격대식 사업방법 및 청산리정신과 방법을 적용하고 정치사업을 선행시키며 행정 및 경제사업에 대한 효과적인 지도를 통해 혁명과업을 성과적으로 보장한다.

   모든 당원들과 근로대중이 그들의 혁명과업을 충실히 수행하고 생산과 건설에서 끊임없이 혁신을 일으키며 3대혁명붉은기쟁취운동과 사회주의 경쟁운동에 적극 참가하여 기술 혁신운동을 촉진하며 로동생산능률을 제고하고 로동규율을 강화하며 법령을 준수하고 국가와 사회재산을 애호 절약하도록 그들을 조직, 고무한다.

9) 로농적위대를 강화하고 그들의 정치, 사상, 교양 및 군사훈련을 강화하여 당이 부를 때 항시 동원할 수 있도록 준비한다.

10) 당원과 후보당원을 등록하며 당비를 거출하여 자기 사업에 관해 상급 당위원회에 정기적으로 보고한다.

제7장 조선인민군대내 당조직

46. 조선인민군은 항일무장투쟁의 영광스러운 혁명전통을 계승한 조선로동당의 혁명적 무장력이다.

47. 조선인민군대내의 각급 단위에 당조직을 구성하며 조선인민군의 전체 당조직을 망라하는 조선인민군 당위원회를 조직한다.

    조신인민군 당위원회는 도(직할시)당위원회와 같은 기능을 수행한다. 조선인민군 당위원회는 조선로동당 중앙위원회에 직속하며 그 지도밑에 사업하고 자기 사업에 대하여 당중앙위원회에 정기적으로 보고한다.

48. 조선인민군대내 각급 당조직의 기능은 다음과 같다.
전군을 주체사상으로 교양하기 위해 투쟁한다.
당원들과 군인들 속에서 당의 유일사상체계를 공고히 확립하며 그들이 당과 수령, 조국과 인민을 위해 서슴없이 생명을 바칠 수 있는 진정한 혁명전사가 될 수 있도록 단련한다.
간부대열을 강화하며 간부후비대를 육성하고 그들의 당성을 끊임없이 단련하도록 당원의 당생활을 조직, 지도하며 당대열을 확대, 강화한다.
당원과 군인들에 대해 주체사상, 당정책 및 혁명전통교양과 계급교양을 주내용으로 하는 공산주의교양과 사회주의적 애국교양을 강화하며 혁명화 로동계급화를 통해 그들을 당두리에 결속시킨다.
조선인민군대내 사회주의로동청년동맹 조직들을 강화하고 그들의 기능과 역할을 높이도록 지도한다.
당군사로선과 주체적 전략전술을 수행하기 위해 군사사업에 관한 당위원회의 집단적 지도를 강화하며 인민군을 일당백의 혁명적인 무장력으로 강화, 발전시키기 위해 3대혁명붉은기쟁취운동과 붉은기중대운동을 적극 전개한다.
당원과 전사들이 언제나 지체없이 행동할 수 있도록 경계태세를 견지토록 하고 항상 완벽한 전투태세를 갖도록 고무한다.
당원과 전사들에게 높은 혁명적 동지애 및 군관과 전사, 군대와 인민간의 고귀한 전통적 단결정신을 발휘하도록 유도한다.

49. 조선인민군대내 각급 당조직들은 조선로동당의 규약과 당중앙위원회가 비준한 지시와 규정에 따라 조직되고, 사업을 수행한다.

50. 조선인민군대내 각급 당조직들은 지방 당조직들과 긴밀한 연계를 가져야 한다.
조선인민군대의 당위원회는 당중앙위원회의 비준을 얻어 정치 및 군사간부를 주둔지역의 도(직할시) · 시(구역) · 군당위원회 및 공장 기업소의 초급당 위원회 위원으로 추천할 수 있다.

제8장 정치기관

51. 당중앙위원회는 필요에 따라 정치, 경제 및 군사분야의 중요한 부문에 정치 기관들을 조직한다.
    중앙기관에 조직된 정치국(정치부) 및 그들에게 소속한 정치기관들은 해당 부문에서 당원들과 근로대중에게 정치사상교양 사업을 조직 수행하며, 해당 단위내에 조직된 당위원회 집행기관으로서의 기능을 수행한다.
    조선인민군 총정치국과 그 소속정치기관은 해당 당위원회의 집행기구로서 당정치사업을 조직하고 수행한다.

52. 조선인민군 총정치국과 중앙기관내에 조직된 정치국(정치부)은 당중앙위원회 직속이며 그 지도하에 사업을 수행하고 담당사업에 관해 당중앙위원회에 정기적으로 보고한다.

53. 중앙기관내에 조직된 정치국(정치부)들은 하급정치기관들을 지도함에 있어서 해당 지방당위원회들과 긴밀한 연계를 가져야 한다.
54. 정치기관들은 당의 로선과 정책을 수행함에 있어서 당원들과 근로대중을 동원키 위하여 당열성자회의를 소집할 수 있다.

55. 정치기관들은 로동당의 규약과 당중앙위원회가 비준한 지시와 규정에 따라 조직되고 사업한다.

제9장 당과 로동대중의 조직

56. 근로대중의 조직들은 광범한 근로대중의 정치조직이며 항일혁명투쟁의 영

광스러운 전통을 계승하는 당의 외곽조직이다.

근로대중의 조직들은 광대한 대중의 사상교양조직이며, 당과 대중을 연결하는 인전대이며 당의 충실한 보조자이다.

사회주의로동청년동맹은 우리의 혁명과업을 직접 계승하는 청년들의 혁명적 조직이며 당의 전투적 후비대이다.

근로대중의 조직들은 당의 지도하에 자기의 사업을 진행한다.

57. 근로대중의 조직들은 동맹원들 속에서 당의 유일사상체계를 튼튼히 꾸리며 동맹대열을 강화하며 조직생활과 사상교양사업을 강화하고 혁명화를 통해 동맹원들을 당두리에 결속시키며 3대혁명붉은기쟁취운동과 사회주의경쟁운동을 전개하며 동맹원들을 혁명과 건설에 적극 동원한다.

58. 각급 당조직들은 로동대중의 간부대열들을 강화하고 근로대 중조직의 모체를 통하여 대중과의 사업체계를 수립하며 근로대중의 특성에 맞게 사업방향과 방법을 정확히 제시하며 그들이 자발적으로 자기 임무를 수행하도록 감독하여야 한다.

제10장 당의 재정

59. 당의 재정은 당원들의 당비, 당이 운영하는 기관들과 기업소들로부터의 수입 및 기타 수입으로 충당된다.

60. 당원 및 후보당원의 당비는 월수입의 2%로 한다.

※ References

1. 강정인 외역(2006.). 니콜로 마키아벨리 저, 『군주론』, 까치글방.
2. 김영국 외(1996). 『Leo Strauss의 정치철학』, 서울대학교 출판부.
3. 김선욱(2005). 『정치와 진리』, 책세상.
4. 서병훈 역(2006). J. S. Mill, 『자유론(On Liberty)』, 책세상.
5. 안외순 옮김(2006). 『순자』, 책세상.
6. 안외순 옮김(2006). 『맹자』, 책세상.
7. 이병길 역(2006). Plato 저, 『국가론(Politeia)』, 박영사.
8. 이병길 외역(2006). 아리스토텔레스 저, 『정치학』, 박영사.
9. 이홍구 역(1976). F. M. 왓킨스 저, 『근대정치사상사』, 을유문화사.
10. 진덕규 역(1982). 『이데올로기란 무엇인가』, 까치.
11. 양성철 · 강성학(1995). 『북한외교정책』, 서울: 서울프레스.
12. 양재성. 『북한 어떻게 볼 것인가』.
13. 『2006 북한이해』, 서울: 통일교육원(2006).
14. 『백과전서』, 평양: 과학백과사전 출판사(1983).
15. 『경제사전』, 평양: 과학백과사전 출판사(1998).
16. 『김일성저작집』.
17. 『조선대백과사전』, 평양: 백과사전출판사(1999).
18. 『우리는 왜 종교를 반대하는가』, 평양: 로동당출판사(1959).
19. 전현준(1971. 3). 『문화어학습』, 평양: 사회과학출판사.
20. 전현준(2002). 『북한의 대남 정책 특징』, 통일연구원.
21. 『북한연감』, 2005 개정증보판, 서울신문사(2004)
22. 이상우(1988). 『통일 한국의 모색』, 서울: 박영사.
23. 『민족통일론』, 서울: 법문사(2001).
24. 박영규(2003). 『김정일 정권의 안보정책 : 포괄적 안보개념의 적용』, 통일연

구원.
25. 조경근 외(2007). 『북한정치의 이해』, 경성대학교출판부.
26. 이성구(2006). 『북한의 대남정책과 통일』, 서울: 들샘출판사.
27. 김계동(2006). 『남북한 체제통합론』, 명인문화사.
28. 송봉선(2008). 『김정일과 후계』, 한국교육문화원.
29. 송우근(2008). 『북한학 특강』, 서울: 들샘출판사.
30. 이종석(2006). 『신북한정치론 : 정치권력의 이론 · 특징 · 실제』, 서울: 동림사.
31. 정채하 외(2008). 『북한학』, 서울: 도서출판 글로벌.
32. 송우근(2009). 『북한학 개론』, 서울: 백산출판사.
33. 『조선로동당 규약』, 조선로동당, 1980년 10월 13일.
34. 『사회주의 헌법』, 조선민주주의인민공화국, 1998년 9월 5일.
35. 김진욱(2003). "북한 사회주의헌법과 조선로동당 규약과의 상관관계에 관한 연구", 「경기대 통일안보전문대학원 논문집」.
36. 박호성(2004). "북한 통일정책 연구의 쟁점", 북한연구학회, 『현대 북한 연구와 남북관계』 2004추계 학술회의 자료집.
37. 백학순(2007). "북한의 2007년 신년공동사설 분석", 『세종논평』, 제72호, 세종연구소.
38. 송우근. "북한 군부의 쿠데타 성공요인에 관한 연구", 숭실대학원 박사학위 논문.
39. 2010, 노동신문 <신년공동사설>
40. Debra A. Miller(2004). 『North Korea』, Farmington: Greenhaven Press.

송우근

- 서울대학교 졸업
- 국방대학원 졸업
- 숭실대학교 대학원 정치외교학과 졸업(정치학 박사)
- ROTC 20기 임관, 육군대령 전역
- 한남대 학군단 교수부장 역임
- 홍익대학교, 숭실대학교 강사 역임
- 선린대학 초빙교수

논문 및 저서 | "한국의 핵문제에 관한 연구" / "합동 C4ISR 구축방안 연구" / "북한 군부의 쿠데타 성공요인에 관한 연구" / "인간본성과 사회변혁의 관계에 관한 연구" / "북한 대남통일 외교정책의 정체성에 관한 연구" / 『한국정치특강』 공저 / 『북한학 특강』 공저 / 『법학개론』 공저 / 『북한학개론』 공저

최신 북한학

2010년 1월 25일 초판 1쇄 인쇄
2010년 1월 30일 초판 1쇄 발행

저 자 송 우 근
발행인 (寅製) 진 욱 상
발행처 백산출판사
서울시 성북구 정릉3동 653-40
등 록 : 1974. 1. 9. 제 1-72호
전 화 : 914-1621, 917-6240
FAX : 912-4438
http://www.ibaeksan.kr
edit@ibaeksan.kr
biz@ibaeksan.kr

저자와의 합의하에 인지첩부 생략

값 25,000원
ISBN 978-89-6183-265-6